탄소중립시대를 준비하는

인프라·에너지 투자 입문서

탄소중립시대를 준비하는

인프라 · 에너지 투자 입문서

2024년 8월 9일   초판 1쇄 인쇄 발행

지 은 이 ㅣ 염성오
펴 낸 이 ㅣ 원정호
펴 낸 곳 ㅣ 인프라와이드

등록번호 ㅣ 251002020000088
주   소 ㅣ 서울시 강남구 광평로10길 15, 101동 102호
이 메 일 ㅣ meetjh@naver.com

값 40,000원
ISBN 979-11-988684-0-4

탄소중립시대를 준비하는

인프라·에너지
투 자 입 문 서

염성오

서 문

탄소중립, 에너지 대전환이라는 화두는 인프라투자업계 전반에 많은 걸 변화시키고 있습니다. ESG 개념까지 요구되며 인프라 금융 역시 전통적인 인프라 섹터에서 새로운 신산업의 출몰에 분주히 대응하고 있습니다.

국내 인프라투자 본격 출발점을 1994년 제정된 민자유치촉진법이후라는 것에 이의를 제기할 사람이 없을 것입니다. 30여년이 지난 현재 투자 조직과 지원인프라 등의 성장은 괄목할 만합니다. 시작은 대형 건설업체와 메이저 은행의 시기가 있었다면, 지금은 강소 개발업체, PEF, 자산운용사, 증권사까지 활약하는 시간이 되었습니다. 시작은 토목형 PPP 민자사업이었다면 지금은 에너지전환사업(재생에너지, 수소), 디지털 인프라 등으로 다양해 지고 있습니다. 국내를 넘어 금융 선진이라는 미국 및 유럽까지, 대출을 넘어 메자닌 및 에퀴티까지, 인프라 투자는 끊임없이 진화해 왔습니다.

필자가 이 책을 쓰기로 마음먹은 이유는 부동산 분야에 비해 인프라 분야는 30여년이 넘는 시간에 비해 실무서가 없다는 점에서 출발했습니다. 민자사업, 발전사업, 재생에너지, 환경사업 등 모든 분야를 손쉽게 둘러볼 수 있는 입문서가 없다는 점에서 였습니다. 이 책을 준비하면서 다음과 같이 내용을 포함해서 차별화를 하고자 노력했습니다.

첫째, 인프라 투자의 이론 뿐 아니라 실제 금융 사례를 제시하고자 했습니다.

둘째, 대표 섹터인 민자사업, 민자발전사업, 재생에너지 뿐 아니라 환경, 디지털, 미드스트림, 규제자산 등 가급적 모든 섹터의 "투자 시 고려할 사항"을 제시하고자 했습니다.

셋째, 현재만을 설명하기 보다는 시계를 과거로 돌려 어떻게 민자사업, 민자발전사업 등이 변화해 왔는 지 설명해 보고자 했습니다. 시장은 앞으로 또 변화합니다. 우리가 가져야 할 것은 과거를 통해 미래를 볼 수 있는 눈을 갖는 것이라고 생각합니다.

넷째, 인프라사업의 특징이 사업위험을 "구조화"하는 것이고 그 결과물이 "사업계약서"입니다. 어떻게 계약서에 사업위험 경감방안을 담고 있는 지 다양한 사례를 제시하고자 했습니다.

책을 쓰는 데 많은 도움을 주신 분들에게 감사의 마음을 전합니다. 오랜기간 시장에서 인프라와 에너지 분야를 학습하며 성장할 수 있도록 기회와 애정을 주신 셀 수 없이 많은 선후배님들이 우선 생각납니다. 하나 하나 나열할 수 없지만 이 책은 제 손으로 썼지만 그 모든 분들의 노력의 결실이 모아진 것입니다. 한국기업평가에서 저와 함께 했던 동료들이 준 인사이트 덕분에 이 책이 나오게 되었습니다. 새로운 미래로 이끌어 주신 세종대학교 전의찬 교수님에게 감사를 전합니다. 그리고 이 책의 교정을 봐주신 홍승선, 문미정 선배님에게 감사를 드립니다. 마지막으로 아내와 시윤 시아의 칭찬이 있었기에 책을 낼 용기를 얻었다고 전하고 싶습니다.

이 책이 인프라 에너지를 공부하는 학생과 해당 업무를 시작하는 모든 분에게 사고의 틀을 제공했으면 합니다. 독자들의 관심에 힘입어 보다 나은 책으로 꾸준히 거듭날 수 있기를 희망합니다.

2024년 봄

염성오

C O N T E N T S

서문

6장
규제자산

7장

미드스트림(에너지중류시설)

10장

재생에너지

12장 ─────────

디지털 인프라

1장

인프라 금융
Infrastructure Financing

1 인프라 금융이란 무엇인가

인프라 자산

인프라 자산의 범위를 획일적으로 정의 내리기는 쉽지 않다. 일반적으로 다음과 같이 인프라 자산을 범주에 두고 있다.

- Power & Energy : 발전소, 재생에너지, 폐기물에너지, 미드스트림, 자원취급 터미널
- Utilities : 가스, 전기, 물 수송망
- Transport : 도로, 철도, 공항, 항만
- Social Infra : 학교, 병원, 정부기관건물

인프라자산을 민간에서 건설후 운영하는 분야는 Power & Energy, 정부의 민영화로 민간이 규제속에서 운영하는 분야는 Utilities, 민관합동투자인 PPP 방식으로 운영하는 분야는 Transport와 Social Infra로 각각 분류할 수 있다.

또한 인프라 자산을 수익-위험 프로파일(Risk Return Profile)별로 카테고리화 하면 다음과 같다. 오른쪽으로 갈수록 고위험 고수익 영역이다.

Availability 기반수익	Contract 기반수익	Regulation 기반수익	Demand 기반수익	Merchant 기반수익
• Social Infra(병원, 학교, 정부기관건물) • Availability Transport(일부 도로, 철도)	• 재생에너지 • 장기판매계약 기반 발전소 • Midstream	• 규제자산(상하수도, 가스 배송, 전기 송배전)	• Transport (도로, 철도, 항만 등)	• Merchant 발전 • 휴게소 • Communication

Low Risk Low Return ←————————————→ **High Risk High Return**

Availability 기반 수익 : 정부와의 계약에 따라 사용량과 관계없이 현금흐름 보장되는, 즉 가격 및 수량이 확정되어 수익이 확보하는 방식인 Social Infra(병원, 학교, 정부기관건물), Availability Transport(일부 도로, 철도)

Contract 기반 수익 : 정부의 장기 매출 보조금 프로그램이나 장기 판매계약에 기반하는 방식인 장기판매계약 기반 발전소, 재생에너지, 폐기물에너지, 미드스트림. 가격/수요 위험 제한적

Regulation 기반 수익 : 정부의 민영화로 만든 영역으로 정부로부터 가격을 규제 받지만 지역에 대한 독점적 지위를 제공 받는 방식인 Regulated Utilities (상하수도, 가스 배송, 전기 송배전 등). 가격 및 수요 위험 제한적, 주무관청이 적정 수익률 보장하고 있으나 주기적인 수익률 검토 통한 변동성 존재.

Demand 기반 수익 : 민간투자방식으로 일정기간 보호를 받으며 사용료 징수 권한을 보장받으나 물량에 대해서는 위험을 부담하는 방식인 Transport(도로, 철도, 항만 등)

Merchant 기반 수익 : 인프라 자산에 해당 되지만 매출이 시장수요에 의해 결정되어 경쟁 속에서 수익을 확보하는 방식인 Merchant 발전소, 휴게소, Communication. 가격이 시장 내에서 결정되어 일부 수요 위험 노출

위에 제시된 분야는 모든 자산에 획일적으로 적용되지 않는다. 예를 들어 재생에너지도 강력한 Contract 기반으로 수익을 내기도 하고, 시장에서 Merchant로 수익을 어렵게 창출하기도 한다. 미드스트림 역시 무조건 지급약정

과 같은 강력한 계약기반 사업이 있는가 하면 매출이 자원 가격에 노출되거나 물량이 이용자의 영업에 노출되는 경우 등 다양하다.

자산마다의 독특한 속성에 맞춰 사업구조가 점차 정교하게 진화해 오면서, 지금의 전형적인 수익-위험 프로파일이 자리잡혔다고 본다.

인프라 자산 투자의 특징

인프라 자산이라면 다음과 같은 요소가 있어야 한다.

- 내구성이 있는 오래가는 자산
- 비 탄력적인 수요
- 높은 진입 장벽
- 구조화된 매출
- 장기 계약
- 인플레이션 연계 매출

인프라 자산은 전통적인 대체투자 수단으로서 다음과 같은 특징을 보인다.

- 높은 분산 투자 효과 : 기존 전통 자산의 수익률과 상관성이 낮아, 포트폴리오 위험 저감에 이바지
- 장기 투자 적합 : 사회간접자본으로서 운영기간이 길고 안정적인 현금흐름 창출이 가능하여 자산부채관리에 적합한 자산
- 안정적 수익률 : 정부지원, 독점적 지위 확보, 물가 연동 등으로 꾸준히 안정적인 수익 창출 자산

인프라 금융 방법

인프라 자산은 높은 진입 장벽, 긴 경제적 내용 연수, 상대적으로 안정적인 운영 현금 흐름(인플레이션과 연계된), 그리고 경제적 환경에 대해 민감하지 않다는 특징을 갖고 있다. 인프라 자산이 위험이 없는 것은 아니지만, 경제 및 금융 주기에 따라 변동될 수 있는 항만 및 공항의 수익성이나 유료 도로의 사용 등은 다른 자산에 비해 회복력이 더 높다는 것을 경험해 봤다. [1]

안정적인 현금 흐름의 뒷받침을 받는 인프라 자산은 채권자들에게 안정성을 제공하면서 전형적으로 높은 수준의 부채비율을 보이고 있다.

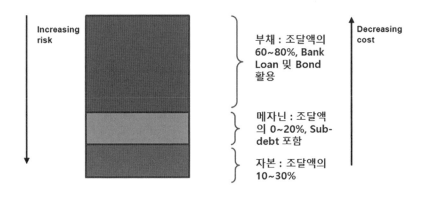

| Project debt finance |

인프라 사업은 현금 흐름이 안정적이고 출자자가 높은 부채비율 조달에 적극적이어서 다른 비 인프라 투자에 비해 부채비율이 높은 편이다. 과거 일반적으로 부채비율이 총투자비의 70~90%차지하고 있다. 또한 인프라의 자본집약적 특성, 운영위험이 낮은 특성, 장기간의 서비스 제공 등의 특성이 동일 등급의 기업보다 부채비율이 높은 편이다.

인프라 대출은 일반적으로 투자자를 위한 Fixed-income 상품으로 분류된다. Project Loan에는 두가지 형태가 있는데 하나는 Debt financing이고 나머지는 Project Bond다. 또한 대주의 신용지원 제공을 위해 Mezzanine debt이나 후순위대출이 있기도 하다.

| Project mezzanine finance |

후순위대출(Subordinated Debt)과 Mezzanine Tranche는 프로젝트의 선순위대출 모집을 원활하게 하고 신용리스크를 흡수하여 선순위 대출의 신용위험을 크게 경감시키는 역할을 한다. 이렇게 신용위험을 감내하는 대가로 높은 수익률을 제공받거나, 매력적인 지분 참여 권한을 제공받는다.

| Project equity finance |

프로젝트 금융은 정부와의 컨세션(Concession)이나 장기 리스, PPP 등의 협약을통해 위험배분 및 통제조치가 결정된다. 출자자는 Asset-specific 위험에 노출되고 별도의 출자자를 위한 안전 장치는 없으므로 사업의 성공에 수익이 달려있다.

출자자는 대출금 인출에 앞서 출자금이 먼저 조달된다. 재무출자자는 사업운영에 관여하지 않지만 전략출자자에 비해 출자자 의무를 완화 받는다. 자금보충액 수준, 출자금 납입 순서 등에서 재무출자자의 의무는 전략출자자 보다 완화된다.

인프라 자산 투자를 위한 다양한 방법

지 분	부 채
• 상장 인프라 주식 • 펀드 및 비상장 지분 투자 • 특정한 인프라 프로젝트 및 회사에 대한 직접 투자/공동 투자	• 인프라 회사 채권 • 사모 인프라 대출 • 자산 관리자를 통한 직접 대출 또는 분리 계좌를 통한 사모 인프라 대출

2 인프라 펀드
Infrastructure Fund

인프라 투자 전략 방식

앞서는 인프라 자산의 매출구조에 따른 수익비용 프로파일에 대해 설명했고, 여기는 대출과 지분 이분법이 아니고 지분형 투자도 인프라자산의 수익구조에 따라 Core, Core+, Value Added, Opportunistic로 구분하고 있다.

운영중이며 장기매출계약이 있는 자산에 대한 지분투자를 Core, Core 보다 수요리스크가 존재하고 자산 향상(사업의 증축, 매입)을 통해 자본이득을 동시에 추구하는 자산에 대한 지분투자를 Core+ 또는 Value Added, 매출이 시장수요에 의해 결정되어 별도의 수익보전장치가 없는 자산에 대한 지분투자를 Opportunistic이라 한다.

안정적인 대출에만 투자하면 안정성은 획득하지만 수익성이 낮으므로 포트폴리오 차원에서 지분투자도 고려하게 된다. 그때 어느 정도의 위험을 감내하면서 지분투자를 할 것인지 정할 때 사용하는 개념이다.

각 투자전략별 인프라 펀드의 투자 예시 및 매출구조를 예를 들면 다음과 같다.

인프라 펀드 투자 전략

전략	Sub Sector예시	매출구조	Target IRR	Cash Yield	Holding Period
Core	• 전기, 가스, 수도 등 유틸리티 • 계약기반의 재생에너지 • PPP자산 • 주요 도시의 Top-tier 공항, 항만, 도로	• 가격규제 • 정부 또는 준정부기관과의 계약 • 정부기관과의 Availability 기반 Concession	6~9%	5~7%	7년+
Core +	• 계약기반의 화력발전 • 일부 개발이 필요한(계약기반) 재생에너지 • 계약기반 미드스트림 • GDP 민감도가 높은 공항, 항만, 도로	• 장기계약 • 일부 Volume Risk가 있거나 GDP에 연계된 Concession	9~12%	4~6%	6년+
Value Added	• 데이터센터, 광통신망 네트워크 • 규모를 확장 중인 자산 • 리포지셔닝 중인 자산	• GDP나 인구 증가에 따라 Ramp up이 예상되는 구조 • 단기계약 • 준정부기관이 아닌 주체와의 계약	12~15%	2~3%	5~7년
Opportunistic	• 개발도상국의 인프라 • 재무적 곤경 등 특수한 상황의 자산 • 발전 또는 미드스트림	• Volume Risk와 Price Risk에 모두 노출 • 높은 매출 변동성	16%+	0%	3~5년

Core 전략 인프라 펀드 사례

Core 전략의 인프라 펀드 사례를 들어보고자 한다. 해당 펀드는 2020년에 펀드를 모집하였고 투자 대상을 다음과 같이 한정하고 있다. 해당 펀드의 목표수익률은 Net IRR 7~8% 내외이고 Cash Yield는 5% 이상을 제시하고 있다.

- 지역별 : EU회원국, 영국, 노르웨이, 스위스
- 자산별 : Target Asset List에 속한 규제 유틸리티 자산
- 수단별 : Equity 투자
- 투자제한 : 단일자산 투자한도는 약정액의 40%

좀더 구체적으로 투자대상인 규제 유틸리티를 보면 전력 송배전, 가스 배송, 상하수도 처리시설 등으로 Revenue Building Block 방식의 수익구조 기반으로 투하자본에 대한 적정이윤을 보전하는 형태에 국한한다. 이러한 네트워크 자산의 특성상 지역 독점의 성격을 지니며 신규 경쟁자 진입이 실질적으로 불가한 특징을 보인다. 규제자산은 필수 서비스 성격상 수요변동이 낮은 편이고 실제 매출이 예상을 하회할 경우에도 지급부족액을 보전하는 형태로 수요위험으로부터 절연되어 있다. 그리고 현금흐름이 물가와 금리에 연동되어 이자율 및 인플레이션의 위험으로부터 헷지 효과를 제공하고 있다.

또 다른 Core 전략 인프라 펀드는 2019년에 모집하였고 다음으로 투자 대상을 하고 있다. 해당 펀드의 목표수익률은 Net IRR 8.5%(현지통화 기준) 내외이고 Cash Yield는 5% 이상을 제시하고 있다.

- 지역별 : 유럽(영국 이외의 국가는 10% 이상 투자 제한)
- 자산별 : PPP, 규제기반 자산(교통, 병원, 교육시설 등)
- 투자제한 : 수요기반 사업에 총 약정금의 50% 이상 투자 제한, 건설중인자산에 총 약정금액의 20% 이상 투자 제한

해당 펀드는 다음과 같은 운용전략을 통해 장기 지속적인 현금수익을 창출하는 다변화된 포트폴리오에 투자를 하겠다고 밝히고 있다.

- Availability 기반 자산에 투자하여 수요와 관계없는 사용료 수취
- 단일 자산당 약정금액이 20% 이상 투자제한으로 포트폴리오 다각화 전략 수립
- Brown Field 위주의 투자로 초기부터 Cash Yield 창출
- 장기간 안정적으로 운영된 영국 및 유럽의 투자로 운영비용 및 적정 이윤 보장

Core+ 또는 Value Added 전략 인프라 펀드 사례

Core+ 전략 인프라 펀드 사례를 들어보고자 한다. 2019년 모집한 해당 펀드는 북미 소재 인프라 자산의 지분 또는 구조화 자본(우선주 등)에 투자하여 사업 성장·운영효율화·최적화 등을 통하여 자산가치를 제고한 후 Exit하는 전략을 추구 하고 있다. 해당펀드의 목표수익률은 Net IRR 12%(현지통화 기준)이다.

- 투자섹터 : 통신, 에너지, 교통, 물류, 수자원 등 인프라 섹터 전반
- 투자지역 : 북미 80% 이상
- 자산 프로화일 : 장기계약, 진입장벽, 안정된 현금흐름, 인플레이션 헷지 등 하방 안정성이 우수한 운영중인 인프라 자산에 투자하는 Core + 자산 위주 투자. Value Added 자산의 경우 진입장벽, 가격경쟁력 시장점유율 등을 고려하여 투자를 집행하고 개발단계 투자는 약정금액의 15% 이하로 제한

- 계발단계 자산이란 착공 전 자산으로 주요 인허가 및 정부 승인 취득 전 투자건 또는 예상 수익의 20% 이상이 Offtaker 또는 Hedging 계약이 없는 투자건을 의미

- 투자섹터 제한 : Oil 및 Gas 탐사목적 성격을 위한 자산

Value Added 전략은 지배지분 또는 포트폴리오 기업에 상당한 영향력을 행사할 수 있는 포지션을 구축할 수 있어야 자산 가치 제고 계획을 수립하여 실행할 수 있게 된다. 즉 원활한 가치제고 및 Exit을 하기 위해 투자시 의사결정 권

한을 확보하고, 섹터 전문인력을 활용해야 가치제고가 가능하다. 만약 Minority 지분 투자시에는 주요 사항에 대한 충분한 의결권 확보 또는 의결권 대신 배분 등 구조적 우선권을 확보해야 한다.

Value Added 전략 인프라 펀드 사례를 들어보고자 한다. 2021년 모집한 해당 펀드는 유럽 및 북미 등 OECD 국가를 중심으로 높은 성장 기회가 예상되는 인프라 자산에 투자하여 적극적인 포트폴리오 Value Added 활동을 통해 성과를 창출하는 전략을 추구 하고 있다. 해당펀드의 목표수익률은 Net IRR 12% 이상(현지통화 기준)이다.

- 투자섹터 : 에너지, 통신, 운송, 사회 인프라
- 투자 단계 : Brown Field 위주로 지배 지분에 투자, Green Field 15% 이하
- Exit 전략 : 자산 매입후 가치 창출 및 리스크를 경감시켜 자산 가치를 극대화한 이후 Core/Core + 인프라 펀드와 연기금 등에 매각 및 펀드 청산

해당펀드에서 제시하는 투자자산의 가치제고 사례를 보면 다음과 같다.

사례 : 인프라 펀드 가치제고

사업명	가치제고활동
미국 통신 섹터	• 운용사는 M&A 및 Capex에 필요한 자금을 조달하기 위해 공동 투자금액을 포함한 자금을 투입함. 회사는 이를 기반으로 4개의 통신 인프라 자산을 전략적으로 인수하여 기업가치를 제고하였음 • 공급업체 통합 및 일반관리비 감축을 진행하고 신규 사업 기회 발굴을 위한 데이터 기반 매출 분석 프로세스 도입 • Term Loan B 및 ABS 발행을 통하여 타인자본 비용을 절감하고 추가 네트워크 투자를 위한 유동성을 확보함
미국 수처리 섹터	• 운영 관리자와 함께 EPC 업체의 건설공정 감독 수행, 운영개시 이후 EPC업체와의 조율을 통해 추가공사비 지급 최소화 • 지역 수자원공사와 30년간 Take-if-delivered 계약을 체결하여 매출 변동위험 경감 및 배당현금흐름 안정화. 해당 시설 운영경험을 보유한 유지보수사와 30년 O&M 계약을 장기 고정단가로 체결 • 최종 매각시 Gross MOIC 1.6x, Gross IRR 36% 실현
미국 물류 섹터	• 건설단계에서 사업개발팀과 [000] bpd의 Take-or-pay 계약을 체결하여 매출 변동위험을 경감. 상업운영 개시 직전 기준 고객과 추가 저장계약 체결 및 계약단가 조정을 통하여 연간 계약기준 EBITDA를 13% 상승시킴 • CFO를 교체하여 회계보고 및 자금관리 절차 강화 • 최종 매각시 Gross MOIC 1.8x, Gross IRR 14% 실현
미국 미드 스트림	• 자본 효율성 제고를 위하여 이사회 주도하에 직원 인센티브 제도를 변경 • 운영기간 동안 EBITDA 대비 2배의 차입금을 유지하여 견고한 자본구조를 유지 • 새로운 CEO 선임하여 추가 파이프라인 증설 관련 협상, 포집 계약단가 재협상, 인원감축을 통한 비용절감 • 최종 매각시 Gross MOIC 1.7x, Gross IRR 17% 실현

3 프로젝트 금융
Project Financing

프로젝트 금융이란

프로젝트 금융은, 특정 프로젝트의 미래 현금흐름을 담보로 하여 당해 프로젝트를 수행하는 데 필요한 자금을 조달하는 금융기법을 총칭하는 개념이다. 프로젝트금융의 기업금융과 차별화된 특징은 다음과 같다.

- 현금흐름을 주요 상환재원으로 하고
- 프로젝트의 자산을 담보로 하되
- 출자자에 대한 상환청구권(Recourse)이 제한되며,
- 특수목적 회사인 Project company에게 제공하는 금융

프로젝트 금융은 대상 프로젝트의 현금수지에 기초한 비상환청구방식 혹은 제한적 상환청구방식 금융 (Non-recourse or limited recourse finance)이다. 대출 금융기관은 채권자인 동시에 프로젝트의 성패에 영향을 받는 이해관계자가 되며, 프로젝트의 실질적인 추진 주체인 사업주는 해당 프로젝트의 현금흐름에

한정하여 원리금 상환 책임을 진다. 프로젝트 금융은 법률적, 회계적으로 독립된 프로젝트 회사를 설립하고 필요한 자금을 조달하며 관련 위험을 배분하기 위하여 관련 당사자와 장기계약을 체결한다.

■ 프로젝트 참여자의 종류 및 역할

다음 그림은 프로젝트 금융의 전형적인 구조이다. 여러 프로젝트 당사자들은 다양한 경제적 이해관계를 가지고 프로젝트에 참여하여 다양한 역할을 수행하고 있는 바, 각각의 프로젝트 참여자의 역할은 다음과 같다.

ㅣ 프로젝트 금융의 참여자 ㅣ

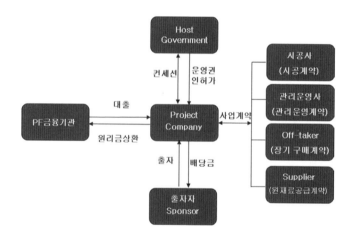

프로젝트 출자자(Project sponsor)는 프로젝트를 실질적으로 추진하는 주체로서, 하나의 회사일 수도 있고 다수일 수도 있다. 최근에는 프로젝트 금융의 대상이 되는 사업들이 사업 위험이 크고 소요자금이 방대하기 때문에, 이해관계자들이 공동으로 형성한 다수 기업의 컨소시엄으로 추진하는 것이 일반적이다.

사업주는 자본금 출자뿐아니라 경우에 따라서는 토지 또는 기술을 제공하거나, 프로젝트 운영자, 프로젝트 건설계약자(EPC계약자), 원재료공급자, 제품구매자 등의 역할을 수행한다.

프로젝트 회사(Project Company) 또는 사업시행회사는 사업주가 단독 또는 공동으로 출자하여 설립된 회사로서 계획사업의 추진 및 운영에 대한 모든 법률 행위의 주체가 된다. 프로젝트 금융에 있어 프로젝트 회사는 신설 특수목적법인(Special Purpose Company : SPC) 또는 차입주체로서 사업완공전에는 사업주로부터 지원을 받는 반면, 사업완공후에는 사업주의 지원 없이 독립적으로 차주의 역할을 수행하게 된다.

PF금융기관은 통상적인 프로젝트에 비해 소요자금의 규모 및 위험수준이 높은 프로젝트들을 대상으로 이루어지기 때문에 단일 금융기관만으로 전체 소요자금을 지원하기에는 해당 금융기관이 부담해야 하는 위험이 너무 큰 경우가 대부분이다. 따라서 사업주 또는 프로젝트 회사와 최초접촉을 가진 주간사은행은 금융지원과 관련된 위험을 분담하기 위해 여타 금융기관들로 대주단을 구성하는 것이 일반적이다.

공급업자(Supplier)는 프로젝트 회사와 원자재, 연료 등을 장기로 제공하는 공급계약을 통하여 프로젝트 금융에 참여하는 이해당사자이다. 장기공급계약이 체결된 프로젝트의 경우 프로젝트의 원자재위험이 줄어들기 때문에 신뢰성 있는 공급자의 유무는 프로젝트의 성패를 결정하는 중요한 요인이 된다.

장기구매자(Off-taker)는 프로젝트 회사와 프로젝트 생산물을 장기로 구매하는 구매보증계약(Offtake contracts) 을 통하여 프로젝트 금융에 참여하는 이해당사자이다. 구매보증계약이 체결된 프로젝트는 프로젝트의 산출물 판매 및 가격변동위험이 줄어들기 때문에 신뢰성 있는 장기 구매자의 존재는 프로젝트의 성패를 결정하는 중요한 요인이 된다. 아울러 장기 구매자는 구매보증계약을 통하여 프로젝트의 위험을 상당부분 부담하여 위험배분에 기여하게 된다.

관리운영사(Operation and maintenance : O&M)는 프로젝트 회사와 관리운영계약을 체결함으로써 프로젝트 금융에 참여하는 이해당사자이다. 대주단은 프로젝트 운영위험을 피하기 위해 전문적인 관리운영자와 관리운영계약을 맺을 것을 요구하는 경우가 많다. 사업주가 관리운영자를 겸하는 경우도 많으며, 사업주가 아닌 전문적인 관리운영회사와 관리운영계약을 체결하는 경우도 많다.

시공사(EPC Contractor)과 체결하는 EPC계약은 플랜트의 설계(engineering), 기자재 구매(procurement) 및 시공(construction) 등을 일괄적으로 공급하는 플랜트 건설계약을 말하며, 프로젝트 파이낸스에서는 통상 확정완공일자 및 확정금액 조건의 Turn-key EPC계약(Date-certain, fixed price, lump sum, turn-key EPC contract)이 요구된다.

발주국 정부(Host government)의 역할은 국제적으로 프로젝트 금융이 적용되는 상당수 사업들은 발주국의 경제개발에 중요한 사업인 경우가 많으므로 발주국 정부는 다양한 방법으로 프로젝트에 개입한다. 개입형태로는 지분참여, 차관제공 등을 통하여 프로젝트의 직접적인 당사자로 참여하는 경우와 각종 인허가, 보증, 조세감면, 정책 보조금 등을 통하여 프로젝트의 신뢰도를 높이는 역할을 하는 경우 등으로 구분할 수 있다.

■ 프로젝트 금융의 장점

ㅣ 위험분산(Risk Sharing) ㅣ

프로젝트 금융의 가장 큰 매력은 프로젝트의 일부 위험을 프로젝트 금융 참여자에게 이전할 수 있는데 있다. 물론 이러한 위험의 이전은 비용(risk premium)의 증가와 장기간의 협상을 필요로 한다. 프로젝트 금융은 프로젝트를 기존 사업과 분리하여 자금조달을 가능하게 함으로써 모기업을 특정 프로젝트의 위험으로부터 보호할 수 있는 장점을 가지고 있다. 사업주가 기업금융 방식으로 프로젝트를 수행할 경우 프로젝트가 실패하면 금융기관은 사업주에게 전액 상환청구를 하게 되며, 사업주는 이러한 채무부담으로 인해 파산할 수 있다.

그러나 제한 상환청구 형태의 프로젝트 금융은 프로젝트의 일부 위험을 금융기관이 부담하게 되며, 사업주는 금융기관이 부담하는 위험을 부담하지 않게 된다. 따라서 사업주는 당해 프로젝트가 실패하더라도 기업의 재무상태를 위태롭게 만들지 않게 된다.

｜ 회계적 고려사항 ｜

프로젝트 금융으로 자금을 조달할 경우에는 전통적인 기업금융방식보다 사업주의 재무제표에 미치는 영향을 최소화할 수 있다. 기업금융 방식으로 차입금을 조달할 경우에는 전액 기업의 차입금으로 계상되어 사업주의 각종 재무비율을 악화시키지만, 프로젝트 금융으로 차입금을 조달할 경우에는 부외(Off-balace sheet)거래로 인정될 수 있어 사업주의 재무제표에 미치는 영향이 적다. 물론 이러한 효과는 사업주 소재국의 회계기준에 따라 다를 수 있으나, 사업주의 재무제표 개선효과는 프로젝트 금융을 추진하는 유인으로 작용한다.

｜ 차입금 조달제한 완화 및 투자위험 경감 ｜

사업주는 기존의 차입계약 조건에 따른 추가차입 제한이나 기존의 과도한 차입금 규모로 인해 종종 추가 차입을 할 수 없는 경우가 있다. 그러나 프로젝트 금융의 경우에는 사업주가 프로젝트 회사의 설립을 통하여 신규로 자금을 차입할 수 있으며, 전통적인 기업금융보다 높은 부채 레버리지를 활용하여 자금을 조달할 수 있는 장점이 있다.

■ 프로젝트 금융의 단점

｜ 복잡한 금융절차 ｜

프로젝트 금융은 다양한 이해관계를 가지고 있는 프로젝트 관계자들의 협상에 기초하여 성립되기 때문에 관련 계약이 많고 계약서류 및 절차가 복잡하다. 프로젝트의 구조화 단계에서부터 대주단의 구성, 참여자들의 위험배분 및 참여

조건의 결정에 많은 시간과 비용이 소요되고 복잡하고 방대한 양의 관련문서가 필요하며 상대적으로 오랜 차입기간을 요한다.

ㅣ 높은 금융비용 ㅣ

프로젝트 금융은 일반적으로 높은 금융비용부담을 수반한다. 일반 기업금융을 비롯한 통상적인 금융조달기법에 비하여 프로젝트 금융은 대출금융기관이 부담하는 위험요소가 많으며, 이에 따라 대출금융기관은 고위험을 부담하는 대가로 높은 수준의 금리 및 수수료를 요구하는 것이 일반적이다.

ㅣ 프로젝트의 감독 및 통제 ㅣ

프로젝트 금융은 자금을 제공하는 금융기관에 의한 프로젝트의 감독 및 통제 등 철저한 사후관리가 지속적으로 필요하다. 프로젝트 건설의 완료 및 해당 프로젝트의 인도로 종료되는 일반 기업금융과는 달리 프로젝트 금융은 프로젝트의 건설, 운영 등 전 과정에 걸쳐 발생하는 프로젝트의 미래 현금흐름이 채권의 1차적 상환재원이다. 따라서 대출금융기관은 미래현금흐름이 채권확보에 충분할 정도로 유지되는가를 끊임없이 감독하고 통제하여야 한다. 이러한 감독권은 프로젝트 금융 계약에 명시되어야 하며, 현금흐름의 투명성 확보를 위하여 조건부 지급수탁계좌(escrow account)를 개설하고 약정내용의 준수 여부에 대하여 철저한 감독과 통제를 지속적으로 하여야 한다. 따라서 사업주 입장에서 차입금의 상환이 완료되기 전까지는 대주단의 통제를 받아야 하기 때문에 독자적으로 경영정책이나 영업전략을 시행할 수 없다.

4 신용보강장치
Credit Enhancement

상환능력 제고를 위한 신용보강장치

｜ 부채상환적립금(Debt Service Reserve Account: DSRA) 설정 ｜

부채상환적립금(Debt Service Reserve Account: DSRA)은 프로젝트 회사가 대출금의 최종상환일까지 향후 일정기간(일반적으로 6개월)내에 상환하여야 할 원금 및 이자 금액을 합한 금액을 적립하는 계정을 의미한다. DSRA는 운영기간중 배당가능현금이 발생하여 배당을 할 경우 현금에서 DSRA상당액만큼은 배당을 제한하도록 하여 상환재원을 미리 확보해주는 역할을 한다.

｜ 최저 부채상환비율(Debt Service Coverage Ratio: DSCR) 설정 ｜

DSCR은 해당 연도의 원리금 지급전 순현금흐름(Available cash flow before debt service)을 상환 원금과 이자비용을 합한 금액으로 나누어 준 값이다. 즉 해당 연도에 도래한 원금 및 이자를 갚고도 충분한 현금흐름이 창출되었는가 보기 위한 것이다. DSCR이 1.0 이하라면 프로젝트의 현금흐름이 상환계획에 지장을 초래할 위험이 있으며 1.0이면 차입원리금을 충당하는 수준이 된다.

금융기관은 프로젝트 금융 계약시 프로젝트의 전기간에 걸쳐 일정수준 이상의 DSCR을 유지할 것을 요구하는 것이 보통이다. 특정 시점에서의 프로젝트 회사의 DSCR이 이 수준을 하회하면 금융기관은 동 회사의 건전한 재무상태를 유지함으로써 미래의 원리금 회수를 확보하기 위해 당해 년도의 수익에서 원리금 상환후의 잉여현금흐름에 대해 지분출자자에 대한 배당을 제한하는 조치를 취하게 된다. 또한 최저 부채상환비율은 금융약정상 재무약정 준수사항 및 출자자의 자금보충약정 조건으로 설정되기도 한다.

❙ 신용공여대출금(Stand-by facility) 제공 ❙

운영초기 사업위험으로 인해 대출원리금 상환자금 부족시 그 부족액 보충을 목적으로 신용공여대출금을 제공하는 경우가 있다. 통상 인출가능기간은 운영개시후 일정 기간 제한하고, 적용이자율은 Term loan에 일정 금리를 가산하여 약정한다.

❙ 조건부 지급신탁계정(Escrow account)설정 ❙

대출은행은 시설이용료의 관리와 원리금상환의 투명성을 위하여 조건부 지급신탁계정을 별도로 운영하고 있다. 조건부 지급신탁계정은 사용료계정, 운영계정, 유보계정, 적립계정, 담보계정 등이 있다.

(예시) 조건부 지급신탁계정

사용료계정	• 사용료수입 및 기타 수입을 입금하기 위한 요구불예금계정.
운영계정	• 본 사업의 건설비, 운영비와 대출원리금 등의 지급을 위한 요구불예금계정.
유보계정	• 1개월내 본 사업의 건설비, 운영비와 대출원리금 등의 지급을 준비하기 위한 요구불 예금계정. 유보계정의 잔액이 부족한 경우 필요한 금액을 적립계정으로부터 유보계정으로 이체.
적립계정	• 여유자금의 운용을 위하여 정기예적금 등 기한부 예금계정 개설. 적립계정은 차주가 대주들에게 담보제공을 할 수 있는 유형의 계정이어야 함. 전년도말 현재 대출금의 20%에 달할 때까지 적립 유지해야 하며, 이익배당제한으로 인하여 발생하는 금액을 적립.
담보계정	• 차주의 채무불이행에 따른 기한의 이익상실시 대주들의 채권회수를 위한 준비계정으로, 그러한 상황이 발생하면 각 계정에 예치된 잔액 전부를 이 계정으로 이체하고, 담보계정 개설 이후의 사용료 수입, 보험료 및 기타 차주의 모든 수입금은 담보계정에 입금됨.

ㅣ 자금보충 ㅣ

자금보충 약정은 사업의 위험으로부터 발생하는 손실의 전부 또는 일부를 자금보충인(통상 출자사)에게 추가출자 또는 후순위대출 등으로 보충토록 하는 가장 포괄적인 사업위험 경감 장치다.

연대보증과 채무인수는 주채무자인 시행법인과 출자사 그리고 대주 3자의 관계에서 출발하는 의무인 반면, 자금보충은 자금보충약정 상 자금보충인과 대주 양자간의 금전소비대차계약이다. 자금보충 금액이 주채무자에게 지급될 경우 주채무자에 대한 제3채권자와 혼장위험에 노출될 가능성이 있으므로 이를 배제하기 위하여 구조적으로 대주와의 약정으로 구조화 하였다.

연대보증 및 채무인수가 민법상 명문화된 신용보강 수단임에 비해, 자금보충은 대출계약상에 규정되는 사적계약의 형태임에 따라 연대보증 및 채무인수에 비하여 강제성이 약하다. 또한 연대보증 또는 채무인수의 경우 채무를 이행하지 못할 경우 해당 원리금 및 지연이자를 부담하게 되므로 대출원리금 상환액이 부족하지 않게 되는 반면 자금보충의 경우 지연에 따른 손해배상 책임만을 부담하게 되어 원리금 상환재원이 부족할 수 있다.

〈사례1〉 완전 상환청구방식(Full Recourse)

건설기간에는 사업비증가에 따른 추가 소요자금 전액을, 운영기간에는 대출금 상환완료시까지 원리금지급일의 DSCR이 1.0이상유지, 누적DSCR을 1.2이상으로 유지하기에 부족한 자금 전액을 출자자가 제공하는 약정

〈사례2〉 제한 상환청구방식(Limited Recourse)

초기 사업은 국내 프로젝트 파이낸스에 대한 인식과 경험의 부족과 건설위험, 운영위험 및 정치적 위험에 대한 측정 불능으로 인해 모든 위험을 출자자 보충으로 커버하고자 했었다. 그러나 완공 후 운영을 시작한 사업에 건설위험과 운영 및 시장위험이 크게 발생하지 않음에 따라 출자자약정의 범위는 점차 축소되며 진화하였다. 건설기간중 불가항력사유로 인한 부족자금은 100억원까지, 기타 사유는 50억원을 한도로 매우 제한적으로 출자자가 제공하는 약정

보험 패키지 가입

인프라시설은 건설기간 및 운영기간에 물적손해, 재정손해, 배상책임에 대해 패키지 보험을 가입한다. 금융과정에서 가입 예정 보험프로그램을 검토해서, 합리적인 선에서 가입했는지 점검해야 한다. 비용을 아끼려 공제금액을 키우거나 공제기간을 길게 하면 보험사고가 발생했을 때 실효적인 보상을 받지 못한다.

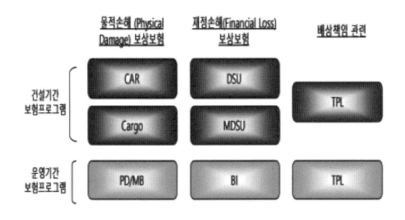

CAR: Construction All Risks
DSU: Delay in Start-Up
MDSU: Marine Delay in Start-Up
PD/MB: Property Damage/Machinery Breakdown
BI: Business Interruption
TPL: Third Party Liability

■ 건설기간 보험 패키지

건설기간중에 가입하는 주요 보험 프로그램은 다음과 같다.

건설공사보험 (Construction All Risks)	공사중에 발생하는 손해를 담보하는 보험을 말하며, 공사착공에서 완공까지의 전기간에 걸쳐 공사 현장에서 발생할 수 있는 돌발적인 사고로 인해 공사목적물에 끼친 손해를 담보함
건설-가동 지연보상보험 (Delay in Start-Up)	프로젝트 건설중 건설공사 보험사고가 발생하여 물적손해가 발생하고 동 사고로 인하여 프로젝트의 준공일이 지연될 경우 예상상업가동일과 실제 상업가동일간에 발생하는 프로젝트의 고정비 및 원리금 상환액 등을 보상기간(Indemnity Period)동안 실제로 발생한 금액 내에서 보상하는 보험을 말함
적하보험 (Marine Cargo)	해상/항공,육상을 포함한 모든 운송수단을 사용함에 따른 과정에서 발생하는 모든 종류의 손상, 파괴,손해 등을 통칭하여 보상하는 보험을 말함. 본 보험의 보상대상기간은 선적지에 선적하는 시점부터 목적지에 하역하는 작업이 완료되는 시점임. CAR와 마찬가지로 All Risks조건으로 구성이 되어 있어 기본적으로 보험증권상에 보험자의 면책(Exclusions)으로 명기되어 있지 않는 한 모든 손해는 보상됨
적하-가동지연 보상보험 (Marine Delay in Start-Up)	발전 기자재가 기자재 회사 공장에서 적재부터 프로젝트 현장까지 운송기간 중에 적하보험사고가 발생하여 물적손해가 발생하고 동 사고로 인하여 프로젝트의 준공일이 지연될 경우 예상상업가동일과 실제 상업가동일간에 발생하는 프로젝트의 고정비 및 원리금 상환액 등을 보상기간내에서 발생한 손해에 대하여 보상함
제3자 배상책임보험 (Third party Liability)	건설 중에 제3자의 생명이나 신체에 손해를 야기하거나 제3자의 재산이 훼손 또는 파손되어 법률상의 배상책임을 질 때 이를 담보하는 보험을 말함

■ 운영기간 보험 패키지

운영기간중에 가입하는 주요 보험 프로그램은 다음과 같다.

재물보험 (PD/MB)	프로젝트의 유지 및 관리, 운영과 관련하여 모든 재물 및 이해관계와 관련되어 발생한 물적 손실 및 손해를 담보하는 보험을 말함. 보험대상은 파손된 물품의 전액교체비용임
기업휴지보험 (Business Interruption)	기업휴지보험 보상대상기간 동안 발생한 원리금, 고정비용을 보상하는 보험을 말함. 보험계약은 매 년도마다 갱신됨
제3자 배상책임보험 (Third party Liability)	운영 중 제3자의 생명이나 신체에 손해를 야기하거나 제3자의 재산이 훼손 또는 파손되어 법률상의 배상책임을 질 때 이를 담보하는 보험을 말함

5 인프라 자산 고유 위험

　전형적인 프로젝트 금융에서 프로젝트위험은 개발단계위험(development risks), 건설단계위험(construction risks), 시운전단계 위험(start-up risks), 운영단계위험(Operation risks)등으로 나누어 볼 수 있다. 금융기관 관점에서 볼 때 프로젝트 위험은 시운전까지 점차 증가하여 사업완공시점에 위험이 최고조에 달하며, 운영단계에서는 위험이 급격하게 감소하는 형태를 가지게 된다. [2]

　위험배분 방법은 프로젝트의 성격에 따라 달리 적용된다. 대부분의 프로젝트 위험은 프로젝트의 경제성을 바탕으로 프로젝트 참여자간의 협상에 의해 배분되지만, 기본적인 위험배분원칙은 프로젝트 각각의 위험에 대하여 가장 잘 관리할 수 있는 프로젝트 참여자에게 그 위험을 배분하는 것이다.

　프로젝트의 모든 위험은 계약을 통한 분담, Trigger구조에 의한 전가, 신용공여대출 등의 금융제공, 타당성 조사를 통한 수용, 회피 등의 방법으로 관리된다.

｜ 건설위험(Construction risk) ｜

　건설위험은 크게 공사비초과(Cost overruns), 완공지연(Delay in completion), 성능저하(Shortfalls in expected capacity, output or efficiency)등의 위험으로 구성된다. 금융기관은 사업완공까지 사업주의 공사완공보증 등 재무적 지원을 요구하며 통상 외부 독립엔지니어(Independent engineer)를 고용하여 프로젝트 건설과 관련되는 기술적 사항을 확인하고 건설기간동안 프로젝트를 관리 감독토록 한다. 한편, 프로젝트 건설경험이 풍부하고 재무적으로 신뢰할 수 있는 EPC계약자와의 약정손해배상을 포함하는 Date certain, fixed price, lump sum, turn-key EPC계약을 체결하도록 하는 동시에 각종 보험부보를 통하여 공사완공위험을 관리한다. 공사완공위험을 배분하는 방법으로는 다음과 같은 방법이 있다.

- Turn-key EPC계약: Turn-key EPC계약에 확정완공일자, 확정금액(fixed price, lump sum), 손해배상약정(Liquidated damages : LDs), 유보금, 프로젝트 인수대금의 지급 등의 조항을 통하여 프로젝트의 완공에 필요한 재무적 지원을 규정한다. 한편, EPC계약자가 컨소시엄 형태로 구성될 경우에는 그 책임소재를 명확히 하고 프로젝트의 통합관리가 가능하도록 가능한 한 컨소시엄 리더가 모든 컨소시엄 계약자의 의무에 대하여 총괄적으로 책임(Single point of responsibility)을 지도록 규정하는 것이 바람직하다.
- 공사완공보증(Completion Guarantee): 프로젝트가 특정일까지 완공되지 않을 경우 사업주가 대출원리금의 상환을 보증하는 방법이다.

｜ 원재료공급위험(Supply risk) ｜

프로젝트 회사는 주요 원재료가 부족하거나 공급지연이 될 경우 제품판매계약상의 공급의무를 이행할 수 없게 되며, 결과적으로 판매수입이 감소하여 프로젝트의 현금흐름에 부정적인 영향을 초래하게 된다. 또한 원재료의 가격 또는 운영비용이 상승하게 될 경우에는 프로젝트 회사의 수익구조가 악화된다. 프로젝트의 운영에 필요한 원재료, 연료 등은 프로젝트의 운영에 차질이 없도록 장기 안정적으로 확보되어야 한다. 일반적으로 이러한 원재료공급위험은 신용이 양호한 공급자와의 장기 공급계약 체결을 통해 경감될 수 있다. 원재료공급위험의 배분방법에는 다음과 같은 방법이 있다.

- 원재료공급계약: 원재료공급계약의 체결목적은 원가변동위험뿐만 아니라 시장 위험을 경감하는데 있다. 원재료공급위험을 가장 효과적으로 경감하기 위해서는 무조건적 지급조건인 Supply-or-Pay형태의 계약을 체결하여야 하며, 공급량, 가격, 품질보증 및 계약기간 등을 합리적으로 규정하여야 한다.

| 운영위험(Operation risk) |

프로젝트 운영자는 프로젝트의 효율적 운영 및 성능유지를 위하여 적용기술을 효율적으로 사용하고 운영비용을 잘 통제할 수 있어야 한다. 한편 금융기관은 운영관리위험을 경감하기 위하여 사업주 및 경험있는 운영자의 지속적인 사업 참여를 보장받아야 한다. 관리요소에 대한 운영위험 경감방안은 다음과 같은 방법이 있다.

- 운영·관리계약(Operation & Maintenance Contract): 운영·관리계약(O&M Contract)을 통해 핵심 관리인력을 프로젝트의 운영·관리에 참여하게 하고 사업주가 경영관리기술을 지원하도록 하는 방법이다. 기술공급계약의 일부로서 교육훈련계약을 체결하고 시운전 이후 일정기간 동안 관리직원을 파견하는 약정을 체결할 수도 있다.

| 시장위험(Market risk) |

시장위험은 판매위험이라고도 한다. 시장위험은 제품의 판매가격 하락, 시장점유율 하락, 제품수요 감소, 프로젝트 생산물의 품질저하 등으로 발생한다. 프로젝트 금융에서 대출원리금의 상환재원은 원칙적으로 프로젝트에서 창출되는 판매수익에 한정되므로 제품판매계약이 취소가능할 경우에는 시장위험이 증가하게 된다. 시장위험은 금융기관이 부담하여야 하는 위험중에서 가장 어려운 위험중의 하나이다.

시장위험은 신용이 양호한 구매자와의 장기 제품판매계약(Long term off-take contract)의 체결을 통해 경감될 수도 있다. 시장위험에 대한 위험배분 방법은 다음과 같은 방법이 있다.

- 제품판매계약: 제품판매계약의 체결목적은 원가변동위험뿐만 아니라 시장위험을 경감하는데 있다. 시장위험을 가장 효과적으로 경감하기 위해서는 무조건적 지급조건인 Take-or-Pay형태의 계약을 체결하는 것이 바람직하다. 금융기관은 추가적으로 제품판매계약(Off-take contract)상의 구매자의 요건을 지정하여 구매자의 신용위험을 경감할 수 있으며, 제품판매계약의 계약기간, 가격결정방법 및 입금계좌를 지정하여 시장위험을 경감할 수 있다. 원가위험을 구매자에게 전가할 수 있도록 제품판매계약에 가격조정조항 및 최저가격(Floor price)을 규정하는 것도 바람직하다.

- 물량보장계약: 석유 및 가스 파이프라인 프로젝트, 고속도로 프로젝트 등에서 프로젝트의 최소 물량(파이프라인을 통과하는 석유, 가스의 물량 또는 고속도로 프로젝트의 경우 교통량)을 보장받아 프로젝트의 안정적인 수익을 확보할 수 있다. 계약불이행이나 불가항력을 엄격히 규정할 경우 이 방법은 사실상 무조건적 지급보증(Hell-or-high-water)의 효과를 가져올 수 있다.

｜ 불가항력 위험(Force Majeure risk) ｜

불가항력위험이란 프로젝트의 건설, 시운전, 운영 및 유지보수 과정에서 프로젝트 회사나 다른 당사자들이 통제할 수 있는 범위를 벗어난 위험을 말한다. 불가항력위험은 당사자들이 예측할 수 없을 뿐만 아니라 아무리 신중한 주의를 기울여도 피하기 어려운 위험으로 당사자들의 계약상 의무이행을 불가능하게 하거나 매우 어렵게 만든다.

불가항력 사건에는 태풍, 홍수, 지진 등 자연재해뿐만 아니라 전쟁, 쿠데타, 내전, 혁명, 폭동, 파업, 테러, 수출입 금지, 화재, 폭발, 법률의 변경, 몰수 및 국유화, 관련 인허가의 지연 또는 불허, 외환통제, 가격통제 등이 포함될 수 있다. 불가항력위험에 대한 위험배분 구조는 다음과 같은 방법이 있다.

- 보험부보: 일반 손해보험은 자연재해로 인한 손실 등을 보상하지만, 파업이나 정부의 금수조치 등으로 인한 손해는 보상하지 않는다. 또한 프로젝트 운영단계에서 발생할 수 있는 위험을 보상받기 위해 보험에 가입하였더라도 보험계약자의 태만이나 부주의로 인한 손실은 보상되지 않는다. 따라서 최근 들어 조업중단보험은 이러한 위험을 적절히 담보하는 수단으로 많이 활용되고 있다.

ㅣ 정치적 위험(Political risk) ㅣ

정치적 위험은 통상 2국간 거래에서 발생하는 위험으로 각국 정부의 ECA 또는 민간보험회사 등의 보험부보를 통해 커버될 수 있다. 대표적인 정치적 위험으로는 몰수 및 국유화, 환전 및 송금 불능, 조세 및 법률 변경, 정부의 계약위반, 각종 인허가 위험, 정치적 소요 등이 있으며, 이들은 정치적 위험보험의 주요 담보 위험이 된다.

- 정치적 위험보험(Political risk insurance : PRI)부보: 각국 수출신용기관 (Export Credit agency : ECA) 및 국제 개발금융기관(Multilateral Agency : MLA) 등 일부 민간보험회사가 정치적 위험에 대하여 보험을 제공한다. 정치적 위험으로 인한 손실을 보상받기 위해서는 통상 해당 정치적 위험이 6개월이상 지속되어야 한다. 전쟁과 폭동 등의 정치적 위험보험은 통상 전쟁 폭동 등으로 인한 손실의 95~100%를 보상하며, 나머지는 금융기관이 부담하게 된다.

정치적 위험보험(Political risk insurance : PRI)부보

PRI는 1940년대 후반 태환 및 송금 중단(Currency Inconvertibility and Transfer Protection: CIT)에 대한 보험으로 출발하였으며 재산몰수 및 국유화(Confiscation, Expropriation and Nationalization: CEN)에 대한 보험으로 확대되었다. 이후 개도국에 대한 투자 증가와 함께 보장범위 확대되었으며, Lloyd's(1979년), AIG(1982년) 등 민간상업기관의 시장 진출이 본격적으로 이루어졌으며, 포괄적인 정부의 불성실 행위(Non-Honouring of Sovereign Obligation: NH)에 대한 보험이 등장하였다. 90년대 후반 아시아와 중남미의 외환위기시 개도국 정부가 태환 가치 보장 약속 등을 이행하지 않음에 따라 정부 불성실 행위에 이르기까지 포괄적으로 보상하는 보험 수요 발생했다.

보증기간

최소 1년에서 최대 15년 기간 동안 보험계약 유지가 가능하나, 사업의 특성에 따라 20년까지도 가능하다. 보험계약서가 발행되어 계약이 발효되면, 보험사는 보험계약자의 계약위반 상황을 제외한 경우에는 임의로 계약을 종결할 수 없다. 그러나 보험계약자는 보험계약일로부터 만 1년 경과 후, 매년 돌아오는 보험계약일과 동일한 날짜에 위약금 없이 보증범위를 축소하거나 계약을 취소할 수 있다.

부보금액

지분투자의 경우 총 투자액의 최대 90%까지 부보 가능하며, 추가적으로 해당 사업으로부터 발생하는 이익유보금에 대한 보장을 위해 투자액의 500%까지 추가 부보가 가능하다. 대출 및 대출에 대한 지급보증의 경우, 일반적으로 원금의 최대 95%까지 부보 가능하며, 대출 기간 동안 발생한 이자를 보상하기 위해 원금의 150%까지 추가 부보가 가능하다.

2장

민간투자사업
PPP(Private Public Partnership)

.
.
.

1 PPP란 무엇인가

PPP의 개념

PPP(Public Private Partnership)는 정부부문과 민간부문이 장기 계약을 맺고 민간부문이 자기 책임 하에 상당부분의 자금을 투입하여 신규 인프라(기존 인프라의 개보수 포함)를 건설하여 운영하고(건설투자 없이 기존 시설의 운영도 포함), 이에 따르는 보수는 성과에 연동되는 구조로 보상받는 제도를 의미한다.

과거 공공부문이 독자적으로 재원을 투입하여 사업을 추진하는 방식이 과도한 부채 증가로 인해 재원조달의 한계에 부딪히게 되면서, 재원조달 소스를 다양화하고 공공서비스사업의 비용과 운영 측면에서의 효율성을 향상시키기 위한 목적에서 민간부문을 참여시키는 PPP제도가 도입되었다.

서구권 국가의 정부들은 대공황과 2차 세계 대전을 겪으며 부족한 재정을 보완하기 위해 민간 자본과 기술을 통해 PPP형태로 철도, 도로, 항만 및 공항을 건설하게 되었다.

가동률 기반의 지급 구조(Availability based Payment)를 띠는 PPP 구조는 1990년 대 중반 영국 정부의 Project Finance Initiative(PFI)부터 시작되었다. 영국정부는 이후 2018년까지 Social Infra시설 약 700건 이상의 PFI 계약을 민간과

체결하였다. 같은 기간 유럽 대륙에서는 규모는 작으나 중요한 수백건의 PPP 사업이 진행되었다. 세계은행에 따르면 1984년 이후 중저소득 국가에서 PPP의 개념에 부합하는 약 5,000건의 민간 인프라 사업이 시행되었다고 한다. 이러한 수치는 유지관리 민간 위탁, 장기 임대 계약, 양허계약, 공기업 민영화 등을 모두 포함한 것이며, 800건 이상의 상수도 시설 사업, 1,400건 이상의 대중교통 사업, 2,600건 이상의 에너지 사업이 진행되었다.

오스트레일리아, 캐나다, 칠레, 스페인, 프랑스, 벨기에, 네덜란드, 멕시코, 영국 등의 국가들은 PPP 제도를 도입하고 문제가 발생할 시, 이를 개선하는 동시에 사업을 추진해 나갔으며 미국의 경우 PPP 도입은 늦었으나 점점 속도를 내고 있다.

PPP와 관련하여 많은 문제들이 있어 왔으나 이는 제도 자체에 문제가 있음을 의미하는 것이 아니다. 공공성이 강한 자산 특성상 사업과 관련된 이해 관계자들, 특히 시민들에게 돌아가는 효익을 극대화하기 위해서 법률, 조달 가능 재원, 사업성을 고려하다 보니 이견이 많이 발생했다. 지역 주민들의 여론, 지역별 다양한 관습법, 정치권의 포퓰리즘 등에 의해 갈등이 생기고 법과 계약이 있어도 보호받지 못할 수 있다.

PPP사업의 구조

PPP라는 용어는 유럽 지역에서 1990년대부터 일반적으로 사용되기 시작하였으나, 표준화된 형태의 PPP 모델이 존재하는 것은 아니다. PPP사업에서의 공공부문과 민간부문의 책임 및 관여 수준은 금융과 리스크 배분 방식에 따라 다양한 형태가 존재하며, 대상 프로젝트의 특성이나 사업성, 법률구조, 사업기간, 사업참여기관, 금융환경 등에 따라서도 PPP사업의 세부구조가 달라지게 된다.

PPP제도와 기존 정부주도방식 간의 가장 큰 차이점은 민간부문의 수입이 계약기간 동안 해당 서비스 제공 수준에 따라 연동되는 구조라는 점이라고 할 수 있다. 재정투자는 정부에서 수요조사와 더불어 건설업체를 선정하여 완공하여 공기업이나 민간에 위탁시키는데 반하여, PPP사업에 참여하는 민간 사업자는 대상시설에 대한 준공뿐만 아니라 프로젝트 전반에 걸친 통제 및 관리를 담당하고 시설물의 성공적인 운영에 대한 책임을 부담하게 된다.

PPP사업의 구조는 대상사업의 특성에 따라 달라질 수 있으나, 일반적인 PPP사업의 참여구조와 참여기관 별 수행역할은 다음과 같다.

■ PPP사업의 일반적인 참여구조

구분	내용
주무관청	• 프로젝트의 최종 책임주체로서 사업자 선정, PPP 구조 결정 및 주요 의사결정 수행 • 협약조건을 이행하는 주체이며, 협약 종료 이후 처리에 대한 권한 보유
PPP 사업법인	• 주무관청과 체결하는 실시협약에 따라 해당 프로젝트를 실행하는 주체 • 협약에 따라 대상시설 건설, 주무관청으로의 소유권 이전, 시설 운영 등의 의무 부담
건설사	• 협약상 PPP사업자의 대상시설 건설의무를 EPC계약을 통해 건설사가 수행 • 건설기간의 건설사 시공이익과 운영기간의 주주 이익간 불균형이 발생하지 않도록 PPP사업자가 시공 전반에 걸쳐 모니터링 중요 • 건설사가 PPP사업자의 주주로서 참여하는 경우도 많음
운영사	• 대상 시설의 운영 의무는 PPP사업자가 부담하나, 해당 분야에 대한 전문성이 필요한 경우 별도 운영사와의 O&M계약을 통해 시설 운영 수행 • 운영사가 PPP사업자의 주주로서 참여하는 경우도 많음 • 일반적으로 PPP사업자는 O&M계약을 통해 협약상 부담하는 시설 관리 및 서비스 제공 등의 의무를 운영사에 전가
금융기관	• PPP사업의 경우 별도 SPC 설립을 통해 PF구조로 자금을 조달하는 방식이 일반적임 • 금융기관은 PF대출과 지분투자를 위한 외부 재원조달을 수행
기타 참여사	• 대상 프로젝트 규모가 크고 복잡한 경우 추가적인 역할 분담을 위한 기관 참여 가능

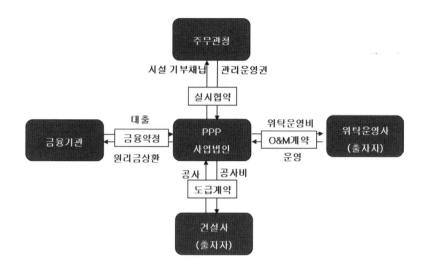

PPP의 유형

PPP사업의 유형이나 접근방식은 매우 다양하게 나타나고 있으며, 해당 프로젝트의 협약 조건과 다수의 사업참여자 요구사항을 충족하기 위해 그 구조가 계속적으로 진화하고 있다. PPP 사업의 유형 및 구조를 결정하는데 영향을 미치는 주요 요인은 다음과 같다.

- 재원조달 측면에서의 주무관청 참여 수준
- 대상사업의 실시협약 기간 및 특성
- 주무관청과 PPP사업자간 리스크 부담 수준
- PPP사업자 수행 역무 범위 (설계, 건설, 재원조달, 운영, 자산이전 등)
- 금융구조

PPP 사업 유형은 사업 리스크와 사업자의 수익성을 결정하는 핵심 요인을 기준으로 크게 Availability 기반 사업과 Demand 기반 사업으로 구분할 수 있으며, 각각의 특징은 다음과 같다.

PPP사업 유형 비교 (Availability vs Demand)

구 분	Availability 기반 사업	Demand 기반 사업
사업 리스크	• 서비스 수행 능력 • 운영비용	• 물량 (대상시설 수요)
위험수익수준	• 저위험-저수익 구조	• 고위험-고수익 구조
주요 대상시설	• 병원, 학교, 정부 기관 등 • Availability Transport (도로, 철도 등)	• 도로, 철도, 항만, 공항 등
지급주체	• 주무관청 (Government Pay)	• 사용자 (User Pay)

Demand 기반 사업의 경우 대상시설의 실제 수요 수준에 따른 사업성 변동 리스크를 PPP사업자가 부담하게 되는 구조이기 때문에 수익성 변동폭이 큰 편이다. 반면, Availability 기반 사업은 PPP사업자는 대상시설의 실제 수요와는 무관하게 대상 서비스를 제공하기 위한 Availability를 목표수준까지 확보하면 예정된 수익의 회수가 가능하기 때문에 상대적으로 안정성이 높은 구조라고 할 수 있다.

Demand 기반 사업은 이용자 수 또는 사용량에 따라 수익이 변동되는 구조로 Availability 기반 사업과는 달리 수요와 직접적으로 연결되어 수익성이 높은 대신 수요에 대한 위험이 존재한다. 지급 방식 특성상 Demand 기반 사업은 교육시설이나 병원시설보다는 주로 도로 · 항만 · 철도 등 운송 인프라 시설에 적용되고 있다.

Termination/Compensation Risk

PPP 사업의 경우 일반적으로 사업시행법인의 운영실적, Termination 조건, 이용료, 이용량 등에 대한 검토가 필요하다. 주요 사업위험은 크게 건설관련위험, 운영위험, 매출위험, Termination/Compensation Risk 등이 있다. 다른 위험 항목은 전장에서 설명했으니, 여기에서는 Termination/Compensation Risk(해지 조항 및 해지시 보상 위험)에 대해 자세히 설명하고자 한다.

막대한 자본이 필요한 인프라자산의 특징상 금융기관의 대출에 상당부분 의존한다. 대출금융기관 입장에서 가장 염려는 해당 시설이 주문관청과 분쟁이 생겨 사업이 해지될 경우, 대출금 회수가 불가할 경우다. 따라서 국가마다 PPP제 도에는 귀책사유별 해지조항이 명확하게 제시되고, 그에 따른 보상도 명확하게 제시되는 편이다.

주무관청 귀책에 의한 해지, 사업자 귀책에 의한 해지, 불가항력 사유에 의한 해지 등으로 구분하여 해지사유와 해지될 경우 보상금액 산정 방법이 구체적으로 제도나 해당 실시협약에 명시되어 있어야 한다. 이는 국가마다 사업마다 조금씩 다르다.

주무관청 귀책에 의한 해지사유	• 사업자의 자산 또는 주식의 수용 및 몰수 • 사업자에 대한 대금 미지급 • 관련 규정을 위반하여 PPP 계약상의 권한 이전 • 정부의 중대한 계약 의무 위반 • 정부의 사업 권한 부여 실패 등이 있음.
사업자 귀책에 의한 해지사유	• 사업자의 지급 불능 및 파산 • 준공에 실패한 경우 • 사업자가 계약된 서비스를 제공하지 못하는 경우 • Penalty 점수가 일정 수준을 초과하는 경우 • 정부의 동의 없이 사업자의 소유권이 이전되는 경우

각각의 해지사유 발생시 주무관청은 사업자에게 해지시 지급금을 지불할 책임이 있다. 비록 사업자 귀책으로 해지되어도 투자자 보호를 위한 장치가 마련되어 있다. 초기 영국 PPP 사업에서는 사업자 귀책사유로 인한 해지시 사업자에게 해지시지급금을 지급하지 않았다. 그러나 지급하지 않는 경우 투자자 및 대출기관 모집이 어려워 지자 해지시지급금을 지급하는 것으로 변경되었다. 다만 지급금액이 주무관청에 의할 경우보다 적다.

해지시지급금 산정 방법에는 해지시점의 장부가액, 조달금액, 시장가치를
기준으로 산정해서 귀책사유별로 차등해서 보상한다.

기준	방법
장부가액 기준	• PPP 사업에 투입된 투자비를 기준으로 산정되며, 건설기간/운영기간에 따라 보상금 산정 방법이 달라짐 • 건설기간: 계약 해지 날까지 PPP 자산 건설에 투입된 투자비 • 운영기간: 감가상각을 고려한 자산의 장부가액 • 장부가액은 실제 조달금액과는 다를 수 있기 때문에 과소 보상 또는 과대 보상 위험이 존재함
조달금액 기준	• 사업자가 PPP 사업을 위해 조달한 선순위 대출금, 후순위 대출금, 자본금 등을 기준으로 산정 • 일반적으로 대출기관은 과소 보상 위험이 있는 장부가액 보상보다는 조달금액 기준 보상을 더 선호함 • 대출기관에 대한 보상 : 일반적으로 대출기관은 사업자 귀책사유가 아닌 경우의 조기 해지 시 대출 원리금 전부를 회수할 수 있는 조항을 요구함 • 지분 투자자에 대한 보상 : 지분 투자자에 대한 보상금은 일반적으로 세 가지 기준으로 산정됨. 납입 자본금 기준(Original return), 시장가치 기준(Market value), 미래 회수금 기준(Future value)
시장가치 기준	• PPP계약이 해지되는 시점의 시장가치에 기반하여 보상금액이 결정됨 • 정부는 프로젝트의 잔존가치를 결정하기 위하여 운영회사를 재입찰함. 가장 높은 입찰가격에서 계약해지 비용을 차감한 금액이 지급할 수 있는 보상금액임

일반적으로 주무관청 귀책사유 발생시 해지시지급금 산정 방법은 장부가
액 보상 또는 조달금액 기준 보상이 적용된다. 그리고 사업자 귀책사유 발생시
해지시지급금 산정 방법은 ① 시장가치 기준, ② 장부가액 기준, ③ 차입금 기준
등 세 가지 기준 보상이 적용된다.

어떠한 사유가 발생해도 일반적으로 대출기관의 차입금은 보호 받는 추세
다. 다만 출자자에 대한 보상이 현안이다. 사업자 귀책이 발생할 경우 출자금 보
상은 별 이견이 없다. 문제는 주무관청으로 인한 해지시 출자자에 대한 보상금
산정이 국가마다 제법 차이가 있다. 출자자 입장에서 납입자본금만 받으라면 반
발이 당연히 심하다. 결국 시장가치로 지분을 평가해서 보상해줘야 하는데 그 과
정이 불확실성이 높다.

2 국내 민간투자사업

민간투자사업 개념

민간투자사업이란 전통적으로 정부부문의 범주에 속했던 도로, 항만, 철도, 환경시설 등 사회간접자본시설의 건설과 운영을 민간부문이 담당하여 추진하는 것을 말한다.

민간투자법은 사업대상시설, 추진방식, 추진절차, 지원제도, 운영.감독.제재조치 등 민간투자사업과 관련된 일반적 사항을 종합적으로 규정한 일반법적 성격과 민간투자사업에 관하여 각 관계 법률의 규정에 우선하여 적용되는 특별법적 성격을 모두 지니고 있는 법이다. [1]

민간투자사업기본계획은 민간투자법 제7조와 동법 시행령 제5조 규정에 따라 기획재정부장관이 관계 중앙행정기관의 장과의 협의와 민간투자심의위원회의 심의를 거쳐 수립하는 것으로 법.시행령과 함께 민간투자사업에 대한 지침으로서의 역할을 수행하고 있다.

■ 대상사업

민간투자사업 대상인 사회기반시설은 각종 생산 활동의 기반이 되는 시설, 당해시설의 효용을 증진시키거나 이용자의 편의를 도모하는 시설 및 국민생활의 편익을 증진시키는 시설을 말하며 현행법상 민간투자대상시설이 되는 사회기반시설은 2020년 기준 총 12개 분야, 56개 법률, 53개 유형이다.

■ 추진방식

민간투자사업의 추진방식은 주로 BTO(Build-Transfer-Operate) 방식과 BTL(Build-Transfer-Lease) 방식이 있으며, 기타 BOT, BOO 방식 등으로도 추진이 가능하다. BTO 및 BTL 방식은 준공과 동시에 시설을 주무관청에 기부채납하고, 민간투자법에 따라 관리운영권을 사업시행자에게 부여하는 방식이다.

수익형인 BTO 방식은 사업시행자가 관리운영권을 기반으로 자신의 책임하에 사업시설을 운영하고, 그 사용자로부터 사용료를 징수함으로써 투자비를 회수하는 방식으로 대체로 도로 및 철도 등 수익(통행료 등) 창출이 용이한 시설을 대상으로 시행한다. 사업시행자는 사업시설의 운영과 관련된 수요변동위험을 부담하게 된다. 2015년 정부는 "정부와 민간이 사업위험을 분담하여 민간투자를 유치할 수있는 제3자의 방식을 도입"하고자, 민간투자사업기본계획 제32조부터 제33조의2를 개정 및 신설함으로써 위험분담형(BTO-rs: Build·Transfer·Operation-risk sharing)과 손익공유형(BTO-a: Build·Transfer·Operation-adjusted)을 도입하였다.

임대형인 BTL 방식은 사업시행자가 관리운영권을 기반으로 사업시설을 주무관청에게 임대하고, 임대료를 수취함으로써 투자비를 회수하는 방식으로, 학교 및 문화시설 등 수요자(학생, 관람객 등)에게 사용료 부과로 투자비 회수가 어려운 시설을 대상으로 시행된다. 정부의 임대료로 투자비를 회수하므로 사업시행자는 사업시설의 운영과 관련된 시장위험(수요변동위험)을 부담하지 않는다.

수익형 BTO과 임대형 BTL 방식 기본구조

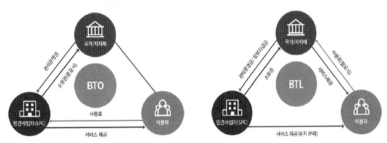

추진방식	BTO	BTL
대상시설성격	• 최종 이용자에게 사용료 부과로 투자비 회수가 가능한 시설 (독립채산형)	• 최종 이용자에게 사용료 부과로 투자비 회수가 어려운 시설 (서비스 구입형)
투자비	• 최종 이용자의 사용료 (수익자 부담 원칙)	• 정부의 시설임대료 (정부재정 부담)
사업 리스크	• 민간이 수요위험 부담 • 수익률 변동위험	• 민간의 수요위험 배제 • 수익률 사전 확정

자료: KDI PIMAC 홈페이지(http://pimac.kdi.re.kr) [2]

1. BTO(Build-Transfer-Operate) 방식: 사회기반시설의 준공(신설·증설·개량)과 동시에 해당 시설의소유권이 국가 또는 지방자치단체에 귀속되며 사업시행자에게 일정기간의 시설관리운영권을 인정하는 방식

2. BTL(Build-Transfer-Lease) 방식: 사회기반시설의 준공(신설·증설·개량)과 동시에 해당 시설의 소유권이 국가 또는 지방자치단체에 귀속되며 사업시행자에게 일정기간의 시설관리운영권을 인정하되, 그 시설을 국가 또는 지방자치단체 등이 협약에서 정한 기간 동안 임차하여 사용··수익하는 방식

3. BOT(Build-Operate-Transfer) 방식: 사회기반시설 준공(신설·증설·개량) 후 일정기간동안 사업시행자에게 당해시설의 소유권이 인정되며 그 기간의

만료시 시설소유권이 국가 또는 지방자치단체에 귀속되는 방식

4. BOO(Build-Own-Operate) 방식: 사회기반시설의 준공(신설·증설·개량)과 동시에 사업시행자에게 당해시설의 소유권이 인정되는 방식

5. BLT(Build-Lease-Transfer) 방식: 사업시행자가 사회기반 시설을 준공(신설·증설·개량)한 후 일정기간 동안 타인에게 임대하고 임대 기간 종료 후 시설물을 국가 또는 지방자치단체에 이전하는 방식

6. 혼합형 방식 : 법 제4조제1호 내지 제6호의 방식 중에서 둘 이상의 방식을 혼합한 방식

7. 결합형 방식 : 사회기반시설을 물리적으로 구분하여 법 4조제1호의 방식 내지 법 제4조제6호의 방식 중 둘 이상을 복수로 활용하는 방식

사업추진방식에서 실무적으로 주의할 몇 가지 사항은 다음과 같다.

첫째 기부채납으로 인해 주무관청에 "시설의 귀속"을 전제로 민간투자법에서 지원하는 규정이 있다. 예를 들어 매수청구권이나 해지시지급금 규정 등은 기부채납이 포함된 사업추진방식에 한해 적용되는 규정이다. 따라서 BOO방식은 해당사항이 없다.

둘째 민간투자사업의 주무관청은 국가와 지방자치단체에 한한다. 따라서 공사, 공단 등이 추진하는 민간투자사업은 실제는 민간투자법을 "준용"하는 사업이다. 따라서 협약 틀은 민간투자법과 유사하나 당연하게 민간투자법에서 제공하는 지원제도는 적용받지 못한다. 서울교통공사가 추진한 "플랫폼 스크린도어(PSD) 설치 민자사업", 한국도로공사가 추진한 "민자휴게소 건설 및 운영사업" 등이 대표적인 "준용"에 해당되는 사업이다.

"준용"으로 인해 적용 받지 못한 대표적인 제도가 위에서 설명한 해지시지급금뿐아니라 "조세특례제한법에 의한 기부채납 부가가치세 영세율"이 적용되지 않는다. 따라서 투자비의 10%만큼 추가 재원이 조달되어야 하고 따라서 수익성이 떨어진다. 이러한 문제점을 해결하고자 "준용"사업은 건설직후 기부채납하는

BTO방식이 아닌 운영기간 종료후 기부채납하는 BOT방식을 채택하고 있다. 운영기간종료시 장부상 기부채납자산의 장부가액이 거의 없어 부가세 발생도 거의 없어진다.

- 조세특례제한법 제105조제1항 제3의2호 : 법 제2조제7호의 규정에 의한 사업시행자가 부가가치세가 과세되는 사업을 영위할 목적으로 법 제4조제1호 내지 제3호의 규정에 의한 방식으로 국가 또는 지방자치 단체에 공급하는 동법에 의한 사회기반시설 또는 동 시설의 건설용역에 대한 부가가치세는 영세율을 적용

■ 추진 절차

수익형 민간투자사업(BTO)은 민간 부문이 사업을 제안하는 '민간제안사업'과 주무관청이 민간투자 시설사업기본계획에 따라 대상사업을 지정하고 고시하는 '정부고시사업'으로 구분되며 임대형 민간투자사업(BTL)은 과거에는 '정부고시사업'으로만 추진할 수 있었지만, 2016년 3월 2일 민간투자법 개정으로 인해 BTL 방식도 민간부분의 사업제안이 허용되어 '민간제안사업'도 가능하게 되었다. [1]

실시협약

실시협약 체결은 주무관청과 민간사업자간에 특정사업을 추진하는데 필요한 세부절차와 조건을 정함으로써 협약당사자간의 권한과 의무를 명확히 하고자 하는데 그 목적이 있다. 실시협약 체결 핵심은 사업시행자와 주무관청간의 위험부담을 어떻게 할 것인가가 매우 중요하다.

실시협약은 추진방식 및 시설에 따라 표준 가이드라인이 있어 이를 따른다. 2020년 기준 BTO 도로사업 표준 가이드라인에 의한 실시협약에 대한 주요 조항은 다음과 같다.

구분	주요 내용
총사업비 변경	• 다음 각 호의 사유가 발생하여 본 협약에서 결정된 총사업비의 조정이 필요하다고 판단되는 경우 양 당사자가 상호 협의하여 총사업비를 변경할 수 있다. 1. 건설기간중 물가변동률을 현저하게 상회하거나 하회하는 공사비 등의 변동 2. 주무관청의 귀책사유 또는 불가항력사유로 인하여 총사업비가 증감되는 경우 3. 공사비에 직접적으로 영향을 미치는 법령, 시방서, 정부가 제정하는 설계기준, 설계규칙 및 지침(한국도로공사의 설계기준 포함) 등의 제.개정 으로 인하여 총사업비가 증감되는 경우 4. 환경·교통영향평가 및 인·허가 기관의 요구, 지방자치단체와의 협의 결과 기타 민원의 내용 중 주무관청이 인정하여 총사업비가 증감하는 경우 5. 공사범위변경 등 그 밖의 주무관청의 요구로 인하여 총사업비가 증감되는 경우 • 제1항에 의하여 총사업비가 변경되는 경우, 협약당사자는 (건설보조금 지급일정)에 명시된 건설보조금의 조정을 요구할 수 있으며, 주무관청은 조정된 건설보조금을 지급한다. 다만, 이와 병행하여 협약당사자는 사용료 조정 또는 관리운영권설정기간 조정으로 해당 사유의 해소가 가능한 지를 검토하고 가능하다고 협약당사자에 의해 인정되는 경우 협의에 의해 사용료를 조정하거나 관리운영권설정기간을 조정할 수 있다.
사업 수익률	• 본 사업의 사업수익률은 세전 실질수익률로서 00%(세후 00%)로 하고, 본 협약 종료시점까지 변경되지 아니한다. 다만 제42조의2(법인세법 변경시 처리)에 따른 조정에 따라 세전 실질수익률이 변경되는 경우, 제75 조 (자금재조달에 따른 이익의 공유)에 따라 자금재조달 이익의 공유를 반영하는 경우에는 그러하지 아니하다.
민원처리	• 민원의 발생 원인과 협약 당사자의 귀책사유에 따른 민원의 처리 책임 주체와 민원처리 비용을 다음과 같이 구분하기로 한다. 1. 본 협약에서 사업시행자의 의무 또는 책임 사항으로 규정한 설계, 시공, 또는 운영과 관련하여 민원이 발생한 경우, 민원 처리는 사업시행자의 책 임과 비용으로 처리한다. 2. 본 실시협약에서 주무관청의 의무 또는 책임 사항으로 규정한 사항[제56조(보상업무)등]과 관련하여 민원이 발생하는 경우, 민원 처리는 주무관청의 책임과 비용으로 처리한다. 3. 제1호 및 제2호에도 불구하고 다음의 경우에는 협약 당사자는 분담비율을 협의하여 민원 처리 비용을 분담하도록 한다. 　가. 민원이 제1호 및 제2호의 사유가 복합적으로 작용하여 발생하여 책임 범위를 확정하기 어려운 경우 　나. 민원이 제1호의 사업시행자의 의무 또는 책임 사항 영역에서 발생 하였으나 사업시행자의 법규 위반 또는 귀책사유 없이 발생하는 경우 　다. 민원이 제2호의 주무관청의 의무 또는 책임 사항 영역에서 발생하였으나, 주무관청의 법규 위반 또는 귀책사유 없이 발생하는 경우

구분	주요 내용

사용료 결정
및 조정
	• 본 사업의 최초사용료는 (차종별 기준사용료)에 정한 바와 같이 정하되, 협약당사자의 협의에 따라 조정할 수 있다.
	• 사업시행자는 최초사용료 결정을 위하여 운영개시일 00일 전까지 다음 각 호의 서류를 주무관청에 제출하여야 한다.
	
	    1. 본 사업시설의 이용방법 및 운영개시일에 적용될 실제 최초사용료
	    2. 사용료 산출 기초자료
	    3. 사용료 징수방법
	    4. 사용료의 감면 또는 할증률 및 그 대상
	    5. 유사시설의 사용료 수준 등
	
	• 최초사용료를 제외한 연도별 사용료는 원칙적으로 매년 00월 00일을 기준으로 연 1회에 한하여 조정하며, 사업시행자는 매 사업연도에 적용할 사용료를 전년도 소비자물가지수변동분의 범위내에서 산정하여 주무관청에 매년도 00월말까지 제출하고, 주무관청과 협의하여 최종적인 사용료를 결정한다.

수요위험의 처리	• 실제 발생수요가 본 협약에서 정한 본 시설의 예측수요와 차이가 있을 경우 이로 인한 책임과 위험은 사업시행자에게 있다.

자료 : PIMAC, 2020, 수익형 민간투자사업(BTO) 표준실시협약(안) -도로사업 [4]

■ 수익률 및 사용료 산정

BTL	• 장기국채(5년 만기) 금리 + α • α는 「장기투자 프리미엄 + 건설·운영위험 프리미엄」으로서 개별사업별로 사업제안 경쟁을 통해 결정, 수익률은 국채금리와 연동해 5년 단위로 조정 가능
BTO	• IRR(내부수익률) • 총지출액의 현재가치와 총수입액의 현재가치와 동일하게 되는 할인율(IRR)은 시장금리, 사업종류, 규모, 위험도 등 사업특징, 유사업종 수익률 등에 대한 종합적인 검토 및 협상, 경쟁을 통해 결정

    수익률은 사용료를 결정하는데 사용된다. 민간투자사업기본계획에서 제시하고 있는 수익형 민자사업의 사용료 결정 산식은 다음과 같다.[3]

$$\sum_{i=0}^{n} \frac{CC_i}{(1+r)^i} = \sum_{i=n+1}^{N} \frac{OR_i - OC_i}{(1+r)^i}$$

n : 시설의 준공시점
N : 무상 사용기간 또는 관리운영권 설정기간의 종료시점
　(다만, 민간에게 소유권이 영구 귀속되는 시설인 경우는 분석대상기간)
CC_i : 시설의 준공을 위해 매년도 투입되는 비용(다만, 정부재정지원 금액은 제외)
OR_i : 매년도 운영수입
OC_i : 매년도 운영비용(다만, 법인세 제외)
r 　 : 사업의 세전 실질수익률(IRR)

　　주무관청은 총사업비(CCi), 운영수입(ORi), 운영비용(OCi) 등의 불변가격 산정을 위하여 기준이 되는 시점을 정한다. 주무관청은 시설의 건설기간(n) 및 무상사용기간 또는 관리운영권 설정기간을 정하되 정부귀속시설의 관리운영권 설정기간은 최장 50년을 초과할 수 없다.

　　운영비용은 시설의 준공이후 운영기간 중 투입되는 유지·보수·개량 및 대수선비, 사업관리비용 등을 고려한 시설의 운용 및 운영서비스 제공에 소요되는 제반 비용 등을 합산한 금액으로 한다.

　　수익형 민자사업의 운영 개시연도의 최초사용료는 건설기간중 소비자물가변동률을 반영하는 등 실시협약에서 정한 사용료 변경방법에 따라 사업시행자가 산정하여 주무관청에 신고한다. 이후의 매년도 사용료는 전년도 소비자물가변동률 반영 등 실시협약에서 정한 사용료 변경방법에 따라 사업시행자가 산정하여 주무관청에 신고한다. 다만, 주무관청은 개별 사업의 특성 및 소비자물가변동률의 수준 등을 고려하여 사용료 산정 주기를 사업시행자와 협의하여 별도로 정할 수 있다. 주무관청은 사업시행자가 정한 시설의 사용방법 및 사용료가 사용자의 편익을 현저히 저해할 우려가 있는 경우에는 그 사용방법 및 사용료, 기타 시설의 관리·운영에 필요한 사항을 사업시행자와 협의하여 조정할 수 있다.

■ 해지시지급금의 산정

주무관청 또는 사업시행자가 귀속시설에 대한 실시협약을 해지하는 경우 해지시점에 본 사업시설은 즉시 주무관청에 귀속되고 사업시행자의 관리운영권 등 권리 및 권한도 소멸된다. 해지시지급금 산정은 다음을 준용하고 있다.

- 건설기간중에는 기 투입 민간투자자금을 기준으로 하되, 투입자금의 기회비용 보상범위는 귀책사유별로 지급수준을 차등화하여 산정
- 운영기간중에는 기 투입 민간투자자금의 상각액과 미래기대수익의 현가액을 기준으로 하되 귀책사유별로 지급수준을 차등화하여 산정

구분	건설기간	운영기간
사업자 귀책	• 기투입 민간투자자금 • 총민간투자비에서 건설이자를 차감한 금액	• 좌동의 기투입 민간투자자금의 정액법 상각 잔액 • 기투입 민간투자자금을 실시협약에서 정하는 정액법에 의해 상각한 잔액으로 하되, 사업자귀책의 경우 동 금액이 실시협약에서 예정한 선순위차입금 잔액을 초과하여 후순위차입금(미지급 이자 포함) 또는 자본금 상환 재원으로 사용될 경우 그 초과 금액은 제외
비정치적 불가항력	• 기투입 민간투자자금 x (1 + 표준차입이자율) • 표준차입이자율(= A) : 건설기간 중 매년도 국채(5년만기)의 유통수익률의 연평균치를 각 연도말 현재 투입된 민간투자자금의 누적금액 비율에 따라 가중평균한 값에 2%를 가산	• 상동의 정액법 상각잔액과 실적치에 근거한 미래기대현금흐름의 현재가치를 가중평균한 금액 • 미래기대현금흐름 : 해지시 실적치에 근거한 미래불변기대수익의 흐름을 불변수익률로 할인한 금액으로 해지사유별로 실시협약에서 정하는 바에 따라 차등 적용 • 가중평균= [상각잔액 x (1-잔여운영기간비율)] + [미래기대수익현가 x (잔여운영기간비율)]
정치적 불가항력	• 기투입 민간투자자금 x [1 + (A+B)/2]	
정부귀책	• 기투입 민간투자자금 x (1 + 경상수익률) • 경상수익률(= B) : 실질수익률에 건설기간 중 실적소비자물가상승률을 반영·계산	

자료: 민간투자사업기본계획[3]

민간투자제도 연혁

우리나라 민간투자제도의 변천은 1994년 관련법을 제정한 이래 두 번의 법 개정을 통해 현재까지 오고 있다. [1]

| 제1기(1994~1998) |

1990년대 초반 우리나라는 지정학적 위치가 좋은 장점을 토대로 동북아 Hub로 자리잡고자, 소위 단군이래 최대 사업으로 불리는 경부고속철도건설, 인천국제공항건설, 부산신항건설 등을 진행하려는 시기였다. 그러나 당시 SOC 국가 재정은 크게 부족한 상황이었다. 정부는 대안으로 부족한 SOC예산에 민간자본을 유치하고자 1994년 민자사업의 추진절차, 무상사용기간, 시설사용료, 정부지원 등에 대한 기준을 설정하고 부대사업 허용을 골자로 한 "사회간접자본시설에 대한 민자유치촉진법"을 제정했다. 이때 정부는 재정사업으로 추진하던 인천공항고속도로, 천안~논산고속도로, 대구~부산고속도로, 서울외곽순환도로 등을 정부고시 민자사업으로 전환하여 추진했다.

| 제2기(1999~2004) |

어렵게 첫발을 뗀 민자사업이 IMF 외환위기를 맞아 힘을 잃었다. 다시 민자 활성화를 위해 1999년 "사회간접자본시설에 대한 민간투자법"으로 개정하여 민자사업의 사업추진 방식의 다양화, 민간제안 방식의 구체화, 타당성 분석에 근거한 대상사업 선정 의무화, 산업기반 신용보증기금제도의 개선 등이 보완되었다. 또한 최소운영수입보장(MRG : Minimum Revenue Guarantee)제도의 도입으로 민간사업자와 정부가 위험을 분담하는 체계가 정립되었다. 이에 따라 서울~춘천고속도로, 서수원~오산~평택고속도로 등 민간제안사업이 활발하게 제안되었다.

| 제3기(2005~) |

2005년 기존의 토목시설 중심의 사회간접자본시설에서 학교시설, 군 거주시설 등 건축사업이 포함된 BTL추진방식 추가되면서 "사회기반시설에 대한 민간투자법"으로 전면 개편됐다.

2000년 초반 이후부터 민자 도로에 대한 교통 수요 예측 부실 및 MRG 지급 재정부담 과다로 민자사업에 대한 부정적인 여론이 커졌고, 결국 2006년 폐지되었다. MRG 및 건설보조금이 없는 사업에 대해서도 자금재조달시 정부와 이익을 공유하는 것을 골자로 한 "자금재조달 세부운영요령"을 제정(2007년)하는 등 규제를 강화하였다. 또한 우선협상대상자를 선정하는 평가 배점에서 가격 (건설보조금 축소, 통행료 인하, 사업수익률)에 대한 평가 비중을 높여서 재정지원 축소를 유도하고 있다.

2013년 7월 민간투자 활성화 방안을 마련하고 임대형(BTL) 민자사업에 대한 민간제안 허용, 혼합형(BTO+BTL) 사업추진 등을 추진키로 했다. 2015년 새로운 추진 방식인 BTO-rs(위험분담형)와 BTO-a(손익공유형) 방식을 새롭게 도입하기로 했다. 2019년 3월에 민자사업 추진방향을 발표하면서 민간투자 대상사업을 기존의 열거주의 방식에서 포괄주의 방식으로 전환하여 민간투자 대상사업을 대폭 확대키로 했다.

국내 민자사업 재원조달 특징

우리나라는 민간투자사업의 안정성을 담보하기 위하여 최소 자기자본비율을 규제하고 있다. 초기 BTO사업의 최소 자기자본비율은 25%이었으나 건설사의 자금조달의 어려움 등을 반영하여 현재 민간투자사업기본계획은 건설기간 중에는 총민간투자비의 20%이상을 자기자본으로 조달해야 하며, 운영기간중에는 자기자본이 관리운영권잔액의 10%이상이어야한다. 단, 재무적투자자의 출자비중이 50%이상인 사업의 경우에는 건설기간중 사업시행자의 최소자기자본비율을 15%로 인하할 수 있다.

총민간투자비 중 지분투자액을 제외한 대출규모는 총민간투자비의 80% 내외를 차지하고 있다. 주로 국내 금융기관으로부터 대출을 통해 주로 타인자본을 조달하고 있다. BTO 민간투자사업 대부분 대규모 사업으로서 이에 따라 요구되는 타인자본규모가 크기 때문에 신디케이션 대출을 통하여 실행하여 왔다.

대출에 참여한 금융기관들은 시중은행 및 특수은행이 중심이고, 보험사(생명보험/손해보험)와 연기금, 공제기관 및 인프라펀드 등의 참여가 이루어져 왔다. 초기에는 대부분 은행권 중심으로 이루어졌으나 2004년 이후 보험사(생명보험/손해보험)와 연기금, 공제기관의 참여가 증가하였다.

대주는 사업제안서 단계에서 대출확약서(조건부)를 제공하고 실시협약이 체결되어 사업이 본격적으로 추진되면 확정된 사업조건을 바탕으로 사업타당성 분석을 실시하고, 예측된 현금흐름의 상환가능성을 DSCR 등 지표를 통하여 판단한다. 또한 일반적으로 민간투자사업이 초기 현금흐름이 양호하지 않은 점과 수요리스크 등을 감안하여 산업기반신용보증기금을 통한 보증, 출자자의 추가 출자, 자금보충의무(CDS, Cash Deficiency Support)를 통하여 신용보강(Credit Enhancement)을 요구하게 된다.

한편, 후순위대출도 타인자본조달의 유용한 수단으로 활용되어 왔다. 한편 건설단계가 끝나고 운영단계에 접어드는 사업에 자금재조달(Refinancing)을 실시하면서 재무출자자들이 후순위대출에 투자하는 경향이 많다.

자금제공자중 지분출자자는 2000년대 초반에는 사업 참여를 통해 건설 수주나 설비 매출이 발생되는 건설회사(일부 운영회사 포함) 주도로 이루어졌으나, 이후에는 정부의 재무적 출자자 참여에 대한 인센티브 정책으로 대출기관들의 지분출자가 활발히 이루어져 왔다. 그러나 2008년 금융위기와 이에 따른 건설사의 신용도 악화 등으로 금융기관의 민간투자사업에 대한 재무출자자의 참여가 다소 줄어들게 된다.

다음은 2010년대 초반 체결된 MRG없는 BTO 도로사업의 금융 조건 사례다.

구 분	내 용
자본금	• 총 [1,000]억원 : 건설출자자 [400]억원, 재무출자자 [600]억원
대출약정금액	• 선순위 대출금 [3,000]억원 • 후순위 대출금 [1,000]억원 (총투자비의 20%) • 신용공여대출금 [300]억원
자금의 인출순위	• 본 사업 총 투자비의 재원조달 순서 : [건설출자자출자금 => 재무출자자출 자금 => 후순위대출금 => 선순위대출금]
자금의 관리	• 통행료계정 : 통행료 수입으로 인한 차주의 수입 입금 • 건설보조금 계정 • 운영계정 : 자본금, 대출금, 건설보조금계정, 통행료계정으로부터의 이체 금액, 보험금 수령액 등 모든 자금의 입금과 건설비, 운영비, 대출원리금 등 모든 자금의 지출 관리 • 부채상환적립금계정 : 부채상환적립 요구액 적립 • 담보계정 : 차주의 채무불이행에 따른 기한의 이익 상실시 대주의 채권회 수를 위해 모든 예금계정의 잔액을 이체, 기타 자산을 환가하여 입금 • 배당계정 : 해당조건 충족시 출자자 배당금 관리 • 운영비계정 : 법인운영비용 관리/지출
채권보전	• 건설출자자약정서 • 주식에 대한 근질권(재무출자자 주식 제외) • 건설출자자들의 이행보증서(보증보험증권) 또는 백지당좌수표 • 예금계정에 대한 근질권 • 실시협약, 공사도급계약, 관리운영위탁계약 등 계약상 차주 권리의 양도 담보 • 공사준공 후 관리운영권에 대한 근저당권 • 보험계약상의 보험금에 대한 질권설정 • 후순위담보권의 설정
재무약정	• 차주는 선순위대출원리금 전액 상환시까지 매 회계연도말 기준 누적부채 상환비율을 [1.0]이상 유지
부채상환 적립금 (DSRA)	• 부채비율 500% 이하 유지(후순위대출금 잔액은 부채가 아닌 자본으로 간주)
제한된 지급	• 운영기간 중 후순위대출금 이자 지급제한 조건: 직전년도 기준 12개월 동 안 누적부채상환비율 1.1 이상 • 후순위대출금 원금 지급제한 조건: 선순위대출원리금 전액 상환 완료 및 기타 채무불이행사유 부존재 등 • 배당금 지급제한 조건: 누적부채상환비율 1.1이상 및 기타 채무불이행 사 유 부존재 등

구 분	내 용
자금보충의무	• [100]억원을 한도로, 매년도 분기별 펀드의 운용보수 등 제반 보수차감전 펀드투자자의 Cash yield의 합이 3.5%/연 이하일 경우 부족분을 건설출자자들이 출자지분에 따라 연대하여 자금보충 • Cash yield = (선후순위대출금이자 + 배당금) / (직전분기말 선후순위대출금잔액 + 직전분기말 재무출자자출자금) • 자금보충기간: 운영개시일로부터 기산하여 i) 자금보충한도금액의 전액 인출한 날 또는, ii) 건설출자자약정에 따라 자금보충의무가 해제되는 날 중 빠른 날까지의 기간 • 건설출자자 자금보충의무에 따른 차후순위대출은 재무출자자 후순위대출 원리금 전액 상환 이후 상환 가능함

■ 산업기반신용보증 활용

사회기반시설 확충과 운영에 민간투자자금이 원활히 조달되도록 민간투자법 30조에 의거해 공적기금으로 설립된 상품이다. 민간투자 사업시행자가 금융회사 등으로부터 조달하는 금전채무에 신용보증을 하여 사업자금의 원활한 조달을 지원하는 역할을 하고 있다.

보증의 종류로는 산업기반대출보증, 민간선투자대출보증, 사회기반시설채권보증, 산업기반유동화회사보증 등이 있다. 보증한도는 같은 사업에 대하여 최고 7,000억원 (사회기반시설채권보증 및 산업기반유동화회사보증은 원금 기준), 보상자금 선투입 제도에 따른 보증은 최고 3,000억원 별도 운용하고 있다.

보증료율은 기준 보증료율이 연 0.25 ~ 0.60% (최소 0.1% ~ 최대 1.5%)이고 BTL, 녹색인증기업, 중소기업출자비율 50% 이상인 기업 등은 최대 0.15%p 차감 받는다.

국내 민간투자사업 성장史

■ 후순위대출이 만든 민자 황금기(2003)

2000년대 초반 우리나라 민간투자사업은 건설사가 주도하는 시장이었다. 메이저 건설사는 정부고시가 전부였던 민간투자사업을 보이지 않는 담합으로 경쟁없이 사업을 단독으로 획득했다. 무경쟁으로 제시된 사업비는 설계가의 100%에 가까운 수준이었고, 이는 추후 과다한 사용료(통행료), 과다한 MRG 부담의 단초가 되었다.

정부는 시장에 대안으로 "재무적 투자자(당시에는 순수투자자라 칭함. 이하 "FI")"의 참여로 봤다. 건설기간 시공이윤에 집중하는 건설출자자와 달리 운영기간의 안정성에 집중하는 결이 다른 출자자군이 필요했다. 여기에 딱 맞는 대상이 FI였다. 연기금, 공제회, 생보사 등이 잠재적 FI였다. 그러나 현실에서 FI는 대체투자 특히 인프라에 대한 전문성과 관심이 거리가 멀었다. 정부는 FI 출자시 "평가 가점 부여" 및 "최저자기자본비율 완화(25%에서 20%로)"를 제시하며 군불을 지피기 시작했다.

그러나 현실은 냉담했다. 이유는 당시 자본 아니면 차입의 두가지 자금조달 계획에 익숙한 상황에서 FI에게 출자를 하라는 것은 15년 가까이 무배당을 감내하고 그 이후 15년 고수익을 챙기라는 것이었다. 왜냐면 당시 민자시장은 PF 주선 금융기관이 주도하는 시장이었고, 15년 장기대출 동안 엄격한 배당제한을 요구하고 있었다.

이러한 전통적인 관념을 180도 바꿔 놓은 것이 2003년부터 민자시장에 새롭게 제시된 후순위대출이었다. FI는 출자와 후순위대출을 패키지로 투자해서 무배당기간동안 높은 이율의 후순위대출로 투자수익률(Blended ROI)을 보전 받는, 당시로서는 획기적인 FI 참여모델이 제시되었다.

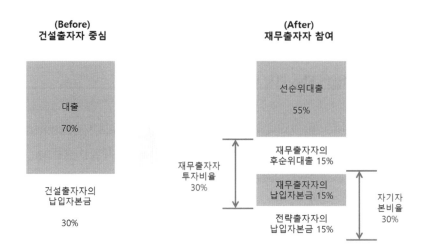

(Before) 건설출자자 중심	(After) 재무출자자 참여

(Before) 건설출자자 중심
- 대출 70%
- 건설출자자의 납입자본금 30%

(After) 재무출자자 참여
- 선순위대출 55%
- 재무출자자 투자비율 30%
  - 재무출자자의 후순위대출 15%
  - 재무출자자의 납입자본금 15%
- 전략출자자의 납입자본금 15%
- 자기자본비율 30%

또한, FI는 출자자로 참여하는 조건으로서 금융기관 차입금에 대해 완전 비상환청구권(비소구권)을 요구할 뿐만 아니라 우발적 위험이 발생하는 경우에도 추가적인 자금부담을 면제받고 싶어하는 등 지분출자에 대해서는 여전히 보수적이고 폐쇄적이었다. 가장 큰 이유는 사업성 및 투자비 회수에 대한 불안감이지만 민간투자사업의 구조를 제대로 이해하지 못하고 전문성이 부족한 것도 하나의 이유였다.

재무적 투자자가 이러한 구조로 참여하는 경우 투자자금은 과거의 자본금 선투입방식과 달리 건설출자자가 먼저 출자금을 투입하고 FI가 출자금을 투입하는, FI는 건설출자자 비하여 자본금을 후투입할 수 있었다.

다음은 후순위대출이 출현하기 전에 건설자 중심의 자본구조사업과 2002년 이후 실제 FI가 포함된 사업의 자본구조 현황이다.

재무적 투자자가 참여한 사업의 자본조달 구조 (단위 : 억원)

사업명	납입자본	후순위대출	선순위대출	민간투자비	자기자본비율	FI 지분율
수도권 A고속도로	4,500	0	7,259	11,759	38.3%	13.3%
경상권 D순환도로	532	0	1,226	1,758	30.3%	50.0%
수도권 D고속도로	4,600	0	10,490	15,090	30.5%	55.0%

건설사 위주의 자본조달 구조 (단위 : 억원)

사업명	납입자본	후순위대출	선순위대출	민간투자비	자기자본비율
천안-논산 고속도로	4,500	0	7,259	11,759	38.3%
우면산 터널	532	0	1,226	1,758	30.3%
서울외곽순환 (일산~퇴계원)	4,600	0	10,490	15,090	30.5%
목포 신외항 1-1	238	0	397	635	37.4%
인천북항	550	0	1,283	1,833	30.0%
인천국제공항 철도	9,038	0	21,088	30,126	30.0%
일산대교	523	0	1,380	1,903	27.5%
서울춘천고속도로	3,238	0	9,066	12,304	26.3%
강남순환도로	2,453	0	5,724	8,177	30.0%
부산-거제 연결도로	4,300	0	12,107	16,407	26.2%

건설사 위주의 사업이나 재무적 투자자가 투자한 사업이나 자기자본 비율은 공히 30% 정도로 유의적인 차이가 없다. 그러나 FI가 참여하기 시작하면서 점차 FI의 지분율이 높아지는 추세를 보이고 있다. 2004년 당시 주주 후순위차입금의 조건이 확정된 민자 사업의 경우 그 조건은 다음과 같았다.

○○사업 주주 후순위대출과 선순위대출 구조 비교

구분		내용
후순위 대출	주주 구성	건설사 : 재무적 투자자 = 51 : 49
	제공기관	재무적 투자자인 1개 투자회사 및 3개 기금 및 보험사
	대출금액	464억원(자기자본 총액의 43.4%)
	인출기간	65개월
	금리 (연)	건설기간 : 10%, 운영기간 : 20%
	상환기간	4년 거치 15년 균등 분할상환
	상환방법	분기별 이자지급 및 상환

구 분		내 용
선순위 대출	형 태	OO은행을 주간사로 하는 Syndicated Loan
	대출금액	Tranche A : Term Loan의 60% Tranche B : Term Loan의 40%
	인출기간	금융약정 체결 후 65개월
	금리 (연)	Tranche A : 최초 4년간 CD(3월) + 280bp, 이후 13년간 3년만기 AA- 회사채 + 190~215bp Tranche B : 고정금리 8.4%
	상환기간	4년 거치 15년 균등 분할상환
	상환방법	분기별 이자지급 및 상환

주: 2004년 9월말 당시 AA- 무보증 회사채 수익률은 4.03%

후순위대출의 금리는 건설기간 10%, 운영기간 20%로 선순위대출 금리가 약 6%대에서 형성되는 수준에 비하여는 매우 높은 수준이었다. 위 OO사업의 경우를 볼 때 후순위대주는 주요 주주인 동시에(지분율 49%), 선순위대주까지 참여하는 중복된 지위를 지니고 있었다. 이러한 구도에서 재무적 투자자는 후순위 대출이라는 변형된 자기 자본을 투입하고, 이에 대하여 상대적으로 높은 금리를 기대하게 된다. 이는 아직도 재무적 투자자가 배당금(운영수익)보다는 수입이자 (금융수익)에 더 관심을 가지고 사업에 임하고 있음을 알 수 있다.

재무적 투자자의 사업 현금흐름

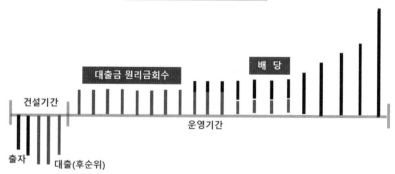

이러한 후순위대출은 건설사에게는 보다 적은 출자금으로 사업 추진이 가능케하였고, 건설사의 여유자금은 더 많은 민자사업을 준비하도록 하면서 2003년 소위 민자사업 르네상스를 이끌었다. 주선은행은 LTV가 60% 미만이 되면서 더 이상의 우월적 지위를 유지할 수 없었다. 따라서 은행의 지위 회복을 위해 FI 역할을 할 인프라펀드를 은행계열 자산운용사를 통해 경쟁적으로 설립하게 된다. (KDB인프라의 KIF II, KB자산운용의 발해인프라펀드 등)

■ 감사원 감사와 미국발 금융위기가 만든 민자 침체기 (2008)

후순위대출로 양적 질적 성장을 하던 민자업계에 2004년 감사원의 "SOC 민자사업 실태조사"는 엄청난 성장통을 던져주었다.

- 감사원 지적사항 1 : 평가체계에서 가격요소의 비중이 지나치게 낮음. 현행 평가제도에서는 가격요소의 비중이 지나치게 낮아 높은 공사비, 높은 재정지원 요구 수준을 가진 사업자가 제대로 걸러지지 못하고 있다고 지적 [5]

기존 평가시스템은 크게 「출자자 및 재원조달계획」, 「건설계획」, 「사업관리 및 운영계획」, 「공익성 및 창의성」으로 구성되어 있으며, 평가절차는 일원화되어 시행되었다. 평가항목과 평가항목내 평가요소들은 사업에 따라 다르나 일반적인 평가항목 및 평가요소, 배점 구성을 보면 다음과 같다.

기존 평가체계의 평가분야 및 평가항목

평가분야	평가항목
I. 출자자및재원조달계획 (150점 - 350점)	• 사업시행자의 구성 • 출자자의 재무능력, 자금투입계획 • 사업시행자의 자금차입계획 • 예비재원조달계획
II. 건설계획 (150점 - 360점)	• 건설계획의 타당성 • 공사비 등 건설비용산정 • 공정계획 및 공사관리계획 등
III. 사업관리 및 운영계획 (150점 - 320점)	• 시설운영계획 • 유지보수계획 • 사업관리계획
IV. 공익성 및 창의성 (180 - 400점)	• 총사업비·수익률·사용료수준 등 • 사회적 편익기여도 • 정부지원요구사항

현재까지 시행되었던 평가시스템은 크게 적격성(출자자 및 재원조달계획), 품질(건설계획, 사업관리 및 운영계획), 가격(공익성 및 창의성)의 측면에서 사업자를 평가하고 있으며, 공통적으로 1,000점 만점으로 하고 있었다. 문제는 지나친 품질 중심의 평가체계가 정부의 재정규모(건설보조금, 운영보조금)를 경감하는 관점과는 거리가 멀었던 것이다. 감사원은 가격점수가 낮게 책정된 평가체계의 개선을 요구했다. 이러한 요구로 평가체계가 변경되고 처음 적용은 2005년 공고된 3개 민자도로였다. 다음은 당시 가격점수가 60%로 상향된 평가 배점표다.

평가항목	평가요소	배점	비중
통행요금	본 사업구간의 도로공사 산정기준 km당 통행료에 대하여 사업자가 제시한 통행료의 비율	240	40%
재정지원율	총사업비 대비 정부재정지원율	180	30%
운영수입보장율	운영기간 중 추정 통행료수입에 대한 정부보장 요구	120	20%
수익률	세후실질수익률	60	10%
가격부문계		600	100%

전체 1000점의 60%가 가격점수로 채워졌다. 결과는 과열경쟁구도(3개사업 경쟁률이 2:1, 3:1, 4:1)로 이어졌고 건설사의 전에 없던 파격적인 제안을 얻어낸다. 건설보조금도 운영수입보장도 없는 사업을 제안한 것이다. 이 결과는 주무관청에 자신감을 주었고 결국 MRG는 시장에서 사라지는 계기가 된다.

최소운영수입보장제도 연혁

구분	1999.04 ~ 2003.05		2003.05~ 2005.12		2006.01~ 2009.10		2009. 10~
	정부 고시	민간 제안	정부고시	민간제안	정부 고시	민간 제안	
보장기간	20~30년		15년	15년	10년		
보장수준	상한 90%	상한 80%	초기5년 90% 다음5년 80% 다음5년 70%	초기5년 80% 다음5년 70% 다음5년 60%	초기5년 75% 다음5년 65%	폐지	폐지
보장요건	–		실제수입, 추정수입의 50% 미만시 수입보장 배제		좌동		

이렇게 평가배점이 변화하자 전체적인 사업구조가 급격하게 변화되었다. 첫 번째 적용받은 인천김포고속도로부터 수익률은 낮아지고, 운영수입보장과 건설보조금은 없게 되었다. 주무관청입장에서는 재정부담을 획기적으로 낮추는 계기로 평가받지만 2008년 미국발 금융위기와 함께 얼어 붙은 자본시장은 MRG없는 사업을 오랫동안 외면하게 된다. 이때가 BTO 민자사업의 암흑기 진입으로 본다.

사업명	협약 체결시점	세후불변 수익률%	운영수입 보장비율%	건설보조금비율%
천안논산고속도로	2000.12	9.23	90	29.1
서울외곽순환도로	2000.12	9.52	90	30.0
강남순환도로	2002.06	8.48	80	21.8
서울춘천고속도로	2004.03	8.00	80/70/60(15년)	30.0
서수원오산평택	2005.01	7.40	80/70/60	29.0
용인서울고속도로	2005.01	7.01	70(10년)	37.5
인천김포고속도로	2007.07	5.07	0	0
수원광명고속도로	2008.12	4.95	0	0 (연장구간만 보조)

자료 : 국토부, PIMAC[6]

- 감사원 지적사항 2 : 재정사업과 민자 사업 간의 비교(Value For Money Test)의 필요성. 정부 재정사업시 재정지출 현가와 민자사업으로 할때의 LCC의 재정 지출 현가를 비교하여 정부에게 유리한 쪽을 선택하여야 함.

　　감사원 지적 이전까지는 사업제안서가 접수되면 6개월정도 기술부문 및 금융부문 전문가가 참여해 제안된 사업이 민자사업으로 추진이 적정한 지에 대한 정성적 평가방식으로 제안서검토를 수행하여 진행여부를 결정했다. 감사원은 이러한 방식에 대해 첫째 정량적 평가 결과가 없이 정성평가만 하다 보니 관대화 오류로 함량미달 제안 사업도 반려를 어렵게 만든다는 점, 두번째는 민간 제안자 입장에 경도된 평가라서 주무관청입장에서 보조금(정부재정지원금)을 경감시키는 관점의 평가가 전혀 이루어 지지 않고 있다는 점을 지적했다.

　　계량평가 및 정부재정지원 최소화를 만족시키기 위해 이후 새로 도입된 제도가 적격성조사제도다. 적격성조사제도는 크게 3단계로 이루어지는데, 제1단계인 "타당성 판단 단계"에서는 해당사업의 추진 타당성이 확보되는지 여부를 판단한다. 제2단계인 "민간제안 적격성 판단 단계"에서는 1단계에서 추진 타당성이 확보되는 경우 정부실행대안(PSC: Public Sector Comparator)과 민간투자대안(PFI: Private Finance Initiative)의 VFM(Value for Money) 분석을 실시하여 재정사업으로 추진하는 것보다 민간투자사업으로 추진하는 것이 적격한지 여부를 판단한다. 제3단계인 "민간투자 실행대안 구축 단계"에서는 제2단계에서 수행한 민간제안서 내용의 적격성 판단 결과를 토대로 추가적인 재무성분석 등을 통해 정부측 입장에서의 적정 사업비, 사용료, 정부 재정지원 규모 등을 산출하고 민간투자 실행대안을 구축하게 된다. 2004년 감사원 감사를 계기로 민자사업의 초점이 "사업의 적정성"에서 "주무관청 재정부담금 최소화"로 이동하게 된다.

　　이러한 제도 변화는 민자사업의 추진실적을 보아도 사업수가 2003년 이후 큰 폭으로 증가하다 2007년 사업 수(117개)와 총투자금 규모(10조원)로 최고치를 기록한 뒤로 10여년 하락세에 영향을 주었다는 것을 알 수 있다.

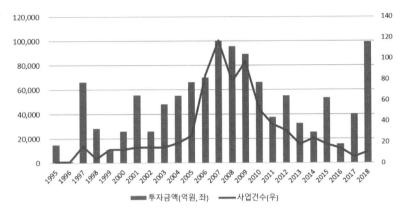

연도별 사업 수 및 총투자비 추이

■ 투자금액(억원, 좌)   ■ 사업건수(우)

자료 : 2018년도 KDI 공공투자관리센터 연차보고서 [1]

■ MRG와 사용료 인하를 위한 주무관청 노력

신규 민자사업의 변화를 살펴보았다. 문제는 이미 협약이 체결되어 운영중인 초창기 민자사업의 현안이다. 연이은 도로, 철도 사업들의 통행량 실적이 예측 대비 턱없이 낮아 정부 MRG 보조금이 갈수록 증가한다. 이용자 입장에서 같은 도로인데 한국도로공사 관리도로에 비해 민자도로 통행요금이 2배가 넘다 보니 요금 저항이 커가고 있다. 시간이 갈수록 시민단체와 국회 국정감사에서의 문제 제기, 지역주민의 요금 민원 등으로 더 이상 지나칠 수 없을 정도가 되었다. 대안 마련이 절박했다.

민자도로의 실제교통량은 추정교통량의 50~80% 수준에 머물고 있다. 그리고 운영중인 신공항고속도로, 신대구부산, 천안논산, 서울외곽 등의 민자통행료는 도로공사 산정기준 통행료 대비 1.6 ~ 2.7배 수준에 이른다.

사업 별 추정 대비 실제 통행량 비율/MRG 수준(%)

도로명	'04	'05	'06	'07	'08	'09	'10	'11	'12	MRG
신공항	41	53	52	52	47	42	58	54	54	80
천안논산	52	55	56	58	56	57	58	61	62	82
대구부산	-	-	56	61	56	55	56	55	52	77
서울외곽	-	-	159	185	82	93	97	92	87	90
서울춘천	-	-	-	-	-	65	76	80	80	60~80
용인서울	-	-	-	-	-	52	71	79	79	70
서수원오산	-	-	-	-	-	38	66	81	86	60~80

사업 별 통행료(2013년 통행료 기준)

구분	개통시기	당시 통행료	도로공사 통행료	비율
신공항	2001년	8,000원	2,900원	2.76배
천안논산	2002년	9,100원	4,300원	2.12배
대구부산	2006년	10,100원	4,300원	2.35배
서울외곽	2006년	4,800원	2,500원	1.92배
서울춘천	2009년	6,500원	4,000원	1.63배
용인서울	2009년	3,000원	2,900원	1.03배
서수원오산	2009년	2,000원	2,100원	0.95배

주: 도로공사 통행료 = 기본료(900원) + 주행거리 X 41.4원/Km X 6차로이상 할증20%
자료 : 국토교통부, 2014, 민자고속도로 사업모델 연구 [7]

I 첫번째 드라이브: 자금재조달 이익공유 I

자금재조달을 통해 주주의 기대이익이 증가했을 경우, 증가한 이익을 주무관청과 공유하고, 공유된 주무관청 측 이익을 MRG감축, 사용료 인하 등에 사용한다는 것이 민간투자법틀에서의 "자금재조달을 통한 이익공유" 골자다. '자금재조달'은 민자사업 사업기간 중에 실시협약(변경실시협약)과 다르게 사업시행 법인의 자본구조, 출자자 지분, 타인자본 조달조건 등을 변경하여 출자자의 기대수익을 극대화하는 행위를 의미한다. '자금재조달 이익공유'는 자금재조달로 인하여 발생하는 출자자의 기대수익 증가분을 사업시행자와 주무관청이 공유하는 것을 의미한다. 다음 이벤트발생시 자금재조달로 간주하고 이익공유를 하게 된다.

- 5% 이상 출자자 지분 변경. 단, 최소운영수입보장(MRG) 및 투자위험분담금 또는 투자위험분담기준금이 없는 경우와 5% 이상 단순 출자자 지분 변경은 제외됨.
- 자기자본, 후순위채 등을 증감시키는 등 자본구조의 변경, 타인자본 조달금리, 상환기간, 부채상환금적립조건 등 타인자본 조달조건의 현저한 변경
- 자금재조달 이익이 존재하는 사업

주무관청과 사업시행자 이익공유 비율은 원칙적으로 30:70으로 한다. 다만, 정부재정지원, 자금재조달 효과에 따른 기여정도, 사용료 수준, 실제수요, 사업시행자의 재무상태, 국민 편익 증진효과 등을 종합적으로 반영하여 이익 공유비율을 별도로 정할 수 있도록 하고 있다. 따라서 협약당사자간의 합의에 의해 공유 비율을 다르게 정할 수 있다.

자금재조달에 따른 정부 측 공유이익은 사용료 인하에 우선 사용하되, 개별 사업의 특성을 감안하여 최소운영수입보장 축소, 투자위험분담금 또는 투자위험분담기준금 축소, 무상 사용기간 단축 등 해당 민자사업의 사업시행 조건 개선에 사용할 수 있다.

일반적인 의미에서 자금재조달이란 기존의 자본 및 채무구조를 기업입장에서 보다 유리한 구조로 바꾸는 것으로, 자본구조의 변경과 재원조달 조건의 변경이 그것이다. 자본구조의 변경은 자기자본 비율을 낮춤으로 재무레버리지 효과를 발생시키는 것이다. 자본구조의 변경 요인은 여러 가지가 있을 수 있는데, 상법상의 유상감자로 인해 실시협약 체결 당시의 자본금 납입예상액보다 자본금이 적어지는 경우, 신설법인이 관리운영권 매입 시 납입하는 자본금이 실시협약 체결 당시의 자본금 납입예상액보다 적어지는 경우, 최근 금융약정을 반영한 재무모델 상에 반영되지 아니한 재원조달 방안이 추가 또는 삭제되는 경우에 배당금 수익률이 증가할

수 있다. 재원조달 조건의 변경은 타인자본 차입조건 등을 변경하는 것으로 일반적으로 차입금리, 원리금 상환일정 및 부채상환적립금비율 등을 변경하는 것이다.

2010년 이후 자금재조달을 실시한 민간투자사업으로는 용인서울고속도로, 인천국제공항고속도로, 경기고속도로, 제3경인고속도로, 광주 제2순환도로 등이 있다. 대부분 건설 완료 후 건설 투자자의 지분을 매각하거나 최소운영수입보장(MRG) 부담을 경감하기 위한 목적으로 자금재조달을 시행하였다. 자금재조달의 내용은 주로 주주 변경, 유상감자, 차입금 재조달 등이다.

다음 자금재조달 사례를 통해 공유이익의 활용을 보면 용인서울고속도로와 인천국제공항고속도로는 MRG 부담은 그대로 두고 통행료를 인하했으며, 경기고속도로와 제3경인고속도로는 MRG 수준과 통행료 모두 인하하는 데 활용하였다.

자금재조달 사례

구분		기존	변경
용인서울 고속도로	자금재조달시점	2015년 10월	
	자금재조달 배경	건설완료 이후 건설 투자자 지분 40% 매각	
	자금재조달 내용	주주변경 및 유상감자, 차입금 재조달 자본금 1,650억원 중 480억원을 유상 감자	
	최소운영수입보장	10년간 70%	좌동
	통행료	2,000원(소형기준)	1,800원(소형기준)
인천국제공 항고속도로	자금재조달시점	2015년 8월	
	자금재조달 배경	높은 통행료 수준(2.62배), 주무관청 MRG부담	
	자금재조달 내용	유상감자 및 차입금 재조달 자본금 2,198억원 중 1,438억원을 유상 감자	
	최소운영수입보장	80%(2020년까지)	좌동
	통행료	7,700원(소형기준)	6,600원(소형기준)
경기 (서수원~ 오산~평택) 고속도로	자금재조달시점	2014년 10월	
	자금재조달 배경	건설완료 이후 건설 투자자 지분 100% 매각	
	자금재조달 내용	주주변경 및 유상감자, 차입금 재조달 자본금 2,416억원 중 1,767억원을 유상 감자	
	최소운영수입보장	5년마다 80%,70%,60%	MRG 폐지
	통행료	3,100원(소형기준)	2,700원(소형기준)

구분		기존	변경
제3경인 고속도로	자금재조달시점	2012년 12월	
	자금재조달 배경	건설완료 이후 건설 투자자 지분 100% 매각	
	자금재조달 내용	주주변경 및 유상감자, 차입금 재조달 자본금 1,541억원 중 649억원을 유상 감자	
	최소운영수입보장	5년마다 90%,85%,80%,75%	20년차까지 75%로 일괄 인하
	통행료	1,100원(소형기준)	통행료 3.79% 인하

자료 : 건설산업연구원, 2017, 자금재조달 제도의 개선 방안 [8]

I 두번째 드라이브: 비용보전방식 재구조화 I

비용보전(CC, Cost Compensation) 방식이란 운영기간 중에 실제운영수입에 근거하여 다시 예상운영수입을 추정한다. 새로운 운영수입을 토대로 주무관청이 "비용을 보전"해주는 방식이다. 즉 사업시행자는 기본적으로 시설이용자가 지불하는 사용료로 투자비를 회수하되, 사용료로는 회수가 불가능한 민간투자비를 주무관청이 보전해주는 방식이다.

현재 실시협약상의 기본 틀을 유지하면서 사업시행자에게 MRG 및 미인상운임을 보전해주는 기존방식에서 매년 실제운영수입이 사업시행자의 소요비용즉 사업운영비에 미달하는 경우에만 재정지원을 하는 방식이다.

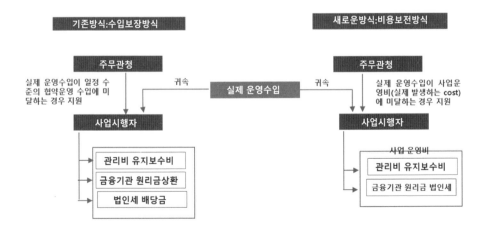

예를 들어 서울 지하철 9호선은 MRG제도에 따라 개통 후 2011년까지 총 838억원의 최소운영수입이 지원되었다. 서울시는 MRG 부담 완화를 위해 주주교체를 진행하고 신규 주주와의 변경 실시협약을 체결한다. 변경 협약을 통해 기존 MRG는 폐지하고 비용보전방식(CC)으로 전환하였다. 이러한 비용보전방식은 분기별 관리운영권 상각액, 이자비용, 운영비용을 합한 금액에서 9호선 운영에 따른 운임수입, 부속사업수입을 합한 금액을 뺀 나머지를 보전해 주는 방식이다. 서울시는 향후 26년간 지급할 MRG 보조액 5조원대에서 재구조화를 통해 2조원대로 크게 재정절감 했다고 발표했다.

인천공항철도의 경우는 비용보전방식 적용시 수익률 인하, 법인세 절감, 운영비 절감으로 인한 정부보조금 절감 효과를 기대할 수 있는 것으로 나타났다. 분석 결과 인천공항철도의 경우 출자자의 기대수익률을 기존 9.3%에서 5.5% 수준으로 인하 가능하여 수익률 인하효과를 얻을 수 있을 것으로 분석되었다. 또한 실시협약 체결 시 포함된 출자회사의 법인세를 비용보전방식을 적용했을 경우 환수 가능하여 법인세 절감효과가 발생하는 것으로 분석되었다. 따라서 기존의 MRG 금액 18.0조 원에서 비용보전방식 적용 후에는 재정 보조금이 10.1조 원 수준으로 감소되어 약 7조 9,000억 원이 절감되는 것으로 분석되었다. [9]

│ 세번째 드라이브: 선투자를 통한 무상사용기간 연장 재구조화 │

선투자를 통한 사업재구조화방식은 요금인하로 인해 민자사업자의 운영계약기간까지 발생하는 손실분에 대해 신규사업자가 차익을 메꿔주고 운영권을 넘겨받는 방식으로, 통상 30년의 운영기간으로 수익을 올리는 민자사업자에게 최대 50년까지 계약기간을 연장해 수익성을 보장해 주고 있다.

서울외곽순환도로는 순환형 도로임에도 불구하고 남부구간은 도로공사가 재정사업으로 북부구간은 민자사업으로 진행했다. 그런데 북부구간 통행료는 2017년 기준 4,800원으로, 한국도로공사 기준 통행료 2,900원의 1.7배 수준이며 남부구간의 2.6배에 달하다 보니, 북부구간 이용자가 과도한 부담을 하는 현행 통행료 체계가 불합리하다는 민원을 끊임없이 제기한다.

국토교통부는 통행료 인하를 위해 선투자 방식을 도입했다. 매년도 통행료 인하로 인한 운영수입 차액을 정부의 재정지원 대신 민간 신규투자자의 대출금을 통해 우선 보전하고, 동 대출금에 대해서는 관리운영권 종료(2036.6.29) 이후 연장 운영(20년, 2036.6.30~2056.6.29)을 통해 회수하는 방안으로, ① 관리운영기간 연장과 ② 연장기간의 비용보전방식 사업재구조화가 결합된 형태다. 이렇게 해서 통행료 4,800원은 도로공사 요금기준 당초 1.7배에서 1.1배인 3,200원으로 인하하게 되었다.

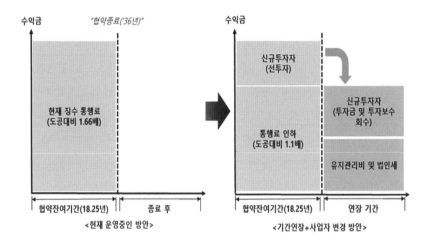

또한 국토교통부는 2020년 12월 23일 '대구부산·서울춘천고속도로 통행료 인하계획'을 발표했다. 대구부산 노선은 승용차 기준으로 최대 52.4% 인하, 서울춘천 노선은 5,700원(승용차 기준)에서 4,100원으로 낮춰진다. 역시 요금을 낮추기 위해 선투자 방식을 통해 운영기간을 더 늘려주는 방식을 도입했으나 새로운 사업자를 찾기가 어려워지면서 정부는 도로공사를 앞세웠다. 통행료가 인하된 천안논산 고속도로의 경우 계약종료해인 2032년 정부에 운영권이 넘어갈 때까지 도로공사가 남은 12년간 연간 1,250억원을 부담해야 한다. 대구부산의 경우 천안논산과 마찬가지로 대체사업자를 찾지 못해 결국 도로공사가 부담할 예정이다.

■ 투자위험 분담 방식의 다양화 노력

앞서 설명한 것처럼 민간투자사업을 활성화하기 위해 도입된 최소수입보장 (MRG) 조항은 정부가 과도한 수요 위험을 분담하고 교통량을 과다 예측해 지속적으로 정부의 재정운용에 부담을 주었으며, 이에 따라 정부는 2009년 MRG제도를 폐지하였다. 하지만 MRG 제도 폐지 이후 민간투자사업 위험 증가 및 수익성 악화, 민간투자사업에 대한 부정적 여론 등으로 민간투자사업의 투자규모와 신규사업 수가 지속적으로 감소하게 되었다.

기존 민간투자사업 추진방식은 사업위험을 민간이 대부분 부담하는 BTO와 정부가 부담하는 BTL로 단순화되어 있어 급변하는 환경에 대응하는데 한계가 있었다. 특히 2009년 MRG제도 폐지, 금융환경 불확실성 증가 등으로 민간의 사업위험이 커지고 있는 반면, 민간의 투자패턴이 고수익·고위험에서 안정적인 수익을 선호하는 형태로 변화되어 민간이 BTO 사업 투자에 소극적으로 변화되었다.

또한 BTO 방식은 높은 위험으로 인해 정부의 재정지원(건설보조금)이 많고 이용자 요금도 높은 단점을 가지고 있었다. 이러한 BTO방식의 단점을 보완하면서 변화하는 환경에 대처할 수 있는 새로운 제3의 사업방식 도입이 논의되는 과정에서, 정부가 수요위험을 분담하는 중위험·중수익을 추구하는 사업방식이 대두되었다.

2015년 4월 기획재정부는 민간투자사업의 새로운 위험분담방식(위험분담형, 손익공유형) 도입 등을 주요 내용으로 하는 『민간투자사업 활성화 방안』을 발표하였다. 기본계획 제32조(수익형 민자사업의 투자위험 분담)에 의하면 주무관청은 적정한 사용료 수준의 유지, 재정부담 완화 등 공익적 효과가 예상되는 경우 사업시행자의 투자위험을 일부 분담할 수 있으며, 주무관청의 투자위험 분담수준, 분담비율, 투자위험 분담부분에 대한 수익률, 운영비용 등을 실시협약에서 정할 수 있도록 하고 있다.

투자위험분담형은 정부(주무관청 포함)와 사업시행자가 해당 사업에 내재되어 있는 투자위험을 분담하고 초과수익을 공유할 수 있는 방법이며, 투자위험을 정부와 사업시행자가 분담함으로서 사업시행자의 재원조달비용 및 사업수익률을 인하할 수 있는 유인을 제공하여, 최종적으로 이용자의 사용료 수준을 낮출 수 있는 구조다.

　　기존 BTO 방식의 투자위험(특히 수요위험)은 대부분 사업시행자가 부담하고 있어 사업시행자의 요구 사업수익률이 높아 사용료가 상승하는 단점이 존재한다. 반면, 사업의 특성을 고려하여 BTO 투자위험분담형으로 추진할 경우 정부가 투자위험의 일정부분을 부담하게 되므로(초과수익은 공유) 사업시행자의 요구수익률이 낮아져 기존의 방식보다 이용자의 사용료를 낮출 수 있다.

　　정부와 사업시행자는 하나의 사업에서 총민간사업비 또는 총민간투자비를 기준으로 투자위험 분담비율 또는 투자위험 분담수준을 결정함으로써 사업추진 시 발생할 수 있는 사업내재위험을 서로 분담할 수 있다.

　　한편, 투자위험분담형은 BTO-rs(위험분담형)및 BTO-a(손익공유형)으로 구분하며, 두 방식을 비교하면 다음과 같다.

BTO와 BTO-rs 및 BTO-a 방식 비교

구분	BTO	BTO-rs	BTO-a
민간 리스크	• 높음	• 중간	• 낮음
손익분담주체 (비율)	• 손실·이익 모두 민간이 100% 책임	• 손실 발생시 : 정부와 민간이 50:50 분담 • 이익 발생시 : 정부와 민간이 50:50 공유	• 손실 발생시 : 민간이 먼저 30% 손실, 30%를 넘는 경우 재정지원 • 이익 발생시 : 정부와 민간이 공유(약 7:3)
정부보전 내용	• 없음	• 정부부담분의 투자비 및 운영 비용	• 민간투자비 70% 원리금, 민간투자비 30% 이자비용, 운영비용
2014년 수익률 수준 (경상)	• 7~8% 대	• 5~6% 대	• 4~5% 대
적용가능 사업 (예시)	• 도로, 항만 등	• 철도, 경전철	• 환경사업
사용료 수준	• 협약요금+물가	• 협약요금+물가	• 공기업 유사 수준

자료: 민간투자사업 활성화 방안, 기획예산처, 2015.04 [10]

BTO-rs 방식은 정부가 사업시행에 따른 위험을 분담(예: 50%)함으로써 민간의 사업 위험을 낮추는 방식 (사업수익률과 이용요금도 인하)이다.

실제 운영수입에 따른 정부·민간 부담액 사례(BTO-rs)

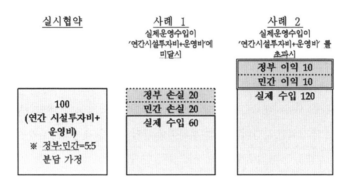

BTO-a 방식은 시설의 건설 및 운영에 필요한 최소사업운영비만큼 정부가 보전함으로써(초과이익 발생시 공유) 사업 위험을 낮추는 방식이다. 최소사업운영비 예시로 들면 ① 총민간투자비의 70%에 대한 원리금 상환액(원금 + 차입금리), ② 총민간투자비의 30%에 대한 이자(국채금리 수준), ③ 운영비용을 포함한다.

실제 운영수입에 따른 정부·민간 부담액 사례(BTO-a)

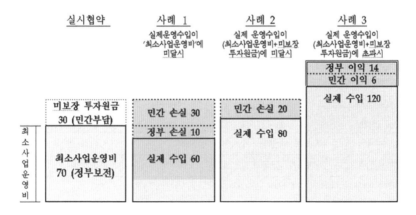

시설별 현황 및 특징

2018년 12월 말까지 협약 체결된 사업은 724개 총투자비 118조원이다. 이중 BTO방식이 230개 80.3조원이고, BTL방식이 480개 31.3조원이다. 대상시설을 총투자비기준으로 보면 도로사업이 46.0조원(41.9%)으로 가장 큰 비중을 차지한다.

■ 도로사업

광주~원주 고속도로	평택~부여~익산 고속도로	광주제2순환도로 4구간
대구~부산 고속도로	포천~화도 고속도로	대전천변도시고속화도로4공구
부산~울산 고속도로	강남순환도로	울산대교 및 접속도로
부산신항 제2배후도로	용마터널	서수원~의왕간 고속화도로
수원~오산~평택 고속도로	우면산터널	일산대교
서울~춘천 고속도로	서부간선 지하도로	제3경인 고속화도로
서울외곽순환(일산~퇴계원)	서울제물포터널	수원외곽순환(북부)도로
수원~광명 고속도로	백양터널	양지~포곡 도시고속화도로
용인~서울 고속도로	부산~거제간 연결도로	기흥~용인간 도로사업
인천대교	북항대교	비봉~매송 도시고속도로
인천~김포 고속도로	수정산터널	덕송~내각 고속화도로
인천국제공항고속도로	을숙도대교	수석~호평간 도로
천안~논산간 고속도로	산성터널	평택동부고속화도로
평택~시흥 고속도로	천마산터널	미시령터널
구리~포천 고속도로	만덕~센텀 도시고속화도로	마창대교
상주~영천 고속도로	대구4차순환도로(상인~범물)	창원~부산간 도로
안양~성남 고속도로	대구4차순환도로(범물~안심)	팔용터널
옥산~옥창 고속도로	만월산터널	지개~남산간 연결도로
봉담~송산 고속도로	문학산터널	김해동서터널
서울~문산 고속도로	원전산터널	제3경인 고속화도로
이천~오산 고속도로	광주제2순환도로 1구간	수원외곽순환(북부)도로
광명~서울 고속도로	광주제2순환도로 3-1구간	양지~포곡 도시고속화도로

자료 : 기획재정부, 2020, 2019년도 민간투자사업 운영현황 및 추진실적 등에 관한 보고서[11]

도로사업은 교통량이 협약추정치에 미치지 못한 점, 통행요금이 도로공사 대비 지나치게 높다는 점에서 초기부터 오랫동안 비난을 받았다. MRG 폐지 및 평가 가격점수 확대이후 이러한 이슈는 크게 줄었다.

이후 새로운 쟁점은 MRG가 폐지되면서 추정교통량의 전제가 되는 개발계획이나 도로 연결계획이 취소 또는 지연될 것에 대한 우려다. 특히 지자체 도로사업의 경우는 4년마다 변동가능한 지자체장의 공약사항이 반영된 민자도로가 많아 예측된 수요의 불확실성이 높다. 따라서 실시협약에 수요에 중요하게 영향을 미치는 사업을 구체적으로 명시하자는 민간사업자의 요구가 많다. 다음은 그렇게 해서 반영된 도로 사업의 예시다.

A도로사업

- 시설의 실제 발생수요가 예측수요와 차이가 있을 경우 책임과 위험은 사업시행자에게 있다.
- 그럼에도 불구하고, OO도로 지하화 추진계획 검토보고서상의 OO도로 일반도로화의 시행이 본 시설의 교통수요에 미치는 영향에 대해서는 본 시설의 준공 예정일 1년 전에 그 시점까지의 주무관청의 OO도로 일반도로화 계획을 반영하여 교통수요 재검증을 실시하고 그 결과 별표 추정 교통량을 기준으로 통행료 수입 부족분이 발생하는 경우 주무관청은 사업시행자와 협의를 통해 재정지원금 지급 또는 통행료 조정 등으로 반영한다.
- 사업시행자는 주무관청에 경쟁 도로 건설 배제를 요청할 수 없다.
- 본 협약체결시 교통량 산정에 반영되어 있지 않은 OO주택지구가 준공 및 입주 완료된 이후에는 당사자간 협의를 통해 통행료 조정 등으로 협약에 반영하기로 한다.

B터널사업

- 시설의 실제 발생수요가 예측수요와 차이가 있을 경우 책임과 위험은 사업시행자에게 있다.
- 사업제안자는 주무관청에 경쟁 도로 건설 배제를 요청할 수 없다.

- OO교, OO 지하도로가 건설된 이후에는 협약당사자가 협의를 통하여 본 협약에 반영하기로 한다.

■ 철도사업

신분당선 연장선(정자~광교)	신안산선 복선전철(BTO-rs)	동북선 경전철
인천국제공항철도	서울도시철도9호선1단계	부산~김해 경전철
신분당선(용산~강남) 복선전철	우이~신설 도시철도	용인 경량전철
수도권광역급행철도 A노선	신림선(여의도~신림) 경전철	의정부경전철

철도는 크게 건설교통부에서 추진하는 광역철도와 지자체에서 추진하는 경량철도사업으로 나뉜다. 초기 추진된 의정부경전철, 용인경전철, 부산김해경전철은 안타깝게도 예측수요에 크게 미치지 못했다. 여러가지 원인이 있겠으나, 도로에 비해 수요추정의 전제가 복잡하다. 보다 협소한 지역의 통학 및 통근 수요에 의존하다 보니 버스, 자가용 수요의 전환에 대한 가정, 택지개발이나 연장 노선 개발의 영향에 대한 가정 등에 수요가 크게 요동친다.

요금과 관련해서는 더욱 복잡한 셈이 요구된다. 2004년 서울특별시에서 도입한 수도권의 통행요금제의 영향이 컸다. 본 제도는 대중교통을 여러 번 환승하더라도 30분 이내에 환승하면 4번 환승까지는 환승횟수와 상관없이 통행거리가 10km 이내면 기본요금만 내고, 이후 매 5km마다 100원의 추가요금을 내는 제도다. 이용 고객에게 상당한 편의를 제공하는 제도다.

2007년 7월 1일 경기도로 확대되었으며, 2009년 10월 10일에는 인천광역시도 편입되어 수도권 대중교통 통합요금제로 자리잡게 된다. 이용자가 해당 전철을 이용하기 앞이나 뒤에 다른 지하철, 버스 또는 마을버스를 타고 이동했는지 알아야 사업자 손에 떨어지는 수익을 알 수 있다. 모사업의 경우 이용승객이 어떻게 환승을 했느냐에 따라 작게는 800원에서 크게는 1,250원으로 인당 매출액이 벌어진다.

그리고 지자체와 수요에 대해 갈등을 겪는 사례도 많다. 대표적으로 2012년 개통한 의정부 경전철이 있다. 초기부터 편리한 버스체계와 환승시 무할인 등으로 실제 매출이 예상과 큰 차이가 났다. 특이한 것은 MRG가 있는 사업이었으나, 실제 승객량이 예상치의 50% 미만이면 수익 보장을 받을 수 없다. 개통 이후 이용객 수 회복이 늦어져 결국 누적 2천억원의 적자를 기록하며 2017년 파산신청에 이른다.

의정부시는 의정부 경전철의 새로운 사업자로 7개 업체의 경쟁끝에 신한 BNP 컨소시엄이 선정되어 운영하였다. 파산한 전 민간사업자는 의정부시를 상대로 투자금 일부 반환 소송을 제기했고 법원이 사업자 측의 손을 들어줬다. 재판부는 "의정부시가 의정부경전철 전 사업자들에게 청구액 모두인 1,153억원과 연 12~15%의 이자를 지급하라"고 선고했다. 이번 소송은 국내 민간투자사업 도입 후 사업자가 주무관청을 상대로 투자금을 돌려달라고 낸 첫 사례다.

■ 항만사업

광양항 여천일반부두(2선석)	목포신외항 다목적부두(1-2)	인천북항일반부두(3선석)
군장항 잡화부두(2선석)	부산신항 1단계	평택,당진항 양곡부두(2선석)
마산항개발(1-1단계)	부산신항 2-3단계	포항영일만신항개발(1-1)
목포신외항 다목적부두(1-1)	울산신항(1-1단계)	부산신항 2-4단계

항만사업 역시 항만 물동량이 예상보다 적었다는 점에서 초기부터 어려웠다. 다른 민자사업과 비교해 독특한 점은 사용료 결정이다. 도로와 철도는 주무관청과 협의해서 매년 요금을 소비자물가변동율 수준에서 결정된다. 그러나 항만은 경쟁항만과 요금 경쟁을 하므로(특히 컨테이너 항만은 일본, 중국 항만과 경쟁) 협약에 정한 요금보다 대폭 할인해서 선사와 요금계약을 체결하는 경우가 많

다. 따라서 물동량과 처리수수료를 동시에 놓고 매출 전망을 해야한다. 국내 민자 사업중 가장 경쟁요소가 높은 시설이다.

■ 환경사업

수도권매립지 매립가스 자원화	남양주시 진건푸른물센터 증설
국가폐수종말처리장 슬러지자원화	평택 하수처리(통복,장단,안중)
국가폐수공공처리시설(동부권역)개량	평택 에코센터 조성사업
국가폐수공공처리시설(서부권역)개량	파주시 금촌하수도
부산 음식물쓰레기 자원화(발전)사업	파주시 문산하수도
동부 하수종말 처리장	파주시 하수처리수 재이용 사업
생활폐기물 연료화 및 발전시설	시흥시 방산하수도 시설
영도 하수종말 처리장	시흥시 클린에너지센터
방천리 매립가스 자원화사업	김포시 하수도시설
달성산단폐수처리장 처리수 재이용	이천시 단월하수도
검단하수종말처리시설	광주시 음식물자원화시설 사업
송도만수 하수처리시설	군포시 대야하수도
대전광역시 환경에너지종합타운	신천,장흥,송추 하수도
농소 하수처리시설	양주시 광적하수도시설
울산 굴화,강동 하수종말처리시설	안성시 하수도시설
울산 자원회수시설	포천시 슬러지 유동화 소각시설
울산 하수슬러지	포천시 자원회수시설
수원시 하수슬러지 처리시설	포천시 장자산단 공업용수공급
고양시 원능하수도	의왕시 부곡하수처리장 증설
고양시 벽제 및 일산하수처리장	여주시 음식물류폐기물 처리시설
전주시 종합리싸이클링타운	현리 하수도
사천시 자원회수센터	강원도 바이오 자동차 연료화사업
화성시 하수처리시설	원주시 폐기물 종합처리단지 조성
남양주 진건 하수도	진부 대화 하수처리장

양양군 하수도시설	무안군 환경관리종합센터
청주시 음식물류폐기물 자원화시설	완도군 자원관리센터
천안시 생활폐기물 처리시설(소각)	경북북부권 환경 종합타운조성
천안 하수처리장 시설현대화	포항시 장량하수처리시설
보령시 대천해수욕장 하수도	포항시 청하,기계 공공하수처리시설
보령시 생활폐기물소각시설	포항시 하수처리수 재이용사업
아산 공공하수시설 및 재이용시설	포항하수종말처리장 2단계(증설)
인주 공공폐수처리시설 개량 (BTO-a)	포항시 생활폐기물 에너지화시설
논산 생활폐기물 소각시설	경주시 외동,건천,양남 하수처리시설
계룡시 생활폐기물 소각시설	경주시 하수도시설 확충
서천하수도	경주시 환경에너지센터
서천군 생활폐기물 소각시설	김천시 환경기초시설
태안군 생활폐기물 소각시설	구미시 선산하수도
전북 환경기초시설 건설 및 운영	구미시 하수처리수 재이용시설
전주하수종말처리장 3단계 증설	구미시 중앙하수처리시설
군산시 폐자원에너지화시설	영천-경산 유기성폐기물 에너지시설
왕궁지역개선 및 축산폐수처리시설	상주시 소각로
여수시 음식물자원화시설	문경시 가은하수처리장
순천시 자원순환센터	문경시 생활폐기물 소각시설
도양공공 하수처리장	경산시 자원회수시설
벌교, 회천 하수종말처리장	경산시 하수종말 고도처리시설
화순읍 하수도	경산시 공공하수처리시설(BTO-rs)
장흥군 하수종말처리장	왜관하수종말처리장(증설1단계)

　　환경사업은 크게 수처리, 폐기물 처리 및 대기/토양 관리 등으로 구분된다. 수처리 산업은 수자원 확보 및 처리 관련 산업으로, 하수 및 폐수 처리와 관련한 시설의 건설 및 운영과 수도사업 등을 포괄한다. 폐기물 처리 산업은 폐기물 처리 시설의 건설 및 운영과 재활용품 관련 제조 및 유통사업 등을 포괄하는 산업이다.

3장

가용성기반 시설
Availability

.
.
.

1 가용성기반 시설이란 무엇인가
Availability-based Payment

Availability-based Payment 사업 개념

Availability-based Payment(AP)방식은 정부 또는 주무관청이 사업의 가동률(Availability)에 따라 대금을 지급하는 방식으로, 도로 사업의 경우 교통량과는 관계없이 도로 상태를 적정 수준으로 유지하는지 여부에 따라 지급하는 방식이다. 대부분이 PPP방식으로 진행한다. 유럽대륙에서는 PPP, 영국은 PFI(Private Finance Initiative), 캐나다, 미국, 멕시코에서는 P3, 한국은 BTL로 칭한다. 대상 자산은 학교, 병원, 정부시설 등의 Social Infrastructure와 도로, 터널 등의 Availability Transport로 나뉜다.

사업자는 실제 수요와는 무관하게 목표 가동률 수준을 달성하게 되면 예정된 수익을 달성할 수 있기 때문에 안정성이 높은 구조다.

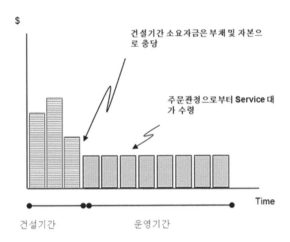

AP사업의 일반적인 자금조달과 대가 수령 흐름

이렇게 운영기간동안 주무관청으로부터 수령한 서비스대가는 다음과 같이 발생비용과 차입금상환, 배당지급으로 사용된다.

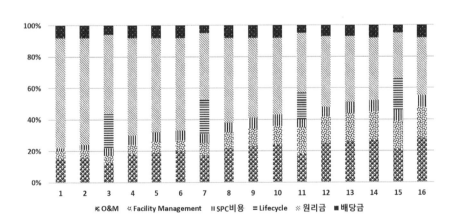

일반적으로 외주계약을 통해 O&M비용, Lifecycle Cost(대수선비용), SPC법인비용을 확정하고, 컨세션 기간동안 원리금을 상환하면서 예측가능한 배당금을 확정한다. 다만 물가변동, 금리변동 등이 배당금을 변동시킨다.

주무관청은 사업시행법인에 가동률 조건을 제시하고, 사업시행법인은 그 조건을 상황에 따라 협의하여 결정한다. 상호 요구조건 사이에 차이가 발생할 경우 사업시행법인은 주무관청의 승인을 받아야 하며, 이러한 과정을 통하여 최종적으로 실시협약(Concession Agreement)이 체결된다.

Availability 기반 사업의 주요 위험 요인

AP 사업은 주무관청과 체결하는 실시협약에 따라 정산대금을 지급받게 되는데, 일반적으로 대상시설에 대한 수요와 가격 관련 위험은 배제되므로, 실시협약 상 정해진 대상시설의 완공, 운영 및 관리, 서비스 제공 수준 등이 사업 수익성과 직결되는 요인으로 작용한다. 일반적으로 AP 사업의 주요 사업 위험은 Completion risk, Cost risk, Revenue risk의 3가지로 구분할 수 있다. 다만 전술한 인프라의 고유위험에 설명한 Completion risk를 제외한 나머지 AP에 특징적인 리스크 부분을 설명한다.

시장위험이 없어 상대적으로 사업위험 수준은 전체적으로 매우 낮은 편이다. 특이한 점은 정부의 서비스대가가 시설의 Performance 유지에 따라 지급되므로 이에 대해 어떻게 위험을 전가하도록 구조화 되어 있는지를 가장 중요하게 살펴봐야 한다.

그리고 주무관청은 서비스대가 지급규모를 감소시키고자 사업에 부속사업 또는 부대사업을 하도록 하는 경우가 있다. 예를 들어 병원에서 주차장, 편의시설, 소규모 숙박시설을 하도록 하고, 이에 대한 수익만큼을 주무관청에서 지급하는 서비스대가에서 차감해서 준다. 그때 추정 부수수익만큼 실제 발생하지 않으면 원리금상환에 적신호가 켜진다. 이를 Hybrid transaction risk라고 한다.

마지막으로 컨세션기간이 종료되면 종료이후에도 계속적으로 사용 가능하도록 대상시설을 정비한 후 주무관청에 이전해야하는 의무가 존재한다. PPP사업 전체적으로 해당되는 의무지만 AP사업은 주로 건축물이 많기 때문에 컨세션기간 종료즈음에 해당 시설이 낡아 예상보다 많은 비용지출 가능성이 높다. 이를 Handback risk라고 한다.

| Performance risk |

AP 사업의 Revenue 위험은 운영 위험과 연관성이 높으며, 협약에 운영기간 중의 performance 달성 수준과 미충족시 패널티 관련 사항이 구체적으로 명시되어 있다. 위험 전가 방법으로는 협약상 운영비용 및 패널티 구조가 위탁운영사에게 back-to-back으로 전가될 수 있도록 O&M 계약을 체결하는 것이 중요하다.

사업자가 performance를 지속적으로 충족하지 못할 것으로 판단되는 경우에는 주무관청이 협약을 해지할 권한도 있다. 사고로 인한 performance 미달 시를 대비하여 적절한 보험가입도 필수적이다

| Hybrid transaction risk |

AP 사업중에는 협약 사업 이외에 부속사업을 통한 매출이 포함되는 경우도 있다. 부속사업 매출의 경우 협약을 통해 주무관청으로부터 보장받지 못하는 경우가 일반적이기 때문에 사업자는 해당 매출 감소 위험에 노출될 수 있다.

(예시) Commercial revenue

구분	A Hospital	B International Convention Exhibition	C Hospital
Commercial Revenue 비중	18% • Carpark : 90% • Retail : 10%	6% • F&B 100%	5% • Hotel : 59% • Retail : 41%

❘ Handback risk ❘

AP 사업의 경우 협약 종료시점에 향후 계속적으로 사용이 가능하도록 대상 시설을 정비한 상태로 주무관청에 이전해야 하는 의무가 존재한다.

구체적인 시설보수계획을 수립하고 소요금액에 대해 사전에 MMRA(Major Maintenance Reserve Account)를 통한 적립 등으로 대비하는 것이 필요하다.

❘ Inflation risk ❘

AP 수익의 일정 부분은 물가상승률 등 Indexation에 연동되어 있기 때문에 일정 부분 예상과 실제 발생과의 차이에 의한 Inflation risk 경감이 필요하다.

영국 RPI 추이

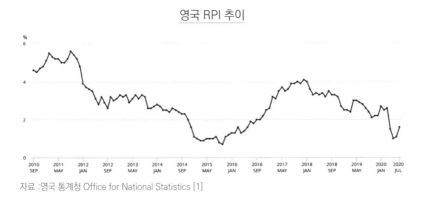

자료 :영국 통계청 Office for National Statistics [1]

영국의 물가지수(RPI)의 2010년부터 10년간의 추이를 보면 5%대에서 작게는 1%까지 내려갔다. 이렇게 등락이 큰 물가지수를 기반으로 장래 부채상환비율(DSCR)을 계산하면 결과도 차이가 많이 난다.

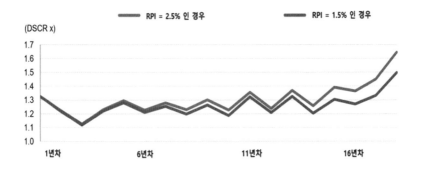

예를 들어 누적 물가를 2.5%와 1.5%의 차이가 반영되면 상환재원 격차는 점차 벌어지고, DSCR도 10년차가 넘어가면 유의미한 격차가 나타나기 시작한다.

영국 인프라 상장펀드 사례

영국증시에 상장되어 있는 BBGI의 경우 2018년 기준 전체 포트폴리오 자산 구성을 보면 다음과 같다.

- Availability-based PPP 비중 : 100%
- 사업수 : 48개
- 운영중인 자산 비중 : 100%
- 지역 : 캐나다 37%, 영국 34%, 호주 14%, 유럽대륙 10%, 미국 5%
- 섹터 : Transport 46%, Health 25%, Justice 15%, Education 12%, 기타 2%
- 잔여 기간 : 10년미만 2%, 10~20년 32%, 20~25년 43%, 25년 이상 23%

펀드의 순자산가치평가에서 민감도 분석을 했을 때 펀드 가치에 중대한 영향을 주는 항목과 순서는 다음과 같이 제시되고 있다.

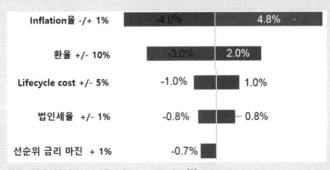

자료 : BBGI 2018 Annual Results presentation [2]

2 Social Infra 시설

Social Infra 시설 사례의 계약구조

사례 자산은 주무관청과 DBFM(Design, Build, Finance, Maintenance) 계약에 따라 매 분기마다 주무관청으로부터 Availability Payment(AP)를 지급받는 자산이다.

AP는 DBFM 계약 상 Availability Date(가용일)부터 협약 종료일까지 주기적으로 지급된다. 그리고 AP는 Investment Payment(IP)와 Maintenance Payment(MP)로 구분되고, IP는 시설의 설계, 건설, 금융비용 등 투자비에 대한 보상 성격으로 지급되는 금액이며, MP는 Facility Service를 제외한 시설의 유지관리비에 대한 보상 성격으로 지급되는 금액이다.

- AP = IP + MP
- IP는 투자비에 대한 보상으로 물가에 따른 영향이 없기 때문에 협약기간 동안 고정된 금액으로 지급되며, MP는 DBFM 계약에 명시된 index에 따라 물가에 연동되어 있음. 또한, 준공이 지연되거나 DBFM 계약 상 운영 조건을 충족시키지 못할 경우 지급받는 AP 금액은 공제될 수 있음.

프로젝트 계약 내 정해진 서비스 성과(KPI)를 충족하지 못할 경우 페널티로 일정 금액을 차감(deduction)하여 수령할 금액을 산정한다. 이러한 Deduction 금액은 유지관리계약에 따라 위탁운영사에게 청구하는 구조다.

공제는 ① 벌점에 따른 공제, ② Performance 공제, ③ Availability 공제 등 세 가지 형태로 부과될 수 있다.

- 벌점에 따른 공제액은 벌점 당 1,000 EUR이며, MP의 Price Revision Formula에 따라 indexation 됨. 벌점은 특정 사건이 발생하는 경우 부과되며, 각 사건마다 몇 개의 범주로 구분할 수 있음. 각각의 범주마다 고유의 벌점이 설정되어 있으며, 만약 어떤 사건이 둘 이상의 범주에 속하게 되면 벌점이 가장 높은 범주에 속하는 것으로 간주함.

- Performance 공제는 예외사항을 28개의 범주로 구분하여 적용됨. 범주는 위생시설부터 보안설비까지 다양하게 구분되어 있으며, 각 범주마다 고유의 공제 치유기간이 있음. 예외사항의 심각성에 따라 공제액은 20 EUR/일에서 2,000 EUR/일까지 다양함.

- Availability 공제는 본 시설의 Availability가 요구 Availability를 벗어나는 경우에는 공제가 부과됨. 각 분기마다 이용 가능한 시설 비율이 최소 97% 이상이 되어야 하며, 이에 미달할 경우 0.1% 당 5,000 EUR의 공제액이 부과됨.

현금흐름

AP는 협약기간인 25년 동안 연간 40백만EUR를 지급받게 된다. IP는 설계, 건축, 금융비용에 대한 보상 성격으로 연간 29백만EUR를 고정적으로 지급받으며, MP는 운영기간 중 시설 유지비용에 대한 보상 성격으로 11백만EUR에서 협약에서 정의된 Index에 따라 증가하는 금액을 지급받는다.

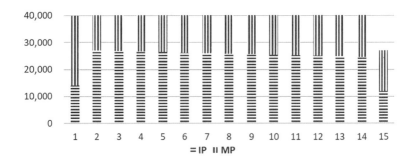

운영비용은 계약에 근거하여 지급되는 유지관리비로서 유지관리비와 Lifecycle cost가 총 운영비용의 대부분을 차지한다. 그 외 운영비용으로는 SPC 비용 및 보험료 등이 있다.

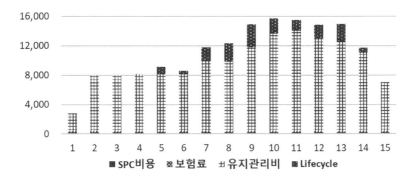

3 Availability Transport 시설

Availability Transport 시설 사례 계약구조

사례 자산은 100% Availability 기반의 도로사업으로 수요 위험은 없다. AP
는 각 Section별로 준공일부터 협약종료일까지 지급받게 된다.

AP의 일부분은 물가에 연동되어 있으며(MAVP$_m$), 매월 지급받게 되고, 물
가에 연동되지 않는 부분(SAVP$_h$)은 연 2회 지급받는다.

$$MAVP_m = I_n \times k \times AVP_o \times AR_m$$

$$SAVP_h = (1-k) \times AVP_o \times \sum_{m=1}^{M} AR_m$$

- 여기서 AVP$_0$는 연 기본 AP 금액이며, 비율 k와 1-k 만큼 각각 MAVP$_m$과
  SAVP$_h$로 나뉘어짐. 연간 물가에 연동되는 부분을 결정하는 변수 k는 O&M 단
  계 동안 프로젝트 비용의 인플레이션을 적절히 헷지하는 수준인 25%로 결정되
  었음.

- MAVP$_m$에 할당된 금액은 물가 index(I$_n$)와 Availability Result(AR$_m$)를 반영

하여 매월 지급받으며, $SAVP_h$에 할당된 금액은 6개월간의 AR_m을 합하여 연 2회 지급받게 됨.

- 물가지수 바스켓인 I_n은 해당국가의 물가지수(CI; Core Inflation), 건설공사비 지수(CMPI; Construction Materials Price Index), 실질임금지수(RWI; Real Wage Index)에 연동되어 결정됨.

프로젝트 계약 내 정해진 서비스 성과(KPI)를 충족하지 못할 경우 페널티로 일정 금액을 차감(deduction)하여 수령할 금액을 산정한다. 다음 항목별로 성과를 평가해서 공제한다.

- Lane Availability : 도로 가용률(차선 가용률)에 따라 차감
- Condition Adjustment : 도로상태기준 미달시 차감
- Route Performance Adjustment : 과거 12주 대비 실제 주행시간 증감에 따른 조정분
- Safety Performance Adjustment : 안전 성과지표 달성 여부에 따라 가산/차감
- Exceptional Circumstances Adjustment : 사고에 따라 도로 통행이 제한되었을 경우 사업자의 의무이행 실패시 차감
- Critical Incident Adjustment : 사고 발생 후 2.5시간 기준 이내 도로 통행 재개시 가산, 그 외 차감

협약 종료 시 사업시행법인은 주무관청에 자산을 반환하여야 하며, 자산 반환 시 일정 요구 사항을 충족해야 한다.

최종 실시협약에서는 독립적인 기술자가 수행하는 초기 반환 조사(Initial Handback Survey)의 일부로서 사업자가 교량의 주요 검사(Principle Inspection)를 수행할 것을 요구하고 있으며, 검사 결과는 사업자의 의무인 개선 작업의 필요성 여부를 결정하는데 적용된다.

사업시행법인은 Handback 시 교량의 각 구성요소 별로 최소 잔여 내용연수를 충족시켜야 하며, 각 구성요소가 요구되는 수준을 충족시키지 못할 경우 사업자는 개선 작업을 수행해야할 의무가 있다. Handback 시 각 구성요소 별 최소 잔여 내용연수는 다음과 같음.

(예시) Handback 요구 사항(일부)

Pavement	콘크리트 10년, 아스팔트 5년
다리 구조물	30년
가로등	5년
베어링	8~15년

현금흐름

회사의 매출은 100% AP(Availability Payment)로 구성되어 있다. AP의 25%는 물가에 연동되며, 75%는 고정적으로 지급된다.

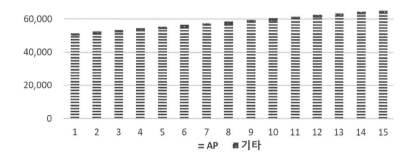

운영비용은 Lifecycle 비용, SPC 비용, O&M 비용, 보험료 등으로 구성된다.

도로의 특성상 Handback을 위한 대수선비가 후반부 기간에 발생한다.

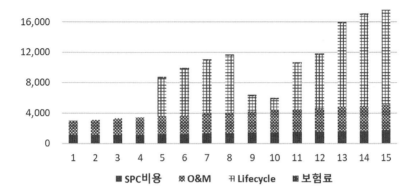

4 국내 BTL사업
Build-Transfer-Lease

임대형 민자사업 개념

기존의 수익형 민자사업(BTO)으로는 교육 문화 복지시설에 대한 민간투자를 유치하기에는 한계가 있다고 보고, 2005년 1월 민간투자법을 개정하여 초중등교육시설, 아동보육시설, 보건의료시설 등 생활기반시설 9개를 추가하고 새로운 유형의 임대형 민자사업(BTL: Build-Transfer-Lease)을 도입하였다.

임대형 민자사업(BTL)이란 민간이 자금을 투입하여 공공시설을 건설하여 정부에 기부 채납하고 대신 시설관리운영권을 획득하며, 정부는 동 시설을 약정기간(10~30년) 동안 임차하여 사용하고 그 대가로 임대료를 지급하는 방식(건설-이전-임대)을 말한다. BTL사업의 민간사업자는 설계-자금조달-건설-운영(유지보수)(DFBO)에 관련한 위험을 부담하며, 시설 수요변동의 위험은 정부가 부담하게 된다.

BTL사업을 하는 민간사업자는 정부로부터 정부지급금 방식으로 시설임대료와 운영비를 받는다. 이 중 시설임대료는 민간이 투입한 시설투자비에 대한 대가로서 정부는 사업위험도와 자금조달비용 등이 감안된 수익률을 반영하여 분할 지급한다. 이 경우 수익률은 개별사업별로 사업제안자간의 경쟁을 통해 결정된다.

운영비는 시설의 유지 보수에 대한 대가로서 사전에 협약에서 정한 금액을 기초로 정부가 시설의 유지 보수에 대한 서비스 성과를 평가하여 조정 지급한다.

$$시설임대료 = 시설투자비 \times \frac{수익률}{1 - (1+수익률)^{-(임대기간)}}$$

매년 동일한 임대료를 지급한다. 예를 들어 투자비 100억 원, 수익률 5.5%, 임대기간 20년이면 매년 임대료는 8.37억 원으로 동일하게 지급한다.

시설을 민간이 유지보수 등 운영을 담당할 경우, 운영비는 정부(주무관청)가 표준비용을 감안해 사전에 협약에 약정하여 지급한다. 연간 지급해야 할 표준비용은 민간사업자가 정부가 요구하는 서비스 수준을 충족하면서 최대한 효율적으로 운영한다는 전제하에 계산된다.

협약된 지급기간 별로 시설운영 실적을 평가하여, 사전에 약정된 서비스수준에 미달할 경우 임대료 지급액을 차감하는 Penalty-System이 적용된다.

수익률 결정 구조

수익률은 "장기국채(5년 만기) 금리 + a"로 결정된다. a는 "장기투자프리미엄 + 건설·운영위험 프리미엄"으로서 개별사업별로 사업제안경쟁을 통해 결정된다. 그리고 수익률은 국채금리와 연동해 5년 단위로 조정된다.

예를들면, 공사 준공 시에 국고채 이자율이 5% 였으며, a 값이 협약에 의해 1%로 확정된 경우 정부는 준공부터 5년간은 6%의 이자율을 기준으로 시설임대료를 지급하게 되며 그로부터 5년후에 국고채 이자율이 4%로 하락하게 된다면 6년차부터 10년차까지는 5%(변동된 국고채 4% + 확정된 a값 1%)를 기준으로 시설 임대료를 지급하게 된다.

또한 건설이자산정을 위한 이자율은 "3년 만기 무보증회사채(AA-) 수익률 + β"로 결정된다. 건설기간 이자는 사업수익률처럼 3년마다 조정해 주는 개념은 없다. 2010년 이후 BTL시장 경쟁이 치열해지면서 α가 하락, 반대로 β는 시장위험을 반영하여 상승함에 따라 α와 β가 역전되는 현상을 보였다.

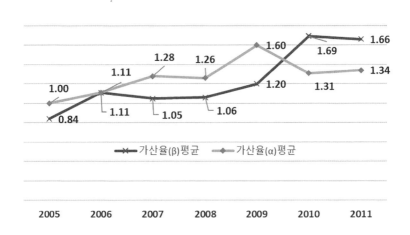

민간투자사업기본계획 별표2의 정부지급금 산정 예시는 다음과 같다.

정부지급금 산정 예시

□ 가정

◦ 임대기간	20년
◦ 연차 임대료 지급방식	매년 동일금액 지급 (원리금균등)
◦ 물가상승률	4%
◦ 세전수익률	5.5%
◦ 총민간투자비	100억원
◦ 부속사업순이익	2억원/년 ('05.1.1 불변가)
◦ 부대사업순이익	없음
◦ 운영비용	3억원/년 ('05.1.1 불변가)

□ 정부지급급 = (시설임대료 - 부속사업순이익) + 운영비용

(단위 : 억원)

항 목	건설기간	운영기간		총지급액	
				경상	(불변)
	'05~'07	'08	···	'27	
■ 총민간투자비	100				
■ 시설임대료(A)		8.37	···	8.37	167.36	-
■ 부속사업순이익(B)		2.34	···	4.93	69.67	(40)
■ 운영비용(C)		3.51	···	7.39	104.51	(60)
■ 정부지급급(A-B+C)		9.54	···	10.83	202.19	-

* 시설임대료 산정 EXCEL 활용예시 5.5%,20년,100억원 → 셀에 '=pmt(5.5%,20,100)' 입력
* 당해 예시는 부가가치세를 제외한 모형으로 실제 지급시에는 부가가치세를 별도로 산정하여 지급 필요

성과평가 방식

실시협약상에 명시된 운영비는 향후 시설운영서비스에 대한 성과평가와 연계하여 감액될 수 있다. 성과요구수준 결정절차는 일반적으로 아래와 같다.

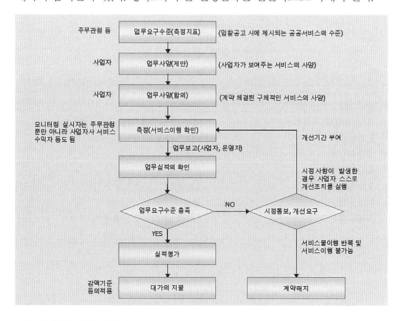

운영 및 유지관리에 대한 주무관청의 요구수준은 다음과 같다.

- 사업시행자는 시설물의 기능을 보전하고, 사용자의 편익과 안전을 도모하기 위하여 일상적 또는 정기적으로 시설물의 상태를 조사하고, 손상부위에 대한 보수 및 보완조치를 취하여 정상상태로 유지관리하여야 함.

- 사업시행자는 운영 및 유지관리를 위한 예산, 조직, 인원 및 장비를 확보하고 효율적으로 운영하여 불필요한 낭비가 없도록 하여야 함.

- 사업시행자는 운영 및 유지관리에 관한 보다 더 향상되는 서비스를 제공하고 주무관청은 이를 평가하여 서비스 대가 지급시 반영함.

- 건물 및 시설의 부실한 관리(누수, 파손, 붕괴위험 등)로 인하여 이용자의 불편, 건물의 안전에 대한 불안과 불쾌감이 없도록 하여야 함. 또한 보수, 부속품의 교체 등 일련의 업무 시에 이용자의 불편함이 없도록 서비스 수준을 유지하여야 함.

- 협약된 요구수준에 맞는 예방적이며 즉각적인 서비스를 제공받기 위하여 대상시설을 본래의 기능 및 안전과 환경을 유지하도록 하며, 서비스가 항상 적절히 이루어질 수 있도록 점검, 보수, 수리, 부속품의 교체, 개량 등의 계획을 적기에 수립하여 시행함.

다음 예시는 요구수준 성과평가결과에 따른 차등지급 기준이다.

등급	점수	인센티브 및 감액기준
A	90점 이상	• 대상금액 100%지급
B	80점이상 ~ 90점미만	• 대상금액 95%지급 • 연속하여 두반기 B등급시 두번째 반기부터 5%씩 감하여 지급 • 다음반기 A등급시 이전반기 감액금의 80%를 가산하여 지급
C	65점이상 ~ 80점미만	• 대상금액 90%지급 • 다음반기 C등급시 5%씩 감하여 지급 • 다음반기 A등급시 이전반기 감액금의 80%를 가산하여 지급
D	65점 미만	• 대상금액 50%지급 • 다음반기 D등급시 10%씩 감하여 지급 • 다음반기 A등급시 직전반기 감액금의 80%를 가산하여 지급

4장

운송 인프라
Transport

·
·
·

1 유료 도로
Toll Road, Tunnel, Bridge & Railway

유료 대중교통시설이란 무엇인가

유료 도로 및 유로 철도 등 대중교통시설은 대규모 투자가 필요로 하는 전통적인 인프라시설로서 통상 PPP 구조로 민간이 참여한다. 시설은 경쟁시설로부터 주무관청에 의해 직간접적으로 보호를 받으며 수요는 경기 비탄력적인 특성을 갖고 있다. 그리고 요금은 규제당국과 협의에 의해 결정된다.

과거 대부분의 대중교통시설은 정부의 재정에 의해 건설 운영되었다. 그러나 필요 대중교통시설 건설비 대비 정부재정의 부족으로 민간자본의 필요성이 더욱 절실해졌고, PPP 사업 추진시 적기 준공이 가능하다는 장점도 PPP 활성화에 한몫 했다.

심지어 부족한 재정을 충당하기 위해 정부가 운영중인 도로를 매각하는 사례도 있다. 미국의 Chicago Skyway와 캐나다의 407 ETR이 그런 경우다. 1958년부터 운영중인 7.8 마일의 유료도로는 당시 시카고시에서 유지보수를 하고 있었다. 2005년 시정부는 Skyway Concession Company, LLC와 99년 장기임대계약을 체결하고 매각대금을 재정에 사용했다. 동 도로사업이 미국 최초 민자 유료도로라고 한다.

민간의 자금이 투입되지만 사업의 통행량 등 경제성에 따라 건설 보조금이 지급된다. 국내 도로나 철도 민자사업도 전술한 것처럼 건설기간 건설보조금과 토지 보상비를 감안해서 협상에 의해 지급된다.

통행량은 GDP성장율, 국내 소비 성향, 실업률 등 거시경제지표와 밀접하다. 트럭 같은 상업용 차량일수록 영향은 더욱 밀접하게 나타난다. 과거 여러차례 경제 위기를 겪으면서 보니, 대규모 교통시설(고속도로, 장대교)과 소규모 교통시설(나홀로 시설)을 비교할 때 경제위기의 통행량 감소 충격은 후자가 월등히 크게 나타난다. 또한 트럭과 승용차를 비교하면 트럭이 경제위기에 영향을 많이 받는다.

통행요금은 물가변동율 등에 연동하여 매년 인상시키는 구조가 일반적이다. 그러나 매년 요금 인상은 이용객의 저항에 부딪히게 된다. 따라서 지역에 따라 Availability based project(가용성) 형태, Shadow Toll 형태도 있다. 둘다 공통점은 이용자가 요금을 지불하지 않는다는 점이다. 차이는 전자는 교통량과 무관하게 전액 재정으로 민간사업자에게 투자비를 보전하고, 후자는 교통량을 감안해서 정부가 투자비의 일정액 (통상 은행대출 상환 수준)을 지급하는 방식이다. 자세한 내용은 후술한다.

혼합요금형 도로가 있는 데, 첫번째 예는 구간혼합형이다. 지역간 연결하는 도로에서 일부 구간은 유료도로로 일부 구간은 가용성기반 도로로 운영하는 경우다. 예를 들어 경부고속도로를 서울에서 대전까지는 유료도로로, 대전에서 대구는 가용성기반도로로 운영하는 경우다. 또 다른 예는 차종별 혼합형이다. 1종 승용차는 유료도로 형태로, 3종 트럭은 Shadow Toll 형태로 운영하는 경우다. 교통량 수준, 요금 부담능력, 경제영향 등을 종합적으로 고려해서 요금구조를 결정하게 된다.

유료도로 통행량 추정 방법

신설 유료도로의 교통량을 추정할 때는 경제학, 교통공학 등의 개념과 이론이 요구된다. 도로의 운행 목적이 출퇴근인지 레져인지에 따라 접근법이 다르고, 국가별로 소득수준에 따라 유료도로에 대한 수용성(wiling to pay)이 다르며, 인접 무료도로 유무에 따라 다르다.

천안논산간 민자 고속도로 예를 들어 본다. 해당 도로가 개통전에는 수도권에서 호남을 가려면 천안에서 대전까지 경부선을 이용하다 호남선을 타고 논산까지 약 110km를 운행해야 했다. 그러나 해당 도로가 신설되면서 천안에서 논산으로 직접 약 80km를 운행하게 되어 시간과 거리가 모두 단축되는 효과를 보게되었다. 이 경우 합리적인 운전자라면 시간도 단축되고 운행 유류비도 절감해 주는 신설도로를 이용할 것이다. 관건은 추가로 부담할 통행요금이 얼마냐만 남았다. 이론적으로는 추가 통행요금이 단축된 시간의 가치와 절감된 유류비의 합을 넘지 않는다면 기꺼이 신설도로를 이용하게 될 것이다. 이러한 개념을 녹여서 신설 유료도로의 교통수요를 예측한다.

위에서 말한 시간가치, 유류비를 통행료와 비교하는 것이 비용측면 접근방식이다. 지점간 분리를 평가할 때 일반적으로 고려되는 요소이며 동일한 시간에 대한 운행시간(Travel time), 운행비용(Vehicle operating cost), 통행요금(Toll), 시간가치(Value of Time)를 다음의 식으로 표현하는 일반화비용(Generalized cost) 접근법이 일반적으로 통행량 추정에 활용된다.

$$GC_{ij} = T_{ij} + [C_{ij} + Tol_{ij}]/VOT$$

GC_{ij} = 분단위 일반화비용 (Generalized Cost)

T_{ij} = i존에서 j존으로의 이동시간

C_{ij} = i존에서 j존으로의 인지이동비용

            (ex 차량운영에 소요되는 인지비용)

Tol$_{ij}$	= i존에서 j존으로의 이동을 위해 지불하는 통행료
VOT	= 차량종류 및 기간에 대한 차량등급별 차량당 시간의 가치

■ 교통량 추정 기법

통행량을 추정하는 방법에는 개략적 기법과 순차적 교통수요모형기법이 이용된다. 개략적 교통수요추정 기법에는 과거추세연장법과 수요탄력성법이 대표적인데 시간과 비용이 적게 소요되는 장점이 있으나 정확도가 낮은 단점이 있다.

전통적인 4단계 교통수요모형이 대표적 순차적 모형으로 통행자의 의사결정이 순차적 선택과정을 거쳐 일어난다고 가정하여 교통수요를 예측한다. 현재 교통 수요예측의 가장 일반적인 방법으로 각 단계별 결과에 대한 검증으로 현실 묘사가 가능하다. 통행발생 → 통행배분 → 수단선택 → 통행배정의 4단계 과정으로 이루어진다. 여기서는 전통적인 "4단계 추정방법"에 대해 설명하고자 한다.

장차 도로가 건설될 지역을 중심으로 교통 현황 및 실태조사 자료를 토대로 현황 정산을 하여 O/D를 구축해 본다. 이를 '기준년도 O/D구축'이라 한다. O/D(기종점통행량)란 한 장소(출발지_Origin)에서 다른 장소(도착지_Destination)로 특정 목적을 위해 이동하는 사람 또는 차량을 의미한다.

모형 현황정산(Validation)이란 현재 운영중인 도로(고속도로, 국도, 지방도로 등)만 반영되어 있는 모델(Base Year Network)에 인구, 차량 등을 반영한 구간별 모델값과 실제교통량과의 차이를 줄이는 과정이다. 차이가 최소화되면 구축된 모델의 신뢰도를 입증 받게 된다.

현재 정산 교통량에 오차가 많으면 이를 토대로 추정된 장래 교통량은 당연히 오차가 많아 지므로 본 과정은 매우 중요한 단계다. 모형 현황정산(Validation) 단계를 예를 들어 구체적으로 설명하고자 한다.

■ 모형 현황정산 사례

분석대상 신설도로(이하 "본도로")가 개발될 "개발지역"에 모형정산의 촛점을 맞추기 위해, 현황 교통량이 관측된 지점중 해당중심지역에 위치한 [100] 개 지점에 대해서 도로등급별 교통량을 비교, RMSE 분석을 통해 모형의 신뢰도를 분석한다. 이 과정은 본도로 교통량이 과다 배정되는 문제 방지를 위한 작업이다.

도로등급	관측교통량(대/일)	수정 전 모형교통량	배율	RMSE(주)
일반도로	1,280,744	1,345,528	1.05	21%
지방도	318,841	347,656	1.09	23%
국지도	239,587	278,149	1.16	38%
합계	1,839,172	1,971,333	1.07	24.4%

주 : 평균 제곱근 오차(Root Mean Square Error; RMSE)는 추정 값 또는 모델이 예측한 값과 실제 환경에서 관찰되는 값의 차이를 다룰 때 흔히 사용하는 측도. 정밀도(precision)를 표현하는데 적합. 각각의 차이값은 잔차(residual)라고도 하며, 평균 제곱근 편차는 잔차들을 하나의 측도로 종합할 때 사용.

위 표 차이가 유의미 해서 자칫 교통량 과다의 문제가 있을 수 있어 통행량표를 10% 감소시켜 다시 배정한 모형교통량을 토대로 비교하면 다음과 같다.

도로등급	관측교통량(대/일)	수정 전 모형교통량	배율	RMSE
일반도로	1,280,744	1,219,518	0.95	20%
지방도	318,841	315,098	0.99	23%
국지도	239,587	244,959	1.02	25%
합계	1,839,172	1,779,575	0.97	21.9%

관측교통량 대비 배율과 RMSE가 수정하기 전 자료와 비교시 월등히 오차가 작아진 모형의 결과를 보이는 것을 알 수 있다. 이러한 과정을 수차례 반복해서 현황에 가깝게 하는 과정을 모형현황정산과정이라 한다.

또한 "본 도로" 건설로 인해 분산되는 교통량의 패턴을 알아보기 위해, 남북축, 동서축을 가르는 스크린라인(Screenline)을 선정하여 통과 교통량을 검증하는 과정을 설명하고자 한다. 스크린라인이란, 남북 또는 동서간에 임의의 축을 선정하여, 교통량의 흐름을 파악하는 것으로 모형정산시 꼭 필요한 분석방법이다

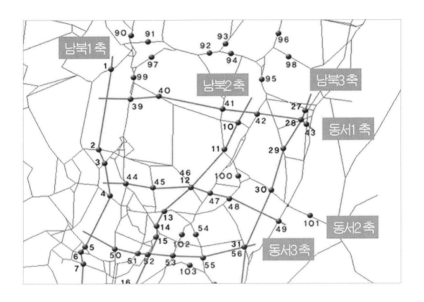

사례에서는 우선 남북으로는 3 개의 스크린라인, 동서로는 3 개의 스크린라인을 설정해 모형교통량과 관측교통량의 배율을 수정전과 후로 나눠서 비교한 결과다.

스크린라인	관측교통량(대/일)	모형교통량	배율
남북 1축	71,664	76,978	1.07
남북 2축	198,521	200,009	1.01
동서 1축	59,812	72,052	1.20
동서 2축	59,068	64,447	1.09

기준년도 네트워크의 정산이 완료되면 해당 네트워크를 기준으로 장래 O/D를 구축해 나간다. 기준년도 네트워크에 장래 거시지표, 신설도로, 신규 택지개발, 주요 교통유발 시설 등을 반영하여 미래 네트워크를 구축한다. 여기에서 통행발생, 통행분포, 수단선택, 통행배정이라는 4단계를 거쳐 장래 네트워크를 구축한다. 일반적으로 매 5년마다 예를 들어 2025, 2030, 2035년 각각의 네트워크를 구축한다.

4단계 모형은 동질한 성격의 지역을 존(zone)이라는 하나의 단위로 묶게 된다. 일정 지역이 존으로 묶이게 되면 해당 지역의 모든 통행은 존의 중심(zone centroid)에서 발생하고 유인된다고 가정하게 된다. 그러나 이러한 가정은 존 내의 모든 통행이 존 중심에서 이루어진다고 가정하기 때문에 존 내부의 통행은 반영못하는 단점이 존재한다. 예를 들어 강남구를 하나의 존으로 하느냐 동서남북 4개존으로 나누느냐, 각 동별로 존을 세분하느냐에 따라 달라지게 된다.

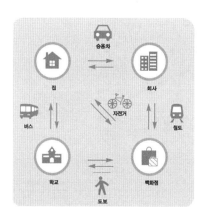

목적별 O/D
▶ 출근, 업무, 귀가, 등교, 배웅, 학원 귀사, 쇼핑, 여가, 친지방문, 기타

수단별 O/D
▶ 승용차, 버스, 철도(지하철), 항공, 해운, 택시, 오토바이, 자전거, 도보, 기타

자료 : 한국교통연구원, 기종점통행량[1]

■ **통행발생**

각 존별로 유입 또는 유출되는 사람. 차량의 통행량을 산정하는 과정으로, 1일 통행량을 기준으로 함.

- 통행유출 : 기점이 되는 존에서 다른 존으로 나가는 통행

- 통행유입 : 다른 존으로부터 종점이 되는 존으로 들어오는 통행

■ 통행분포

전수화를 통해 특정 Zone에서 유출 또는 유입된 통행량을 모든 Zone에 분포시키는 과정

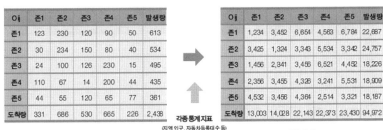

표본 O/D · 각종 통계지표 (지역 인구, 자동차등록대수 등) · 전수 O/D

■ 수단선택

Zone간 출근, 업무, 귀가 등의 목적별 O/D를 승용차, 버스, 철도 등의 수단별 O/D로 분리하는 과정

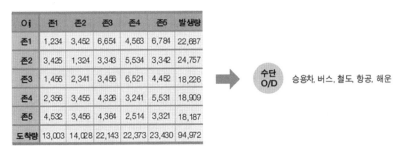

전수 O/D · 수단 O/D · 승용차, 버스, 철도, 항공, 해운

■ 통행배정

수단선택과정에서 도출된 통행수단별 기종점간 통행수요를 교통분석용 네트워크에 배정하는 과정

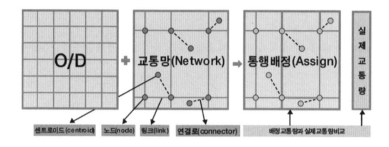

■ Ramp-up을 반영한 추정 교통량 결과

모든 신규 도로의 교통량은 다음의 두 가지 범주로 구분될 수 있다.

① 전환교통량 : 신규도로가 건설되지 않아도 이미 발생할 교통량으로서, 교통난이 더욱 심한 곳 혹은 우회하는 경로로부터 새로운 도로로 전환되는 교통량

② 발생교통량 : 신규도로가 건설됨으로써 새롭게 발생하는 교통량으로서 이러한 교통량은 다른 정체구간의 추가 수용능력 부족으로 해당 구간에 대한 전반적인 수요가 증가함으로써 발생함.

일반적으로 전환교통량은 신규도로가 개통되면 즉각적으로 발생하지만 발생교통량은 증가한 이동기회에 반응하면서 통행패턴이 서서히 변경됨에 따라 수년간에 걸쳐 점진적으로 발생하며 이러한 현상을 Ramp-up 효과라고 한다.

Ramp up 기간이란 새로운 유료도로가 개통된 후 운전자가 인식하고 해

당 시설을 이용하는 데까지 필요한 기간을 말한다. 국내 민자도로를 조사해 보니 Ramp-up 기간 및 비율은 자연증가를 감안한 Ramp-up 비율은 개통1년차 73.0%~94.6%, 개통2년차 92.4%~98.8% 수준으로 조사되었다.

다음은 OD별 구간별 일교통량의 예시다.

OO년 IC간 교통량(일/대)

구분	봉담	정남	세교	동탄	송산	항남	어연	백봉	교포
봉담	–	4,777	561	1,229	618	1,052	879	–	2,343
정남	4,736	–	296	977	2,250	–	–	–	–
세교	600	296	–	10,784	932	389	97	–	623
동탄	1,164	971	10,987	–	620	2,669	23	30	2,399
송산	618	2,253	938	624	–	4,399	1,229	–	5,742
항남	1,021	–	416	2,988	4,901	–	890	109	3,195
어연	874	–	97	17	1,233	873	–	1,874	1,507
백봉	–	–	–	–	–	109	1,855	–	6,119
교포	2,462	–	601	2,338	5,424	3,010	1,558	6,183	–

설명 : 송산IC로 진입해서 항남IC로 나간 차량이 하루에 4,399대라는 의미다.

구간별 교통량(대/양방향)

구간 년도	봉담IC~ 정남IC	정남IC~ 세마JC	…	어연IC~ 백봉JC	백봉JC~ 교포IC	거리가중 평균교통량
OO년	22,900	20,500		35,200	43,500	31,900
XX 년	27,400	25,300		36,900	45,000	33,300

설명 : 하루에 정남 IC~ 세마 IC 구간을 지나는 양방향 차량이 OO년 20,500대, XX년 25,300대라는 의미다.

요금 결정 제도

도로의 통행요금과 철도의 운임은 기본요금과 거리에 따른 추가요금의 합으로 구성되고, 매년 직전년도의 물가변동분을 반영해서 인상하는 것이 일반적이다.

■ 유료 도로 요금 체계

도로는 개방식과 폐쇄식 요금 징수로 나뉜다. 개방식은 유료 도로 본선 상의 일정 지점부터 그 요금소를 통과하는 차량의 평균주행거리를 기준으로 통행료를 산출하는 방식으로 운영된다. 폐쇄식은 진입시 요금소에서 통행권을 발부받고 목적지 요금소에 해당 통행권을 제출하면 주행거리에 차종별 해당 요율을 곱하여 요금을 산출해 징수한다.

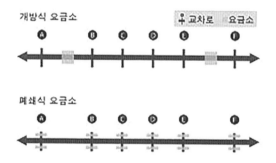

요금의 체계는 크게 두가지로 나뉜다. 하나는 차량의 종별, 즉 차축(Axles)의 개수에 따라 징수요금을 차등한다. 또 하나는 시간대별로 요금을 차등한다. 즉 출퇴근시간대에 요금이 높고 그렇지 않은 시간과 주말에는 요금이 낮게 책정한다. 우리나라는 5개 종별 요금은 있으나, 시간대 차등요금제도는 없다. 다만 출퇴근할인이나 화물차 심야할인은 있다.

❘ 개방식 사례 ❘

- 미국 Chicago Sky 유료도로 (https://www.chicagoskyway.org/)

# of Axles	Toll rate
2	$5.60
3	$19.70
4	$26.30
5	$32.80
6	$39.40
7 or more	$45.90

- 일산대교 민자사업(최초 협약 체결기준)

구분	1종	2종	3종	4종	5종
요금(원/대)	971	1,456	1,456	1,941	1,941

※ 2001년 12월 31일 불변가격

※ 사용료에 대한 부가가치세 포함

※ 소형(1종) 환산요금 산정을 위해 중형(2종, 3종), 대형(4종, 5종)에 적용한 통행요금계수는 중형 1.5, 대형 2.0 계수를 적용하였음

※ 적용 차종 구분

- 제1종 : 승용차, 16인승 이하 승합차, 2.5톤 미만 화물차
- 제2종 : 2.5톤 이상 ~ 5.5톤 이하 화물차
- 제3종 : 17인승 이상 승합차, 5.5톤 초과 ~ 10톤 미만 화물차
- 제4종 : 10톤 이상 ~ 20톤 미만 화물차
- 제5종 : 20톤 이상 화물차

ㅣ 폐쇄형 사례 ㅣ

- 캐나다 407 ETR도로 (https://www.407etr.com/en/index.html)

Rate Period Start Time	Zone 1 QEW to Highway 401	Zone 2 Highway 401 to Highway 427	Zone 3 Highway 427 to Highway 404	Zone 4 Highway 404 to Brock Road
Weekdays 12am -	25.29¢ WB 25.29¢ EB	25.29¢ WB 25.29¢ EB	25.29¢ WB 25.29¢ EB	25.29¢ WB 25.29¢ EB
6am -	42.85¢ WB 43.76¢ EB	42.83¢ WB 48.29¢ EB	46.31¢ WB 47.43¢ EB	44.86¢ WB 42.04¢ EB
7am -	48.74¢ WB 55.13¢ EB	50.89¢ WB 56.44¢ EB	54.43¢ WB 56.43¢ EB	54.93¢ WB 47.83¢ EB
9:30am -	42.53¢ WB 45.45¢ EB	44.02¢ WB 48.29¢ EB	46.58¢ WB 47.43¢ EB	46.58¢ WB 42.04¢ EB
10:30am -	39.07¢ WB 39.07¢ EB	39.07¢ WB 40.17¢ EB	40.17¢ WB 40.90¢ EB	39.07¢ WB 38.47¢ EB
2:30pm -	51.93¢ WB 44.04¢ EB	50.55¢ WB 48.98¢ EB	51.01¢ WB 51.92¢ EB	43.62¢ WB 48.61¢ EB
3:30pm -	61.14¢ WB 50.10¢ EB	55.45¢ WB 59.00¢ EB	58.99¢ WB 62.24¢ EB	49.56¢ WB 58.48¢ EB
6pm -	51.93¢ WB 44.04¢ EB	50.55¢ WB 48.98¢ EB	51.01¢ WB 51.92¢ EB	43.62¢ WB 46.81¢ EB
7pm -	25.29¢ WB 25.29¢ EB	25.29¢ WB 25.29¢ EB	25.29¢ WB 25.29¢ EB	25.29¢ WB 25.29¢ EB

- 서울춘천고속도로 (최초 협약 체결기준)
  - 가격 기준일 : 2002년 12월 31일 불변가격 기준, 부가가치세 포함
  - 차종별 요금산정체계 : 기본요금 + 주행거리 × 차로할증 × 차종별단가

차종별 단가

구분	1종	2종	3종	4종	5종
요금(원/km)	65.75	73.82	76.59	108.23	110.57

- 전구간 요금(1종기준)

  1,100원 + {13.17km×1.2+(59.724km-13.17km)}×65.75원/km = 5,200원

1종 구간별 통행요금(원/대)

구분	미사	와부	화도J	화도I	서종	청평	강촌	남춘천	춘천J
미사	-	1,278	2,032	2,139	2,488	3,334	4,271	4,868	5,200
와부	1,278	-	2,032	2,139	2,488	3,334	4,271	4,868	5,200
화도J	2,032	2,032	-	-	1,556	2,402	3,339	3,936	4,268
화도I	2,139	2,139	-	-	1,448	2,295	3,232	3,829	4,161
서종	2,488	2,488	1,556	1,448	-	1,947	2,883	3,480	3,812
청평	3,334	3,334	2,402	2,295	1,947	-	2,037	2,634	2,966
강촌	4,271	4,271	3,339	3,232	2,883	2,037	-	1,697	2,029
남춘천	4,868	4,868	3,936	3,829	3,480	2,634	1,697	-	332
춘천J	5,200	5,200	4,268	4,161	3,812	2,966	2,029	332	-

■ 유료 철도 요금 체계

철도의 경우 광역철도는 거리에 따라 요금을 책정하고, 도시철도(지하철)는 거리에 따라 요금을 산정하되, 다른 대중교통수단(버스, 지하철)과의 환승 여부에 따라 요금을 차등 산정한다.

국내 수도권의 수도권통합요금제에 따른 요금 구조를 살펴보자. 수도권에서 대중교통을 환승하면 총 이동한 거리만큼 요금을 내는 제도로서, 10km 이내는 기본요금(2015년기준 1,250원)이 부과되며, 이후 매 5km마다 100원의 추가요금이 가산되어 부과된다.

- 수도권 통합요금제는 수도권(서울특별시, 경기도, 인천광역시)의 대중교통 운임제를 이른다. 수도권 전철과 수도권내 시내버스, 마을버스를 이용할 경우 갈아탈 때마다 기본운임을 내던 기존 방식과 달리, 갈아타는 교통수단과 환승횟수에 상관없이 총 이동한 거리만큼 운임을 내는 운임제도다.

예를 들어 지하철을 최초 승차하여 8km이동 후 버스로 환승하여 8km이
동후 하차한 경우 전체 이용자가 지불한 운임과 이를 지하철사업자와 버스사업
자간 어떻게 분배하는지 보자.

- 버스와 지하철간의 환승시 적용된 통합환승운임은 이용교통수단별 기본운임의 비율을 기준으로 운임수입을 정산배분함
- 이용자 지불 요금 : 기본요금 1,250원 + 거리운임 200원 = 1,450원
- 지하철 사업자 수입 : 1,450원 x 기본요금비율(1,250/(1,250+1,200)) = 740원
- 버스 사업자 수입 : 1,450원 x 기본요금비율 = 710원

이번엔 최초 버스를 승차해서 8km를 이동하고 A지하철로 환승하여 8km를
이동한 후, 최종 B지하철로 환승하여 8km를 이동 후 최종 하차한 경우를 보자.

- 복합수단 이용시 통합환승운임은 여객의 총 이용거리를 기준으로 10km까지는 환승수단 중 기본요금이 높은 기본요금을 적용하고, 10km를 초과하는 구간에 대하여 매 5km까지 마다 추가운임을 적용함.
- 이용자 지불 요금 : 기본요금 1,250원 + 거리운임 300원 = 1,550원
- 버스 사업자 수입 : 1,350원 x 기본요금비율(1,200/ (1,250+1,200)) = 661원
- A지하철 사업자 수입 : 1,350원 x 기본요금비율(1,250/ (1,250+1,200)) +

200원 x 거리비율(8/16) = 789원 (도시철도 이용거리가 기본운임구간(10km) 을 초과한 경우는 도시철도 단독 이용시의 거리추가운임이 도시철도 운영기 관에 우선 귀속됨. A지하철과 B지하철 이용구간은 16km로 기본운임구간 (10km)을 초과한 운임 200원이 우선 귀속)

- B지하철 사업자 수입 : 200원 x 거리비율(8/16) = 100원

유료 도로·철도사업 중요한 고려사항

I Volume risk I

교통량을 결정하는 요인은 지역 경제성장율, 인구 트렌드, 교통 상습 정체 정도, 무료도로와 연계 정도, 다른 교통수단과의 경쟁 강도 등이 있다. 또한 유료 도로는 인구에 의한 영향도 있지만 개발도상국인 경우 가구당 차량대수도 중요 한 요인이다. 선진국은 이미 세대당 차량대수가 포화상태지만 개발도상국은 가 구당 한 대에서 소득 증가로 세컨드카 보유로 인해 대폭 증가하는 경우가 있다.

그리고 도로의 경기 하방경직성을 평가할 때 도로의 이용목적을 본다. 통학, 통근 목적보다 레저목적이 크면 경기에 영향을 더 받는다. 또한 이용 차종에서 상업용차량의 비중이 높으면 경기에 영향을 더 받는다.

무료 대중교통시설과의 경합이 있다면 유료 시설 이용시 "지급하는 요금"이 무료시설보다 도착지까지 거리가 짧아져 생기는 "유류비 절감"과 시간이 단축되어 이용자의 "시간가치(Value of Time) 절감"의 합보다 작다면 합리적 이용자는 기꺼 이 요금을 내고 유료 시설을 이용하게 될 거다. 따라서 경쟁 교통수단이나 경쟁 무 료도로가 있다면 해당 시설의 요금 수준의 경쟁력을 다각도로 고려해야 한다.

I Price risk I

민간사업자는 주무관청과 장기 실시협약, 리스계약을 얻어 시설을 운영한 다. 요금은 미리 정한 공식이나 규제당국의 허가에 의해 결정되는 경우가 대부분 이다. 그러나 요금 인상이 정치적인 이유로 제한받는 경우가 목격된다.

캐나다 407 ETR 사업 사례

캐나다 Ontario 주에 위치한 67 마일 길이의 400-series 고속도로 사업으로 토론토의 Greater Toronto Area를 통과한다. 99년 만기의 실시계약에 의해 민간사업자는 혼잡통행료를 포함하여 통행료 산정 및 인상에 대한 결정을 아무 제약 없이 내릴 수 있게 명시되어 있다. 그러나 체결 몇 년 후 새롭게 들어선 주 정부는 통행료 인상을 독단적으로 결정할 수 있는 계약에 문제가 있다고 주장하며 권리 철회를 요구하였고 통행요금 미납자들의 차량번호판 재발급 제한을 거부하기로 하였다. 법적 공방은 대법원까지 이어졌으며 결국 민간사업자가 모두 승소하였다. 그러나 민간사업자는 일시 통행료 할인 제공 위해 기금 마련을 약속하며 최종적인 합의가 이루어졌다.

계약조항이 공익 보다 민간에게 지나치게 유리하게 되어 있다는 여론 판결이 법정 판결에 비해 보다 영향력 있게 작용된 사례를 보았다. 민간사업자가 궁극적으로 법적으로 우세해도 법적 비용과 평판 손상을 입을 수 있다.

Shadow Toll 유료도로 사업

Shadow Toll은 도로 이용자가 통행료를 지불하지 않고 주무관청이 실시협약에 명시된 요금 계산 방식에 따라 민간사업자에게 이용료를 지급하는 구조다.

Shadow Toll 이용료는 일반 유료 도로와는 달리 통행요금이 일정하게 고정되어 있지 않고 Band mechanism 방식으로 교통량에 따라 요율이 바뀐다. 통상 교통량이 증가하여 Band의 구간이 바뀌면 정부가 지급하는 통행요금이 낮아진다.

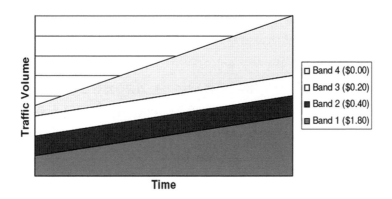

일반적으로 교통량에 따라 요금 변화구간(Band mechanism)을 최소 2개에서 최대 4개의 Band로 설정는데, 위 그림의 예처럼 Band 1 요금은 선순위차입금의 원리금 상환이 가능할 수 있도록 보수적으로 산정되며, Band 2부터 Band 3 구간이 사업자의 수익 구간이고, Band 3을 초과하는 교통량(Band 4)에 대해서는 통행요금을 지불하지 않는 방식으로 설정하는 것이 일반적이다.

위 예의 요금체계를 보면 초기 교통량이 증가하면 Band 1의 높은 요율로 인해 급격히 매출이 증가(일반적인 단일 요금체계에 비해 기울기가 가파르게 증가)하다 교통량수준이 Band 2~3 단계에 이르면 매출은 완만하게 상승하게 되고 Band 4에 해당하는 교통량이 발생하면 더 이상 매출 증가는 없다.

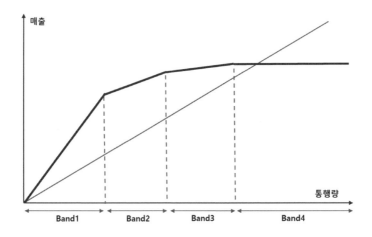

Shadow Toll방식은 이용자가 지급하는 자동차세를 재원으로 주무관청이 지급한다는 의미에서 Shadow라 칭하게 된 이유다. 그러나 담세자와 도로 이용자가 꼭일치하지 않아 불공정 논쟁이 오랫동안 제기되어 왔다. 현재는 초기 요금징수에 대한 저항을 줄이기 위해 Toll Road로 가는 가교단계로 활용하거나, 교통량 신뢰가 낮은 지역에서 대출원리금까지만 주무관청이 책임지고 이후는 요금을 크게 낮춰 사업주가 위험을 부담하는 방식으로 이용된다.

Managed Lane 유료도로 사업

Managed Lane은 교통흐름 또는 통행량을 최적화하기 위하여 차로사용제한, Reversible(가변) 차로 등의 형태로 운영되는 도로 유형을 의미한다. 유형으로는 HOV(High-Occupancy Vehicle) 차로, 유료 고속도로 차로, 버스전용차로 등이 있다. 대부분의 ML은 미국에 위치하고 있으며, HOV 및 버스전용차로는 다른 국가에서도 보편적으로 적용되고 있다.

ML은 일반적으로 도로 내의 차로가 범용 차로와 분리되어 있어 '도로 내 고속도로' 개념이다. ML은 교통혼잡을 감소시켜주는 시설이기 때문에 범용 도로를 포함한 전체 도로의 교통량이 증가하면 ML내 유입되는 교통량은 더 크게 증가하는 경향이 있다. 반대로 전체 도로의 교통량이 감소하면 ML의 교통량 감소폭도 더 크게 나타난다.

대부분의 ML은 교통혼잡이 극심한 대도시에 위치하며, 혼잡시간대인 출퇴근시간인 아침과 저녁시간대에는 매우 높은 요금을, 비혼잡시간대에는 매우 낮은 요금으로 운영된다. 따라서 수익 대부분은 혼잡시간대에 발생한다.

다음 그림은 미국 ML 전형적인 양방향 일교통량 그래프 사례다. 그림을 보면 1EB는 1구간의 East Bound(동쪽 방향), 1WB는 1구간 West Bound(서쪽 방향)을 의미한다. 하루 시간별 통행량을 나타낸 그림이다. 아침 출근시간(6a~9a)에는 1EB에 교통량이 Peak를 보이다가 이후에는 중간수준이고, 오후 퇴근

(3p~6p)시간에는 1WB에 교통량이 Peak를 보이는 것을 나타낸다.

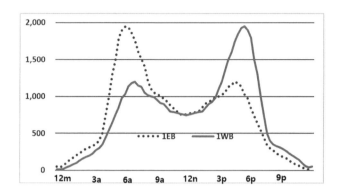

　　본 자산의 수익 구조는 평균 운행속도가 최소 50mph가 되도록 통행량을 조절하며, 통행량과 운행속도에 따라 요금이 달라지도록 설계되어 있다. 이는 peak 기간 동안 통행료를 상향 조정하여 통행량을 제한하고, 반대로 off-peak 기간 동안 이용을 장려하기 위해 통행료를 감소시키는 방식이다. 통행료는 통행량이 증가할수록 상승하는 구조로 설계되어 있으나, 계약에 의해 상한선이 규정되어 있다. 이 상한선은 통행료가 지나치게 높게 부과되는 것을 방지하는 역할을 한다. 다음은 통행료 상한선이 0.88 USD/Mile 제한되어 있으며, 하루 시간별로 속도에 따라 요금이 차등되고 있다.

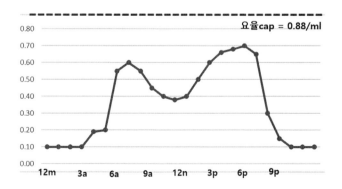

2 공항 터미널
Airports

공항 터미널이란 무엇인가

■ 항공 여객수

전 세계의 경제 및 인구 성장으로 인하여 공항에 대한 수요와 투자는 꾸준히 증가하고 있다. 특히 경제 성장은 공항 산업 성장의 주요 동력으로 1인당 GDP가 증가할 수록 공항을 이용하는 승객 수가 늘어나는 등 경제 상황과 공항 산업의 관계는 밀접한 것으로 나타난다.

공항은 안정된 현금 흐름을 바탕으로 한 대규모 장기 투자자산으로, 전 세계적으로 필수적인 투자 대상으로 자리매김되고 있다. 공항은 일반적으로 30년 이상의 장기간에 걸쳐 서비스를 제공하며, 지역에 필수적인 인프라시설로 정부 규제에 따라 일정 수준의 수익이 보장되고 있다.

다만, 공항은 자본집약적 특성과 공공사업과 같은 산업 규제가 결합되어 강력한 진입장벽을 형성하기 때문에 경쟁이 매우 제한적인 특징을 가지고 있다. 이러한 진입장벽에는 토지 취득 비용 등 막대한 투자 규모와 건설비용, 정부 승인을 얻기 위한 장기간의 협상기간, 환경 문제, 그리고 토지 수용 및 소음으로 인한 주민들의 민원 등이 포함된다.

글로벌 항공 여객 수요 추이

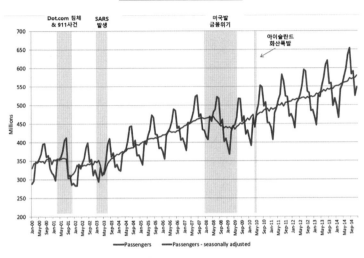

자료 : Airports Council International [2]

2000년 이후 2001년 911테러, 2003년 SARS독감, 2008년 금융위기, 2010년 아이슬란드 화산폭발 등 여러 차례의 항공수요 악영향 이벤트가 발생했음에도 불구하고 글로벌 여객수는 빠르게 회복해서 지속적인 성장을 해왔다. 세계인구의 증가, 점차 국제화되고 있는 노동 시장, 아시아와 동유럽을 위시한 지역에서의 평균 임금 상승 등이 합쳐져서 전세계로의 이동에 대한 수요가 지속적으로 수요를 견인해 왔다.

장차 공항의 장기 성장을 이끄는 요인들은 다음과 같다.

- 증대된 인구, 더 커진 도시들, 더 많은 부의 축적
- 도시화율 증가와 메가시티에서의 항공 이용 인구 증가
- 이머징 시장에서의 중산층 증가

- 여행 수요의 증가와 국제화는 항공 여행 수요 촉진
- 아시아태평양, 아프리카 지역에서의 저가항공사들의 지속적인 성장

전세계 인구증가와 부의 확대는 항공수요를 지속적으로 창출하고, 아시아를 위시한 세계의 공항 인프라는 더욱 투자가 필요하며, 결과적으로 정부재정을 넘어 민간자금 조달의 필요성이 증가할 것으로 보인다.

■ 수익 구조

공항의 매출은 크게 항공(Aeronautical) 매출과 비항공(Non-Aeronautical) 매출로 구분할 수 있다.

항공매출은 이착륙료, 항공네비게이션료, 화물서비스 수수료, 항공기 계류, 보안, 항공기 지상핸들링 서비스료 등 항공 여행을 위한 공항의 직접적인 역할과 관련된 매출이다.

- Passenger fees: 공항에서 여행을 출발하는 승객을 대상으로 항공기에 탑승한 여행객 수에 따라 부과
- Landing Charges: 공항에 착륙하는 항공기에 부과되는 요금으로 항공기 무게와 착륙 시간대(peak시간대), 항공기 가스 배출량, 소음 정도에 따라 요금이 차등 부과

비항공매출은 항공매출을 제외한 부가적인 서비스에서 발생하는 수익으로, 자동차 주차 및 렌탈, 리테일, 환전, 임대수익, 빌딩 및 사무실 임대 등이 있다.

1990년대를 넘어서면서 비항공매출의 비중이 조금씩 성장하였고, 2010년대에는 항공매출의 의존이 점차 작아지는 추세에 있다.

그리고 공항의 가치를 평가할 때 주로 고려할 항목은 다음과 같다.

- 공항의 성숙 여부 : 대부분의 선진국의 크고 오래된 공항들(Gateway, Hub airport)은 지역 기반의 소규모 공항들보다 수송량이 증가할 가능성이 적고, 그에 따라 성장율이 높게 적용받기 어렵다. 다만 이러한 공항은 경기 변동성측면에서는 안정적이다.

- 비항공매출 향상 가능성 : 다른 공항에 비해 소매소비나 주차장 요금을 올리는 등의 방법으로 증대가능한지?

- 규제가 많은 환경 : 공항은 일반적으로 규제를 많이 받는다. 위험과 수익의 구성에서 규제가 강한 환경에서는 성장성에 한계가 있다.

- 배후지역 침투 정도 : 공항의 영향력을 미치고 있는 배후부지의 범위가 넓으면 여객이나 화물수송 성장 가능이 커진다.

- 공항의 여객 구성 : 국내 해외 비중, 해외 단거리 장거리 비중 뿐만 아니라 비즈니스 레저 비중, 저가항공 비중 등의 구성이 다양할수록 공항의 이익에 영향을 미친다.

- 항공사의 의존도 : 공항이 특정 항공사에 의존하는 정도가 공항의 가치에 영향을 미친다. 의존이 높으면 그 항공사의 항공기 감소가 공항의 가치에 중대한 손상을 가져온다.

요금 결정제도

다양한 요금 결정제도가 있으나 유럽과 미국의 일반적인 요금 결정제도를 비교하면, 미국은 Residual 방법과 Compensatory방법이 있고, 유럽은 Single-till과 Dual-till 가격 산정 방법이 있다. 미국은 발생되는 모든 비용을 항공사에 전가할 수 있다. 다만 항공관련 비용만 전가하면 Compensatory, 모든 비용을 전가하면 Residual 방법으로 구분한다.

유럽은 정부의 가격결정 통제를 받는다. 다만 항공관련 비용만 통제 받으면 Dual-till, 모든 비용을 통제 받으면 Single-till 방법으로 구분된다. 따라서 Dualtill의 경우에는 주차장, 임대사업 및 부동산 분야 등 비항공매출은 정부 규제를 받지 않아 일정 수준 이상의 초과 이익도 시현 가능하다. 일반적으로 Single till 구조의 항공요금이 조금 더 높은 것으로 나타난다.

공항시설의 매출 범위의 차이가 있을 뿐 기본적으로 후술하는 규제자산의 가격결정방법과 유사하다. RAB(Regulated Asset Based) 기반의 Building Block 방식으로 공항의 가격 상한을 정한다.

Building Block 방식에서는 i) 운영비용, ii) 유지보수 및 자본적지출을 가산한 RAB에 가중평균자본비용(WACC)을 곱한 투하자본에 대한 투자수익, iii) RAB의 감가상각비의 합으로 산출한다. 각각의 변수들을 더한 값이 규제자산에서 벌어들일 수 있는 최대 수익이 되며, iv) 추정 비항공 매출을 차감하여 항공 활동을 통해 얻을 수 있는 요구규제수익(Regulated revenue requirement)이 설정된다. 인당 최대 공항요금(Maximum allowable yield per passenger)은 설정된 요구규제수익을 v) 추정 승객 수로 나누고 일부 가격 조정을 거쳐 산출된다.

이론적으로 Building Block방식을 통해 산정된 "연간 규제 매출"을 승객수로 나누어 요금을 산출할 수 있으나, 실제 공항 요금 체계는 이보다 복잡하고 다수의 항목으로 구성되어 있다. 이착륙 항공기 및 승객수 추정치를 바탕으로 이착륙 항공기의 특성과 승객 유형 등을 종합적으로 고려하여 각 항공 요금 항목별로 발생할 매출의 합이 총 항공 매출과 같아지는 수준으로 항공 요금을 설정한다.

규제 Building Block

Building Block 구성요소		내 용
Operating costs		운영비용
Return on investment capital	RAB	규제자산으로 CAPEX 가산하고 Disposal 차감
	CAPEX	자본적지출
	Disposal	폐기되거나 처분되는 부분으로 RAB 차감 요소
	WACC	가중평균자본비용으로 규제기간마다 설정
Regulatory depreciation		규제 감가상각비
Commercial revenue		비항공매출이며, Car parking, 임대료 등 구성
Aeronautical revenue		규제요구수익
Passenger forecast		규제 기간 동안의 승객수
Price cap per passenger		1인당 최대 공항요금

공항터미널사업 중요한 고려사항

| Volume risk |

이용객 수는 공항 수익의 주요 동력이며, 현금흐름 예측 시 이용객 수 예측이 주요 고려대상이다. 항공 여객수는 경제 상황, 인구 구조, 시장 성숙도, 지리적 특성, 항공사간 경쟁, 허브공항의 존재, 이주 노동자 수 등에 영향을 받게 된다.

1인당 GDP 수준이 증가할수록 여행 횟수 증가 및 공항 수익 증가를 이끈다. 유럽이나 미국처럼 지상 대체교통수단이 발달한 지역에 비해 호주나 인도네시아 같이 고립된 국가의 공항 이용 정도는 비슷한 경제 규모의 국가에 비해 높게 나타난다.

일반적으로 규모가 크고 노선이 많은 공항(International gateway airport나 Regional Hub airport)일수록 경기침체 시 수요의 변동성이 낮은 편이다. 경기가 침체되면 레저 수요가 먼저 줄고 그러면 저가항공에 의존하는 중소규모 공항에 먼저 침체를 준다. 따라서 대형 공항의 수요 하락이 적은 편이다. 그리고 경기 회복이 되면 수요 회복속도가 대형 공항이 빠른 편이다. 레저수요보다는 비즈니스수요가 강한 특성이 있는 대형공항은 환승서비스를 통해 수요를 꾸준히 유지하기 때문에 회복 탄력성이 비교적 높게 나타난다.

첫번째로 대형공항의 수요 회복력을 분석해 본다. 다음은 전세계 주요 6개 대형공항의 2000년부터 2017년까지의 여객수요(PAX)를 합한 숫자를 보여준다. 2001년, 2003년, 2009년 글로벌 사건이 발생할 때 수요가 일시 감소하는 것을 볼 수 있다.

- 주요 6개 Hub공항 : Atlanta Hartsfield-Jackson공항, London Heathrow 공항, Paris Charles de Gaulle공항, Frankfurt am Main 공항, New York John F. Kennedy공항, Hong Kong Chek Lap Kok 공항

2000-2017년 주요 공항의 여객수요 추이

자료 : Airports Council International [2]

2009년 이후 금융위기로 인해 여객수요가 감소한 대형공항의 수요 감소수준과 수요 회복력이 어느 정도인지 살펴보았다. 대다수 공항이 2008년 대비 수요

감소가 5%정도에 그쳤고, 2~3년내에 2008년 여객수요를 회복한 것을 볼 수 있다.

2008년 금융위기 당시 주요 공항 수요 회복력(단위:백만PAX)

공항명	'08	'09	'10	'11	'12	'13	'14	'15	CAGR
Atlanta(ATL)	90	88	89	92	96	94	96	101	1.7%
London Heathrow(LHR)	67	66	66	69	70	72	73	74	1.4%
Paris(CDG)	61	57	58	61	62	62	63	65	0.9%
Frankfurt(FRA)	53	51	53	56	57	58	60	61	2.0%
New York(JFK)	48	46	46	48	49	50	53	57	2.5%

자료 : Airports Council International [2]

그리고 지리적으로 인접한 대형공항과 중소형공항의 수요 회복력 차이를 비교해본다. 뉴욕의 JFK공항과 인접한 뉴저지의 Newark공항, 런던의 Heathrow 공항과 인접한 Gatwick공항을 각각 비교한다. JFK공항과 Heathrow공항은 글로벌 도시의 대규모 국제여객의 International Gateway/Large Hub 역할을 하고, Newark공항과 Gatwick공항은 국내 또는 인근 단거리 국제여객 중심의 Regional Secondary Hub 역할을 하고 있다. 4개의 공항이 2008년 수요 대비 얼마나 여객수요가 감소하였는지, 얼마나 빨리 회복되었는지를 비교해 보면 다음과 같다.

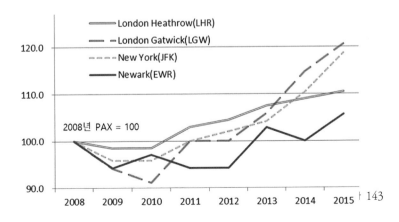

JFK공항과 Heathrow공항은 소폭 감소 이후 2년내 회복하여 지속 증가를 하였다. Newark공항은 약 6% 감소후 5년후인 2013년에 회복하였다. Gatwick공항은 약 9% 감소후 3년만에 회복하였다. 인접한 공항의 역할과 수요 비중에 따라 감소율과 회복속도가 차이가 나는 것을 발견할 수 있었다.

I Price risk I

가격관련 위험을 검토하려면 비용과 대출원리금 상환을 위해 항공매출 요금과 비항공매출 요금을 인상하는데 공항이 얼마나 규제당국으로부터 유연성 확보 가능한 지 본다. 비용을 항공사에 전달하는 매커니즘은 국가마다 그리고 특정 국가내에서도 공항마다 매우 다양하다. 해당 공항이 얼마나 투명하고 유연하게 공항 요금 결정 권한을 갖고 있는지 검토한다.

공항의 건설 및 유지관리를 위해 지출한 비용을 어떻게 요금으로 회수하는 가에 대한 가격 책정 방법은 국가마다 국가내 공항마다 조금씩 다르다. 유럽 대부분의 국가에서 볼 수 있는 법에 의한 요금산정, 영국에서 볼 수 있는 규제자산의 가격결정 방법에 의한 요금 산정, 미국과 호주에서 일반적인 항공사와 "사용 및 임대 계약"을 통한 요금 산정, 여객수요에 의해 출국세 등을 부과하는 수요 기반 요금 산정, 지역 또는 이사회 조례에 의해 요금 산정하는 방법 등 다양하다.

시설의 특징상 규제당국이나 법의 틀에서 자율성이 제한될 수 있고, 비항공매출까지 충당되지 않는 요금체계 등이 약점이 될 수 있다. 결국에는 인접 공항과 경쟁 수준, 개별 항공사의 의존 수준 등을 종합적으로 감안해서 계약 / 규제 프레임도 평가해야 한다.

COVID 19 이후 항공 수요

코로나19로 인해 글로벌 항공수요는 급감했다. 항공산업 여객 수요 RPK(Revenue per Kilometer)는 2020년 2월과 3월 각각 전년 동월대비 14%, 53% 감소했다. 글로벌 팬데믹 선언 이후부터는 90%대 감소세를 보였다. 2020년 연간기준으로는 66% 항공 여객 수요가 감소했다. 국가간 이동 제한에서 비롯된 여객 수요 감소는 그 정도가 과거의 어떠한 항공산업 위기보다 심각했다.

영국 Heathrow공항의 COVID19 전후의 항공여객(명)의 변화를 보기 위해 2023년 3월까지 월별 이용객수의 흐름을 보면 다음과 같다.

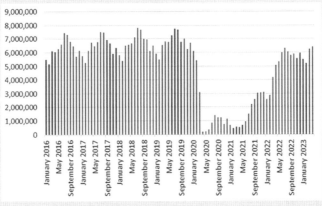

자료 : Heathrow 공항 홈페이지 [3]

전년동월대비 2020년 3월부터 감소했는데 3월에 −52%, 4월에 −97%를 보였다. 2019년 월평균 6.7백만명이 이용하고 있었으나. 2020년 1.8백만명, 2021년 1.6백만명으로 크게 감소했다. 회복세를 보면 2022년 4월부터 월 5백만명을 넘어가면서 서서히 회복하고 있다.

3 컨테이너 터미널
Container Ports

컨테이너 터미널이란 무엇인가

■ 산업 구조

컨테이너 터미널 운영산업은 컨테이너 선사, 터미널 운영사업자, 항만청 그리고 설비시설사업자 등으로 구성된다. 터미널 운영사업자는 터미널 부지를 소유한 항만청 과 임대차 계약, 선사와 터미널 이용 계약, 설비사업자와 설비 임대차 계약 등을 맺고 터미널을 운영하게 된다.

터미널 운영사업자는 Global Player인 홍콩의 Hutchison, 싱가포르의 PSA, 두바이의 DP World 등이 있다. 이들은 대륙별 허브항만에 컨테이너터미널을 운영하는 글로벌 터미널 전문 운영사군이다.

터미널산업의 구조 및 주요계약

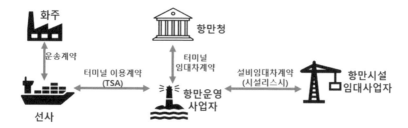

- 터미널 임대차 계약 : 항만부지 소유자는 대부분 지자체, 공사 등 정부기관. TOC(Terminal Operation Company) 방식의 경우 항만청과 장기 임대차계약 (실시협약)으로 터미널 운영사에 장기임대

- 터미널 이용계약 : 하역요율, 선석 이용 계획 등에 대해 선사와 터미널간 계약 체결. 선사와 화주간 물량 운송계획에 연계되므로 대체로 단기로 계약. 이후 자동 연장되는 경우가 일반적이고 물동량 전망이 높고 터미널 선석 확보가 중요할 경우 선사 터미널간에 중장기 계약 체결. 일정기간 터미널 이용 이후 선사와 Lock-in 현상 발생

- 설비 임대차 계약 : 터미널 설비중 Gantry Grane등 고가 장비는 리스 계약을 통해 조달하기도 함

이외에 특정지역의 터미널 수직계열화를 추구하는 업체가 있고, 컨테이너 선사가 전용터미널로 운영하는 업체가 있고, 화주가 운영하는 경우도 있다.

글로벌 터미널 운영사 순위(2019년 기준)

	운영사	TEU(m)
1	PSA International	60.3
2	Hutchison Ports	46.7
3	China Cosco Shipping	46.1
4	DP World	44.2
5	APM Terminals	42.8
6	China Merchants Ports	35.1
7	Terminal Investment Limited	26.5
8	ICTSI	8.9
9	Evergreen	8.5
10	SSA Marine	8.1

자료 : Lloyd's List [4]

■ 터미널 운영 주요설비

터미널 운영을 위해서는 컨테이너선을 접안하기 위한 선석, 하역한 컨테이너 적재 공간, 컨테이너를 접안하는 크레인, 야드크레인 등의 시설이 필요하다.

- 선석(Berth) : 접안시설은 항내에서 선박을 계선시키는 장소로서 터미널 산업의 필수 시설. 선석크기 및 수심은 해당 터미널의 Capa를 결정. 선석의 크기에 따라 동시 작업 가능 선박 수 결정. 수심에 따라 정박할 수 있는 선박의 크기가 제한되어 있어 동일한 선석 크기에도 Capa 차이 발생

- 적재장소(Yard) : 컨테이너 적재장소는 선적 및 하역 대기중인 컨테이너의 보관장소. 가용 배후부지 면적에 따른 확장 가능성 중요. 철도 및 도로 등 배후 교통시설과 연계 개발 필요

- Gantry Crane : 컨테이너 하역용 크레인으로서 Apron에 설치된 레일을 따라 접안된 본선과 평행으로 주행이 가능. 크레인 작업속도와 효율성이 처리물량 Capa에 결정적 요인. 최근 선박대형화 추세에 따라 선석 크레인의 높이 및 Arm Length에 따라 물량 Capa에 영향

- Transfer Crane : 이동식 컨테이너 장비로서 Container Yard(C.Y.)에 컨테이너를 차곡차곡 스태킹하거나, Chassis 등에 컨테이너를 싣거나 내리는 일을 하는 장비. 레일 위를 주행하거나 또는 고무바퀴를 이용하여 이동하도록 설계.

컨테이너 터미널산업 트랜드

컨테이너 터미널은 수출입 물량과 환적물량을 처리한다. 수출입 물량은 해당 국가의 경제규모에 따라 물동량이 좌우된다. 그러나 환적물량은 철저하게 항만의 경쟁력에 의해 움직이는 물동량이다. 환적은 자국내 이동도 있지만 Hub & Spoke전략에 의해 대형 Mother선이 내린 환적 물동량을 소형 Feeder선이 인근

중소형 항구로 환적하는 물동량도 있다.

이렇다 보니 환적물량 확보 경쟁이 심하다. 예를 들어 부산 컨테이너 A 터미널이 있다면 우선 부산 신항내 다른 컨테이너 터미널과의 경쟁, 국내 광양 컨테이너 터미널과의 경쟁, 나아가 홍콩 중국 일본 컨테이너 터미널과의 경쟁 등에 의해 환적 물동량은 결정된다. 네덜란드, 싱가포르, 홍콩, 부산항 등이 지정학적 이점을 이용해 환적 물량 처리를 위해 경쟁하고 있다.

이런 환경이므로 글로벌 컨테이너 터미널 운영사의 힘, 대형선사의 대형 정기선을 통한 힘 등이 복합되어 컨테이너 운송 산업은 유기적으로 경쟁적으로 성장하고 있다.

최근 컨테이너 터미널 운영산업의 주요 트렌드는 컨테이너선 대형화, 특정 터미널 물동량 집중화, 환적 비중 증대, 해운사 연합 및 통합 등을 들 수 있다.

■ 컨테이너선 대형화

아시아-유럽 선로 간 주요 통과 지역인 파나마 운하가 확장되면서 초대형 상선 통행이 가능해져 대형 상선 비중이 점차 높아질 것으로 전망되고 있다. 운항당 컨테이너 운반을 극대화해서 유류비 절감 효과를 위해 선박 대형화에 힘쓰고 있다. 따라서 터미널 입장에서는 대형선박의 접안이 가능한 긴 선석, 대형 갠트리 크레인, 깊은 수심 등이 확보되어야 한다.

- 수심 및 선석 길이 확장
- 야드 공간 확대를 통한 수용능력 증대
- Gantry Crane 대형화 및 작업 속도 고속화

컨테이너선 초대형화는 2011년 덴마크 Maersk의 1만8000TEU급 초대형선 발주로 시작됐다. 2019년 2만3000TEU급 선박이 정기노선에 투입되기 시작하면

서 극초대형 경쟁으로 확대되고 있다.

■ 환적비중 증대

해운사들은 대형선박의 정박을 최소화하기 위하여 환적 비중을 증대시켜 왔으며, 그 비중은 더욱 높아질 것으로 예측된다. 최근 터미널 별 물동량 순위도 환적 비중이 높은 터미널의 선전이 두드러지고 있는데, 터미널 내 효율적 환적 서비스 제공의 중요성은 지속적으로 증대할 것으로 전망된다.

특히, 환적은 크게 지역내 거점 노선(Hub&spoke) 형태와 지역간 연결 (Relay) 형태로 나누어진다. 지역내 거점 노선(Hub&spoke)은 선박 운영의 경제성 증대를 목적으로 대형선박의 정박수를 최소화하기 위한 환적 형태로 다양한 지역 공급선(Feeder) 네트워크를 보유한 터미널이 선호된다. 지역간 연결(Relay)은 선로와 선로 간 연결을 통해 서비스 영역 확대 및 선로 운영의 유연성 확보를 위한 환적 형태로 해당 터미널의 야드 규모 및 운영 효율성이 터미널 선정의 핵심 요인이다.

예컨대, 세계 최대 선사인 Maersk의 경우 중국 연태 – 오만 Salalah – 스페인 Algeciras – 미국 LA 등을 잇는 대형선 기반의 'East-West Network'로 아시아발 수출 물류 등을 운반한 뒤, 이 중 일부를 'North-South Feeder Network' 로 환적하여 아프리카, 북남미 등으로 운송 중에 있다.

모선-피더선 네트워크 예시(Maersk 사례)

자료: DUCRUET, C. and NOTTEBOOM, T. (2012) The worldwide maritime network of container shipping [5]

■ 해운사 연합 및 통합

선박 대형화, 특정 터미널 물동량 집중화, 환적 비중 증대와 같은 산업 트렌드는 대량의 물동량을 기반으로 형성된 트렌드로서 이에 대응하여 물동량을 안정적으로 확보하기 위해 해운사들은 연합을 결성하기에 이른다.

선사 간 전략적 제휴는 대형선박 및 설비의 이용률을 개선하고, 자체적으로 이루기 힘든 노선 합리화를 가능하게 해 규모의 경제를 통한 비용경쟁력 강화와 서비스 강화 장점이 있다. 또한 육상 운송 및 물류 업체와의 사업 파트너관계 구축을 통해 보다 향상된 종합물류서비스를 지원할 수도 있어 전 세계적으로 컨테이너 선사간 전략적 제휴는 계속 확대되는 추세다.

1999	2017
The New World Alliance APL/NOL(미국/싱가포르) MOL(일본)	2M Maersk(덴마크) MSC(스위스)
Grand Alliance P&O Nedlloyd(영국) OOCL(홍콩) Hapag-Lloyd(독일) NYK(일본)	Ocean Alliance OOCL(홍콩) CMA-CGM(프랑스) COSCO(중국) Evergreen(대만)
TRICON Hanjin(한국) DSR-Senetor(독일) Cho Yang(한국)	The Alliance Hapag-Lloyd(독일) NYK(일본) Yang Ming(대만) K Line(일본) UASC(카타르)
Maersk/Sea-Land Maersk(덴마크) Sea-Land(미국)	
Sino-Japan Alliance COSCO(중국) K Line(일본) Yang Ming(대만)	

2015년 Maersk 와 MSC 가 연합하여 2M을 형성한 이후, 2016년 중국의 COSCO Group 과 China Shipping Group 이 합병하고 CMA CGM 이 NOL(컨테이너선사인 APL의 모기업)을 인수하였으며, 최종적으로 CMA CGM 과 COSCO Container Lines, Evergreen 과 OOCL 이 연합하여 Ocean Alliance를 결성했다. 이후 이들 그룹에서 소외된 해운사들 Hapag-Lloyd, Yang Ming, UASC, MOL, NYK Line, K Line이 연합하여 The Alliance를 결성하였고, Hapag-Lloyd 도 UASC 와 합병하기로 합의하였다.

한편, 선도 해운사인 Maersk(2M Alliance)가 향후 선사 인수를 통한 투자를 계획하는 것으로 밝힘에 따라 선사간 인수합병은 더욱 활발해질 것으로 전망된다. 홍콩의 OOCL이 COSCO Shipping에 인수되었고, 일본의 NYK, MOL, K-Line도 ONE이라는 합작법인으로 병합했다.

2018년 기준 선사별 선복량 순위

구분	국적	선복량(TEU)	점유율(%)
Maersk	덴마크	4,021,270	17.9
MSC	스위스	3,248,665	14.5
COSCO	중국	2,804,879	12.5
CMA-CGM	프랑스	2,639,552	11.7
Hapag-Lloyd	독일	1,585,309	7.1
ONE	일본	1,552,328	6.9
Evergreen	대만	1,143,596	5.1

자료 : 해양수산개발원, 2019. 해양수산전망대회 세미나 자료 [6]

컨테이너 터미널사업 중요한 고려사항

건설위험과 운영위험은 전술한 "인프라자산의 고유위험"과 일치하므로 여기에서는 매출관련위험에 대해 설명하고자 한다.

| Volume risk |

컨테이너 터미널은 전통적인 인프라 자산임에도 경쟁지수가 높은 시설이다. 따라서 기종점 물동량을 추정한 후 어느 터미널에서 하역할 지는 컨테이너 터미널의 경쟁 분석이 요구된다.

결정요인	내용
위치 여건	• 환적 물동량, 주간선항로 상 위치 여부 등
선박항차수	• 선사의 직기항 서비스 수 : 이는 특히 포워딩 업체 있어 서비스의 정시성을 확보하기 위한 중요한 결정요인임
배후지 경제활동 수준	• 환적물량이 아닌 수출입물량을 중심으로 물동량이 구성된 지역항에서 중요한 결정요인이 될 수 있음
항만효율성	• 선석이용률 – 크레인 생산성 : 터미널업체에 중요한 효율성 기준임 – 선석면적 : 선박이 입항하여 출항하기까지 소요되는 시간 및 접안 후 컨테이너를 적양하 시 소요되는 시간과 관련을 가질 수 있어 선사에 있어 중요한 효율성 기준임
처리능력	• 크레인 처리능력 및 선석과 CY의 절대면적
항만이용료	• 선사의 기항지 선택에 있어 중요한 요인

첫째, 개별 항만의 지리적 입지는 화물처리실적에 지대한 영향을 미친다. 홍콩과 싱가포르처럼 국제 해상운송에 있어서 주간선 항로에 입지한 항만들은 여타 항만에 비해 경쟁우위를 가짐으로써 보다 많은 화물을 유치할 수 있다.

둘째, 선박기항수 역시 개별 항만이 처리하는 물동량에 중요한 영향을 미친다. 특히 선박기항의 빈도가 높을수록 보다 많은 수출입업자들을 유인할 수 있다.

셋째, 항만서비스에 대한 수요는 상이한 지역에서 생산되고 소비되는 상품의 교환을 위해 국가 내 혹은 국가간 교역이 있을 경우 발생한다는 점에서 파생수요다. 따라서 항만서비스에 대한 수요는 국가 내 혹은 국가간 경제활동 수주에 의존한다고 볼 수 있다. 또한 특정 항만이 다른 항만에 비해 보다 큰 배후지를 가지고 있을 경우 그 지역에서 발생하는 수출입화물을 유인하기 용이하다는 점에서도 항만성과에 있어서 주변 지역의 경제활동 수준은 중요하다.

넷째, 항만 효율성 또한 중요한 결정요인이다. 항만 효율성은 주로 선석당 컨테이너 처리 물량으로 나타낸다. 보다 자세히 보면 항만 효율성은 컨테이너 선석, 컨테이너 야드에서 크레인 등이 얼마만큼 경제적으로 잘 이용되어 충분한 성과(컨테이너 처리량)를 거두는가를 의미하는 것이다.

마지막 처리능력은 크레인의 효율성, 선석과 CY의 활용도 요소 중 어느 한 요소에서 병목현상이 발생되면 전체 컨테이너터미널 처리능력을 제약할 수 있기에 모든 것이 감안되어야 한다.

| Price risk |

국내에서는 컨테이너 요율 신고제 전환으로 개별 터미널들의 요율을 외부에서 파악하기 어렵다. 요율은 각 터미널 운영사가 자율적으로 결정하고 있다. 요율은 다음 구분에 따라 다양하게 구성된다.

- 컨테이너 크기 20ft(TEU), 40ft(FEU), 45ft(Jumbo) 등
- 컨테이너 공(empty)/적(full) 여부
- 물동량이 수출입인지 환적인지

(예시) 컨테이너 터미널 요금(단위 : 천원)

수출입		환적	
20ft(적)	60.0	20ft(적)	32.0
20ft(공)	57.0	20ft(공)	31.0
40ft(적)	92.0	40ft(적)	49.0
40ft(공)	86.0	40ft(공)	48.0
평균(원/Van)	78.16	평균(원/Van)	43.34
평균(원/TEU)	47.50	평균(원/TEU)	26.34

주의할 점은 컨테이너 터미널의 개별 선사별 처리 요율은 선사별 협상력에 따라 할인율에 있어 차이가 있다. 그리고 처리 컨테이너 크기에 따라 정비례하지 않는다. 위 예시에서도 20ft(적)이 6만원이면 40ft(적)은 12만원이 아닌 1.53배인 9.2만원이다. 그리고 동일하게 처리함에도 수출입은 20ft(적)기준 6만원, 환적은 3.2만원으로 절반수준이다. 따라서 전체 처리 물동량을 기준으로 전체 매출을 가늠하기 어렵다. 수출입 환적비율, 적공비율, 컨테이너 크기 비율 등을 통해 복합처리단가를 산정하고, 장래 처리 물동량의 비중 변화를 감안해야 적정한 매출이 추정된다.

그리고 항만의 신설과 선사의 통합으로 인해 요율이 오히려 감소하는 경우도 있다. 일반적으로 물가상승 등에 기인한 운영비용 상승분을 감안하면 하역료가 인상되어야 함에도 신설항만의 경쟁 등이 생기면 물동량에 비해 항만의 처리능력이 커짐에 따라 터미널 간 경쟁이 치열해지고 이로 인해 터미널 운영사보다 선사 협상력이 더 우위에 있게 되어 인하하게 된다.

5장

수처리
Water Treatment

- · · ·

1 수처리 시설이란 무엇인가

물산업

물산업의 밸류체인은 크게 ① 제조 ② 건설 ③ 운영으로 구분 가능하다.

① 제조의 경우 취수 및 배관에 사용되는 파이프 등의 제조, 수처리 시스템 제조(필터), 수처리 및 배관시설, 하수처리 및 배관시설 등이 주요 대상이 되며 처리 관련 화학약품 제조(화학약품) 등도 포함하는 개념이다.
② 건설은 댐 건설, 송 배수관 건설, 정수 정수처리 및 배관시설, 하수처리 및 배관시설 등이 주요 대상이 된다.
③ 운영의 경우 수자원관리, 정수처리장 운영 및 관리, 하수처리장 운영 및 관리 등이 포함된다.

물산업 밸류체인

구분	취수	공급	재생
제조	• 댐 등 수자원 취수시스템 관련 부품 • 송배관 부품 • 담수	• 정수처리 부품 및 시스템 • 배관 파이프	• 하수처리부품 및 시스템 • 배관파이프 • 고도 수처리
건설	• 댐 건설 • 송배관 건설	• 정수처리시설 • 배관 시설	• 하수처리시설 • 배관 시설
운영	• 수자원관리	• 정수처리장 운영 및 정수 관리	• 하수처리장 운영 및 하수관리

물관리 기술

물관리 기술은 자연환경의 구성요소 및 사회·경제 활동의 필수요소인 물을 보전하고 이용하는 것을 의미하며, 상수, 하수, 산업용수 및 폐수로 구분한다.

(상수) 가정용수, 소화용수 및 공공용수 등으로 사용되는 물이며 담수자원의 확보·관리 측면에서 정수처리, 해수담수화 및 상수관망 기술 등이 포함된다.

(하수) 사람의 생활이나 경제활동으로 인하여 액체성 또는 고체성의 물질이 혼합된 물과 건물·도로 그 밖의 시설물의 부지로부터 유입되는 빗물·지하수를 포함하며, 하수관거, 하수처리 및 재이용, 하수슬러지 처리 기술 등으로 구성된다.

(산업용수 및 폐수) 산업체에서 범용적 공업용수를 공급받아 자신의 용도에 맞게 재처리하여 사용하는 산업용수와 산업활동 등에 의해 오염물질이 포함된 산업폐수로 정의한다.

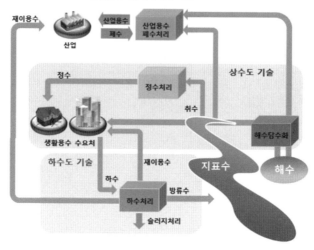

물산업 기술의 전체적인 흐름도

자료 : 한국과학기술기획평가원, 2019, 물관리기술(기술동향브리프) [1]

국내 수처리 시장

국내 수처리 사업 참여 방식은 크게 (1) 지역별 하폐수 처리장에서 제공하는 O&M서비스, (2) 민자사업방식의 BTO/BTL 사업, (3) 환경시설의 EPC 수주 등으로 나뉜다. 현재 환경시설 건설은 주로 노후화된 하폐수 처리시설을 개보수하는 공사로 건설사들이 수주한다. 수처리 시장은 시설투자보다는 운영 비중이 큰 시장이다.

1990년 중반까지 공공이 상하수도 서비스를 모두 직접 영위했지만 1994년부터 하폐수 사업에 민간의 참여가 가능해졌고 당시부터 티에스케이코퍼레이션(지금의 에코비트) 자회사인 티에스케이워터, 하이엔텍, EMC홀딩스(과거 환경시설관리공사였고 지금은 SK에코플랜트가 인수) 등이 수주를 주도했다. 그 결과 국내 하수 처리시장의 42%가 민영화(민간위탁)된 상태로 추정되며 나머지는 각 지자체나 지방공사, 공단 등 공기업이 직접 운영한다. 하수처리시설 개수로는 민간 위탁 비중이 79%로 훨씬 크지만 공기업이나 지자체 직영의 하수처리 시설은 운영하는 개수는 적지만 개별 규모가 매우 크다. 장기적으로 민간 위탁 비중이 지속적으로 커질 것으로 예상한다.

수처리 O&M은 수처리 기업의 핵심 사업부로 매출의 80% 이상을 차지한다. 1위인 EMC홀딩스는 전국 970개, 티에스케이는 820개 수처리 시설을 위탁운영한다. 하폐수, 분뇨처리, 폐자원 에너지화시설, 슬러지처리, 하수관거 운영이 포함된다. 통상 3~5년의 중기 계약기간으로 수주하는 구조이며 원가정산 방식 구조로 안정적 마진 유지가 가능하다. 계약 상대방이 신용이 우수한 지자체와 공공기관이므로 매출채권 회수 리스크는 사실상 낮다. 이 외에 민간 기업을 대상으로 폐수처리 O&M도 주요 매출원 중 하나다.

국내 관급 수처리 O&M 시장의 원가정산 방식 구조

구분	취수
정산비용 (40%)	• 가격 변동성이 높은 정산 항목에 대해 실사용 금액을 청구함으로써 비용 발생분을 가격에 전가 • 주요 정산 항목 : 폐기물 처리비, 수선유지비, 약품비, 전력비 등
고정비 (60%)	• 일부 고정비 항목은 계약시 합의된 조건에 따라 매년 일정 비율만큼 상승시키거나, 단가 상향 조정 협상을 통해 비용 상승분을 가격에 전가 • 인건비가 가장 큰 비중을 차지하며 통상 최초 물가 수준의 상향 조정 가능
마진	• 정산비, 고정비, 일반관리비 포함 총 발생비용에 마진을 가산하는 구조 • 고정비 및 일반관리비 항목에서 계약시 협의된 단가수준 대비 비용 절감으로 추가 마진 확보

자료 : 삼성증권, 2021, 환경인프라 [2]

환경규제가 강화되며 수처리 시장에 신규업체의 진입이 어려워지고 검증된 운영관리 역량과 영업력을 보유한 대형사 점유율이 확대되고 있다. 2021년 기준 이 시장의 상위 3업체는 SK 에코플랜트(구 EMC 홀딩스), 에코비트(구 티에스케이코퍼레이션), 테크로스 등으로 3사의 합산 점유율은 60%를 넘고 있다. 수처리 시장을 둘러싸고 정부는 방류수 수질 기준을 강화하고 소규모 수처리 시설을 통합한 광역단위 관리로 효율화를 꾀하다 보니 대형사 위주의 과점화 현상이 나타났다.

　폐수처리시장은 산단 중심으로 기업이 발생시키는 폐수를 처리하는 민간시장이다. 하폐수 처리시장보다 처리에 위험이 따르고 기술력이 필요한 고농도 폐수처리시장은 신규 진입이 제한됨에 따라 참여자는 지속 감소세에 있다.

2 하수처리
Sewage Treatment

하수처리 공정

하수처리 공정에서 처리수는 1차적으로 침사지, 최초 침전지 등으로 이송되어 물 속의 침전을 물리적으로 제거하게 된다. 2차 처리 과정에서는 처리수에 공기를 투입하여 미생물을 증식시키고 해당 미생물로 오염물질을 분해하는 작업이 수행된다. 3차 처리 과정을 통해 처리수에 남아있는 유기 오염물질과 질소, 인 등을 제거하면 하천에 방류되며 수처리 공정이 완료된다.

하수의 처리 방법은 크게 '생물학적 처리, 화학적 처리'로 구분 가능하며, 가장 기본적인 방법이 생물학적 처리이다. 생물학적 처리방법은 박테리아, 균류, 조류, 원생동물 등을 이용하여 폐수 내의 오염물질을 분해 또는 해독시키는 것으로 유기물질을 이산화탄소나 메탄가스의 형태로 전환시켜 제거하는 방법을 의미한다.

화학적 처리는 화학적 산화제를 이용하여 물 속에 있는 오염물질을 산화시켜 제거하는 공법이다. 일반적으로 물리 화학적 방법은 시설 투자비가 적게 들고 처리속도는 빠르지만 화학약품 소모 등에 의해 운영비용이 많이 든다는 단점이 있다.

하수처리과정

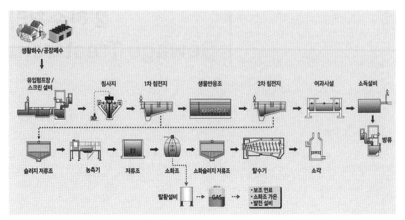

자료 : 안산시 상하수도사업본부 홈페이지 [3]

슬러지는 하수처리장, 정수장, 폐수처리장 등에서 발생하는 액상부유물질을 총칭하며, 생슬러지, 잉여슬러지, 반송슬러지, 농축슬러지 및 소화슬러지 등으로 분류된다. 하수슬러지는 해양투기 금지와 매립·소각제한으로 현재는 건조해 비료로 판매되거나 고형 연료, 바이오매스 등으로 재활용돼 석탄발전소의 연료 등으로 사용되고 있다.

수도권매립지관리공사 2022.2.16 보도자료에 따르면 수도권매립지관리공사는 서울시, 인천시, 경기도 51개 시·군·구로부터 677만톤의 하수슬러지 처리를 위탁받아, 52만 7천톤을 건조 후 발전용 고형 연료로 생산해 173억원의 수익을 창출하고, 372만톤은 고화 처리 후 매립 또는 매립장 복토재로 활용했다고 전했다.

판매량별로는 서부발전(태안)이 41만 8천톤(79%), 남동발전(삼천포)이 6만3천톤(12%), 동서발전(당진)이 2만5천톤(4.9%), 중부발전(보령)이 1만5천톤(2.9%)의 순이었다.

환경부에서 고형연료 사용에 따른 미세먼지, 다이옥신 배출 등 지역주민의 우려가 지속되어 고형연료 제품의 품질 등급 기준과 보관 기준을 강화하는 추세다.

하수처리업 구조

수처리 사업은 상수도 운영사업, 하수도 운영사업, 폐수처리 운영사업으로 구분된다. 상수도 운영사업은 상수원의 물을 정수하여 각종 용수로 공급하는 사업이고, 하수도 운영사업은 생활 하수를 정화하여 하천에 방류하며, 폐수처리 운영사업은 산업 폐수를 정화하여 하천에 방류하는 사업이다. 수처리 사업모델은 민자사업운영, 지자체 시설의 위탁운영, 민간직영으로 나뉜다.

수처리 사업모델

구분	민자방식	정부시설 위탁	민간시설 직영
소유권	• 지자체	• 지자체	• 민간법인
투자재원	• 정부 및 지자체 보조금 • 민간자본	• 정부 및 지자체 재정	• 민간 부담
계약기간	• BTO/BTL 방식 • 약 20년 계약	• 3~5년 단기 계약 후 재선정	• 사적 계약

수처리사업 중 상수 정수장 및 관거는 정부가 직영한다. 하수와 폐수처리 시설 일부에서 민간 위탁운영과 민자사업으로 각각 추진한다.

수처리 민자사업은 일반적으로 하/폐수처리 시설은 BTO 방식으로, 하수관거는 BTL 방식으로 추진한다. BTO 하/폐수처리시설 운영사업에서는 지자체가 최종사용자로부터 사용량에 비례하여 하수도비를 납입 받고, 지자체는 별도의 하수도특별회계를 통해 사업시행자에 처리량에 비례하여 사용료를 지급하게 된다. BTL 하수관거 운영 사업에서는 사업시행자가 지자체로부터 계약 시 산정된 고정운영비를 수취하게 된다.

수처리 민자방식

구분	하/폐수처리 시설	하수관거
사업 모델	BTO (Build-Transfer-Operate)	BTL (Build-Transfer-Lease)
지급 구조	사업자는 지자체로부터 사용료 수령	사업자는 지자체로부터 고정 운영비 수령
제안 방식	대부분 민간 제안 방식	정부 고시 방식
핵심 역량	프로젝트 기획 및 지역 영업 역량	지역 영업 역량

하수처리 민자사업 중요한 고려사항

■ 하수처리량의 추정

하수처리량은 공공하수처리시설(물재생센터)의 시설용량과 하수관로시설의 규모를 결정하는 중요한 인자로 가정생활로 인하여 발생되는 가정오수(가정잡배수, 분뇨)와 상점, 음식점, 관공서 및 각종 서비스 시설에서 발생되는 영업오수를 포함한 생활오수량, 각종 공장 및 사업장의 생산 활동으로 인하여 발생되는 공장폐수량, 관로 및 맨홀의 균열부를 통해 유입하는 지하수 등으로 구별되며, 생활오수량, 공장폐수량, 지하수량 등의 하수원단위를 결정한 후 계획인구를 적용하여 계획하수량을 산정하여야 한다.

생활오수량 원단위는 1인 1일 최대급수량 원단위에 유효수율과 오수전환율을 적용하여 산정한다.

- 생활오수량 원단위 = 일최대급수량 원단위 × 유효수율 × 오수전환율

유효수율은 공급된 상수량 중 실제로 사용된 양의 비율로서 유효수량을 총

급수량으로 나눈 값으로서 급수대상지역에서 실제 공급받는 상수도 수요량은 생산량에서 무효수량(누수량, 조정감액수량, 기타)을 제외시킨 수량이다.

오수전환율은 사용된 용수가 증발 또는 타 수계로의 배출, 제품화 등으로 없어지고 난 나머지가 최종적으로 하수도 계통으로 유입되는 하수량의 용수량에 대한 비율로 하수량 산정시 기본 인자가 된다. 일반가정, 영업장 또는 공공장소에서 사용되는 물이 하수화 되는 비율은 일반적으로 80~90% 정도로 알려지고 있다.

■ 사업료의 적정성

하수처리 민자사업의 사용료는 월하수량에 따라 지급받는 변동사용료와 처리량과 무관하게 월별로 지급받는 고정사용료로 구성되어 있다. 다음은 ○○하수처리 민자사업의 실시협약상 기준사용료의 예시이다.

- 2000년 7월 1일 불변가격 기준 기준사용료는 다음과 같이 고정사용료와 변동사용료로 구성되어 있음.

고정사용료(부가세 별도)	268,175,000원/월
변동사용료(부가세 별도)	154.45원/m^3

- 운영개시일에 적용할 최초사용료는 단가작성기준일(2000년 7월 1일)부터 운영개시일까지의 소비자물가지수변동분을 적용하여 산정된 금액으로 함.

- 사용료는 원칙적으로 연1회에 한하여 변경이 가능하며, 매 사업년도의 정기적인 사용료 조정은 1월1일 기준으로 함.

- 매 사업년도에 적용할 사용료는 직전사업연도 사용료에 동 직전년도의 소비자물가지수변동분을 적용하여 산정하는 것을 원칙으로 함.

도로 등의 사용료는 민자사업의 사용료결정방식에 따라 사업비, 운영비 및 사업수익률 등을 감안해서 산정된 산정사용료에 유사 경쟁시설의 요금과 비교해서 이용자의 수용성을 감안해서 결정된다. 그러나 하수처리시설은 산정사용료가 기준사용료가 된다. 두 시설의 가장 큰 차이는 요금 부담자가 도로는 이용자(운전자)지만 하수처리시설은 주무관청(지자체)이 부담한다. 따라서 요금의 수용성 검토 수준에서 차이가 있다. 따라서 지자체 부담능력 검토가 필요하게 된다.

하수처리 민자사업의 사용료 비교

구분	A사업	B사업	C사업	D사업
세후불변수익률	5.75%	5.50%	5.25%	5.01%
총사업비	421억원	314억원	93억원	126억원
국고보조비율	66.7%	32.5%	76.5%	64.75%
변동사용료	52천원	112천원	26천원	38천원
운영수입 보장비율	75%	75%	–	–
무상사용기간	20년	20년	20년	20년
협약체결일	2004-07	2004-12	2005-02	2005-07

■ 운영위험의 전가

운영관리비 예산이 실시협약(상)의 운영비와 비교하여 유사한 수준으로 계획되어야 하고, SPC가 실시협약상 부담하는 수질보증 등의 책임을 유지보수 위탁업체에 전가하는 유지보수 위탁계약(O&M)이 되어 있는지 점검해야 한다.

아래는 ○○하수처리사업에서 사업시행자가 체결한 운영 및 관리에 대한 계약의 주요 내용이다.

(예시) 관리 및 운영계약서 주요 내용

구분	내용
수질보증	• 협약상의 보증수질 및 법정수질 준수
배상책임	• 하수가 유입 하수의 수질기준에 부합함에도 불구하고 처리하수 수질이 기준에 미달할 경우 사업자에게 이에 따른 손실을 배상함. 단, 배상액은 월별 연간운영비의 2% 이내 및 년간 연간운영비의 7.5% 한도 • 기준수질 미달시 사업자에게 개선안 제출 및 필요조치 수행
운영 관리비	• 매월 고정비 및 하수량연동 변동비 지급 • 직전 사업년도의 소비자물가변동률을 반영하여 매년 조정되며, 이는 당해 사업년도의 첫날부터 효력 발생함. 단, 사용료는 전기료 및 슬러지 처리비는 합리적인 현재 시장가격을 반영하여 매분기별로 조정 • 관련법령의 개정, 사업자의 파산 및 기타 불가항력에 의해 운영자가 손실을 입게 되는 경우 운영관리비나 제반 조건에 대한 변경 합의 • 상이의 사유로 사업자와 주무관청이 사용료나 무상사용기간의 변경을 합의한 경우 본 계약 조건도 이를 반영하여 변경함.
계약기간	• 20년, 단, 실시협약의 무상사용기간 조정에 따라 변경가능
계약 종료시	• 계약종료시 사업자 및 주무관청과 함께 본 시설에 대한 조사를 실시하여 시설의 개보수가 필요하다고 합의될 경우 운영자의 부담으로 실시 • 사업자가 주무관청으로부터 운영관리권을 연장받을 경우 새로운 조건에 따라 본 계약도 연장75%

■ 하수처리 관련 규제의 지속적 강화

정부의 수처리 관련 규제 정책은 배출 수질 기준의 강화, 폐기물 해양 배출 제로화 추진 등과 함께 지속적으로 확대되어 왔으며, 향후에도 규제 강화 추세가 지속될 것으로 전망된다.

방류수의 BOD, COD, SS 등을 기준으로 한 국내 수처리 관련 수질 및 대기 규제는 선진국 대비 높은 수준으로 처리시장은 진입장벽이 높은 것으로 분석된다.

3 재再이용수
Reusing water

하수처리수 재이용 시설

하수처리수 재이용시설이란 공공하수처리시설에서 처리된 물(하수처리수)을 재이용할 수 있도록 처리하는 시설 및 그 부속시설, 공급관로를 말한다.

우리나라는 급격한 산업화 및 도시화로 인한 환경파괴와 이에 따른 기후변화 등으로 물이용 여건이 점점 취약해지고 있다. 강수량은 연도별, 계절별 편차가 심해지고 있으며, 기후변화로 인한 홍수 및 가뭄의 빈번한 발생, 수질오염으로 인한 사용가능한 깨끗한 물 감소 등 향후 물 부족 현상이 심화될 가능성이 더욱 높아지고 있다.

이에 환경부는 물 재이용에 대한 중요성을 인식하고 물 재이용 및 처리수 재이용에 관한 법적, 제도적 기반을 마련하였다. 2000년 '물절약종합대책'을 수립·시행하였으며, 2010년 『수도법』 개정을 통해 빗물이용시설 설치대상시설을 확대하였고, 2011년 빗물이용시설과 중수도를 설치·운영하도록 의무화하였다.

2010년에는 분산되어 있던 하수처리수, 중수도, 빗물을 통합하여 『물의 재이용 촉진 및 지원에 관한 법률』을 제정하였다. 이에 따라 재이용수로 이용하거나 공급하여야 하는 대상시설은 1일당 5,000m³ 이상의 공공하수처리시설이 해당되게 되었으며, 재이용량은 종전 1일 하수처리량의 100분의 5 이상에서 100분의 10 이상으로 확대하였다. 또한 『물의 재이용 촉진 및 지원에 관한 법률』에 따라 2011년에 10년 단위의 법정계획인 '물 재이용 기본계획(2011~2020)'을 수립하였으며, 2021년에는 '제2차 물 재이용 기본계획(2021~2030)'을 수립·발표하였다.

하수는 다양한 용도로 활용할 수 있는 광범위한 잠재력을 가지고 있고 지속적으로 이용가능한 측면에서 매우 중요한 수자원이며, 물 부족 문제에 대한 대응을 위해 하수처리수 재이용 활성화의 중요성이 높아지고 있다. 하수처리수는 세척수, 중수도, 희석용수, 조경용수, 유지용수, 지하수충전 등 다양한 용도로 활용 가능하다.

재이용수 시설 사업 중요한 고려 사항

하수처리수 재이용사업은 일반적으로 인근 지자체 운영 하수처리장에서 처리된 하수처리수를 원수로 사용한다. 일반적으로 원수는 무상으로 공급받는다. 정제한 정수(filtered water) 및 순수(demi water)는 용수공급계약을 체결한 수요처에 판매하게 된다. 이러한 사업에서는 안정적인 원수 조달, 정수 및 순수의 성능, 고객과의 우호적인 용수 공급에 대해 위험요소가 있는지 고려해야 한다.

원수 미공급 위험은 해당 하수처리장의 과거 시간대별 방류량과 재이용시설의 필요 유량과 비교하여 공급 안정성을 검토해야 한다. 그리고 필요유량보다 방류량이 적은 시간대를 위해 저류조가 설치되어 있는지 설치용량이 여유있는 수준인지 고려해야 한다.

성능저하 위험은 주요 기자재 공급업체 또는 위탁운영사가 성능저하 위험을 책임지는 구조이어야 한다. 일반적으로 중요한 재처리공정의 핵심시설인 UF(Ultra Filtration)공정과 RO(Reverse Osmosis)공정에 대한 성능 보증이 중요하다.

UF(Ultra Filtration Process)	RO(Reverse Osmosis, 역삼투압)
• 유입수에 압력을 가하여 0.01㎛ 반투막을 투과 시키는 공정 • (역할) 수중의 클로이드상 물질, 미생물, 단백질, 고분자 유기물 등의 부유물질을 제거하여 후단설비(RO) 보호함	• 유입수에 압력을 가하여 0.001㎛ 반투막을 투과 시키는 공정 • (역할) 제거를 작용과 확산 작용을 응용하여 분자량 350Da이하의 무기성 이온, 저분자 유기물 등을 제거

용수 판매량 감소 위험은 공급받는자의 신용도와 함께 계약조건을 고려해야 한다. 용수공급계약의 계약기간은 5~10년 수준이 일반적이다. 계약기간 종료일 전에 어느 당사자가 갱신 거절 의사를 명시적으로 표시하지 않는 한 동일한 조건으로 갱신되는 조건으로 사실상 장기계약 성격이 일반적이다. 그리고 용수공급계약 상 최저사용량이 규정되어 있어 미달될 경우 손해보전을 받도록 되어 있을 경우 용수 판매량의 감소위험으로부터 보호받을 수 있다. 이러한 사용자의 신용도, 계약기간, 최저사용량 등의 조건을 검토해야 한다.

6장

규제자산
Regulated Asset

:
:
:

1 규제자산이란 무엇인가

규제자산 개념

규제자산(regulated Asset)이란 발전, 가스, 상하수도, 교통시설 등 독점적 성격의 인프라 자산에 대하여 소유 및 운영을 정부영역에서 민간영역으로 이전하는, 일종의 민영화를 한 자산을 의미한다. 민영화로 민간이 소유하고 있지만 여전히 정부가 규제당국으로서 시설 이용료를 정기적으로 규제하는 가격결정제도를 운영하다고 해서 규제자산으로 칭한다. 1980년대 영국에서 본격 시행한 이후 유럽 및 기타 대륙에 일반화되는 추세이다.

국내에서는 전기의 송배전은 한전에서, 가스는 도매는 가스공사, 가스소매는 지역 도시가스사업자가, 상수는 지자체가 소유 및 운영하고 있다. 대부분 민영화되지 않고 여전히 공적 영역에 머물러 있다. 이하에서는 규제자산이 보편화 되어 있는 유럽대륙 및 영국을 중심으로 설명하고자 한다.

규제자산은 국가 기간사업에 해당하므로 민간부분의 독과점을 방지하기 위해 시설 이용료가 규제당국에 의해 통제된다. 대상자산은 사회 유지에 필수 불가결한 재화인 전력/가스, 수자원 등이 해당되고, 일반적으로 PPP 사업보다 규모가 큰 네트워크성 사업에 적용된다. 필수 불가결한 시설이므로 정부가 운영을 하면

되지만, 운영 효율성 및 서비스 품질 개선 목적으로 민영화가 진행되었다.

정부는 민간사업자의 과도한 이익 수취를 방지하는 소비자 보호 및 사업자의 장기 안정적 운영을 위해 지역독점 사업권과 일정 투자수익 보장이라는 민간사업자 보호, 2가지 목표를 달성하도록 관련 법령을 제정하고 산업별 규제당국을 설립한다.

비록 투자수익은 낮고 거시지표에 의해 수익변동성은 있지만 규제가 만든 지역독점권과 적정 수익 추구라는 매력으로 투자가 확대되고 있다.

- 제공 서비스 : 해당 시설은 산업 활동 및 일상생활에 필수 서비스를 제공하는 전력 송/배전, 가스 배송, 상/하수도 처리 시설 등으로 구성. 네트워크 자산의 특성 상 지역 독점의 성격을 지니며 신규 경쟁자 진입이 실질적으로 불가능.

- 규제 체계 : 유럽의 규제체계는 장기간 안정적이며 국가 간 유사성이 높은 편. 사업자의 과도한 이윤 추구는 방지하되, 우량한 신용등급을 유지할 수 있는 안정적 수익 기반 제공.

- 수익 구조 : Revenue Building Block 방식을 기반으로 투하자본에 대한 적정 이윤 보전. 비용/CAPEX 절감에 따른 효익을 사업자가 향유하는 Incentive 제공. 필수 서비스 성격 상 수요(Volume) 변동이 매우 낮은 편이며, 실제 매출이 예상을 하회할 경우, 부족액을 보전(true-up)하는 형태로 수요 위험을 절연. 현금흐름이 금리/물가에 연동되어 이자율/인플레이션 헷지 효과를 제공.

- 운영 특성 : 규제체계 하의 사업계획에 따라 집행되므로 배당 현금흐름의 확보가 비교적 용이.

PPP사업과 차이

PPP사업은 민관합작사업으로 주무관청과 민간사업자가 장기계약을 통해 민간부문의 투자를 유도하고 주무관청은 재정부담 완화, 적기시설준공이라는 목표를 얻는다. 규제자산은 정부 통제하에 진행되며 주로 가스배관, 전기송배전망, 통신설비 등 국가 기간망 사업을 대상으로 한다.

PPP사업은 정부가 소유하고 민간은 운영권만 갖고 있지만 규제자산은 민간이 소유 및 운영권을 갖는다.

PPP사업은 정부와 맺은 계약에 의해 사업기간이 정해져 있다. 운영연장은 다시 경쟁을 통해서 얻지 못하면 원칙적으로 불가하다. 반면, 규제자산은 라이선스라 취소사유가 발생하지 않으면 지속적으로 운영이 가능하다.

PPP사업은 계약에 정해진 시설의 운영만 허용된다. 그리고 해당 시설에 대한 수요 위험은 부담하면서 계약에서 정한 요금으로 계약만료까지 유지 가능하다. 반면 규제자산은 비규제자산 운영을 통해 업사이드 이익 실현이 가능하나 요금의 변경 주기가 약 5년 정도마다 있어 장기 자금조달에 취약하다.

유럽 국가별 규제자산 제도

규제자산 제도를 채택하고 있는 유럽의 규제가격 산정방식은 대부분 규제자산기반(Regulatory Asset Base, RAB)모델을 토대로 이루어져있다. 물론 국가별로 다음과 같이 다소의 차이는 있지만 기본 골격은 RAB방식이다.

벨기에는 비용가산방식(cost plus), 체코, 프랑스, 독일, 네덜란드는 인센티브방식(incentive-based), 폴란드, 루마니아, 슬로바키아, 스웨덴, 터키는 수익상한방식(revenue/price/income cap), 핀란드, 그리스, 이탈리아, 스페인, 스위스, 영국은 분야별로 방식이 상이한 혼합방식(combination of models)을 취하고 있다. [1]

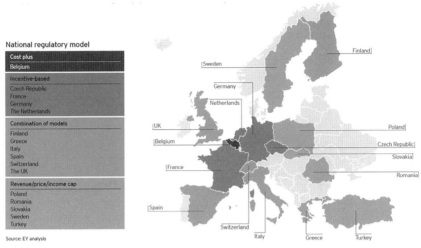

National regulatory model

Cost plus
Belgium

Incentive-based
Czech Republic
France
Germany
The Netherlands

Combination of models
Finland
Greece
Italy
Spain
Switzerland
The UK

Revenue/price/income cap
Poland
Romania
Slovakia
Sweden
Turkey

Source: EY analysis

자료 : Ernst & Young [1]

"Cost Plus" 방식은 민간사업자의 실제 비용을 토대로 적정 마진을 감안하여 요금을 산정하는 방식이다. 그러나 최근 요금에 실제 비용을 전가하는 방식은 매우 제한적으로 유지되고 있다.

"RAB"방식은 실제 비용이 아닌 주무관청이 인정한 지출을 토대로 적정 마진을 감안하여 산정하는 방식이다. 여기에서 RAB를 통한 요금 산정에서 "incentive-based"와 "revenue cap" 모델로 나뉜다. 전자는 서비스 품질에 따라 인센티브와 패널티를 가감하는 방식이고, 후자는 소비자의 부담능력을 감안한 요금 상한제가 반영되는 방식이다.

2 규제자산 가격결정모델

일반적으로 "00나라의 00사업자는 00년마다 규제담당 기관인 00에서 검토하여 발표하는 서비스 제공에 대한 요금을 적용받게 된다"고 표현한다. 여기서 요금을 결정하는 방식 중 앞서 설명한 규제자산기반(Regulatory Asset Base, RAB) 가격결정모델을 설명하고자 한다.

가격 결정 방법

■ 가격결정주기

각 국가는 규제대상 산업별로 민영화하면서 가격 결정제도를 도입한다. 가격결정제도는 민간사업자가 제출한 중장기 사업계획, 투자계획 등 소요되는 원가를 바탕으로 미리 요금을 책정하는 제도다. 일반적으로 5년 주기로 가격결정을 한다. 다음은 영국의 규제자산별 가격결정주기를 보여준다.

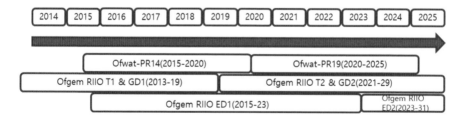

영국의 상수도 규제기관인 Ofwat의 경우 PR14(2015-2020)에서 PR19(2020-2025)로 매 5년마다 가격이 결정된다. 그리고 가스 배송은 규제기관인 Ofgem에서 RIIO-GD1(2013-2021)에서 RIIO-GD2(2021~2019)로 매 8년마다 가격이 결정되고 있다.

다음은 유럽 주요 국가의 가스 및 전기배관망에 대해 2018~2023사이에 가격결정 재산정기일이 도래하는 내역을 보여준다.

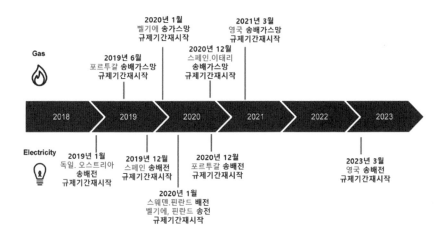

■ Allowed Revenue 구성

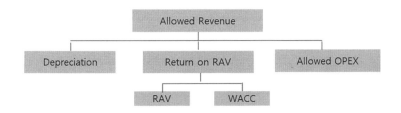

민간기업이 보상받을 수 있는 Allowed Revenue은 규제당국의 규제가격 결정모델에 의해 결정된다. Allowed Revenue은 매 정책에서 결정된 ① 규제자산가치(Regulatory Asset Value, RAV)의 감가상각비, ② RAV에 대한 보상(Return on RAV), ③ 운영비용(Allowed OPEX)로 구성된다. 일반적으로 Allowed Revenue은 불변가액 기준이며, 해당 기업은 산정된 불변 Allowed Revenue에 물가상승률을 적용한 경상액을 수취하게 된다.

| RAV(Regulated Asset Value) |

RAV는 규제당국이 제시한 방식에 따라 산출된 투하 자본의 가치로, 기초 자산의 가치와 이후 추가 자본지출액, 감가상각 및 자산 매각 등의 조정을 반영한 값을 의미한다. RAV는 불변 단위로 계산되며, 물가상승률에 연동되어 인플레이션 효과를 반영하여 산정된다.

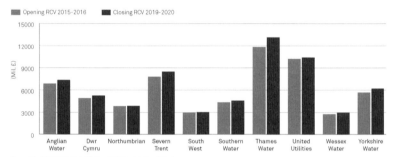

영국 상하수도 Regulated 기업의 RAV

Source: Ofwat 2016, S&P Global Ratings. RCV- Regulated capital value.

자료 : Ofwat, 2016 [2]

| Depreciation |

RAV에 대한 감가상각은 기초 RAV와 추가 자본화되는 자본적지출에 감가상각률을 적용하여 산출한다. 감가상각률은 감가상각 내용연수(Regulatory asset life period) 고려하여 사전에 미리 산정되며, 각 기업별로 적용하는 감가상각 내용연수는 상이할 수 있다.

| Return on RAV (평균 RAV x WACC) |

RAV에 대한 적정 수익은 RAV에 WACC을 곱하여 산정되며, WACC 산정을 위한 주요 변수에 대한 가정은 규제당국에 의해 결정된다.

한편 가격결정기간동안 Opex와 Capex를 포괄하는 기업의 총 지출액 (Totex)을 설정하고 사업자와 규제당국과의 협의를 통해 설정되는 자본화율 (Capitalization rate)을 적용하여 RAV에 포함되는 "자본적지출"과 그대로 당해 비용으로 인정되는 "수익적지출" Allowed OPEX로 구분된다. 다만 여기서 자본 적지출로 인정되어 RAV에 가산되면 WACC을 곱하여 Allowed Revenue에 기여 한다. 반면, 수익적지출로 인정되는 Allowed OPEX는 별도의 WACC 보상없이 그 대로 비용처리되는 항목으로 추후 그대로 보전되어 매출로 인식된다. (RAV로 자 본화되는 지출을 Slow money 또는 None-PAYG라 칭하고 당기 비용화되는 지 출을 Fast money 또는 PAYG(Pay-as-you-go)라고 칭한다) 매출증대 측면에서 자본화비율이 높을수록 수익이 양호해 진다.

| WACC |

민간기업은 각 가격결정기간 동안 허용된 WACC를 기반으로 규제대상자산 투자비를 보상 받게 된다. WACC은 실질 기준으로 설정되어 매 가격결정기간 동 안 고정되며, WACC을 결정하기 위한 주요 변수로는 ① Gearing(레버리지 비율), ②자기자본비용(Cost of Equity), ③ 차입비용(cost of debt), ④ Tax Rate(법인세 율) 등이 있다.

(예시) 송배전사업의 WACC 산정 내역

항목	독일	폴란드	핀란드	프랑스
Risk free rate	3.8%	5.42%	1.82%	4.2%
Debt spread	0.6%	n/a	1%	0.6%
Asset beta	0.32	0.40	0.4	0.33
Equity beta	0.79	0.69	0.529	0.66
Market risk premium	4.55%	4.80%	5%	4.5%
Gearing	60%	42%	30%	60%
Tax rate	15.82%	19%	24.5%	34.43%
Cost of debt	3.80%	6.42%	1.82%	4.80%
Cost of equity	9.05%	8.73%	3.97%	10.92%
WACC	5.90%	8.95%	3.19%	7.25%

자료 : Ernst & Young [1]

｜ Allowed Revenue ｜

규제자산 기업이 규제자산 가격결정 제도에 의해 매년 벌어들일 Allowed Revenue은 (i) RAV 감가상각비 (ii) Opex 지출액 (iii) RAV의 보상으로 구성된다. 주무관청과 사전에 협의를 통해 결정되는 연도별 Allowed Revenue 산정 사례를 보면 다음과 같다.

(예시) Allowed Revenue 산정

구분	2015-16	2016-17
전체 지출액(Totex)	630.1	670.3
RAV에 가산되는 지출	285.8	301.8
기말 RAV	4,779.60	4,844.00
Allowed revenues		
+Allowed OPEX	353.3	377.6
+Return on RAV	172.1	174.4
+Depreciation	243.1	215.7
+조정	22.2	22.4
=Final allowed revenues	790.7	790.1

자료 : Ofwat, 2016 [2]

설명 : 2015-16 주무관청으로부터 허용된 지출 총액은 630.1이고 이중 RAV에 가산되는 금액은 285.8이 된다. 즉 자본화가 되어 보상받게 된다. 그해 말의 RAV는 기초RAV에 해당연도 감가상각비를 차감하고 해당연도의 자본화지출을 가산한 4,779.60이 된다. 해당연도의 Allowed Revenue는 Allowed OPEX 353.3, RAV에 WACC를 감안한 보수(return) 172.1, 해당연도 RAV 감가상각비 243.1에 일부 조정액을 감안해서 최종 790.7으로 결정된다.

전체 Allowed Revenue에 예상 Volume을 나눈 Unit tariff로 사용자로부터 요금을 징수하므로 이론적으로 Volume risk는 없다.

초과이익 실현 방안

규제자산을 운영하면서 기본적으로 Allowed Revenue만 수취하지만 초과이익을 얻는 경우가 다음과 같이 있다.

첫째 인센티브 달성이다. 최근들어 규제자산의 지속적인 성과 개선과 혁신을 장려하기 위해 기업성과를 추적하여 인센티브 또는 패널티를 주는 항목을 점차 확대해 가고 있다. 상하수 사업의 경우는 누수, 수질, 하수범람 등과 관련하여 성과지표를 통해 인센티브/패널티를 지급받을 수 있고, 가스망사업의 경우는 고객측정 지표, 누출률 등과 관련된 목표 성과를 설정하고 인센티브를 부여할 수 있다.

둘째 지출액 절감을 통한 초과수익이다. 과거에는 주무관청과 협의된 지출액을 실제 절감해도 별도의 이익공유가 없었다. 그러다 보니 지출액 절감 유인이 없다. 그러나 최근에는 이를 간파하고 절감한 지출액중 sharing factor에 의해 민간에 절감액을 공유하는 나라가 늘고 있다. 예를 들어 당초 예상 자본적지출이 '100'이었는데 사업자가 계약을 잘 해서 10%를 절감했다면 과거에는 RAV에 '90'만 증가시켰는데, 이제는 절감 액 '10'에 sharing factor 50%을 감안한 '5'를 RAV로 인정해서 '95'만큼 RAV를 증가시킨다. 그러면 Depreciation과 Return on RAV를 각각 증가시켜 Allowed Revenue 가 올라가 초과수익이 발생한다.

마지막으로 금융비용 절감을 통한 초과수익이다. 규제당국이 설정한 Allowed cost of debt 보다 저렴하게 차입할 경우 금융 초과수익을 영위할 수 있다. 규제당국이 설정한 Allowed cost of debt이 BBB등급 10년 만기 회사채수익률의 과거 10년 평균 수치가 기준이라면 이 보다 우량한 신용등급으로 조달하거나, 과거 10년이 금리 하락기였다면 실제 조달금리가 과거 10년 평균보다 낮게 조달하여 금융비용 절감을 통한 초과수익이 발생한다. 또한 운영법인의 Gearing은 가이드라인을 맞추지만 Holdco loan을 Cost of equity보다 저렴하게 조달하여 전체 WACC를 줄여 초과수익을 얻을 수 있다.

3 영국 유틸리티 규제자산

영국의 규제자산

    1980년대부터 1990년대를 거치는 과정에서의 민영화 열풍은, 공공부문이 관리해 왔던 필수 공익시설에 대한 민간의 참여와 투자가능성을 시장에 제공하게 되었다. 에너지, 수도, 하수, 항공, 철도, 통신 등 다른 국가에 비해 폭넓은 지역과 섹터의 민영화가 이루어졌다.

    영국 규제모델은 자산 및 서비스에 대한 인센티브에 기반을 둔 체제다. 이는 효과적인 성과 산출을 장려하면서 고객서비스 품질도 향상되도록 설계되어 있다. 대부분의 규제는 뛰어난 실적에 대한 보상 및 요구 수준미달에 대한 패널티를 명확히 하여 효율적인 투자를 장려하는 체제를 가지고 있다.

영국 규제자산 현황

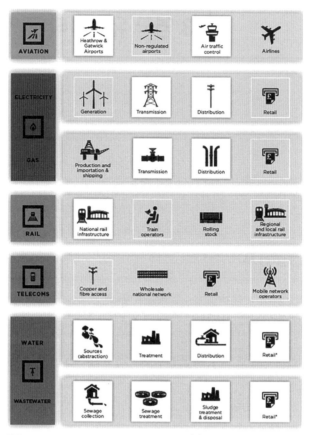

자료 : UK regulated infrastructure, 2014, KPMG [3]

영국 규제자산 개괄(2020년 기준)

구분	상하수도	가스배관망	가스송관망	배전망	송전망
규제관청	ofwat	ofgem	ofgem	ofgem	ofgem
법령 및 제도	AMP 7 (2020-2025)	RIIO GD2 (2021-2026)	RIIO GT2 (2021-2026)	RIIO ED2 (2023-2028)	RIIO T2 (2021-2026)
산업별 사업자	10개 상하수도 사업자	4개 가스공급 사업자	1개의 가스공급 사업자	6개 배전 사업자	3개 송전 사업자

영국의 상하수도

2019년 기준 잉글랜드 및 웨일즈 지역에는 총 26개의 회사가 상수 및 하수 공급 서비스를 제공하고 있으며, 10개의 상하수도기업(WaSCs, 상대적으로 규모가 큼), 7개의 상수도회사(Water Only Companies, WoCs, 상대적으로 규모가 작음) 및 그 외 9개의 수도공급 라이센스를 보유한 회사로 구성되어 있다. 영국 정부는 Water Act 1991이 개정된 이후 25년간 사업을 운영할 수 있는 라이센스를 각 기업에 부여하고, 각 기업은 라이센스에 명시된 지역에서 독점적 서비스를 제공하고 있다. 한편, 현재까지 라이센스가 취소된 사례는 없었다.

상하수도 시설의 Value Chain은 크게 도매사업(Wholesale)과 소매사업(Retail)으로 구분되며, Ofwat에 의해 규제되고 있다. 도매상하수도는 상수처리 및 하수처리와 관련된 모든 Value Chain을 영위하고 있으며, 소매사업은 가정용(Household), 비가정용(Non-household)으로 구분된다. 상수시설의 주요 자산은 상수취수시설, 정수시설, 배수시설, 저장 시설 등이 있으며, 하수시설의 주요 자산은 하수수집 및 정화 시설, Sludge 처리(비료 또는 신재생 에너지 원료로 사용됨) 등이 있다.

영국 상하수도 Supply Chain

자료 : ofwat 홈페이지 [4]

영국의 상하수도 가격 결정제도는 사업자의 중장기 사업계획, 투자계획 등 소요되는 원가를 바탕으로 사전에 요금을 책정하고 있다. Ofwat(The Water Services Regulation Authority)은 매 5년을 정책 주기로 가격을 결정하며, 매 정책 종료 2년전에 Ofwat은 가격검토에 착수하여 각 기업이 제출한 사업계획(투자계획), 운영관리 계획 등의 Business Plan을 바탕으로 5년 기간 동 안의 매년 총괄원가를 산정한 후 향후 5년의 기간 동안 그 총괄원가를 보상 할 수 있도록 가격을 결정하게 된다. Ofwat은 신규 정책이 시행되는 전년도 12월에 최종 가격정책을(Price Review) 발표한다.

영국의 가스 네트워크

1986년에는 Gas Act 1986에 따라 영국의 송가스, 배가스 저장 및 공급을 독점 수행하고 있던 국영기업 British Gas Corporation이 민영화되어 British Gas plc가 설립되었다. 영국 정부는 가스산업을 민영화한 이후, 이를 관리 감독하는 Office of Gas and Electricity Markets(Ofgem), Ofgem의 상위기관인 Gas and Electricity Markets Authority(GEMA)를 설립하였다.

가스 운송업자는 GEMA가 설정한 가격통제 메커니즘을 적용받는다. 민영화 직후 가스 산업의 전체 Value Chain은 국영기업인 British Gas가 일괄적으로 관리함에 따라, Transmission과 Distribution 부문 모두 RPI-X 제도를 적용 받았다. 해당 제도에 따라 Transmission과 Distribution의 매출은 50%가 고정되고, 나머지 50%는 수송된 가스수송량(Throughput)에 연동하여 변동하는 방식으로 결정되었다.

2013년 Ofgem은 8개의 Gas Distribution Network(GDN)의 매출 및 가격을 규제하는 Revenues using Incentives to deliver Innovation and Outputs(RIIO)를 도입하였다. RIIO-GD1은 2013년부터 4월부터 2021년 3월까지 GDN 운영에 적용되는 가격결정 규제체계로, Ofgem은 사업자가 투자한 규제자산 및 지출에 대하여 적정한 보상을 받을 수 있도록 가격 수준을 결정하고 있다.

이렇게 산정된 Allowed Revenue은 불변 가격 기준으로, 각 GDN은 Allowed Revenue에 실제 연간 RPI(Retail Price Index)의 물가상승률이 반영되어 인플레이션 위험에 노출되지 않는다. 또한 Allowed Revenue는 운송된 가스의 양이나 가격에 따라 결정되지 않고, 실제 사업자가 투자한 지출(Totex Allowance)에 따라 결정되기 때문에, GDN은 시장 위험이나 수요 변동 위험으로부터 보호되고 있다.

Ofgem은 GDN의 목표 달성에 따라 인센티브(Incentive)를 제공, Allowed Revenue를 증가시킬 수 있는 규제 체계를 마련하였다. 이에 따라 GDN은 초과성과(Outperformance)를 통하여 Allowed Revenue를 상향할 수 있으며, 결과적으로 약 10%~12% 범위 이내에 해당하는 규제자본 수익률(RoRE)까지 달성가능하다.

RIIO-GD1에서 RIIO-GD2로 개정시 변동하는 주요 가정 요소는 아래와 같다. RIIO-GD2에서 제시된 가장 큰 변화는 Index의 변경과 Return에 대한 조정이다. Index의 변경은 NPV Neutral하도록 조정항목을 반영할 것으로 전망된다. 또한 Financeability 항목을 도입하여 재무건전성에 대한 규제가 강화될 것으로 예상된다.

RIIO-GD1, RIIO-GD2 주요 가정 변동내역

구분	RIIO-GD1	RIIO-GD2
기간	8년	5년
Cost of Debt	iBoxx bond indice A등급과 BBB등급의 10년 평균	GDI, GD2에 동일 기준 적용
Cost of Equity	6.7%(RPI기준)	4.30%(CPIH기준)
Financeablility	-	기업책임 위주
Indexation RAV	RPI	CPIH / RPI
Notional Gearing	65%	60%

자료 : ofgem [5]

영국의 전력 네트워크

영국은 국영 전기사업자의 분할 및 민영화를 골자로 하는 1989 전기법 (Electricity Act)에 따라 1990년 전력산업을 민영화하였다. 전력산업의 민영화를 통해 다수의 신규 발전 및 공급 기업들이 시장에 진출하면서 발전 및 공급부문은 경쟁심화로 인해 자유시장의 형태로 운영되고 있으며, 이와 달리 송전 및 배전 부문은 소수의 기업이 규제적 독점의 형태로 사업을 영위하고 있다.

영국의 전력 송전망 사업은 대표적인 규제산업이며, 가격 수준 등 주요 요소들이 영국의 독립적인 에너지 규제 기관인 Ofgem에 의하여 관리되고 있다. 전력 송전과 관련하여 2013년 4월부터 2021년 3월까지 RIIO-T1 규정이 적용되었으며, 이후 RIIO-T2 규정이 신설되어 2021년 4월부터 2026년 3월까지 적용될 예정이다.

RIIO-T1에서 RIIO-T2로 개정시 변동하는 주요 가정 요소는 아래와 같다. 규제 개정으로 인해 투자자의 수익은 RIIO-T1 대비 감소할 것으로 예상되나, 기존 대비 변동성이 낮은 ROE 및 낮은 Totex incentive rate 등에 따라 사업자 수익의 변동성이 감소하여 투자자에게 더 큰 확실성을 제공할 것으로 평가되고 있다.

RIIO-T1, RIIO-T2 주요 가정 변동내역

구분	RIIO-T1	RIIO-T2
기간	8년	5년
Cost of Debt	10year trailing average	10-14year trailing average
Cost of Equity	약 7.8%	약 4.55%
WACC update	매년 Cost of debt 조정	매년 Cost of debt 및 Cost of Equity 조정
Totex incentive rate	약 44.7%	약 36.4%
Capitalization rate	-	RIIO-T1 대비 유사 또는 증가
Notional Gearing	RPI	CPIH / RPI

자료 : ofgem [5]

4 국내 도시가스 규제자산

국내 도시가스산업

　도시가스 도매부문은 대규모 수송선, 인수기지, 전국 배관망 건설 등 막대한 초기 투자비가 소요되고 거래구조상 장기 계약물량을 의무적으로 인수(Take or Pay)해야 하는 등 다소 경직된 시장구조를 나타낸다. 반면, 도시가스 소매부문은 상대적으로 소규모인 다수의 민간사업자가 LNG를 한국가스공사로부터 구매하여 배관망을 통해 가정, 산업체, 기타 영업장 등 수요처에 공급하는 도시가스 소매업을 의미한다.

　이러한 차이에 따라, LNG 도입계약부터 운반, 비축, 지역 도시가스 사업자에 대한 공급까지의 도매부문은 공기업인 한국가스공사(도매사업자)가 전담하며, 주 배관망에 연결되는 지역 배관망설치를 통해 최종소비자에게 도시가스를 공급하는 소매부문은 민간 기업인 도시가스업체(소매사업자)가 담당하여 이원화된 공급체계를 유지하고 있다.

　국내 민간 도시가스업체는 총 33개사가 존재하며, 각 담당권역을 중심으로 도시가스를 독점 공급하고 있다. 이러한 도시가스 업체들은 한국가스공사로부터 도시가스를 매입하는데, 매입가격은 산업통상자원부에서 결정하고 매출원가율은 매년 85% 수준으로 유지되고 있어 LNG 가격변동에 연동하여 매출액이 변화한다.

국내 도시가스업체 현황(2019년 기준)

자료 : 한국도시가스협회 [6]

■ 지역 단위 독점산업

국내 도시가스업체는 관련 법령에 따라 지방자치단체의 허가를 받아야 사업을 영위할 수 있으며, 중복 투자의 방지를 위해 일부 신규지역을 제외한 기존배관망 설치 지역에 대한 중복 사업 영위를 승인하지 않는다. 따라서, 도시가스산업은 일정 공급권역에 대해 사실상 독점 사업권을 인정하는 지역 독점적인 산업의 특성을 지닌다.

■ 도시가스 업체간 낮은 차별성

　　도시가스의 소매공급은 한국가스공사로부터 일률적으로 공급되는 균질한 천연가스를 각 지역의 민간업체가 각 지역 공급망을 통하여 공급(Pass-Through 방식)하는 단순 유통업의 특성을 지닌다. 이러한 산업특성과 지역적 독점으로 인하여 도시가스 산업은 타 산업에서 일반적으로 중시되는 기술력, 제품 차별성, 시장 지배력, 지명도등이 상대적으로 중요하지 않으며, 가격산정도 지방자치단체에 의해 결정되고 있어 가격 협상력도 크게 부각되지 않는다.

■ 주요 에너지원으로서 매우 높은 정부 관여도

　　정부는 '도시가스사업법', '액화석유가스의안전및사업관리법', '에너지이용합리화법', '산업안전보건관리법', '한국가스공사법' 등 관련 법령을 통해 도시가스 사업자와 한국가스공사에 대한 엄격한 통제와 지원을 병행하고 있다. 또한 정부는 '장기천연가스수급계획' 수립 강제, 지역 독점과 원가보전에 의한 일정 수준의 수익성 보장, 배관 설비 투자 및 안전관리 투자를 위한 에너지특별융자자금, 도시가스 안전관리 기금, 도시가스 시설자금 등 장기 저리의 정책자금 지원 및 적극적인 보급 확대 정책을 통해 도시가스 사업자들이 안정적으로 사업을 영위할 수 있도록 지원하고 있다.

도시가스 요금 산정방식

　　도시가스 소매단가는 원료비(수입원가)와 도매회사(가스공사) 및 소매회사의 공급비용으로 구성되고, 이중 도·소매회사의 공급비용은 공공요금으로서 인상 또는 인하시 물가심의위원회의 심의와 감독관청의 요금승인 절차 등이 의무화되어 있다.

도시가스 원료비는 1998년 8월부터 '원료비연동제'를 실시하여 유가와 환율 변동에따른 원료비 변화를 적기에 소비자가격에 반영함으로써 소비자 및 공급회사의 불이익을 예방하고 있다. 산업통상자원부는 도시가스 원료비를 매 2개월마다 산정하고, 산정된 원료비가 직전 2개월 적용 원료비 대비 특정 범위를 초과하여 변동된 경우에 한하여 원료비를 조정하며, 조정된 원료비는 도매단가와 최종소비자가에 곧 바로 연동하여 조정된다.

도시가스 소매단가는 도매단가(가스도입비) 및 제반비용과 영업투자 자본에 대한일정 수준의 보상을 기초로 매년 각 지방자치단체에 의해 산정되고 있으며, 환율과 유가 등 외부 환경변화에 따른 원재료 가격 변동분을 흡수하여 일정 수준의 이익 시현이 가능하고 업체들의 배관 투자 활성화를 위한 투자재원까지 보장되는 가격체제가 유지되고 있다.

도시가스 요금의 구성

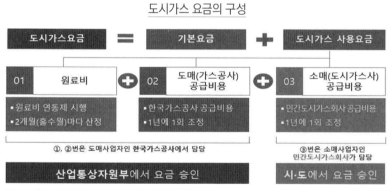

자료 : 강원도, 2019, 도시가스 공급비용 산정 용역 [7]

도시가스사업의 수익 향상 방안

실제 판매량이 연간 목표 판매량을 초과하는 경우 공급비 정산에 따른 총 괄원가 조정으로 가스요금(공급비용) 인하요인이 발생한다.

가스판매량은 이익에 직접적으로 연관되지 않기 때문에 늘어나건 줄어들건 시장의 반응은 크지 않다. 다만 판매량 증가는 비록 당해 실적은 아닐지언정 분명 펀더멘털 개선에 기여한다. 판매량 증가가 당해 이익에 미치는 영향은 없으나 매출액 증가로 나타나며 현금흐름 개선으로 이어진다.

판매물량 증가가 일시 현상이 아니라 수요증가에 의한 것이라면 목표판매량도 늘어난다. 수요대응을 위해서 재고자산이 확충되며 운전자본 증가로 이어진다. 운전자본은 요금기저의 구성요소기 때문에 판매량 증가는 차년도 보장이익 증가로 귀결된다.

또한 목표판매량 증가는 전반적인 요금을 낮추기 때문에 판매량 증가효과를 가져오며 목표 판매량을 상회하는 판매실적은 총괄원가 정산에 의한 공급비용의 하락으로 연결된다. 이는 다시 가격경쟁력 확보와 판매량 증가로 이어지며 다시 요금인하로 연결된다. 연료비변동은 요금규제로 온전히 반영되며 기존에 확보된 경쟁연료대비 가격적 우위는 훼손되지 않는다.

5 영국 AP형 규제자산 OFTO

OFTO (Offshore Transmission Owner) 란 무엇인가

OFTO 자산의 구성

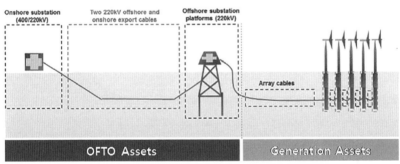

자료 : Ofgem자료를 Cambridge Economic Policy Associates Ltd, EVALUATION OF OFTO TENDER ROUND 2 AND 3 BENEFITS에서 인용 [8]

　　영국에서는 해상에서 육상까지 해상송전설비 건설로 인한 금융부담을 낮추려 법에 따라 Ofgem 주관으로 입찰을 통해 해상송전설비를 매각한다. 해상송전설비는 해상풍력 발전설비에서 발생된 전력을 육상의 전력계통(Grid)까지 송전하기 위한 설비를 의미하며, 일반적으로 해상변전소, 해상케이블, 육상케이블,

육상변전소 등으로 구성된다. 입찰 결과에 따라 낙찰된 사업자는 OFTO 운영이 가능한 License를 수취하고 OFTO 자산을 양수도 받게 된다.

OFTO사업자의 매출구조를 보면 운영기간 동안 매월 Availability Based Revenue(RPI 지수 연동)를 지급받으며, 상세 내용은 다음과 같다:

구 분	내 용
Base Revenue	최종 입찰 Revenue Stream(Final Transfer Value 반영)
Pass Through Costs	Payment 지급 시점 이전에 합리적으로 예측할 수 없었던 비용
Performance Incentive	Availability 수준에 따라 보상 또는 페널티 지급

Performance Incentive는 특정연도 Target Availability(예를 들어 98.0%)를 달성 못하거나 초과하는 경우, Availability 0.4%당 Base Revenue의 1%를 페널티로 부과(최대 10%) 또는 보상금(최대 5%)으로 지급받게 된다.

다음은 Round1 ~ Round6 입찰을 통해 라이선스를 받은 해상풍력 단지 현황이다.

영국 라이선스 취득 OFTO 현황

Round 1	Round 2	Round 3	Round 4	Round 5	Round 6
Robin Rigg East &West Sheringham Shoal Barrow Greater Gabbard Gunfleet Sands 1&2 Ormonde Thanet Walney1 Walney2	Lincs London Array West of Duddon Sands Gwynt r Mor	Westermost Rough Humber Gateway	Burbo Bank Extension	Dungeon Offshore Wind Farm Race Bank Offshore Wind Farm Rampion Offshore Wind Farm Walney Extension Offshore Wind Farm Galloper Wind Farm	Beatrice Hornsea1 East Anglia1

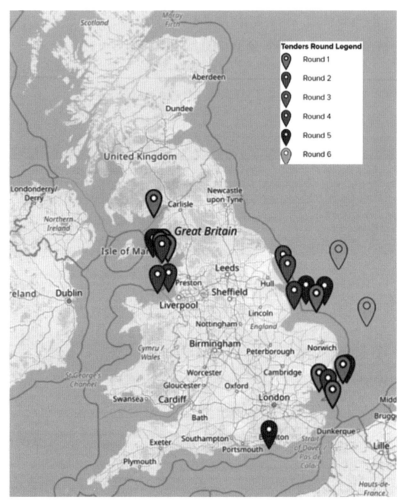

자료 : Ofgem [9]

OFTO사업 중요한 고려사항

■ System Availability.

OFTO의 수익은 해상송전설비의 System Availability에 의해 국영송전업체로부터 일종의 리스료를 받는다. OFTO는 License에 따라 Target Availability를 달성 못하는 경우 Availability [ ]%마다 Base Revenue의 [ ]%를 페널티로 부과받는다. 따라서 운영 중 Availability 변동에 따른 매출액 변동 위험에 노출되어 있다. 수익구조가 Availability 기반 수익사업(영국의 PFI제도)과 유사하다.

OFTO Annual System Availability(단위: %)

OFTO 구분	2015~16	2016~17	2017~18
Robin Rigg	99.99	99.99	100.00
Gunfleet Sands	100.00	99.95	99.81
Barrow	99.88	100.00	99.99
Ormonde	100.00	99.59	100.00
Lincs	99.96	99.93	99.78
Westermost Rough	100.00	100.00	100.00
Walney 1	100.00	99.62	99.70
Walney 2	92.47	100.00	100.00
Sheringham Shoal	100.00	99.95	99.23
London Array	99.98	98.88	99.80
Greater Gabbard	100.00	99.78	99.61
Gwynt Y Mor	82.58	99.73	100.00
Thanet	83.05	96.15	86.92
Humber Gateway	N/A	100.00	93.75
West of Duddon Sands	100.00	99.64	99.45
Average	96.99	99.55	98.54

자료: National Electricity Transmission System Performance Reports, PWC Offshore Transmission Market Update [10]

주: System Availability는 "(총 송전가능용량 – 송전불가능용량) / (총 송전가능용량) × 100"으로 산정됨.

Availability가 하락한 사유가 Ofgem에 의해 Exceptional Event(EE)로 인정된다면 해당 페널티의 일부 또는 전부가 면제될 수 있다. 따라서 O&M 계약을 통해 Availability로 인한 매출감소 위험을 O&M 계약자가 부담하도록 설계되어야 한다.

■ 계약 해지

OFTO License가 철회되는 사안이 몇 가지 제시되고 있다. 특히 Ofgem이 철회를 동의하거나 OFTO가 사업을 포기하는 경우 별도의 보상금이 존재하지 않는다. 큰틀은 PFI제도와 유사하나 OFTO 사업은 소유권이 사업주에게 있기 때문에 계약해지로 인한 해지시지급금이 없다. 다만 자산의 특성상 사업자귀책(파산, 사업수행실패, License상 의무사항 준수 실패 등)으로 인한 계약 해지 위험은 제한적이나, 여하한 사유로 계약이 해지되어도 자산 매각을 통해 투자금 회수가 가능하다고 보인다.

6 준準규제자산 스마트 미터링

스마트 미터링이란 무엇인가

현재 전기를 얼마나 사용하고 있는지, 예상 요금이 얼마인지 실시간으로 알고 싶다면 이를 구현한 것이 바로 AMI다. AMI(Advanced Metering Infrastructure)는 양방향 통신망을 이용해 전력사용량, 시간대별 요금정보 등의 전기 사용정보를 고객에게 제공해 자발적인 전기절약과 수요반응을 유도하는 지능형 전력계량 시스템이다. 또 AMI를 만드는 구성요소는 계량기, 통신설비(모뎀, DCU), 운영시스템 등이다.

현재 AMI는 여러 용어로 불린다. AMI는 원격검침인프라, 지능형검침인프라, 양방향계량시스템, 스마트미터링 등 다양하게 명명돼 있으며, AMI 구성요소인 계량기조차 AMI라고 부르거나 스마트 계량기, 스마트 미터, AMI미터, 원격검침미터기, 원격검침계량기 등 부르는 명칭이 명확히 정리되지 않았다.

스마트 미터는 1) 발전분야, 2) 네트워크분야, 3) 에너지 공급업체, 4) 소비자, 5) 탄소 배출 측면에서 이점을 가져올 것으로 전망되며, 구체적인 내용은 다음과 같다.

1) 발전분야의 이점: 에너지 소비 패턴의 실시간 점검 및 피드백을 가능하게 해주는 스마트 미터를 통해 Load shifting(피크타임에 발생하는 에너지 수요를 부하가 적은 시간대로 분산시키는 것)이 실현될 것으로 예상됨. Load shifting이 실현될 경우, 에너지 생산 비용이 절감되며, 필요한 발전 설비 용량을 감소시켜 준다는 이점을 지님.

2) 네트워크분야의 이점: 스마트 미터는 양방향 통신을 기반으로 하기 때문에, Load shifting을 지원하는 네트워크의 관리를 개선시키며, 네트워크 장애 식별, 네트워크 최적화 등에 기여할 수 있음. 따라서 궁극적으로 스마트그리드의 개발 및 발전에 긍정적인 영향을 미칠 것으로 전망됨.

3) 에너지 공급업체의 이점: 정기 검침을 위한 부지 방문에 수반되는 비용, 소비자 건의 처리 시 발생하는 비용이 절약 가능해짐. 또한, 실시간 소비량 검침이 가능하기 때문에 청구 비용의 오차 조정으로 인해 발생하는 비용을 절감할 수 있음.

4) 소비자의 이점: 실시간 에너지 소비량을 측정할 수 있으며, 시간대별 요금 차등화가 가능해지기 때문에, 요금이 저렴한 시간대에 에너지를 사용함에 따라 에너지 비용을 절감할 수 있음.

기계식(기존계량기)과 전자식(스마트미터) 전력량계 비교

자료 : 산업부 [11]

스마트 미터 임대업

소매 에너지 공급업체는 도매 시장에서 에너지를 구매해 소비자에 판매하며, 계량기를 이용해 판매한 에너지의 물량을 측정할 의무를 지닌다. 소매 에너지 공급업체는 스마터 미터를 직접 소유하거나 스마터 미터 보유자(Smart Meter Asset Provider, MAP)로부터 계량기를 임차하고 수수료를 지불하는 방식이 있다. 최근 전통적 계량기에서 단기간에 대량의 스마트 미터로 교체하는 과정에서 직접 소유보다는 임차하는 형태가 늘어 가는 추세에 있다.

에너지 공급업체는 MAP와 Meter Service Agreement(이하, "MSA")를 체결해 계량기 설치자금 조달및 기타 계량기 관련 업무를 외주화하는 한편, 전력계량기 운영업체와 계량기 관리 계약을 체결하여 계량기의 설치 및 관리 서비스를 제공받는 등 점차 전문화 되어 가고 있다.

MAP는 계량기의 제작 및 설치비용을 조달하여 계량기를 인수하고, 보유한 계량기 자산을 에너지 공급업체에 대여해 수수료를 수령하는 사업을 영위한다. 에너지 공급업체는 MAP를 통해 계량기 관련 투자비를 절감하고 계량기 자산을 더 효율적으로 운영할 수 있다. 또한, 소비자들은 MAP를 통해 에너지 공급업체를 변경하여도 이용 중인 계량기를 그대로 사용할 수 있게 된다.

스마트 미터 임차인은 규제자산의 영역인 전기 및 수도 등 소매사업자(Retailer)이므로, 임차인과의 임대구조가 규제자산에 연계되어 있어 안정적이고 임차인의 신용도가 양호한 편이다. 또한 전기 또는 가스 소비자가 소매사업자(임차인)를 변경하면 새로운 소매사업자가 기존 임차계약을 승계하는 경우가 대부분이다. 이러한 의미에서 스마트 미터사업은 전기 및 수도와 같은 규제자산과 연계된 안정적인 준규제자산 특징을 갖고 있다.

■ 임대 사업의 일반적인 구조

일반적으로 MAP는 계량기 자산을 에너지 공급업체에 대여하는 대가로 확정가인 계량기 서비스 수수료를 수령하며, 이를 통해 안정된 매출을 창출한다. 또한, MAP는 계량기 인수 관련 계약을 통해 주요 투자비용인 계량기 구매비와 설치비를 확정금액으로 체결하여, 비용과 관련된 변동성을 경감하는 게 일반적이다.

계량기 제작업체와의 구매계약(Meter Supply Agreement)을 체결해 확정가격으로 계량기를 구매함으로써, 투자비 증가 위험을 경감하는 한편, 계량기 제작업체는 Meter Supply Agreement을 통해 일정기간(평균 10년) 동안 계량기 성능을 보증하며, 계량기 결함시 MAP에게 배상할 의무를 부담한다.

MAP는 Managed Service Agreement을 통해 회사의 운영 및 유지보수와 관련된 서비스를 제공받는다. 자체 직원을 보유하지 않고 확정불 관리운영수수료로 체결되기 때문에 운영상 비용 증가로 인한 위험부담은 크지 않다.

■ 임대 계약의 특징

MAP와 공급업체 간의 계약은 본질적으로 MAP 및 공급업체에 따라 다르나, 주요 조건은 일반적으로 다음과 같다.

MAP가 에너지 공급업체로부터 지급받는 계량기 서비스 수수료는 일반적으로 약 10년 또는 15년의 지급기간에 대하여 설정된다. 계량기 서비스 수수료는 전체 CAPEX에 일정 수준의 마진율이 적용되어 산정되는게 일반적이다. MAP는 체결된 장기 계약에 따라 연간요금을 월마다 나눠 수취하고 CPI와 연동되어 수수료를 수취함으로써 물가 상승을 헷지할 수 있다.

공급업체가 계약기간 동안 미터기를 제거하기로 결정한 경우 제거 비용은 공급업체에게 부과된다. 소비자가 에너지 공급업체를 전환하고 새로운 공급업체가 기존 설치된 미터를 변경하려는 경우 미터 제거 위험이 발생한다. 한편, 소비자의 공급업체 전환에 따른 미터 제거는 추가 비용이 발생하고 소비자가 미터링 서비스를 적절하게 제공받지 못하는 상황을 우려해 거의 발생하지 않는다.

MAP와 에너지 공급업체간 체결하는 계약은 크게 1) 신규공급건을 위한 공급계약과 2) 최종소비자의 선택에 따라 MAP는 유지하되 기존 공급업체를 다른 업체로 변경되는 변경계약(Churn agreement) 두 가지가 있다.

| 신규공급건을 위한 공급계약(Deployment agreement) |

- 에너지공급업체는 1개 이상의 MAP 와 스마트 미터 신규 공급 건에 대해 다양한 형태(우선 공급계약(Preferred provider) 등)의 공급 계약 체결
- 공급에 대한 요금은 일반적으로 일일 기본 임대료를 기준으로 산출되나, 요금제, 사용량, 계약 유지기간 및 독점권, 데이터 및 설치 후 비용 등 세부조건에 따라 다양한 방식으로 산출될 수 있음

| 변경계약(Churn agreement) |

- 주요 MAP와 신규 에너지공급업체와 체결하는 계약임
- 최종 소비자가 기존 에너지 공급업체를 변경 다른 업체로 변경(churn)할 경우, 요금제, 핵심성과지표 등 미터 사용과 관련된 기존 계약조건을 변경된 업체에게 제공

계량기 설치일로부터 일정 기간내 에너지 공급업체에 의한 임대계약 해지 시 에너지 공급업체는 MAP에 해지시지급금을 지급하며, 금액은 미래 계량기 서비스 수수료 지급 예정액에 대한 순현재가치로 산정된다.

7 준공영제 버스 규제자산

국내 준공영제 시내버스 사업

■ 시내버스의 운영체계

시내버스의 운영체계는 소유와 운영형태에 따라 민영제, 준공영제, 공영제로 구분할 수 있다. 민영제는 시설에 대한 투자·관리 및 운영 등 시내버스 서비스를 민간이 공급하는 운영체계로 정부는 최소한의 규제를 통해 간접적으로 개입하는 형태이다. 반면, 공영제는 시내버스 서비스를 공공재로 간주하여 중앙정부 및 지자체가 직접 또는 운영기구를 설립(공사 형태)하여 버스운송업의 자산을 소유하고 직접 운영하는 방식으로 주로 구미, 일본 등 선진국 도시에서 광범위하게 시행되고 있다.

시내버스 준공영제는 민영제와 공영제를 결합한 방식으로 민영제와 공영제의 장점은 극대화하고 단점은 효율적으로 보완하기 위한 운영체계이다. 이를 위해 준공영제는 노선에 대한 계획과 관리는 공공부문에서 담당함으로써 공공성을 확보하고, 버스운행·관리는 민간부문에 위탁하여 효율성을 높이는 방식으로 운영되고 있다.

■ 국내 수익금공동관리형 준공영제

국내 시내버스 산업의 중요한 특징 중 하나는 시내버스 운영업체들의 면허가 기간의 정함이 없는 일반면허로 운영되며, 이에 따라 시내버스 업체들이 보유한 노선에 대한 특허권이 인정되어 면허를 받은 노선에 대한 배타적 영업권을 보장받는 점이다.

시내버스 준공영제는 크게 노선에 대한 소유에 따라 공공이 노선소유권을 보유한 노선관리형 및 위탁관리형과 민간이 노선소유권을 보유한 수입금공동관리형으로 구분할 수 있다. 2004년 7월 서울시가 민간 시내버스 운영업체의 노선소유권을 인정하는 수입금공동관리형 준공영제를 도입한 이후 시내버스 준공영제를 운영하는 국내 총 8개 광역시·도에서 수입금공동관리형 준공영제를 도입하여 시행하고 있다.

수입금공동관리형 준공영제는 공공부문에서 버스회사의 노선운행으로 발생하는 모든 수입을 정부와 민간이 공동관리하며 운행실적에 따라 표준운송원가를 지급하고, 수입금이 표준운송원가보다 적으면 공공부문에서 적자분을 보전해 주는 방식이다.

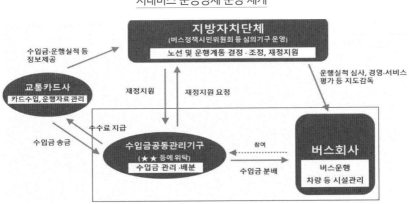

시내버스 준공영제 운영 체계

자료 : 감사원, 지방자치단체 시내버스 준공영제 운영 실태 [12]

시내버스 준공영제에 따른 재정지원은 여객자동차 운수사업법 제50조 제2항에 법적근거를 두고 있으나, 표준운송원가 결정 및 운송비용 정산방법 등 구체적인 운영방식과 관련한 내용은 지방자치단체별로 조례 및 시내버스 운송업체와의 협약 등에 따라 시행하고 있다.

시내버스 운송업체의 매출이 되는 운행실적에 따른 수입금 배분액 및 지자체의 적자보전분은 표준운송원가에 따라 지급되며, 표준운송원가는 시내버스 1대를 1일 동안 운행하는 데 소요되는 비용을 운송 항목별로 표준화하여 일반적으로 가동비(직접비)와 보유비(간접비) 및 이윤 등으로 구분할 수 있다.

수입금공동관리형 준공영제를 도입한 지방자치단체는 운송수입금을 공동관리하며 버스회사에 운송비용을 보전해주는 대신 직접 노선 및 운행계통 등에 대한 계획 및 관리 권한을 가지고 승객수요 등에 따라 정기 또는 수시로 노선 및 운행계통을 조정·결정하고 있다.

■ **준공영제의 특징**

준공영제 시내버스 사업은 복지 목적의 필수 인프라시설의 특징을 가지고 있다. 인프라시설이 계약에 기반하고, 진입장벽과 독점성을 보유하여 안정적인 현금흐름을 보이는 특징이 있듯이 준공영제 시내버스 사업도 다음과 같이 유사한 특징을 가지고 있다.

- 계약기반: 준공영제 제도는 운수사업자들로 구성된 버스조합과 지자체간 시내버스 준공영제 이행협약서에 기반하고, 지자체는 협약서에 따라 운영비 및 적정 이윤을 보장하도록 하고 있다.

- 진입장벽: 개별노선에 대해 독점적 면허 부여로 비경쟁사업이고 운수사업법상 차고지규정, 준공영제 협약서상 최소 대수규정 등으로 신규 진입이 실질적으로 불가한 구조이다.

- 독점성: 운수 사업자는 면허에 기반하여 노선에 대한 독점권을 부여 받게 되고, 여객자동차 운수사업법 상 운수 사업자의 면허는 영구적 재산권으로 해석된다.
- 안정적인 현금흐름: 버스준공영제 이행협약서에 기반하여 승객수와 무관한 안정적이고 예측가능한 매출 및 비용이 발생한다. 대당 간접비성 비용이 보장되는 구조로 대형화를 통한 수익성 개선도 기대할 수 있다.

준공영제 버스사업 주요 고려사항

| 매출변동위험(이용 승객수 변동위험) |

"준공영제"에 해당할 경우 실제 버스 이용 승객 수와 무관하게 지출한 비용의 일정 마진을 지자체로부터 수취함으로써 승객 수와 무관하게 매출이 발행하는 구조이다. 이러한 형태 계약 구조인지 확인할 필요가 있다.

| 운영원가 변동 위험 |

실제로 발생한 직접비의 경우 100% 자자체로부터 보전받으며, 간접비의 경우 운수사업자들의 버스 대당 평균치를 지자체로부터 보전 받고 추가로 해당 비용의 기본이윤 및 성과이윤을 추가로 지자체로부터 수령하는 구조로 운영원가로 인한 영업실적의 변동 리스크는 낮은 구조이다. 이러한 형태 계약 구조인지 확인할 필요가 있다.

| 거래상대방의 계약의무 불이행 |

영업현금흐름의 기반이 되는 표준운송원가는 지자체와의 준공영제 협약서에 의거하여 수취하며, 시내버스의 경우 국민의 교통권을 보장하기 위한 필수 국가 기반 시설이므로 지자체에서 표준운송원가를 미지급하여 준공영제 운수사업자의 영업에 부정적인 영향을 미칠 가능성은 낮은 구조이다. 이와 달리 과거 미지급한 사례가 있는지 확인할 필요가 있다.

8 규제자산 투자~꼭! 고려할 사항

규제자산은 필수 서비스 시설이어서 안정적인 자산에 해당되지만 생활의 밀접한 시설이기도 해 이용자의 요금 저항에 노출될 수 있다. 규제자산은 이론적으로 수요변동에 영향이 없지만 인구 감소 등으로 인한 지속적인 수요 감소는 요금 저항에 노출될 수 있다.

주기적 가격변경으로 인한 불확실성

규제당국은 가격결정주기마다 서비스 이용자의 요금저항과 정치권의 포퓰리즘까지 합세한 요금 하락 요구를 맞는다. 특히 낮은 자본 비용과 비용 최적화를 앞세운 규제 기관의 요금인하 압력은 새로 도래하는 가격결정시기마다 커진다.

영국의 상수도산업에서는 2020년부터 시작되는 새로운 규제 기간 PR19에 대한 규제 기관 Ofwat의 요구는 매우 도전적이었다. PR 19부터 Water-Resource와 Waste water-Bio-resource부문의 분리, 적용 물가지수의 변경(RPI에서 CPIH로), 신규 인센티브 제도의 확대 등의 변경 내용을 담고 있다. 이는 과거보다 상대적으로 민간에 불리한 방향으로 가격이 제시되었다. 특히 Ofwat은 영국정부는 불경기 및 Brexit에 따른 불확실성 증가 등을 고려해, 소비자의 부담을 경감하고자 규제자산에 대해서 상대적으로 강화된 가격산정기준을 제시한 것으로 풀이된다.

또한 영국의 가스망산업에서는 현 가격결정 정책 기간(RIIO-GD1)에 해당하는 규제 내용은 2021년까지 변함없이 유지될 예정이나, 규제당국 Ofgem은 RIIO-GD2기간 이후 가격결정 주기, 규제 수익률, 성과 평가 기준 등에 대한 변경을 예고하였다. 주요 내용으로 Ofgem은 현재 가격결정주기 8년을 5년으로 축소하고, 저금리 기조와 낮아진 시장기대수익률을 고려하여 6.7% 수준의 자기자본 수익률을 3~5% 수준으로 낮추는 것이다.

이러한 현상은 독일에서도 2018 년 가스, 2019 년 전기분야 가격 결정에서 자기 자본비용을 약 200bps까지 대폭 감소시켰고, 스웨덴도 전기분야 가격 결정이 2020 년에 다시 시작되는데 WACC를 현재의 5.85 %에서 약 3 %로 낮아질 예정이다.

저금리와 불경기 등이 중첩되는 시기에 재국유화를 주장하는 정치권의 공세까지 겹치면서 가격결정에 영향을 주는 WACC는 당분간 하락을 피하지 못할 것 같다. 따라서 보수적으로 감안된 투자 검토가 중요하다.

인센티브/패널티 강화로 더욱 중요해진 운영 능력

회사의 실적이 사업계획에 미달하거나, 향후 규제의 심화로 Outperformance 를 성취하기 어려울 수 있다. 회사는 운영관련 외주계약을 체결하여 운영위험의 Over/underperformance Risk에 대해 얼마나 적절히 이전되도록 구조화시켰는지 점검할 필요가 있다.

최근 가격 결정의 중대한 변화는 효율적인 사업운영을 장려하기 위한 인센티브 및 패널티 제도 확대라고 할 수 있다. 예상한 인센티브 매출 감소를 넘어 패널티가 발생한다면 프로젝트 수익성 감소로 이어지므로 초과성과 역시 보수적인 전망이 요구된다.

또한 사업의 특성에 따라 Pass-through Cost의 비중이 높지 않은 경우가 있다. 고객에 전가되지 못하는 비용의 증가는 프로젝트의 수익성 저하로 이어질 수 있는 바, 운영비용에 대한 회사의 예산계획 대비 집행 실적과 비용 상승에 대한 일정 수준 통제력을 확보하고 있는지 보수적인 관점에서 모니터링할 필요가 갈수록 커진다.

영국 상하수도 부문 인센티브 제도

영국 상하수도 규제당국 Ofwat은 기업의 지속적인 성과 개선 및 혁신을 장려하기 위해 기업의 성과를 추적하여 인센티브/패널티를 부과하고 있다. 인센티브는 Outcome Delivery Incentives(ODI) 및 Service Incentive Mechanism(SIM) 두가지 메커니즘으로 구성된다.

ODI는 누수, 수질, 하수범람 등과 관련하여 Ofwat이 각 상하수도 회사와 맺은 성과 측정지표인 Performance Commitments(PCs)에 대한 평가로 인센티브를 지급하는 메커니즘이다. 성과측정지표는 1) 수질안전, 2) 공급의 신뢰성, 3) 고객경험 극대화, 4) 지속가능한 환경적 운영, 5) 재무적 안정성, 6) 소비자/사회와의 조화로 구분되며, 수도회사는 각 항목의 평가에 따른 인센티브/패널티를 지급받는다.

SIM은 회사의 고객 관리 수준에 대한 평가지표로, 각 회사의 SIM Score는 매분기마다 Ofwat이 실시하는 고객 만족 설문조사(75%) 및 고객 불만 건수 해결에 대한 평가(25%)를 통해 정해진다. 각 기업들은 상대적으로 순위가 매겨지며, 점수가 높은 기업은 보상을, 업계 평균 이하의 점수를 기록한 기업은 패널티를 부과 받게된다. 성과는 매년 평가를 통해 인센티브/패널티로 지급되며, 5년의 가격기간 동안 매년 누적된다. 누적분에는 상하한이 적용되며, 이렇게 정산된 누적분은 차기 AMP기간에 RAV 혹은 운영수입에 가감하게 된다.

7장

미드스트림
(에너지중류시설)
Midstream

∶

1 Midstream이란 무엇인가

본 장은 셰일개발로 활발한 북미 지역의 미드스트림을 중심으로 설명하고
자 한다.

Midstream 개념

미드스트림은 유가스전 업스트림 다음부터 최종 소비(사용) 다운스트림 이
전의 중간단계를 포괄적으로 일컫는다. 생산된 원료를 수집하고 이를 분리하는
시설, 이동하는 파이프라인, 저장하는 시설 등이 이에 해당된다.

생산되는 업스트림의 원료가 천연가스(Natural Gas)인지, NGL(Natural
Gas Liquids)인지, 원유(Crude Oil)인지에 따라 미드스트림은 상이하다. 아래 그
림은 셰일 비즈니스가 왕성한 북미를 기준으로 작성되었다. 생산정(Well Head)에
서 최종 제품 또는 소비단계의 흐름을 설명하는 그림이다.

천연가스는 유전 및 가스전에 축적되어 있는 전통 가스와 암석층 및 해저
등에 분포한 비전통 가스로 구분한다. 전통 가스는 Associated Gas(수반 가스)
와 Non-associated Gas(비수반 가스)로 구분된다. Associated Gas는 원유 추출

미드스트림 흐름도

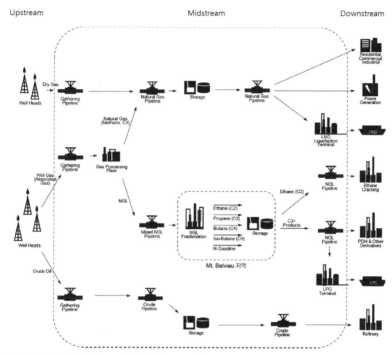

자료 : 신한금융투자, 북미 미드스트림 자산 리스크 관리[1]

시 함께 나오는 천연가스를, Non-associated Gas는 원유없이 가스만 추출되는 천연가스를 말한다.

원유는 전통석유(Conventional)와 비전통석유(Non-conventional)로 구분 되는데, 육상 및 바다에 위치한 유전에서 채굴하는 원유를 전통석유라 하고, 기존 생산방식과 다를 경우 비전통석유로 통칭하는데 샌드오일, 셰일오일 등이 있다.

천연가스는 가정, 사무실에서 난방 연료로, 가스발전소의 연료로 사용되며, 가스를 액화해서 LNG로 만들어 해외로 수출하고 있다. NGL은 분리공정을 거쳐 나온 에탄, 프로판, 부탄 등을 에탄크래킹공장, PDH공장을 거쳐 에틸렌, 프로필 렌 원료를 생산한다. 오일은 정유회사에서 각종 정제유를 생산한다.

■ 천연가스 및 NGL의 미드스트림

가스전은 Dry Gas Window와 Wet Gas Window로 나뉜다. Dry Gas window는 최소한 메탄이 85% 포함된 지역을 말한다. Wet Gas window는 메탄 이외에 에탄, 프로판의 화합물인 NGL이 포함된 지역을 말한다.

Dry Gas Window에서는 주로 천연가스만 나오므로 바로 파이프라인을 통해 수송하면 되고, Wet Gas Window에서는 천연가스와 NGL은 Gas Processing 설비에서 분리 과정을 거쳐 각각 수송된다.

1) Gathering & Processing 설비(G&P): 유가스전에서 추출한 원료를 채집(Gathering)하고 이를 분리(Processing)하여 최종 소비처로 보내는 일련의 과정을 하는 미드스트림 자산을 말한다. 유가스전에서 생산된 천연가스는 탈수(Dehydration), 채집(Gathering), 압축(Compression) 과정을 거친 후, 처리시설(Processing Plant)에서 처리 공정을 거쳐 메탄과 이외의 가스인 NGL로 분리된다. 이 중 메탄이 천연가스로서 난방과 발전 등에 사용되며, NGL은 분류시설(Fractionator)을 거쳐 에탄, 프로판, 부탄, 천연가솔린 등으로 분류되어 석유화학 원료, 난방용 연료 등으로 활용된다.

2) 파이프라인: NGL 및 불순물과 분리된 천연가스는 기체로 존재하므로 파이프라인을 통해 운송되며, 파이프라인은 州간(Interstate) 및 州내(Intrastate) 파이프라인으로 구분된다. 이 중 주간 파이프라인은 직경이 최대 30인치에 달하는 장거리 고압 파이프라인으로서 생산 및 처리 지역으로부터 저장설비 및 공급관리소(Distribution center)로 천연가스를 운송한다. 천연가스 운송에 필요한 압력을 가하기 위해 파이프라인에는 일정 간격으로 컴프레서(Pumping Station)가 설치되어 있다. 주내 파이프라인은 천연가스 생산자와 인근 소비처 또는 주간 파이프라인을 연계하는 역할을 담당한다.

3) 저장 설비: 소비처 인근으로 운송된 천연가스는 고갈된 가스전, 소금동굴(Salt Cavern) 등의 자연 지하 저장고나 터미널에 저장된다. 한편, 천연가스 파이프

라인이 다수 교차하는 곳은 허브(Hub)가 형성되며, 해당 허브마다 천연가스의 시장 가격이 형성된다. 미국 내에는 수십 개의 천연가스 허브가 있으며, 지리적으로 주요 내륙 및 연안 생산지 인근에 위치하고 저장시설 및 파이프라인 시스템과 연결성이 뛰어난 루이지애나주의 "Henry Hub"가 가장 대표적인 천연가스 허브다.

4) 액화/기화설비: 천연가스는 -162 ℃ 로 냉각해야 액화된다. 그래야 부피가 기체의 1/600 수준으로 감소하여 원거리 운반이 가능해진다. 따라서 유럽, 아시아로 천연가스를 수출하기 위해 천연가스 액화 설비, 액화천연가스 저장 설비, 수출 항만 등의 복합 미드스트림 설비가 필요하다.

■ 원유의 미드스트림

1) 단기 저유소(Short term storage): 단기 저유소는 집하된 원유 및 제품을 일시적으로 보관하는 곳으로 원유 공급사슬 전반에서 수요와 공급을 조절하는 역할을 담당한다.

2) 파이프라인: 원유는 상온에서도 액체 상태이기 때문에 천연가스보다 운송 수단이 보다 다양하여, 파이프라인, 철도, 트럭, 선박 등을 통해 운송이 가능하다. 미국 내 원유 및 석유제품 대부분은 비용 면에서 저렴한 파이프라인을 통해 운송되고 있다.

3) 정제설비(Refinery): 정제설비에서는 원유를 증류 공정을 통해 가솔린, 등유, 경유, 중유 등 사용목적에 맞는 제품으로 분리하는 역할을 수행한다.

주요 사업 위험 요인

■ 처리량의 변동성

가장 안정적인 계약형태를 말할 때 Take-or-Pay 구조라고 한다. 계약 상대 방인 구매자(Offtaker)가 제품을 매입을 하거나 사정에 의해 못하더라도 손실을 돈으로 지급하는 조건을 통칭해서 사용한다. 이와 유사하게 Supply-or-Pay(원료 구매계약에서 사용), Ship-or-Pay(파이프라인 계약에서 사용), Use-or-Pay(터미 널 계약에서 사용) 등으로 응용해서 사용된다.

미드스트림 자산들은 통상 해당 자산을 이용하는 화주(Shipper)에게 이용 요금을 수취하는 계약을 맺는다. 계약의 형태는 자산마다 조금씩 다른 모습을 취 하고 있으나, 가장 핵심은 업스트림 사업자가 부담하는 생산량의 변동성 및 불확 실성, 상품가격의 변동성과는 절연시켜야 한다는 것이 계약 체결의 핵심이다. 그 러나 현실은 100% 절연이 쉽지 않다. 또한 반대로 미드스트림 사업자가 평이한 고정수입보다 초과수익을 얻고자 상품가격 변동성을 일정부분 공유하기도 한다.

Gathering 설비는 업스트림 생산자와 직접적으로 연결되는 설비므로, 업 스트림 사업자의 영업 방향에 따라 사업위험이 그대로 노출된다. 처리 상품의 Commodity 가격위험 보다는 업스트림 개발 리스크에 민감하다. 경제성이 낮은 지역에 위치한 Gathering 설비는 업스트림 지역 생산량 감소에 따라 수수료 감소 위험이 높다. 대체 화주를 찾을 방법도 크게 없다. 통상적으로 Gathering된 물량 과 비례하여 수수료를 수취하는 volumetric 계약구조가 보편적이다. 10년 정도 계 약기간의 최소이용량보장(MVC: Minimum Volume Commitment)이 존재하고, 보다 장기간 투자비에 일정수익률을 보전하는 "Cost of Service" 계약 방식도 있다.

한편, 원유나 NGL의 수요 시장이 가스에 비해 상대적으로 변동성이 크 고, 계약 상대방도 주로 유가스를 직접 생산하는 기업(E&P: Exploration & Production)이다. 그럼에도 불구하고, 계약기간이 비교적 짧고 화주인 E&P기업 들의 규모와 신용수준이 양호하지 않다. 따라서 물량보전 약정의 실효성에 여전히 논란이 되고 있다. 즉 업스트림 위험이 상존한다는 의미다.

Processing 설비는 업스트림 생산자와 다양한 형태의 장기이용계약을 맺고 사업을 영위한다. 워낙 업스트림 사업과 연계성이 커서 장기이용계약이 일반적이다. 계약형태에 따라 Fee-based, Percentage-of-Proceeds(PoP), Keep-Whole이 있는데, 처리하는 상품의 시장 가격 변동성을 어느 정도 배분하느냐에 따라 구분된다.

원유·천연가스·NGL 파이프라인 등은 화주가 Ship-and-Pay(화물의 실선적량에 비례하여 이용요금을 지급)형식의 계약을 맺고 종량요금을 지급하는 경우가 지배적이다. 이 경우 자산의 현금흐름이 시장 변동성에 직접 노출되게 되므로, 보통 최소이용량보장(MVC)를 통해 하방리스크를 막는다. 그리고 다수 화주와 계약을 체결해 계약상대방 위험을 희석시키고 있다.

다음 장에 설명한 터미널 사업중 LNG 액화설비는 화주와 장기간 특정 용량을 계약하고 Use-or-Pay(사용 용량에 상관없이 약정한 용량기준 이용요금을 지급) 형태의 용량요금(Toll Fee)을 수취하는 형태가 주류를 이룬다. 석탄터미널은 화주와 석탄처리에 대한 Supply-or-Pay 형태의 용량요금을 수취한다. 투자비가 크고 계약상대방의 대체자를 구하기 어렵다는 측면에서 장기간 투자비를 보전하는 방식이 자리를 잡고 있다고 본다.

미드스트림 자산별 계약 특징

자산구분	계약기간	요금구조	주요 계약 고객
G&P 시설	비교적 장기	Minimum Volume Commitment, Cost-of-Service	E&P
Fractionation 시설	단기 계약	Fixed Fee based, Volumetric Charge	E&P
NGL 파이프라인	5년 정도	Minimum Volume Commitment, Volumetric Charge	E&P
원유 파이프라인	5년 정도	Minimum Volume Commitment, Volumetric Charge	정유회사, E&P, 금융기관
천연가스 파이프라인	10년 이상	Toll Fee	유틸리티, 가스도매사, E&P, 금융기관
원유 저장시설	5년 정도	Volumetric Charge	유틸리티, 트레이딩사, 금융기관
LNG액화 및 저장시설	15년 이상	Use-or-Pay	유틸리티, 가스도매사, 트레이딩사

■ 상품 가격의 변동성

셰일자원 생산 급증으로 파이프라인 등 Midstream 인프라가 부족한 상황과 최소물량보장 계약(MVC) 또는 고정계약 형태의 매출구조가 물량 및 가격 위험을 상당부분 제어하여 업스트림 대비 상품가격에 상대적으로 덜 민감할 것으로 보이나, 유가 하락으로 계약상대방의 셰일자원 생산량 급락 시 영향을 받을 수밖에 없다.

대부분의 G&P업체들이 fee-based 계약상 가격위험을 상당 폭 제어하였음에도 불구하고, 저유가 시점에서 신용위험에 노출된 사례가 있다. 예를 들어, Azure Midstream Partners LP는 fee-based계약 및 고정마진계약을 통해 가격위험을 통제하였지만, 매출의 36.1%를 차지하던 Associated Energy Services, LP가 2016년 판매대금을 지급하지 못하자 Azure Midstream Partners도 유동성 부족을 이기지 못하고 2017년 중 Chapter 11을 신청한 바 있다. [2] (Chapter 11 : 미국 파산법에 의한 파산법원의 감독 하에 구조조정을 진행해 기업회생을 모색하는 제도로, 국내의 법정관리제도와 유사함. 채권자끼리 협상을 통해 대출조건이나 구조 등을 변경하는 채무조정 등이 진행됨)

또한, 상당수 미드스트림 기업의 모회사가 E&P사업을 영위하다 보니 모회사의 부도가 미드스트림 업체에게 부정적 영향을 줄 수 있으며(계열위험 전이 리스크), 대부분 기업들의 신용도가 투기등급으로 분류되는 BB등급 이하에 포진되어 있어 재무적 취약성이 존재해 작은 충격에도 신용위험에 노출된다.

Low Price Exposure	Medium Price Exposure	High Price Exposure
원유/천연가스 Pipeline 은 가격 위험에 절연이 일반적	Gathering 은 상품 선물가격에 따라 업스트림 물량 변화	
가스액화설비는 장기 Use-or-Pay 계약을 통한 Toll fee 수취로 절연		Processing, Fractionation시설은 계약방식에 따라 가격에 노출(Keep-whole 계약)
NGL Pipeline 처리 물량은 가격 변동성 제한적으로 있음		
원유 저장시설은 종량요금을 수취. 상품가격 간접 영향		

G&P 사업이 여타 미드스트림 사업보다 업스트림 영역에 근접하고, 주로 특정 지역에서만 운영하기 때문에 기업 규모가 작고 (지역)다각화 수준 등이 낮은 면이 있다.

상품가격을 기준으로 미드스트림의 사업위험을 고려하면 G&P 업체에서 대규모 자본이 투하되고 진입장벽이 높은 주간 연결 파이프라인 사업 또는 다운스트림 영역에 근접한 Terminal 또는 Storage 사업 순으로 낮아진다고 본다.

■ 규제위험

미국 연방에너지규제위원회(FERC)가 천연가스법 7조에 의거하여 파이프라인의 건설 및 운영에 관한 신청서류를 검토 및 승인하고 있으며, 운송 요율 및 조건을 규정하고 있다. FERC가 표준요율을 결정하고 있으므로, 미드스트림 업체는 FERC의 결정에 따라 영업실적에 영향을 받게 된다. FERC는 비상사태 발생시 일부 규정의 적용을 중지하고, 프로젝트별 우선순위를 재설정할 권한을 보유하고 있다.

MLP(Master Limited Partnership)

MLP에는 General Partner와 Limited Partner 라는 두 가지 형태의 파트너가 있다. GP는 MLP의 일일 운영을 감독하고, LP는 MLP의 현금 흐름에서 분배를 받는다. MLP 투자자는 실제로 주주가 아닌 MLP의 LP 즉 제한된 파트너이기 때문에 분배는 그대로 '통과'된다. 이 때문에 LP를 주주가 아닌 '단위 보유자 Unitholder'라 칭한다. 그리고 LP에 지불하는 돈을 배당(dividend)이 아닌 분배(distribution)라고 한다

MLP는 법인세를 납부할 필요가 없으므로 투자자에게 분배할 현금이 더 많다. 이러한 세금 혜택을 받으려면 MLP는 유가스 생산, 가공, 저장 및 운송 관련 수입이 90%이상이 발생해야 한다. 미드스트림 활성화를 위해 미국 연방정부가 1981년 도입한 미국 세금 관련 제도이다.

미드스트림 MLP의 예

- Buckeye Partners
- DCP Midstream
- Energy Transfer Partners
- Enterprise Products Partners
- Magellan Midstream Partners
- NuStar Energy
- Plains All American Pipeline
- TC PipeLines
- TransMontaigne Partners

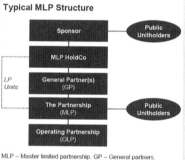

Typical MLP Structure

MLP – Master limited partnership. GP – General partners.
OLP – Operating limited partnership. LP – Limited partners.

LLC와 마찬가지로 면세가 되는 구조이며 K-1으로 공시를 해야하지만, GP와 공동투자하고 GP에게 IDR이 부여되며 관리 인센티브나 의결권이 없는 차이가 있다. 참고로 C-Corporation은 직접 미국 내 소득에 대한 납무의무를 부담한다.

2 북미 셰일 개발 스토리
Shale Oil & Gas

셰일 Shale 오일/가스는 무엇인가

일반적인 유가스전에서 추출되는 전통적인 오일/가스(Conventional)와 그 이외의 암반층에서 추출되는 비전통적인 오일/가스(Unconventional)로 구분된다. 이 중 Shale 오일/가스는 모래와 진흙이 쌓여 단단하게 굳은 퇴적암층 또는 셰일층(Shale Layer)에 존재하는 비전통적인 오일/가스를 말한다. 전통적인 오일/가스는 근원암(Source Rock)에서 생성된 이후 지표면으로 이동해 한 장소에 모여 있으나, Shale 오일/가스는 전통적인 것보다 투과율이 낮아 사암(Sandstone) 보다 더 깊은 곳에 위치하고 있으며, 암석의 미세한 틈새에 넓게 퍼져 있는 것이 특징이다.

Shale 오일/가스 생산은 2000년대부터 암석층(Rock Layer)을 수직 방향으로 시추한 이후 Shale 오일/가스 저장층에 파이프를 수평으로 연장하는 수평시추(Horizontal Drilling) 기술과 물, 모래, 화학 첨가물 등을 혼합한 프래킹 액체를 500 ~ 1,000 atm의 고압을 가하여 지층을 파쇄하는 수압파쇄(Hydraulic

Fracturing) 공법의 개발로 상용화되기 시작했다. (atm은 표준대기압으로, 0℃의
상태에서 표준 중력일 때에 높이 760mm의 수은주가 그 밑면에 가하는 압력에
해당하는 기압이며, 이것을 1기압으로 한다)

전통적 및 비전통적 오일/가스 추출 방법

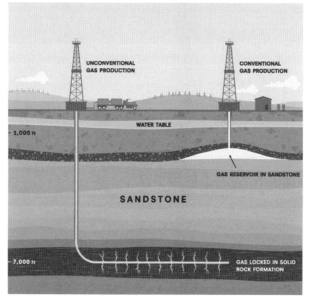

자료: Patent Landscape Report – Shale Oil and Gas, Government of Canada [3]

Shale 오일/가스 생산 공정

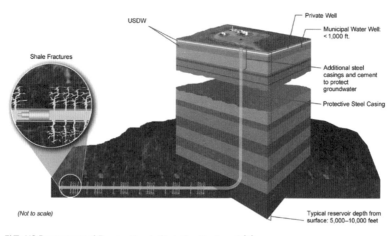

자료: US Department of Energy, How is Shale Gas Produced? [4]

셰일 개발

1920년 뉴욕에서 셰일층 내 천연가스가 처음으로 생산되었다. 당시 기술로는 투과도가 낮은 셰일층 내에서 경제성 있는 천연가스 및 원유 생산은 불가능하였다. 이후 1940년 후반에 최초로 수압파쇄 기법이 도입된 이후, 1970년대 미국 전통 에너지 자원의 생산 감소와 오일쇼크의 충격으로 연방 정부와 민간기업들은 셰일자원 R&D 프로젝트들을 시작하였다. 1977년 DOE(Department of Energy)가 MHF(Massive Hydraulic Fracturing) 기술적용, 1986년 DOE와 민간기업의 JV가 Multi-Fracturing 수평정 시추 성공, 이후 1998년 Mitchell Energy가 셰일가스의 상업생산을 시작하였다.

주요 Shale 가스 생산지역(Shale Play)

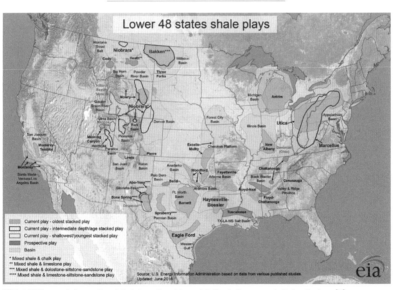

자료: US Energy Information Administration, Map of U.S. shale gas and shale oil plays [5]

셰일가스의 대량공급으로 인해 천연가스 가격이 하락되며 셰일자원 개발업체들의 수익성이 악화되었고, 셰일가스 개발에서 셰일오일 개발로의 전환이 이루어지게 된다. 미국의 셰일오일 생산 확대에 따른 국제유가 급락을 막기 위해 OPEC 국가들은 생산량 감축이 필요했지만, 과거 치킨게임 승자의 혜택을 기억하고 동일 전략을 구사한다. OPEC의 최대 산유국인 사우디아라비아는 유가 하락을 감수하면서 생산량을 유지하였는데, 시장지배력을 고려한 결정이었다 이에 2014년 배럴당 100달러를 상회하던 유가가 2016년 2월 30달러 아래로 급락에 이른다.

Brent 현물 가격 추이

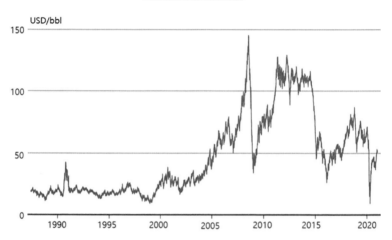

자료: US Energy Information Administration [6]

미국 셰일산업은 Rig당 생산량 증가로 저유가에 적응하였고, 산업 내 구조조정을 통해 규모의 경제를 확보하여 미국 셰일오일 생산량은 크게 감소하지 않았다. 이후 OPEC과 러시아의 감산 지속, 미국의 시리아 공격 및 이란 제재 등 지정학적 요인들로 유가는 다소 상승하였다.

미국의 셰일 오일·가스 생산방식에 있어 가장 큰 원가절감 요인은 기술개발, 서비스비용 하락 등으로 요약된다. [7] Rig는 수평정(Horizontal Well)을 굴착하기 위해 사용하는 설비로, 시추공 형태를 결정할 뿐 아니라 Rig의 생산성이 비용의 상당부분을 좌우한다는 면에서 매우 중요한 설비이다. 최근까지 기술개발의 방향은 개별 Rig 작업의 수평정 시추공 수를 극대화하고, 단위 시추공의 생산량을 극대화하는 방식으로 진화해왔다.

이를테면 1개 시추공의 수평길이를 연장하거나, 수압파쇄(Hydraulic Fracturing)에 의한 수평정완결(Well Completion) 밀도를 증가시키는 방법, 단일 패드(Pad)에서 굴착하는 수평정의 개수를 극대화하는 다중 패드굴착(Pad Drilling) 등이다. 이 방법들은 단일 Rig로 구축한 단위 수평정 구조가 최대한 넓은 생산면적을 커버하도록 하는 데 초점을 맞추고 있다. 업스트림 사업자들의 생산 경험과 노하우는 계속 고도화되고 다양한 지층에서의 데이터가 광범위하게 축적되고 있다. 이에 따라, 이런 기술진화에 의한 생산효율과 비용구조 최적화는 앞으로도 계속 진행될 것으로 판단된다.

2019년 미국 EIA(Energy Information Agency)에 의하면 미국의 전체 오일·가스 생산량 중 비전통 수평정 방식의 비중은 원유의 경우 약 63%, 천연가스의 경우 약 75%에 이르고 있으며 이는 계속 증가 추세다.

셰일붐이 일으킨 Infrastructure 확대

주요 셰일 오일/가스 생산지(Basin)로는 미국 서부 Appalachia 지역의 Marcellus와 Utica, 텍사스 지역의 Eagle Ford, Permian, Haynesville, 중북부지역의 Bakken 등이 있다. 모두 전통적인 에너지 생산지역과는 거리가 멀어, 초기 생산물을 석유화학단지까지 수송할 인프라가 부족하였다.

셰일 오일 생산지인 Permian 및 Eagle Ford는 전통적인 오일 생산지역이 아니므로 넘쳐나는 생산물량을 다운스트림 석유화학단지까지 수송하는 Pipeline 용량 부족 현상을 맞았다. 이런 병목현상으로 인해 해당지역의 원유 가격은 Bench Mark 가격대비 할인되어 거래된다. 즉 텍사스 Permian 지역 Midland 가격대비 Crude oil 허브인 Cushing가격이 오히려 높게 형성되는 기현상이 일어난 것이다. 이는 Pipeline 투자의 촉진제가 되었다.

셰일 가스 최대 생산지인 Appalachia 지역 역시 같은 이유로 Pipeline부족으로 인한 병목현상을 겪는다. 이로 인해 벤치마크 가격인 Henry Hub 가격보다 할인된 가격으로 거래되고 Pipeline 증설로 이어졌다. 또한 가스소비는 오일에 비해 제한적이므로 미국내 소비를 넘어 LNG 수출로 이어지고 있다.

북미 지역의 셰일 개발로 인한 생산량 증가, 그러나 아직 인프라의 부족으로 가격 왜곡현상 발생, 큰 수익을 기대한 빠른 미드스트림의 투자 확대, 공급 해소로 인한 가격 안정화라는 사이클이 있다. 미드스트림 투자하려면 공급부족~공급과잉 사이클 가능성을 열어 두고 검토해야 한다.

3 G&P 사업
Gathering & Processing

G&P 사업이란 무엇인가

　Gathering & Processing는 Well에서 생산자가 시추 및 생산한 Wet Gas를 채집 및 처리하여 이를 NGL 및 Residue Gas를 생산하여 다음 단계로 보내는 일련의 과정이다. Well에서 채취된 가스 중 파이프라인 내 손상을 일으킬 수 있는 불순물인 물, 이산화탄소 및 황을 제거하여 최종 제품인 Residue Gas와 NGL을 생산한다.

　NGL은 메탄을 비롯하여 에탄, 프로판, 부탄 및 천연 가솔린이 액화된 상태로, Fractionation(분류) 및 처리과정(Processing)을 통해서 세부 제품이 추출된다. 에탄 및 프로판은 주로 석유화학 원료로 에틸렌 크래커(Ethylene Cracking Center) 및 프로판 처리 시설(Propane Dehydrogenation)로 보내지며, 부탄과 천연 가솔린은 운송연료로, 최근에는 LPG 형태로 수출되고 있다.

　Residue Gas는 NGL을 추출하는 과정에서 분리되어 추출되는 메탄가스로, 가스 파이프라인을 통해 저장 시설로 보내져 도시 가스 및 가스 발전소의 원료로 사용되거나, LNG 터미널을 통해 해외로 수출된다.

계약 형태

처리물량과 가격에 대해 다양한 형태로 계약을 체결하여 사업이 영위되고 있다.

처리물량은 크게 (1) Acreage Dedication과 (2) Volume Commitment 형태로 구분된다. Acreage Dedication은 Upstream 공급업자가 보유한 일정 지역 내에서 생산되는 모든 천연가스를 독점적으로 전송하거나 처리해주는 형태의 계약이며, Volume Commitment는 Upstream 공급업자가 일정 부분의 전송 또는 처리 물량을 보장해주고 이를 위반시 손실액을 정산해주는 계약 방식이다.

미국 내 Midstream 사업의 계약가격은 공급물량에 따른 또는 수익이 고정된 Fee-Based 형태가 일반적이다. 그러나 처리 사업의 경우 Percentage of Proceeds 또는 Keep-whole 형태로도 체결되며, 이와 같은 경우 계약가격이 천연가스나 NGL과 같은 상품가격에 따라 변동될 수 있다.

1) Fee-based 계약은 생산자가 자원 처리의 한 단위당 고정 수수료를 지급. 상품가격에 직접적인 민감도가 없어 매출이 안정적이나, 상품가격이 장기간 낮게 유지되면 Upstream 업자의 자원 시출 및 굴착이 중단될 수 있어 Midstream 업체의 수익성에 영향을 미침.

2) Percentage of Proceeds (PoP) 계약은 Midstream 업체가 처리한 상품의 일정 지분을 취득하여 Upstream의 상품 판매 수익의 해당 지분율만큼 수취함. 매출의 상품가격 및 판매 물량 민감도가 큼.

3) Keep-whole 계약은 상품의 소유권이 Upstream으로부터 Midstream 업체로 이전됨. Midstream업체는 처리 상품(대부분 NGLs)을 본인의 계정으로 보유하였다가 Buyer(통상 Upstream)에게 판매함. 따라서 가격 및 물량 변동리스크에 직접적으로 노출됨.

구분	배분	Producer	Processer
Fee-based	300 BTU / 1000 BTU	매출 = 1000 BTU × 가스가격 + 300 BTU × Frac Spread	매출 = Fixed Rate × 처리 물량
PoP	90 BTU / 300 BTU / 700 BTU / 210 BTU 70/30 계약 가정	매출 = 700 BTU × 가스가격 + 210 BTU × Frac Spread	매출 = 300 BTU × 가스가격 + 90 BTU × Frac Spread
Keep Whole	1300 BTU of NG Processer는 NGL 보유, 시장에서 Gas를 구매해서 Producer에 지급	매출 = 1300 BTU × 가스가격	매출 = 300 BTU × Frac Spread

주 : Frac Spread : NGL가격과 천연가스가격의 차이, G&P사는 천연가스가격은 낮고, NGL가격이 높아지면 유리. BTU : British thermal unit 열량을 측정하는 단위로 252 cal의 열량으로 정의. 처음에는 1파운드의 물을 1°F 올리는 데 필요한 열량으로 정의했지만 물의 초기 온도에 따라 필요한 열량이 달라지는 폐단이 있어 정의를 바꿈.

이는 Frac Spread이 높으면 Keep-Whole의 마진이 Fee-based 마진 보다 월등히 높고, 반대로 Frac Spread가 낮아지면 Keep-Whole의 마진이 Fee-based 마진 보다 오히려 낮아지는 경우가 생긴다. 미국 G&P사인 DCP Midstream LLC 의 경우 2010년 Fee-based가 19%, Hedged가 16%, Commodity Based가 65% 였으나, 2019년 Fee-based가 65%, Hedged가 13%, Commodity Based가 22%

로 정반대의 헷지 포지션을 보이고 있다.[8] 2012년 frac spread는 $13/MMBtu 이였고, 2020년 2월엔 NGL은 $4.27/MMBtu, Gas는 1.79/MMBtu로서 frac는 spread$2.48/MMBtu로 크게 내려갔다.[9]

| 사례 1 (Fee-based) |

G&P사(구매자)는 E&P (판매자)와 가스구매계약(Gas Purchase Agreement)을 체결하고, 전용 지역(Dedicated Acreage)에서 생산되는 가스를 사업시설에서 채집·처리한다. 현재 회사는 10개의 Customer와 296,500 acres(Dedicated Area)에서 생산되는 천연가스에 대하여 10~15년 간의 GPA를 체결하였다.

> - 계약기간: 계약 효력일(Effective Date, 2017/12/13)로부터 15년, 이후 기간에는 계약당사자가 의사표현을 통해 해지하지 않을 경우, 연단위로 연장
> - 고객은 계약 상대방에 대해 수증기를 포함한 Mcf 단위로 다음 명시된 기준으로 산정된 서비스 요금(Services Fee)을 매월 지급해야함
>   - Gathering Fee: 인수지점에서 전달된 모든 가스에 대해 Mcf 당 $0.21
>   - Processing Fee: 인수지점에서 전달된 모든 가스에 대해 Mcf 당 $0.40

고정 수수료(Fixed Fee)는 Gathering, Processing 수수료뿐 아니라, Compression, Treating 등 고객에 제공하는 서비스에 따라 고정 수수료가 서로 다르다. 서비스의 종류에는 Low Pressure, Compression, High Pressure, Processing등이 있다.

| 사례 2 (PoP) |

G&P사(구매자)는 E&P (판매자)와 가스구매계약(Gas Purchase Contract)을 체결하고 고객이 생산한 천연가스를 채집 및 처리한다. 계약가격은 다음과 같다.

- 계약가격 = a + b − c

  a) Product Settlement Value: 판매자가 NGL(Plant Product)을 판매하여 지급받은 금액에서 판매를 위해 발생한 모든 비용, 세금, 조정사항을 차감한 금원의 90%

  b) Residue Settlement Value: 판매자가 Residue Gas를 판매하여 지급받은 금액에서 처리와 전송을 위해 발생한 모든 비용을 차감한 금원의 90%

  c) Service Fee: 전송된 모든 원료가스 마다 0.60 USD/MMBtu

또 다른 가스구매계약(Gas Purchase Contract)의 계약가격은 다음과 같다.

- 계약가격 = a + b − c − d − e

  a) Product Settlement Value: 판매자가 NGL(Plant Product)을 판매하여 지급받은 금액에서 판매를 위해 발생한 모든 비용, 세금, 조정사항을 차감한 금원의 94%

  b) Residue Settlement Value: 판매자가 Residue Gas를 판매하여 지급받은 금액에서 처리와 전송을 위해 발생한 모든 비용을 차감한 금원의 94%

  c) Service Fee: 전송된 모든 원료가스 마다 0.60 USD/MMBtu (매년 미국 노동청이 발표하는 CPI-U(CPI for All Urban Consumers)에 따라 조정)

  d) Treating and Blending Fee: 품질조건을 충족하지 못한 원료가스를 구매자가 수용함에 따라 발생하는 추가적인 처리 비용

  e) Low Volume Meter Fee: Delivery Point에 전송된 원료가스량이 월간 450Mcf에 미달할 경우, 구매자가 판매자에게 그 Delivery Point에 대해 250 USD를 청구 (매년 미국 노동청이 발표하는 CPI-U에 따라 조정)

4 파이프라인 사업
Pipeline

파이프라인사업이란 무엇인가

■ 오일 파이프라인

오일은 탄화수소(Hydrocarbon)와 기타 유기물로 이루어진 비정제 상태의 석유(Petroleum) 제품으로 일반적으로 유정을 시추하여 생산되며, 시추된 원유는 파이프라인이나 육상운송을 통해 정유시설로 전송되거나 또는 수출터미널로 바로 전송되어 유조선을 통해 수출되게 된다. 정유시설로 전송된 Crude Oil은 증류과정(Distillation)을 거쳐 납사(Naptha), 가솔린(Gasoline), 케로신(Kerosene), 아스팔트(Asphalt)와 같은 석유·화학제품으로 정제되며, 정제된 제품은 자국 내 수요를 위해 공급되거나 수출터미널로 전송되어 수출되게 된다.

과거 미국은 전통적인 원유 수입국으로서 멕시코만 연안의 수입터미널에서 해외로부터 수입한 원유를 파이프라인을 통해 중서부(Midwest)의 정제설비로 수송하는 '남→북' 방향의 노선망이 주축을 이루어왔다.

미국 Crude Oil 파이프라인 현황

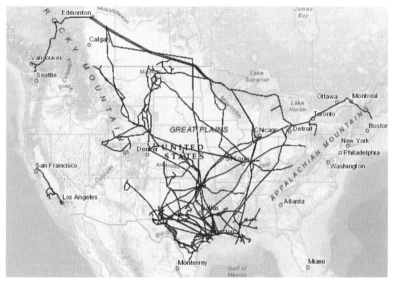

자료 : 자료: US Energy Information Administration (2020년 7월 검색) [6]

그러나 2008년 셰일오일의 첫 시추 이후 원유 생산량이 일일 5백만 배럴에
서 2018년 11백만 배럴 수준으로 급격히 증가하면서 미국은 세계 최대 원유생
산국이 되었다. 이에 노스다코타주의 Bakken 분지의 셰일오일와 캐나다산 원
유, 텍사스의 Eagle Ford나 Permian 분지에서 생산된 셰일오일을 멕시코만(Gulf
Coast)에 주로 위치한 정제설비로 운송하기 위한 '북→남' 또는 '서→동' 방향의
노선망이 구축되고 있다.

■ 천연가스 파이프라인

미국의 천연가스 운송흐름은 미국 본토 내 천연가스 생산과 수요에 따라 변
화해 왔다. 과거부터 미국의 천연가스 주요 생산지역은 멕시코만(해양 시추), 텍
사스주 서부, 오클라호마주 일부 지역, 로키산맥 지역이였으며, 미국 북서부, 중부,

북동부 지역은 캐나다로부터 천연가스를 수입하여 수요를 충족하였다.

미국 천연가스 파이프라인 현황

자료 : 자료: US Energy Information Administration (2020년 7월 검색) [6]

　　Marcellus/Utica 지역에서 셰일가스 생산이 본격적으로 시작되면서 천연가스의 흐름은 크게 변화가 생겼다. 미국 북동부지역의 천연가스 수요는 대부분 Marcellus/Utica 지역에서 생산된 천연가스로 대체되었으며, Gulf Coast 지역에서 미국 북동부지역으로 운송되던 천연가스는 Marcellus/Utica지역에서 Gulf Coast 지역으로 운송되는 것으로 흐름이 역전되었다. 또한, 로키산맥에서 미국 북동부지역으로 운송되던 천연가스는 미국 중서부 지역으로 수요지가 변경되었다.

미국 천연가스 운송 흐름의 변화

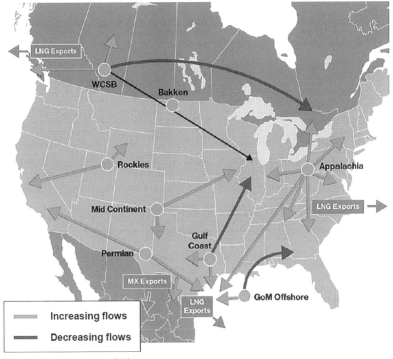

자료 : Enbridge, Gas Pipeline [10]

Appalachia 지역의 저렴한 천연가스 생산은 Pipeline 증설로 이어지고 있다. 미국도 가스 소비는 난방용이 대부분이었다. 이제 가스발전소가 미국 동북쪽에 증설되면서 발전용 소비가 늘어나고, 더 나아가 해외로 액화천연가스 수출을 위해 관련 시설 개발이 활발하게 진행되고 있다.

■ NGL 파이프라인

NGL 파이프라인은 1) 천연가스 처리설비에서 분리된 NGL을 분류설비(Fractionation) 및 저장고 등에 운송하거나, 2) 분류설비로부터 분리된 NGL 순

제품을 각종 석유화학 설비 및 수출 설비 등에 운송하는 역할을 한다.

통상 Processing이 끝난 NGL은 Mont Belvieu(Texas), Conway(Kansas)와 같은 Fractionation 설비가 갖춰진 Hub 지역으로 보내져 추가 공정(탄화수소 기화점별 냉각액화)을 거치게 된다.

Fractionation 과정에서 NGL은 각각 에탄, 프로판, 부탄 등으로 분류되는데, 이러한 생산물은 자국 내에서 석유화학원료로 소비되거나 수출된다. 그 중 생산 비중이 가장 높은 에탄(NGL 중 40%) 및 프로판(NGL 중 30%)을 보면, 프로판은 난방용 연료로 사용되거나 PDH(Propane dehydrogenation)에서 석유화학 연료로 사용된다. 반면 에탄은 대부분 ECC(Ethane Cracking Center, 에탄분해설비)의 원료로 사용되며, 난방용 수요 비중은 5% 미만으로 적은 수준이다. 따라서 ECC 증설이 없으면 에탄의 수요증가 또한 제한적일 수밖에 없다.

파이프라인 요율

원유 및 정제유 파이프라인의 운송요율(Tariff)은 FERC의 규제를 받고 있다. Tariff은 해당 지역 내 기타 운송수단 (예: 철도 등)의 존재 유무, 경쟁업체 요율, 지역별 운송료 차별화 요인 등에 따라 차이가 있다. 파이프라인은 다음 중 하나의 결정 방법에 의거하여 운송요율이 결정된다.

첫째, 지수 기반 가격결정 (Indexing)은 파이프라인 운영업체가 운송업자들에게 부과할 수 있는 요율 상한선을 Producer Price Index (PPI)에 연동하여 매년 조정한다. 지수 기반 가격결정 방법은 경쟁 시장 내 파이프라인 운송요율을 규제하고 파이프라인 건전성 유지 및 전력비용에 대한 자금을 확보하기 위해 시행되어 왔다. FERC는 1996년 이래 index를 5년 주기로 조정하고 있는데, 첫 5년 정제유 운송 파이프라인 운송료에 대한 상한선은 Finished Goods (FG) PPI - 1.0%, 2011년 7월부터 2016년 6월까지 기간 적용은 FG PPI + 2.65%로 설정했다.
(참조 : https://www.ferc.gov/industries-data/oil/general-information/oil-pipeline-index) [11]

지수 상한내에서 (1) 시장요율 (Market-based rates) – 경쟁 시장 내 수급 균형에 따라 결정된다. 일부 원유 파이프라인 운영업체는 매입/판매계약을 통해 사업을 영위한다. 파이프라인 운영업체가 파이프라인 상 1개 지점을 기준으로 원유를 매입하고 동시에 다른 지점을 기준으로 원유 판매 계약을 체결한다. 통상 원유 매입 가격은 고정적인 index 가격으로 정해지고 매출 가격은 index + 수익을 가산한 가격으로 정해져 최종적으로 파이프라인 운영업체가 운송료를 수취하는 것과 같은 효과를 보인다. (2) 협상요율 (Negotiated rates) – 신규 서비스의 경우, 고객 및 파이프라인 운영업체간 계약에 의해 요율을 결정할 수 있다.

둘째, 서비스 원가에 근거한 가격결정 (Cost of Service): 서비스 원가에 근거한 가격결정 방법을 적용하는 경우 파이프라인 운영업체는 원가를 충당하고 적절한 수익을 창출할 수 있는 수준으로 운송요율을 조정할 수 있다. 매년 초에 파이프라인 운영업체가 매출/영업비용 전망에 근거하여 해당 연도에 대한 운송요율을 설정한다. 실제 운송물량 및/또는 운영비용이 전망치와 괴리가 있는 경우, 이후 연도에 운송요율을 상향조정함으로써 비용을 회수할 수 있다.

(예시) 미국 오일 파이프라인 Tariff

ITEM NO.	FROM (Origin)	TO (Destination)	Local / Uncommitted Rate	Committed Rate [Note 1]
	Rate in Cents per barrel of 42 U.S. Gallons			
100	Laramie County Central Delivery Point, Laramie County, WY	Cheyenne Junction, WY	156.93	[U] 125.00
110	Laramie County Central Delivery Point, Laramie County, WY	Carr, CO	200.24	[U] 175.00
120	Laramie County Central Delivery Point, Laramie County, WY	Cushing, OK	627.69	[U] 575.00
130	Cheyenne Junction, Laramie County, WY	Cushing, OK	523.08	[U] 475.00 [Note 2]

[Note 1] The "Committed Rates" set forth in the Table of Rates shall be available to shippers that entered into a Connection, Dedication and Transportation Agreement with Carrier during the open season that commenced in September 2016 ("Committed Shippers").

[Note 2] Committed Shippers that ship more than 5,000 barrels per day on an annual basis from any Origin to Cushing, Oklahoma shall be entitled to receive this Committed Rate for all barrels they ship from Cheyenne Junction, Wyoming to Cushing, Oklahoma.

계약 형태

원유 파이프라인 사업은 Transportation Service Agreement를 통해 Minimum Volume Commitment(MVC)의 비중을 통해 사업 전체의 안정성을 판단한다. 아래는 MVC가 있는 계약과 MVC 없이 Volumetric Charge만 있는 계약의 사례를 본다.

[MVC 있는 계약]

- Maximum Daily Quantity : 100,000 BPD
- shipper은 본 계약기간 동안:
i) 파이프라인을 통하여 본 계약에 의거하여, 정의된 적용요율에 따라, 정의된 월별 공급물량(Monthly Volume Commitment)의 Crude Petroleum을 운반하여야 함
ii) 월말 기준, 계약의 따라 산정된 "Adjusted Monthly Deficiency Volume"이 존재하는 경우, shipper는 Carrier에게 Deficiency Payment를 지급하여야 함(Deficiency Payment = Adjusted Monthly Deficiency Volume x Transportation Rate)

[MVC 없는 계약]

- Maximum Daily Quantity(MDQ) : 50,000 BPD
Transportation Rate : 1.35 USD / Barrel

8장

자원취급 터미널
Resource Handling Terminal

.
.
.

1 자원취급 터미널이란 무엇인가

본 장에서 다루는 자원취급 터미널은 Take-or-Pay 형태의 장기 이용계약을 바탕으로 석탄, 천연가스, 석유제품 등 자원의 수출입을 담당하는 터미널을 의미한다. 터미널의 운영자 입장에서는 대규모 투자가 필요하면서 자원에 따라 이용 고객이 매우 제한적인 경우가 많다. 따라서 이용 요금도 투자비 및 운영비를 보전하는 맞춤형 요금산정방식(앞의 규제자산 가격결정체계와 유사)을 포함한 장기 전용계약 형태가 많다. 따라서 영업에 대한 우려가 크지 않고 오로지 계약 상대방의 신용위험과 계약의 안정성에 초점을 두게 된다.

■ 판매 안정성

장기이용계약은 터미널의 판매 안정성을 평가하는 핵심항목이다. 장기이용계약에 ① 장기이용계약 기간 및 연장 가능성과 ② 요금체계의 비용전가 수준이 어느 정도 인지 고려한다.

장기이용계약이 길며 길수록 좋지만 천연가스처럼 고객이 한정적인 터미널은 15년이상의 장기계약이 관행이고, 유류처럼 고객이 다수인 터미널은 5년정도의 단기계약이 관행이다.

따라서 경쟁환경이 심한 지역 또는 취급자원의 터미널의 경우는 차입금 만기보다 장기이용계약이 먼저 종료되는 경우가 흔하다. 이 경우, 이용자에게 연장의 유인이 있는지 판단하는 것이 중요하다. 과거에 지속적, 자동적, 반복적으로 연장된 계약의 연장가능성은 높을 것이다. 이용계약에 따라서는 연장 시 보증금을 제공하거나, 기한 내 계약연장의향서를 수령하도록 되어 있는데, 보증금이나 계약연장의향서를 수령하였다면 연장 가능성이 높다고 볼 수 있다.

연장 유인을 판단하는 중요한 지표로 경쟁구도와 이용률 지표를 들 수 있다. 경쟁사가 주변에 존재하거나, 이용률이 낮다면 일반적으로 연장의 가능성이 낮다고 본다. 다만 터미널이용자가 판매안정성을 제고하고자 예비터미널을 확보하려는 유인이 있는 경우에는, 경쟁사가 존재하거나 이용률이 낮더라도 이용계약을 연장할 가능성이 높다고 판단할 수 있다.

요금결정체계는 향후 매출안정성과 비용구조를 결정한다는 점에서 매우 중요하다. 각각의 요금체계가 고정비와 변동비를 충분히 전가(pass-through)하도록 설계되어 있는지 고려해야 한다. 터미널 수수료에 매년 물가상승률이 자동으로 조정되는지, 주요 비용구조를 재협상하지 않고 비용전가가 충분히 반영되는지, 자본비용 변동이 주기적으로 고려되는지 점검해야 한다.

■ 취급 원재료 조달 안정성

Take-or-Pay 기반의 장기이용계약하에서 터미널은 물량과 무관하게 요금을 수취하므로, 물량위험이 상당 부분 경감되어 있다. 그러나 터미널이 취급하는 원재료 수급에 안정성이 떨어진다면 장기적으로 프로젝트의 사업안정성에 영향이 있을 수밖에 없다.

수입터미널의 경우 역내 공급증가 등으로 원자재 수입 수요가 현저히 낮아지는 물량위험이 촉발될 경우 부정적일 수밖에 없다. 수출터미널의 경우 역내 원자재 부존량이 한계에 달해 채굴량이 줄어든다면 원재료조달의 안정성이 떨어진다고 판단한다. 이때 주변 운송시스템과의 연계성을 고려한다. 터미널이 복수의 철도 및 파이프라인으로 연결되어 원재료 수급의 안정성이 확보되어 있다면 해당 항목은 우수하다고 평가할 수 있다. 반면 단일 노선이나 운송시스템에 의존하거나 과거 운송지연이나 병목현상이 발생한 사례가 있다면 원재료 수급의 안정성이 다소 낮다고 할 수 있다.

■ 운영 안정성

운영 안정성을 구성하는 주요 위험요인은 기술위험, 운영위험, 재해위험이다. 대부분의 터미널의 경우 기술위험이 높지 않아 해당 항목에서 차별화될 가능성은 높지 않다. 다만 화물처리과정에서 화재위험이 높다면 해당 사고의 피해규모와 보험 처리 이력을 검토할 것이다.

O&M사의 운영이력은 운영안정성 평가의 핵심지표이다. 이 때 운영이력은 형식적인 계약기간이 아닌 실질적인 운영이력에 초점을 맞춘다. 새로운 O&M사와 최근 계약했다 하더라도, 해당 O&M사가 기존의 O&M사의 재하청의 형태로 터미널을 운영하여 온 경우, 또는 다른 프로젝트에서 장기간의 성공적인 운영이력을 보유한 경우 이를 반영한다.

자연재해의 가능성도 해당 항목에서 평가한다. 수출입 터미널의 특성상 해안가에 위치하게 될 것으로, 지진해일 및 태풍 등 자연재해로 인한 위험에 노출된다. 반복적으로 지진해일이나 태풍으로 인한 조업손실이 반복적으로 발생하는 터미널은 운영안정성에서 높은 평가를 받기 어렵다.

■ 경쟁력 분석

요금, 입지, 설비경쟁력이 주요 고려요소이다. 수출 터미널의 경우 산지와, 수입 터미널의 경우 수요시장과 인접성이 가장 중요할 것이다. 저장 용량, 하역속도 등 설비경쟁력도 비교한다.

이외에 LNG수출터미널은 공급의 다양성 제공, 구매량의 융통성 제공 등에 경쟁력이 있는지, 유류터미널은 경쟁자가 많은 편이니 정제비, 대형선박 접안 가능 등에 경쟁력이 있는지, 석탄터미널은 다른 터미널과 달리 고체화물이므로 철도 수송을 위한 인프라에 경쟁력이 있는지 등을 고려해야 한다.

2 천연가스 액화시설 및 수출 터미널
Gas Liquefaction plant & Export terminal

글로벌 LNG 시장

　액화 천연가스는 보다 경제적으로 운송 및 보관이 가능하도록 액체 상태로 전환된 천연가스다. 천연 가스는 주로 메탄과 약간의 에탄으로 구성되어 있는데 -162 °C 가 되면 액화 되어 부피가 줄어 수송과 저장이 용이하게 된다.

　1960년대에는 영국과 프랑스가 최초로 LNG를 수입하였으나 1970년대에 섬나라 일본에서 석유보다 저렴한 천연가스를 이용하고자 LNG 특수선을 개발하고 LNG형태로 수입을 하면서 거래량이 꾸준히 증가했다. 일본이 LNG를 처음 수입한 이래로 일본, 한국, 대만 등이 국제 LNG 수입의 대부분을 차지해왔다.

　2019년 기준 전 세계 LNG 무역량 은 4,800 억 m³로 최대 수출국은 1,070 억 m³의 카타르이고 그 뒤로 호주 미국 러시아 순이다. 최근 미국이 셰일개발로 급성장하며 카타르와 호주와 빅3 경쟁체제를 보이고 있다. 최대 수입국은 일본으로 1,055 억 m³로 이는 전세계 LNG 총 수입의 21.7 % 에 해당한다. 이어 중국과 한국이 잇고 있다.

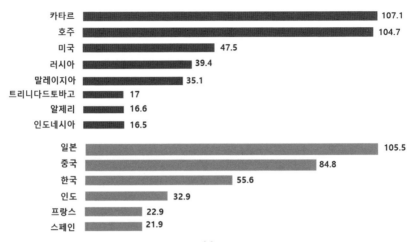

2019년 LNG 수출 및 수입국(단위 : billion cubic meters)

카타르	107.1
호주	104.7
미국	47.5
러시아	39.4
말레이지아	35.1
트리니다드토바고	17
알제리	16.6
인도네시아	16.5
일본	105.5
중국	84.8
한국	55.6
인도	32.9
프랑스	22.9
스페인	21.9

자료 : BP Statistical Review of World Energy, 2019 [1]

수출국의 과거 추이를 보면, 전통적인 1위국은 카타르가 오랫동안 위치하고 있고, 2015년이후 호주의 수출 실적이 커지면서 카타르와 비슷한 되었다. 전통적 인 수출 우위국인 러시아 및 말레이시아이 꾸준한 수출 실적을 보였고, 2017년 이후 미국의 LNG 수출이 두드러진 변화다.

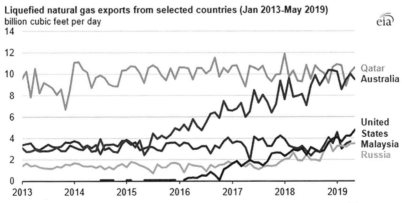

Liquefied natural gas exports from selected countries (Jan 2013-May 2019)
billion cubic feet per day

자료 : eia, AUGUST 12, 2019Australia is on track to become world's largest LNG exporter [2]

LNG 거래 시장

장기 계약에 기반하는 LNG 거래시장은 원유시장 대비 규모가 작고 유연성도 적어 약정된 구매자, 수송선, 인수기지 이용권 없이 다수의 공급 프로젝트가 실행되기 어려운 구조다.

원유와 LNG시장 특성 비교

구분	원유	LNG
도입국	전세계 다수	40 여개국
계약형태	• 장기: 3~5년(40~60%) • 단기: 현물	• 장기: 15~25년(60~80%) • 단기: 현물 또는 4년 미만
거래시장	발달, 유동성 풍부	미발달, 유동성 제약
공급/수송/저장	저비용	고비용

일반적으로 대서양 지역에서 생산되는 LNG는 주로 대서양 지역에서, 태평양 지역에서 생산되는 LNG는 태평양 지역에서 소비되었다. 시장에서의 공급이 이미 정확하게 이루어지고 있다는 가정 하에서 한 지역에서 다른 지역으로 LNG의 이동은 추가적으로 발생하는 운송비로 인하여 경제성을 확보하기 어려웠다. 다만 중동 지역의 경우는 지정학적으로 유일하게 양쪽 지역 시장에 모두 접근이 가능하였다. 하지만 최근 이런 오랜 질서에 변화가 나타나며 대서양 지역에서 태평양 지역으로 Spot / 단기 공급 계약 물량이 이동되고 있다.

대서양과 태평양 지역에서 LNG의 거래 방식에 큰 차이가 있다.

우선 태평양 지역의 경우 천연가스를 LNG 형태외 대안이 없는 고정적 시장이다. 따라서 LNG는 대부분 유틸리티회사(발전사, 도시가스사)와 중장기 공급 계약에 의해 거래된다. 이들 유틸리티 사업자들은 각자 LNG 도입 시설을 갖추고 있으며, 이렇게 해서 도입한 가스를 실수요자에게 공급하는 능력 또한 보유하고 있다.

LNG는 FOB 또는 터미널에서의 DES 조건으로 거래가 이루어지며, LNG 공급자의 역할은 계약 조건에 따라 선적 또는 하역과 함께 종료된다. 이들 계약에서 주로 JCC(Japanese Crude Cocktail - 일본으로 수입되는 통관이 완료된 원유의 월간 평균 가격)에 연동되어 있어서 JCC 가격 변화에 따라 가스의 가격이 일정 비율로 움직이게 된다. 이를 "유가연동형(Oil-Linked) 가격"시장이라 한다.

기본적으로는 일본 원유 도입가격 지표인 JCC를 독립변수로 하고 기타 고정비용(운반비, 보험료 등)을 반영하는 일차함수식(LNG Price = α × JCC + β, α는 주로 0.14~0.16임)을 기본으로 한다.

반면 대서양 지역의 경우 미국의 Henry Hub와 영국의 National Balancing Point(NBP) 등의 유동성이 높은 Hub 가격이 존재한다. 이들 시장은 모두 완전히 자유화되어 있어서 아시아 시장과 달리 LNG 공급자가 밸류체인상 다운스트림 산업에도 직접 참여가 가능하며, 실제로 참여하고 있다. 또한 미국과 영국 두 시장은 모두 충분히 유동적이어서 장기계약 없이도 LNG를 수입하는 것이 가능하다. 이러한 유동적 시장을 "허브형(Hub Based) 가격"시장이라 한다.

북미	• Henry Hub 가격이 Reference 가격 • 많은 생산자들로 인해 거의 자체적으로 수급이 이루어지는 지역 • 가스 가격은 ① 수급상황, ② 가스생산비용, ③ 연료원별 전환비용에 영향을 받음.
유럽	• NBP가 Virtual Trading Hub 역할 • 러시아, 노르웨이, 알제리 등의 파이프라인 가스 공급 • Oil-Linked의 장기 공급계약, Hub Based 가격이 지역마다 다르게 활용
아시아	• 거의 Oil Indexed Price • LNG에 의존적인 가장 큰 수입시장

태평양 및 대서양 지역별 LNG 가격 거래 특징

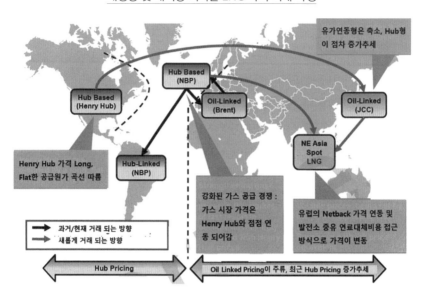

Henry Hub (HH)

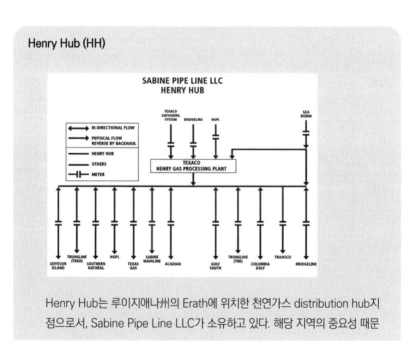

Henry Hub는 루이지애나州의 Erath에 위치한 천연가스 distribution hub지 점으로서, Sabine Pipe Line LLC가 소유하고 있다. 해당 지역의 중요성 때문

에 New York Mercantile Exchange (NYMEX)의 선물계약과, Intercontinental Exchange (ICE)의 OTC swaps계약의 pricing point로서 활용되고 있다. Henry Hub는 9개의 interstate pipelines 과 4개의 intrastate pipelines으로 연결되어 있다.

HH는 북미시장의 현물 및 선물가격의 Primary price역할을 하고 있고, $/mmbtu으로 표시되고 있다.

'11~'20 Henry Hub 현물 천연가스가격(30-Day Rolling Average)

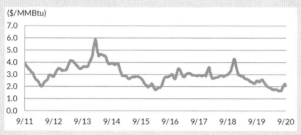

자료 : US EIA [3]

동북아 LNG 도입 가격구조 변천史

ㅣ S-Curve 시대 (2005년 이전) ㅣ

유가 연동 가격구조 거래는 당사자간 협상에 따라 크게 2가지로 나뉘어질 수 있다. 유가와 천연가스 등열량 가격을 말하는 "Crude Oil Parity"와 같은 직선형 가격구조와 유가 변동위험을 계약자간 서로 분담하기 위해 고안된 Cap & Floor 방식이나 S-Curve방식이다.

초창기 "Crude Oil Parity"와 기울기가 유사한 가격구조가 자리잡다가, 유가가 너무 올라 구매자의 부담이 커지고, 유가가 너무 낮아져 생산자의 부담이 커지는 시대를 거치면서 자연스럽게 S-Curve 형태가 자리잡게 되었다.

Oil-Linked 가격구조 유형

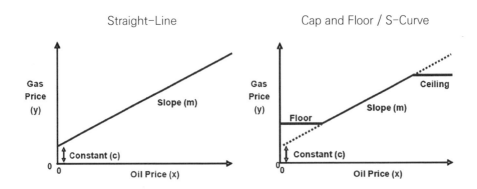

오일쇼크 이전까지는 주로 고정가격(Fixed Prices in Nominal Terms Crude Oil Parity)으로 거래되었으나 1970년대 오일쇼크 이후 JCC에 연동하는 방식이 기본이 되었다. 이후 1986~2005년 기간의 경우 원유가의 변동폭이 확대되어 S-Curve방식이 도입되었다.

| Seller 우위 시대 (2005~2012) |

2005년 이후 시장은 생산자 우위 시장이 되면서 "S-Curve"는 점차 사라지고 원유 가격과 일치되는 수준으로 회귀하는 현상을 보인다.

- 중국 Petrochina가 Qatar와 맺은 계약 : 3mtpa, P(LNG) = 0.16 × JCC + 0.575
- 중국 Petrochina가 호주 Gorgon과 맺은 계약 : 25 mtpa, 기울기 0.15

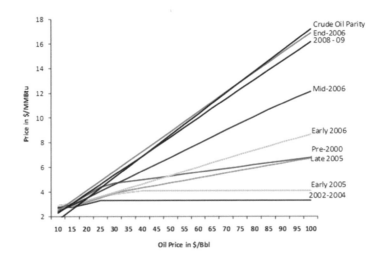

2008년 초반까지 "Crude Oil Parity"까지 상승했던 유가 변동 비율은 이후 다소 하락하여 전통적인 수준(0.1485)에 도달하였다.

ㅣ 고유가와 북미 셰일 개발이 불러온 허브형 가격 시대 (2013~2015) ㅣ

아래 자료는 2013년 미국 가스 액화 터미널 개발업체 자료에서 왜 미국의 천연가스가 아시아나 유럽에 가면 경쟁력이 생기는지 보여주는 그림이다. 당시 유가는 $100/bbl 수준이었고, 미국 가스가격은 $4/mmbtu였다. 국제 유가는 좀처럼 $100/bbl 이하로 내려올 기미는 보이지 않았고, 여전히 Seller 우위시장이었다. 카타르와 호주는 여전히 "Crude Oil Parity" 방식을 고집하고 있었던 시기에 미국발 셰일혁명은 한국 일본에 새로운 패러다임을 제시하였다.

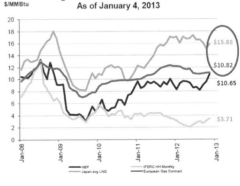

자료 : Chenier IR Presentation 자료 [4]

이를 설명하면, 당시 한국을 비롯한 동북아시아는 "Crude Oil Parity"시기였고, 유가 $100/bbl에 한국도착도 LNG가격은 약 $15.88/mmbtu였다. 반면 미국의 천연가스 현물가격은 $4/mmbtu에 거래되니 여기에 추가비용인 액화비용, 운송비용 등을 감안하면 한국도착도 LNG가격이 약 $11.10/mmbtu로 추산된다. 따라서 호주나 중동이 아닌 미국으로부터 수입하면 mmbtu당 약 $4~5의 가격 경쟁력이 있게 된 것이다. 이는 즉각 미국에 셰일개발로 인한 풍부한 천연가스 생산과 더불어 천연가스 액화시설 건설 붐으로 이어졌다. 실제 한국가스공사가 2013년 Sabine Pass와 Henry Hub형 가격구조로 계약을 체결하면서 상상은 현실이 되었다. 이는 고유가시대에 단비였고, 이러한 차익거래는 오래 지속될 것으로 기대했다.

▌ 저유가가 불러온 Hybrid 가격 시대 (2016 이후) ▌

이러한 기대는 얼마 가지 못했다. 2014년 배럴당 100달러를 상회하던 유가가 2016년 2월 $30/bbl 아래로 급락에 이른다. 이는 미국시장에서 LNG 수출터미널건설을 계획하던 수많은 사업에 고민을 주게 된다. 유가가 $60~70/bbl 대일 경우 한국 도착도 오일연동형 가스가격과 허브형 가스가격이 경합하는 것으로 분석된다. 즉 유가가 $60/bbl 대 미만이면 유가연동형이 유리하고, $70/bbl 대 이상이면 허브형이 유리하게 나온다.

2016년 9월, 사우디아라비아는 결국 그들이 시작한 유가전쟁의 지속을 포기하고 OPEC+ 체계를 구축하였고 원유감산에 합의함으로써 $50/bbl중반 수준까지 유가를 일부 회복시켰다. 이때까지 크게 위축되었던 설비투자의 누적적 효과로 인해 원유 생산량 증가폭은 수요의 증가세를 따라가지 못하였으며, 결과적으로 이로부터 12개월 내에 유가는 $70/bbl을 돌파하여 $80/bbl를 기록하게 된다.

글로벌 가스 가격 추이($/MMbtu)

자료 : Chenier IR Presentation 자료 [4]

위 그림을 보면 미국 Henry Hub 시장가격 약 $2/mmbtu를 기준으로 국내 도입한다고 해도 동북아시아 유가연동형 가격($8~10/mmbtu)을 늘 압도할 거라는 전망은 쉽지 않다.

이러한 시기를 보내면서 항상 우위에 있을 것만 같았던 허브형 가격구조에만 의존하기 보다는 혼합형 가격구조가 논의되고 있다. 소위 Hybrid-indexed 가격구조로서 유가연동 가스가격과 허브연동 가스가격을 조합하는 방식이다. 예를 들어 전체 구매물량의 70%는 유가연동형으로, 나머지 30%는 허브형으로 구매하는 방식이다.

- 70% × (13% × JCC + constant) + 30% × (125% × HH + constant)

미국의 LNG 수출 터미널

미국 내에서 생산되는 천연가스의 수출은 1938년 발의된 NGA(Natural Gas Act) Section 3에 따라 규제를 받으며, 동 법령에 따라 천연가스를 수입 또는 수출하려는 자는 DOE(Department of Energy)의 승인을 받아야 하며 LNG터미널의 건설, 확장, 운영 등은 FERC(Federal Energy Regulatory Commission)의 승인이 필요한 사항이다.

일반적으로 미국 내에서 생산되는 천연가스의 가격은 풍부한 매장량을 바탕으로 국제 가격보다 낮게 형성되어 왔으며, 미국 천연가스 업계는 낮은 가격을 바탕으로 기존 수출국이던 멕시코와 캐나다뿐만이 아닌 전세계에 천연가스를 수출하고 국제 천연가스 시장에서 공급자로서 확고한 위치를 확보하기를 희망하였다. 그러나 미국 내 천연가스 수급상황과 환경문제 등 다양한 문제가 제기되고, 특히 2010년대 초반 천연가스 수출량 확대가 미국 내 천연가스 가격상승으로 이어질 거란 우려가 확산되어 미국의 LNG 수출은 지속적으로 DOE의 제한을 받아왔다.

그러나 Shale 가스의 생산이 본격화되어 미국 내 천연가스 생산량이 크게 증가하고 유가 상승으로 인해 미국산 천연가스의 경쟁력이 제고되면서, FERC는 2012년 최초로 Sabine Pass LNG에 미국 본토(48개 주) 내에서 생산된 천연가스를 수출할 수 있는 액화시설의 건설을 허용하였다. 2014년에는 Cove Point LNG, Freeport LNG, Cameron LNG, Corpus Christ LNG 등 천연가스 수출을 위한 액화시설의 건설이 차례로 승인되며, 천연가스 수출을 위한 기반이 마련되기 시작하였다.

하지만 2014년 중반부터 유가가 급락하자 미국산 천연가스의 수출 경쟁력이 저하되었고, 이로 인해 기존에 추진중이던 다수의 LNG 수출시설 프로젝트가 지연되는 상황에 이르게 되었다. DOE는 총 54개 프로젝트로부터 LNG 수출을 위한 자격신청을 접수 받았는데, 이 중 6개 프로젝트(Sabine Pass, Cove Point, Freeport, Corpus Christi, Elba Island, Cameron)만 건설단계까지 사업이 진행되었다. 동 프로젝트들도 유가 하락 직전에 장기공급계약을 미리 체결한 덕에 건설단계까지 진행될 수 있었다.

미국 주요 천연가스 액화터미널

사업명	Train 수	용량 (Mtpa)	현황 (2020현재)	위치	운영사
Sabine Pass	6	27.00	2016년 운영 개시	LA	Cheniere Energy
Cove Point	1	5.25	2018년 운영 개시	MD	Dominion Energy
Elba Island	10	2.50	2020년 운영 개시	GA	Kinder Morgan
Corpus Christi	3	13.57	2018년 운영 개시	TX	Cheniere Energy
Cameron	3	13.50	2019년 운영 개시	LA	Sempra LNG
Freeport	3	15.00	2019년 운영 개시	TX	Freeport LNG Development
Golden Pass	3	15.60	2024년 운영 예정	TX	Qatar Petroleum, ExxonMobil, Conoco Phillips
Calcasieu Pass	10	10.00	2023년 운영 예정	LA	Venture Global LNG, Inc.

U.S. liquefied natural gas projects (November 2018)

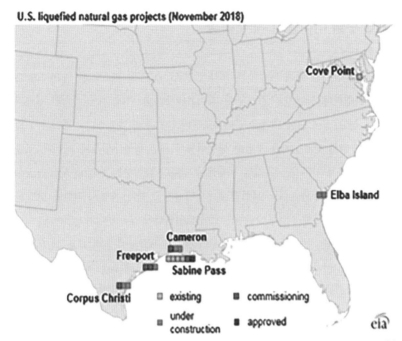

자료 : eia, 2018, U.S. liquefied natural gas export capacity to more than double by the end of 2019 [5]

미국의 수출LNG의 수입지역(Billion cubic feet per day)

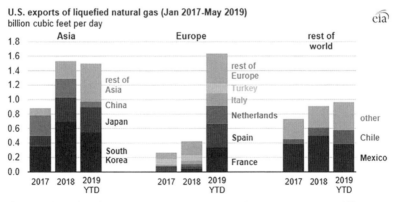

자료 : eia, 2019 U.S. LNG exports to Europe increase amid declining demand and spot LNG prices in Asia [6]

LNG 수출 터미널의 계약 특징

LNG 판매를 위해 체결하는 계약을 LNG Sales & Purchase Agreement (SPA)라 칭한다. 판매자는 가스구매, 파이프내륙운송, 액화, 저장, 선적의 일련의 업무를 하고, 그에 대한 대가를 구매자로부터 받는다. 수입구조는 처리량과 무관한 고정수입와 연료구매를 포함한 변동비용에 대한 변동수입으로 나뉜다. 또한 LNG 구매자가 천연가스를 직접 구매해서 액화만 요청하는 Tolling Agreement 방식도 있다(미국 Freeport 사업의 경우). 판매자는 액화, 저장, 선적만을 담당한다. LNG SPA에 비해 원료구매위험은 없어 사업위험이 적은 편이다.

LNG SPA는 전통적으로 10년 이상의 장기로 체결되며, 흔히 TOP조항(take-or-pay clause)과 도착지제한조항(destination clause)과 같은 독특한 계약조건들이 포함된다. TOP조항이란 구매자가 연간 도입하기로 약정한 물량을 인수하지 못하는 경우에도 약정물량에 대한 대금을 모두 지불하도록 강제한 것이며, 도착지제한조항이란 가스를 인도받을 지점을 지정하여 구매자가 도입할 가스를 다른 구매자에게 양도 또는 재판매할 수 없도록 제한하는 조항이다.

TOP조항은 공급자의 안정적인 수입흐름을 보장하면서, 수요측면의 경제적 위험을 거의 모두 구매자에게 부담시키는 작용을 한다. 이렇게 구매자가 TOP조항에 의해 물량변동의 위험을 대부분 떠안는 상황이지만, 도착지 제한조항은 구매자가 이러한 물량위험을 해소할 수 있는 기회마저 제한한다. 즉, 가스수요가 도입약정물량에 미치지 못할 경우 구매자가 잉여물량을 다른 소비처로 전환하여 손실을 최소화할 수 있는 기회를 막고 있는 것이다. 따라서 반대로 구매자는 허용감량권 또는 상향 유연성 등 연간 공급량의 유연성(Flexibility)을 통해 위험을 낮추려 한다.

■ Oil-Linked형 가격 예시

- 매 "(개)월"의 "LNG" 가격은 다음과 같은 공식에 따라 결정된다.

A계약	0.1558 × JCC + 0.6637
B계약	IF(JCC〈23.5, 0.1485 × JCC+0.125, 0.066 × JCC+2.063)
C계약	IF(JCC〈15, 2.28, IF(AND(JCC≥15, JCC≤25), 0.05 × JCC+1.53, 2.78)+0.8

- JCC n : n "(개)월"을 기준으로 그보다 앞선 세 번째, 네 번째, 다섯 번째 "(개)월"(n-3, n-4 and n-5 "(개)월")에 일본에 수입된 모든 석유의 배럴 당 평균 양륙 가격(average landed price)

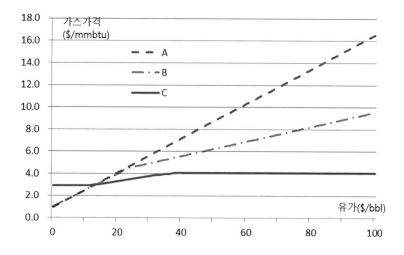

■ Hub based형 가격 예시

허브형 가격 사례로 미국의 Sabine Pass의 LNG SPA 주요 현황 내용이다.

구분	BG Gulf Coast LNG	Gas Natural Fenosa	Korea Gas Corporation	GAIL (India) Limited	Total Gas & Power N.A.	Centrica Plc
연간 계약규모 (MTPA)	5.5	3.5	3.5	3.5	1.9	1.9
Fixed Fees (USD/ MMBtu)	2.25–3.00	2.49	3.00	3.00	3.00	3.00
LNG 가격 (HH연동)	115%	115%	115%	115%	115%	115%
계약기간	20	20	20	20	20	20

자료 : Chenier IR Presentation 자료 [4]

- CSP(Contract Sales Price) = (1.15 x Henry Hub) + X_y
- X_y = (0.8725+0.12755 x CPI(y-1)/CPI_0) x 3.00 USD/MMBtu
- CPI: US Dept. of Labor Bureau of Labor Statistics CPI
- Henry Hub: Cargo Delivery Window 시작시점(월)에 대한 NYMEX Henry Hub 천연가스 선물 Final Settlement Price(USD / MMBtu)

■ TOP 물량의 Flexibility 예시

- 연간계약물량 (ACQ; Annual Contract Quantity) : 1,000 톤
- 허용증가물량 (UFQ; Upward Flexibility Quantity): 구매자가 연간계약물량을 증가시킬 수 있는 물량, ACQ의 10%
- 허용감소물량(DFQ; Downward Flexibility Quantity) : 구매자가 연간계약물량을 감소시킬 수 있는 물량, ACQ의 10%
- 허용누적물량 (CQT; Cumulative Quantity Tolerance) : 계약만료일까지의 기간 중 UFQ와 DFQ의 누적순계 ACQ의 ±50%를 초과할 수 없음

- 년간추가물량 (AOQ; Annual Optional Quantity) : 구매자가 ACQ와 UFQ에 더하여 추가적으로 공급을 요청할 수 있는 물량으로 년간 200톤

■ 도착지 제한 규정의 예시

- 구매자는 인수하여야 하는 LNG물량을 대체구매자에게 공급자의 재량으로 판매하도록 요청할 수 있고 공급자는 선의를 가지고 이를 구매자와 협의하여야 한다.

- 단 "구매자"가 이러한 요청을 한 원인이 "구매자의 설비"에 영향을 미치는 보건 및 안전, 환경상의 긴급 상황 때문이고 이에 따라 "카고"를 안전하게 하역할 수 없기 때문일 경우, "판매자"는 이렇게 요청한 운송에 합의하고 해당 "카고"의 대체 구매자를 찾기 위해 합리적인 노력을 기울인다.

- "판매자들"이 "구매자"의 요청을 선의를 갖고 논의한 후 "카고"를 "대체항"으로 운송하지 못할 경우에도 "구매자"는 "TOP 의무"에서 면제되지 않는다.

가스 액화터미널 사업 중요한 고려사항

■ 가격 경쟁력 분석

장기계약이 체결되면 가격 경쟁력을 논할 필요가 없다. 그러나 중도 해지에 대한 우려 등을 고려하면 카타르, 호주, 미국 각각의 지역에서 LNG가 한국에 도착할 경우 과연 어느 만큼 가격 경쟁력이 있는지를 고려해야 한다.

각 생산지에서 아시아 도착도 LNG가격 경쟁력 비교

자료 : Chenier IR Presentation 자료 [4]

Sabine Pass와 Corpus Christi의 모회사인 Chenier의 IR자료를 보면 경쟁 국과 북동아시아 한국이나 일본에 도착도 가격을 비교한 결과 가격경쟁력 높다 고 제시하고 있다.

■ 계약의 해지사유

또한, 시장상황 악화로 인해 SPA 계약 해지(Termination)가 발생하더라도, 악화된 시장환경으로 인해 신규 LNG 구매자 확보의 불확실성도 클 가능성이 존 재한다. 따라서 해지사유를 명확히 기술해 분쟁을 미연에 방지해야 한다.

다음은 일반적인 해지사유를 나열해 본다.

- "구매자"와 관련하여, "판매자"("계약불이행자")가 자신의 모든 부채를 또는 부채 중 상당 부분을 상환할 수 없거나, 상환을 연기하거나 이와 관련해 채무 불이행에 동의하는 경우, 본 "계약"에 따라 허용되는 경우를 제외하고 일반 적인 양도를 하거나 채권단과 또는 채권단의 이익을 위해 타협을 하는 경우,

(리파이낸싱의 경우를 제외하고) 자신의 부채의 전부에 대한 또는 상당 부분에 대한 재조정, 리스케줄링, 또는 연기를 하기 위해 소송을 제기한 경우, 또는 "판매자"의 정리 해산, 파산, 청산, 해산, 관리, 신탁 관리 명령이 내려진 경우

- "구매자"와 관련하여, "판매자"("계약불이행자")가 관련 인보이스의 지급일 이후 육십(60) "일" 동안 본 "계약" 하에서 지급해야 하지만 지급하지 못한 금액이 "한계금액" 이상이 될 경우

- "구매자"와 관련하여, "판매자들"("계약불이행자")이 이(2) "계약년도" 동안 연속으로 적어도 오십 퍼센트(50%)의 "연간계약물량"에 대한 운송 준비를 하지 못한 경우("불가항력"으로 인한 경우인지 여부와 관계없이)

3 LNG 수입 터미널
LNG receiving terminal

재기화 (Regasification) 터미널

재기화는 영하 162 °C인 LNG를 기체상태인 천연가스로 변환하는 과정이다. LNG 재기화 시설은 내륙 인수터미널 또는 해상 특수선(FSRU)에 건설할 수 있다. 내륙 인수터미널에 필요한 시설은 접안설비, LNG 저장소, 기화송출설비 등이 있다.

기화기에는 LNG를 기화시키기 위해 바닷물의 현열을 이용하는 해수식기화기와 천연가스를 연소시켜서 발생하는 열을 이용하는 연소식기화기, 대기중의 공기를 열교환 매체로 이용하는 공기식기화기의 세 종류로 구분된다. [7]

- **하역설비** : LNG선은 4대의 예인선에 의해 생산기지까지 인도. LNG선이 고정되면 LNG선 측의 이송펌프를 이용하여 육상에 저장탱크로 하역배관을 통해 LNG를 이송. LNG선 1척에 선적된 LNG의 양은 보통 125,000㎥(약 57,000톤) ~ 135,000㎥(약 62,000톤)정도로 이 LNG를 생산기지의 LNG 저장탱크로 하역하는데 걸리는 시간은 12시간 정도 소요.

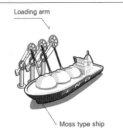

- **저장탱크** : LNG저장탱크 1기의 용량은 10만kℓ(4만5천 톤), 14만kℓ(6만3천 톤), 20만kℓ(8만9천 톤), 27만kℓ(12만1천 톤) 등으로 4가지 용량의 저장탱크가 있다. 저장탱크는 특수콘크리트의 외벽, -162℃ 초저온 액체인 LNG를 외부의 열 유입으로부터 보호하기 위한 보냉제, 초저온에도 견디는 특수재질의 내벽과 부속설비로 구성.

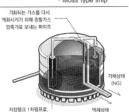

- **증발가스 압축기** : LNG는 끓는 온도가 -162℃인 초저온 액체이므로 저장탱크 및 배관의 외부로부터 전달되는 열에 의해 증발하게 되는데 이렇게 증발된 가스를 BOG(Boil Off Gas)라고 한다. 증발가스 압축기는 발생된 BOG를 재액화설비로 보내 다시 액화시키거나, 소내연료로 사용하기 위해서 증발가스를 압축하여 압력을 높이는 설비.

- **해수식기화기** : 고압펌프로부터 이송된 LNG가 얇은 판의 형태로 만들어진 열교환기 내부를 아래 쪽에서 위쪽으로 통과하는 동안 상부에서 하부로 바닷물 뿌려서 해수의 현열을 LNG에 전달하여 기화시키는 설비. 천연가스 수요가 증가하여 해수식기화기의 용량 이상으로 천연가스 공급이 필요하게 되거나 겨울철 낮은 해수 온도로 인해 해수식기화기의 생산능력이 저하될 때에는 연소식기화기를 사용

- **연소식기화기** : 열 교환기가 수조 속에 잠겨있는 방식으로 수조 안에 설치된 버너에서 공기와 천연가스를 연소시켜 발생되는 열로 물을 가열하여 LNG를 기화시키는 설비.

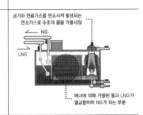

LNG 수입터미널이 필요한 이유

■ 계절적 특성으로 인한 저장 용도

LNG의 주요 용도는 발전용과 도시가스용이다. 일본 LNG의 수입은 전력·가스 각각의 사업자가 단독 또는 컨소시엄을 형성하여 수입주체가 되어 구매계약을 맺는다. 그러나 한국은 한국가스공사가 가스수입 독점적 역할을 해왔고, 점차 민간 가스 직도입자가 늘어나는 추세에 있다.

각국의 LNG수요의 계절 동향을 보면, 가장 소비량이 큰 일본에서는 여름과 겨울에 소비량이 크고, 봄과 가을에 적은 특징을 보이고 있다. 이러한 특징을 보이는 이유는 8월에는 전력에서 냉방수요의 증가로 발전량이 피크를 보임에 따라 LNG소비의 피크가 발생하고 있고, 겨울에는 난방 및 급탕용의 수요가 높아져 LNG소비의 피크가 발생하고 있다. 한국에서는 겨울에 소비량이 크고 여름에 적으며, 변동의 편차는 다른 나라보다 큰 최대 2.5배 정도에 이르고 있다.

일본과 한국의 가스 소비 월별 패턴(단위: 천톤)

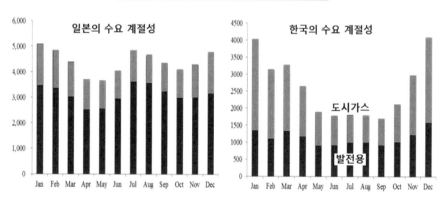

이러한 일본과 한국의 계절적 소비 특성은 LNG 계약의 특징과 맞물려 저장 시설이 필요하게 되었다. 소비자 입장에서는 계절별 소비량에 맞춰 구매하면 해

결될 문제지만, LNG의 속성상 생산도 매월 일정하게 해야 하고, LNG 전용선 운항도 일정하게 해야 하므로 공급자 입장에서 월별 수입량을 차등 두기 어렵다.

현재 국내에는 가스 상태의 저장시설이 없으며, 따라서 가스가 배관을 통해 송출될 때까지 인수기지에서 액체 상태로 저장되고 있다. 특히 한국의 경우 가스 수요의 계절성이 매우 크게 나타나기 때문에 LNG 구매관련 유연성을 유지하기 위해 전체 수요 대비 저장능력 비율이 높아야 한다. 대규모 저장설비 구축의 필요성으로 인해 국내 LNG 인수기지들은 북미지역과 같이 유연성이 높은 시장의 LNG 인수기지와 비교하였을 때 대형 저장탱크 집합지(tank farm)처럼 보인다.

■ 에너지 안보 위한 공급선 다변화 시설

유럽가스 시장은 유가연동형과 현물가격, 두 개의 가스가격 체계가 존재한다. 비중으로는 유가연동형이 지배적이다. 유가연동형 가격으로 가스를 공급하는 나라는 파이프라인으로 가스(PNG)를 수출하는 러시아, 노르웨이, 알제리 등이 있다. 알제리는 주로 러시아의 파이프라인 공급이 약한 스페인 이태리 등에 파이프라인과 LNG로 수출한다. 계약은 장기계약 위주의 경직적 계약형태를 따르고 있다. 북서부 유럽에 형성되어 있던 영국의 NBP(National Balancing Point), 네덜란드의 TTF (Title Transfer Facility) 등 가스허브 거래가 확대되면서 파이프라인 유가연동형 장기계약과 경쟁이 가능해졌다.

그런 가운데 우크라이나의 친서방정책, 대금 체납과 가스가격 협상 결렬을 이유로 2006년과 2009년, 두차례나 러시아 국영공사인 가스프롬이 가스공급을 중단하는 일이 생겼다. 이때부터 서유럽은 더 이상 러시아 PNG 의존을 줄이려는 움직임이 본격화된다.

러시아 가스에 대한 의존도를 줄일 수 있는 대안으로는 중앙아시아나 북아프리카로부터 가스 도입, 미국 LNG 도입 등이 있다. 그러나 LNG 도입 확대는 비용측면에서 경제성 확보가 어렵다. 당시 유럽 LNG 터미널은 소규모이고 전용 수입터미널보다는 누구나 표준요금을 내고 사용이 가능한 Open Access 형태의 터미널이 주류였다. 대규모 LNG 수입터미널에 적용하기 어려운 방식이다. 따라서 앞서 규제자산에서 설명한 '투자비 보전' 요금에 기반한 대형 수입터미널 개발이 시작되었고, 프랑스의 Dunkerque LNG터미널이 그 좋은 예라고 할 수 있다.

유럽 파이프라인 및 LNG 재기화 시설 현황

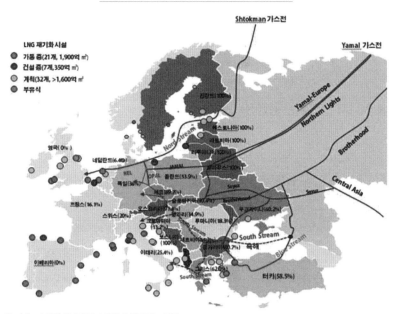

주 : ( )는 소비량 중 러시아 수입량이 차지하는 비중
자료 : 에너지경제연구원 [8]

　　폴란드 스비에노스치에(Swinoujscie)는 2016년 운영에 들어간 LNG터미널이다. 카타르와 노르웨이산 LNG와 미국산 LNG까지 들여왔다. 대서양을 건너야 하는 미국산 LNG는 기존처럼 가스관을 통한 러시아산 천연가스와 비교할 때 굳이 수 억 달러 비용이 드는 터미널 건설에 나설 이유가 없다. 가격경쟁력에서 러시아산 천연가스와 비교가 되지 않는다. 그럼에도 건설하는 이유는 러시아산 가

스 일변도에서 벗어나 에너지 수급 다변화에 나서려는 까닭이다.

이렇게 유럽 각국이 터미널 건설 등 LNG 투자에 박차를 가하고 있다. 이탈리아, 리투아니아, 프랑스 등 6개국은 2018년까지 25.7Bcm/년 규모의 LNG 터미널 용량을 증설하였으며, 크로아티아, 스페인, 스웨덴 등 다수의 국가들은 2023년까지 LNG수입 터미널을 건설하고 있거나 계획하고 있다. EU국가는 LNG수입 터미널 확충 프로젝트들을 통해 2023년까지 22Bcm의 용량이 추가로 확보될 수 있을 것으로 전망되고 있다. [9]

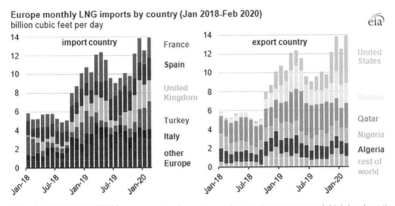

자료 : eia, MARCH 24, 2020European natural gas storage inventories are at record-high levels at the end of winter [10]

Nord Stream II의 개발과 러-우 전쟁으로 인한 사업 승인 중단

Nord Stream II 사업은 발트해저 1,200㎞를 따라 러시아와 독일을 잇는 기존의 Nord Stream I 루트에 가스관 2개를 추가 건설하는 프로젝트다. Nord Stream 사업은 Gazprom이 보유한 러시아측 Portovaya Compressor Station을 통해 주입한 천연가스를 발틱해를 통해 독일의 터미널까지 수송되면, 수송된 천연가스는 독일의 OPAL, NEL 가스파이프라인과 연결되어 유럽 전역으로 수송된다. Nord Stream II 사업은 독일의 러시아 가스 수입량 100% 확대를 통한 안정적인 에너지 수급을 위해 러시아, 핀란드, 스웨덴, 덴마크 및 독일을 연결하는 가스관을 추가 매설하는 사업이며, 러시아 국영 Gazprom이 사업 주체다.

독일-러시아 잇는 가스관

핀란드와 발틱 국가 등 상당수의 EU 회원국과 우크라이나는 Nord Stream II 사업이 우크라이나를 압박할 목적으로 고안된 사업이고, EU의 러시아 에너지 의존도를 높일 것이라며 반대하고 있다. 2017년 미국도 Nord Stream II가 EU 에너지 안보 및 천연가스시장, 중부 및 동유럽 그리고 우크라이나 에너지 개혁에 악영향을 미칠 것이라고 반대하고 있다. 그러나 이는 표면적인 이유이고 미국과 러시아의 천연가스 전쟁이 물밑에서 시작된 거다. 미국산 LNG는 가격측면에서 러시아의 천연가스와 경쟁할 수 없기 때문이다.

2022년 2월 러시아의 우크라이나 침공으로 인해 유럽의 천연가스 시장의 에너지 안보 위험은 어느 해보다도 심각해졌다. 러시아와 독일간의 해저 파이프라인 Nord Stream I 의 수송량은 2022년 하반기 급감했고 2022년 9월부터는 가동이 완전히 중단된 상태에 이른다. 그렇지 않아도 2021년 공사가 마무리 되었으나 독일과 유럽연합의 최종승인 나지 않아 가동이 중단되었던 Nord Stream II 사업은 우크라이나 침공을 계기로 사업의 승인절차가 중단되었다.

러-우 전쟁으로 가스 대란이 심각해지자 유럽은 향후 러시아산 가스 의존도를 줄이려는 움직임을 적극적으로 보이고 있다. 감소한 러시아의 PNG를 대체하기 위한 공급원으로 LNG를 통한 가스 공급을 크게 늘렸으며, 신속하게 가스 재고를 채우기 위해 부유식 재기화터미널(FSRU)도 빠르게 계약해 가동을 시작했다. 그 결과 유럽의 2022년 월 LNG 수입은 1,065만톤으로 과거 5년 평균에 비해 80% 가까이 증가했다. 러-우 전쟁 이전까지만 해도 2027년까지 유럽의 재기화터미널 용량은 220MMtpa까지 증가할 예정이었으나 전쟁이후인 2022년 하반기에는 270MMtpa으로 상향조정했다.

운영중인 주요 LNG 수입 터미널

수입터미널은 크게 두가지로 나뉜다. 하나는 터미널 처리 용량을 Open Access방식으로 운영하는 터미널이 있고, 나머지는 발전사나 도시가스사업자 등과 장기 계약에 의존하고 더 나아가 규제자산에 준하는 요금체계에 의해 운영되는 터미널이다.

유럽 지역에는 EU Directives에 따라 다수의 터미널이 Open Access로 운영되고 있다. 미국의 경우 1990년대 이전에는 터미널을 Open Access로 운영하도록 규제하였으나 이후 시장 기반의 협상 가격을 적용하는 것이 허용되었다.

US 터미널로는 초기 Cove Point, Everett LNG, Lake Charles, Elba Island 등이 있었다. 1970년대 미국이 LNG를 수입해야 할 것으로 예상되어 건설된 사업들이고, 2000년대에 Freeport, Sabine Pass 등이 뒤를 이었다. 흥미로운 점은 2010년을 넘어가면서 미국의 셰일 혁명으로 더 이상 가스 수입이 감소하면서 수입시설 운영이 어렵게 된다. 이러한 이유로 이미 보유하고 있는 항만시설과 저장탱크에 액화시설만 추가하여 수입 및 수출터미널로 탈바꿈하였고 하고 있다.

유럽 벨기에의 Zeebrugge 터미널은 EU의 주요 가스 허브로 노르웨이, 영국, 네덜란드, 중부 유럽 각국과 주요 천연가스 저장소 및 LNG를 저장할 수 있는 LNG 터미널들과 연결되어 있으며, 그 결과 유럽 가스 시장에서의 주요 거래 포인트가 되고 있다. 유럽의 LNG 터미널들의 사용료는 Euro/kWh 단위로 책정되는데 이는 유럽시장에서 LNG의 주요 수요자가 발전사들이기 때문이다. 유럽 터미널의 특이한 점은 처리 용량에 대하여 'Use It or Lose It' 규칙이 적용된다. 이 규칙에 따라 처리 용량 소유자들은 그들이 예약한 부두를 정해진 시간까지는 사용해야 하며, 사용하지 않을 경우 그 부두(slot)는 2차 시장에서 다시 판매가 이루어진다.

싱가포르 LNG 터미널은 매우 독특한 시설이다. 현재 싱가포르는 천연가스를 주로 발전용으로 사용하고 있으며, 가스는 주로 파이프라인을 통해 말레이시아와 인도네시아에서 수입하고 있다. 싱가폴 정부와 발전사들의 가장 중요한 이슈는 PNG 가격보다 상당히 높은 수준의 계약에 따른 LNG 도입 가격수준이다. 이에 따라 발전 회사들이 LNG 사용을 꺼릴 경우 터미널 투자 비용의 회수가 불가능하게 되기 때문에 싱가포르 정부는 LNG와 PNG 간 가격차이를 보조금으로 지급하는 일종의 "Vesting Contract"를 고안하게 되었다.

멕시코 Manzanillo 터미널은 멕시코 국영전력회사인 Comision Federal de Electricidad(CFE)에 의해 추진되었다. 터미널 이용자가 CFE로 제한적이므로, CFE가 장기 이용계약을 전제로 입찰하여 가장 낮은 사용료를 제안한 회사가 해당 계약을 획득하고 해당 터미널을 건설 운영하게 되었다. CFE는 TUA의 계약 상대자로 실제 터미널의 사용 여부에 상관없이 임대료를 지불하며, 사용료는 실제 사용량에 따라 지불하고 있다.

국내에는 2020년 6월 기준 한국가스공사가 평택, 인천, 통영, 삼척, 제주의 LNG터미널에서 74기의 저장탱크를 보유하고 있고, 이외에 포스코의 광양터미널과 GS 에너지와 SK E&S가 합작 투자하여 설립한 보령터미널이 있다. 광양터미널은 포스코 소유로 포스코와 SK E&S가 공동으로 사용하고 있다. 초기 100,000k l 규모인 탱크 2기는 두 회사의 LNG 직도입을 위해 건설되었고, 포스코는 직접 소유 이용, SK E&S는 TUA를 통해 이용하고 있다. 보령터미널도 각 그룹의 직도 입물량에 근거해서 JV에 의해 소유 운영되고 있다.

국내 LNG 저장시설 현황 및 건설계획(2022년 기준)

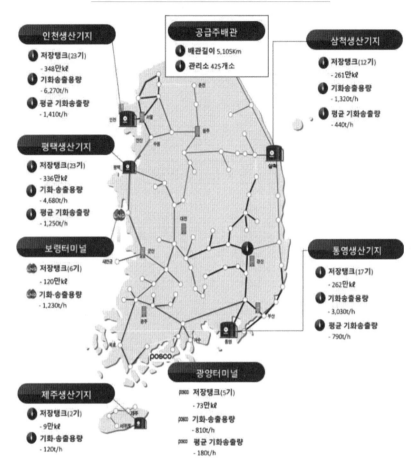

인천생산기지
- 저장탱크(23기)
  - 348만㎘
- 기화송출용량
  - 6,270t/h
- 평균 기화송출량
  - 1,410t/h

공급주배관
- 배관길이 5,105Km
- 관리소 425개소

삼척생산기지
- 저장탱크(12기)
  - 261만㎘
- 기화송출용량
  - 1,320t/h
- 평균 기화송출량
  - 440t/h

평택생산기지
- 저장탱크(23기)
  - 336만㎘
- 기화·송출용량
  - 4,680t/h
- 평균 기화송출량
  - 1,250t/h

보령터미널
- 저장탱크(6기)
  - 120만㎘
- 기화·송출용량
  - 1,230t/h

통영생산기지
- 저장탱크(17기)
  - 262만㎘
- 기화송출용량
  - 3,030t/h
- 평균 기화송출량
  - 790t/h

광양터미널
- posco 저장탱크(5기)
  - 73만㎘
- posco 기화·송출용량
  - 810t/h
- posco 평균 기화송출량
  - 180t/h

제주생산기지
- 저장탱크(2기)
  - 9만㎘
- 기화·송출용량
  - 120t/h

국내 LNG 저장시설 현황 및 건설계획(2022년 기준)

구분	저장용량(kl)	운영개시일	건설예정	소유
평택	3,360,000	1986		
인천	3,480,000	1996		
통영	2,620,000	2002		한국가스공사
삼척	2,610,000	2014		
제주	90,000	2018		
당진			270,000	
광양	730,000	2005	600,000	포스코
보령	1,200,000	2017	200,000	보령LNG터미널㈜
울산			860,000	코리아에너지터미널

주 : 한양은 여수에 800,000kl(4기), 현대산업개발은 통영에 200,000kl(1기) 건설예정(2022년 기준)
자료 : 산업통산자원부, 15차 장기 천연가스 수급계획 (2023) [11]

LNG 수입 터미널의 계약 특징

Open Access방식이 아닌 장기 계약기반 수입 터미널은 터미널과 사용자 간에 TUA(Terminal Use Agreement)를 체결한다. 통상 20년간 Use-or-Pay 조건으로 이용한다. 사용자는 TUA에 의한 시설이용료(Toll Fee) 지급을 하고, 만일 TUA가 해지되면 신규 이용자를 유치하거나 직접 잔여기간에 대한 시설이용료를 지급하기도 한다.

TUA의 Toll Fee는 통상 터미널임차료(Capacity Charge)와 물량처리수입 (Variable Charge)로 구성된다. Capacity Charge는 터미널의 이용률과 상관없이 고정적으로 발생하는 임차료이며, Variable Charge는 실제처리물량에 따른 실비 변상적인 성격의 수입이다.

다음 Capacity Charge는 LNG 터미널 사례로서 규제자산과 전력 장기구매 계약(PPA)체결시 용량요금(CP: Capacity Payment) 산정방법과 유사하다.

Annual Capacity Charge n = (Average Book Value of $TCC_n + WC_n$) × MR_n + Depreciation $Cost_n$ + Fixed Operating $Cost_n$

- TCC_n은 n기의 평균장부가액 대상자산인 Terminal Capital Cost(각종 설비에 대한 EPC Cost와 부지비, 건설경비, 인건비, 건중이자, 관련세금 포함)
- WC_n은 n기의 운전자본(working capital)
- MR_n은 n기의 투자보수율(margin rate)

LNG 수입 터미널 사업 중요한 고려사항

■ 재계약에 대한 경쟁력 분석

앞서 설명한 싱가포르나 멕시코 및 국내 터미널은 이용자가 발전사에 국한되므로 시장원리가 적용되기 어렵다. 따라서 장기양자계약에 의존할 수밖에 없다. 반면 유럽은 유틸리티 회사 외에도 Aggregator, 아시아 LNG 구매자, LNG 트레이더, LNG 프로젝트 개발업체, LNG 마케터 등 다양하다. 따라서 Open Access나 단기 계약이 많다. 따라서 재계약에 대비한 경쟁력분석이 중요하다.

- Aggregator들은 천연가스 분지에서 생산되는 LNG 중 상당량에 대하여 구매계약을 체결하였으나, 판매계약은 체결하지 않은 상태가 많다. 또한, 국제적으로 LNG거래량이 증가하고 있고 유럽시장의 중요성이 증대됨에 따라, Aggregator들의 재기화 시설 용량에 대한 구매 유인이 증가할 것으로 전망된다.

- 일부 아시아 LNG 구매자는 고유가 기간 동안(~2014년), 저가의 미국 LNG를 통하여 LNG 공급을 확보하였다. 그러나, 이후 저유가 기조가 지속되고, LNG의 초과공급이 지속될 것으로 예상됨에 따라, 이미 체결된 북미지역 LNG계약

의 가격이 유가연동 LNG계약보다 높아지는 상황이 발생하였다. 일부 아시아 LNG 구매자는 LNG를 초과 계약하여, 향후 이러한 물량이 유럽지역으로 유입될 가능성이 있다.

- 일반적으로 LNG 재기화 터미널의 용량은 장기적인 수요에 의해 계약이 체결되나, LNG 트레이더에 의한 트레이딩 혹은 Reloading 사업(재수출) 등의 수요에 의해 계약이 체결될 수 있다. 다만, 이러한 요건을 충족시키기 위해서는 대상 LNG 수입터미널이 Reloading 시설을 보유하여야 한다.

- 과거 LNG 프로젝트 개발업체는 프로젝트 개발에만 참여하였으나, 최근 LNG의 초과공급으로 LNG를 구매하는 등 LNG 시장에 더욱 활발히 참여하고 있다. 이러한 LNG 구매용량의 확보 등은 투자자의 투자결정에도 긍정적인 영향을 미칠 수 있어, 향후 LNG 프로젝트 개발업체의 시장참여가 확대될 것으로 전망된다.

4 오일 탱크 터미널
Oil tanking terminal

오일 탱크 터미널

석유관련 품목은 원유, 석유제품, 석유화학제품 등이 있으며, 석유관련산업
은 원유 및 석유제품을 취급하는 석유산업과, 석유화학제품을 취급하는 석유화
학산업으로 구분된다. 석유제품은 원유를 정제과정을 통하여 추출한 것으로 휘
발유(Gasoline), 나프타(Naphtha), 제트유, 등유(Kerosene), 경유(Diesel Oil),
중유(Fuel Oil), 윤활유(Lubricating Oil), 아스팔트(Asphalt), LPG(Liquefied
Petroleum Gas, 액화석유가스) 등이 이에 해당한다.

석유는 액체이므로 석유류 물류는 적합한 저장시설과 이동수단이 필요하다.
이처럼 석유물류는 저장하기 위한 탱크 시설이 요구되며, 이를 취급하기 위한 항만
하역시설인 부두시설을 보유하고 있어야 하므로 이들 시설을 탱크터미널로 부른
다. 탱크터미널의 형태는 정유사 소유 저장시설, 국영 석유회사의 저장시설, 순수
상업 터미널이 있다. 여기서 탱크터미널 회사는 독립계 상업 터미널을 의미한다.
독립계 상업 터미널은 정유사가 아닌 저장시설 운영업체가 독자적으로 건립하여
자체 물량을 취급하거나, 다른 트레이딩 업체에 임대하여 물량을 확보하고 있다.

석유거래를 위해서는 다양한 이해 관계자가 있는데 탱크터미널업체, 석유제품 트레이더 및 정유회사 그리고 금융업자들이 참여한다. 석유물류중심지를 통하여 석유제품 등의 상업적 거래가 발달하고, 현물시장, 선물 및 옵션 등 거래소와 OTC(Over the Counter) 시장이 형성된다.

석유물류항만은 다음과 같은 특징을 가진다. 첫째, 장치산업의 특성을 갖는다. 탱크 터미널의 건설에는 잔교(Jetty)와 탱크시설 및 부지확보 등 투자비가 방대하게 소요되어 진입장벽이 있다. 둘째, 석유물류항만은 규모의 경제효과를 갖는다. 하역작업 대부분이 자동화되고 있어, 취급물량이 증가하면 단위당 보관비용 및 하역비용이 모두 체감하므로 부가가치가 높다. 고정비 영업 레버리지 효과가 큰 편이다.

오일허브는 석유 제품의 생산 및 공급, 입출하, 저장, 중개, 거래 등 석유에 관한 모든 기능을 수행하는 물류 활동의 중심 거점을 말한다. 전 세계적으로 미국 걸프연안, 유럽 ARA 지역(Amsterdam, Rotterdam, Antwerp에 이르는 지역), 싱가포르 등 3개 지역이 대표적인 오일 허브로 분류되고 있다.

구분	미 걸프연안	유럽 ARA 지역	싱가포르 Jurong
대상지역	미국 전역	서유럽	동남아/중국
특징	내수형	배후지역 수출형	중계수출형
	• 원유 생산부터 정제제품 공급까지 전 공급체인 통합 • 비용절감 및 구조 효율화	• 유럽의 무역관문 역할 • 우수한 물류인프라 구축으로 신속하고 저렴한 제품 환적 가능	• 아시아의 유일한 자유시장 • 다양한 시장 참여자들에게 제품거래의 장을 제공
입지조건	• 대규모 석유생산지 • 높은 국내 배후소비 존재 • 자연발생적 물류중심지	• 물류 요충지(수로 발달) • 높은 배후 수출지 보유 • 자연발생적 물류중심지	• 중동 원유의 수송로상에 위치 • 주변에 다수의 소비국 존재 • 자연발생적 물류중심지

세계 3대 오일허브 지역에는 독립계 상업 터미널 기업들이 운영하는 저장시

설이 대거 위치하여 독자적인 상업 활동을 통해 물동량을 창출하고 있다. 세계적인 상업저장시설 운영업체로는 Vopak, Oiltanking, Odfjell 등이 있다.

세계 주요 탱크터미널 업체 현황 (2015년 기준)

업체	설립년도/본사	규모	저장용량
Vopak	1916년/네델란드 로테르담	30개국 75개 터미널 (세계 1위 저장업체)	약 1억3천만배럴
Oiltanking	1972년/독일 함부르크	21개국 74개 터미널 (세계 2위 저장업체)	약 7.5천만배럴
Odfjell	1916년/노르웨이 베르겐	13개국 16개 터미널	약 2천만배럴

자료 : 해양수산개발원, 2015, 월간항만과산업 [12]

오일 탱크 터미널의 서비스

| 저장 서비스 |

저장 서비스는 원유 및 석유화학제품, 기타 식용 유류제품을 장/단기에 걸쳐 보관할 수 있는 대규모 저장 설비를 제공하는 서비스로 저장시 물리적 손실을 최소화하고 원치 않는 제품간의 배합이나 제품의 오염을 방지할 수 있는 설비 및 공정을 갖추는 것이 중요하다. 저장 서비스는 그 사용 목적에 따라 ① 정제 및 기타 처리 시설에서의 사용을 위한 원료 및 생산 제품 저장 ② 판매 및 무역을 위한 제품의 저장 ③ 지역 발전소 및 기타 주요 산업 수요를 위한 연료의 저장 등으로 나뉘어진다.

정유사 등 실제 수요자들은 자체 저장 설비를 보유하여 원료나 제품을 저장하기도 하나, 희귀 원료나 제품을 보관/생산하는 경우에는 독립 저장 설비를 임차하여 사용하기도 한다. 이는 정유 제품의 경우 저장설비의 가변성이 높지 않으며, 별도로 분리하여 보관해야 하는 희귀 원료 및 제품을 위한 예비 저장 설비를 보유하고 있지 않기 때문이다. 또한 자체 보유 설비가 유지보수를 위해 가동을 중지하거나 비경상적인 운영에 따라 대량의 특정 중간재 재고를 예외적으로 보관해야 할 때에도 독립 저장 설비를 사용하기도 한다. 또한 판매 및 무역에 있어서도 독립 저장 설비를 확보하는 경우 유리한 점이 있다. 예를 들어 판매 대상 지역이 생산지로부터 멀리 떨어져 있거나 판매 대상 지역 시장 규모가 작은 경우 제품의 생산 시점으로부터 판매 시점까지 시간 간격이 상대적으로 커지게 되며, 이에 따라 일시적으로 많은 재고를 생산 또는 확보하여 이를 보관해야 하는 문제가 생긴다. 싱가포르 지역으로의 벙커 연료 판매가 그 전형적인 예로 지역 내 산업 연료 수요자들은 일시적으로 평균 이상의 물량을 보유해야 하는 경우 독립 저장 설비를 사용하는 것을 선호한다.

ㅣ 이동 서비스 ㅣ

독립 저장 설비에서 제공하는 이동 서비스는 대규모로 운송된 화물을 도착지/수요자 단위의 작은 화물로 나누는 목적으로 주로 사용하는 서비스로 이동 방식에 따라 동일 운송수단간/이종 운송수단간 이동으로 나뉘어진다. 대규모로 운송된 화물을 소규모 터미널이나 개별 수요자들에게 전달하기 위해 소규모로 쪼개는 Break Bulk는 아주 중요한 탱크터미널 기능 가운데 하나다. 예를 들어 저장 및 항만시설이 충분한 경우 대규모 선박으로부터 벙커 연료유를 공급받아서 이를 선사 등 주요 수요자 및 소매 공급자들에게 작은 단위로 나누어 주는 기능을 수행할 수 있다.

ㅣ 제품 배합 서비스 ㅣ

제품 배합은 다양한 종류의 물질을 사용자가 제공한 방식에 따라 배합하여 새로운 제품을 생산하는 과정이다. 가솔린이나 연료유의 배합은 독립 저장설비에서 이루어지는 가장 대표적인 배합 서비스 기능으로, 이러한 배합 기술은 제품의 품질이나 구성에 대한 특별한 지식과 제품 샘플링 및 실험실 테스트를 위한 별도의 절차를 갖추는 것이 필요한 특화된 기술이다. 예를 들어 연료유 배합이 있는데, 다양한 점도 및 황함유율을 가진 물질들을 배합하여 벙커유를 생산하여 시장에 판매할 수 있게 한다.

오일 탱크 터미널의 계약 특징

운영사는 임차인과 Use-or-Pay 구조의 Storage Agreement를 통해 저장 시설을 대여하게 된다. 석유 저장소는 가스터미널이 장기계약인 것과 비교해서 3~5년 단기계약이 주를 이룬다.

다음은 오일허브지역에서 석유 탱크 터미널 운영법인의 사례다.

회사는 석유제품을 유조선에서 대용량 탱크로 이동 및 탱크 간 이동을 한다. 또한 여러 구성물을 효율적으로 배합하는 전용 공정 시설이 설계되어 있어 고객사들에게 부가적인 가치를 제공하고 있다. 연간 처리 용량(throughput)을 보면 다음과 같다.

(예시) 탱크 터미널의 연간 처리 용량

구분	2009	2010	2011
Quantity discharged (Mt)	4,611,188	5,156,398	4,407,269
Tank Turns(회)	10.1	11.3	9.6
Inter-Tank Transfer Operations(회)	406	461	393
Inter-Tank Transfer (Mt)	2,061,280	1,772,873	1,606,683
VLCC Discharged(회)	10	3	3

2011년 Tank turns은 9.6회를 기록하여, 산업 평균인 11회보다 낮은 수치를 기록하고 있다. 터미널 처리 용량은 터미널 소유자의 운영이 아닌 저장탱크 사용자의 요청에 따라 운영실적이 달라지는 특징이 있다.

유류 저장시설의 이용료는 월단위로 단위 용량당 지급하는 비용으로 표현되며, 일반적으로 월 1회의 제품 하역 및 적재 서비스가 제공된다. 시설 임차인은 실제 시설 이용 여부와 관계없이 정해진 금액을 지불해야 하며, 제품 하역 및 적재 서비스를 제공된 횟수 이상으로 사용한 경우에는 정해진 기준에 따라 추가 비용을 지불하게 된다.

고객사와 체결한 Storage Agreement 내용은 다음과 같다.

- 계약기간 : 2013. 04. 23 ~ 2016. 04. 22 (3년)
- 저장용량 : 208,194.16m^3 (저장탱크 9개소, Working Capacity 기준)
- 요율 : Monthly Rental Rate $5.75/$m^3$, 물가 조정 없음, Throughput 1.25 회까지 본 금액이 적용되며 초과용량에는 Excess throughput charge $ 1.20/m^3 부과
- Blending Charge: 저장탱크 Circulation Operation 시간 당 $ 540
- Inter-Tank Transfer: 저장탱크 간 저장유 이동량에 대해 $ 1.00/m^3 부과
- VLCC Jetty: 고객사는 VLCC Jetty를 연간 12회, 분기별 3회 사용할 권한 보유

탱크형 선박의 사이즈

Panama Canal Max
Length 965 ft
Width 106 ft
Draft 39.5 ft

39.5 Panamax (Old) 60-80 DWT

New Panama Canal Max
Length 1200 ft
Width 161 ft
Draft 49.9

49.9 Panamax (New) 60-100 DWT

Suez Canal Max
Width 164 ft
Draft 66 ft

66 Suezmax 130-200 DWT

Strait of Malacca Max
Length 1312 ft
Width 193 ft
Draft 82 ft

82 VLCC (Very Large Crude Carrier) 160-320 DWT

자료 : eia [13]

오일 탱크 터미널 사업 중요한 고려사항

■ 경쟁력 분석

석유 탱크 터미널은 다른 어떤 터미널에 비해 계약기간이 단기 시장이다. 5년 남짓이면 언제든 다른 곳으로 옮겨갈 수 있는 시장이다. 더구나 글로벌 터미널 운영사 유치가 중요하므로 더욱 그들의 운영전략에 맞는 터미널 환경을 제공해줘야 한다. 가장 중요한 것은 선박 대형화에 맞는 접안 능력, 다양한 서비스 제공가능 설비 보유에 있을 것이다. 다음은 일반적인 터미널 또는 지역의 경쟁력 항목이다.

해상 접안 능력: 수요 결정 요인에서 기술한 바와 같이 석유 및 석유화학 산업의 경쟁력에 있어서 저렴한 해상 운송 물류로의 접근성은 매우 중요한 요소다. 특히 석유 화학 제품의 경우 운송에 있어서 '규모의 경제' 특성이 특히 강하게 나타나므로 대형 선박의 접안이 가능한 깊은 수심의 항구 확보가 경쟁력 확보에 필수적인 요소다.

정부 규제: 정부의 부생가스 배출 규제가 강화될수록 추가 이행 비용이 증가한다. 배출 규제의 예로는 가스 증발로 인한 손실을 관리하기 위한 탱크 봉인의 강화, 선박으로부터의 하역시 발생하는 증발 가스에 대한 회수 시스템 설치, 기타 다양한 신규 설비 투자 요구 및 운영 통제 및 자료 보관 관련 요구 등이 있다. 한편으로는 이러한 규제는 신규 저장시설의 시장 진입을 막는 진입 장벽역할이 되어 경쟁 과열을 막아준다.

양질의 추가 공급부지 제한: 용도 지역상 저장시설 건축이 가능하고, 양호한 해상 운송 접근이 가능하며, 새롭게 내륙과의 파이프 라인망 구축이 가능한 한편, 악취에 따른 민원이 발생하지 않은 사업 부지라면 경쟁력이 양호하다. 또한 앞으로 신규 사업 부지 공급이 제한적이라면 중요한 진입 장벽으로 작용되어 좋은 평가를 받을 수 있다.

■ 저장시설의 이용료

유류 저장시설의 이용료는 월단위로 단위 용량당 지급하는 비용으로 표현되며, 일반적으로 월 1회의 제품 하역 및 적재 서비스가 제공되고 추가사용시 추가 비용을 지불하게 된다.

이용료는 해당 시설이 보유하고 있는 설비의 수준에 따라 차별적으로 가격이 형성되고 있다. 특히 대형 유조선인 VLCC의 접안이 가능하다면 장거리 항로로 운송되는 VLCC의 물량(척당 약 200,000톤)을 한 곳에 저장할 수 있는 대형 저장설비를 보유하고 있는 경우에는 시장 가격보다 10~20%가량 높은 수준의 이용료를 받을 수 있다.

일반적으로 저장시설 이용료는 저장시설의 이용률과 밀접한 관련이 있다. 이용률이 상승하게 되면 이용료가 상승하여 시설에 대한 추가 투자 유인이 증가하게 되는 반면, 이용률이 하락하게 되면 이용료도 하락하여 시설에 대한 추가 투자 유인 또한 감소하게 된다.

예를 들어 인근 지역에 새로운 저장시설의 공급이 이루어지지 않으면 연간 제품 회전수는 15~18의 높은 수준을 보이게 되고, 이후 신규 시설 공급이 대폭적으로 이루어지면 제품 회전수 또한 빠르게 떨어져서 10회 수준 미만으로 하락하게 된다. 그리고 이후 대규모 신규 시설 공급이 마무리되면서 다시 제품 회전수는 완만한 상승 추이를 보이는 사이클을 보이는 특징이 있다. 따라서 탱크 터미널의 수익성은 워낙 영업 레버리지가 큰 구조라서 고정수입 이외에 이용률에 따라 큰 영업현금흐름을 창출한다. 따라서 제품 수급, 더 나아가 인근 신증설의 전망을 통한 치밀한 이용률 전망이 중요하게 고려되어야 한다.

5 석탄 터미널
Coal terminal

글로벌 석탄시장

석탄은 석탄등급(coal ranking) 또는 석탄의 최종 사용용도 두 가지 방식으로 분류할 수 있다. 석탄등급에 의해 분류하는 경우, 석탄은 토탄(peat), 갈탄(lignite), 아역청탄(sub-bituminous), 역청탄(bituminous), 무연탄(anthracite)으로 분류되며, 낮은 등급의 토탄을 기준으로 매장압력, 발열량, 연료효율, 시간 등이 증가할수록, 그리고 수분 함량이 감소할수록 높은 등급의 석탄으로 분류된다. 한편 최종 사용용도에 따라 분류하는 경우, 석탄은 제철용 석탄(metallurgical coal)과 발전용 석탄(thermal coal)으로 구분된다.

제철용 석탄은 premium hard coking coal, standard hard coking coal, low-volatile pulverised coal injection(PCI) coal, 그리고 high volatile PCI coal 등을 포함한다. 이 중에서 가장 높은 등급으로 분류되는 premium hard coking coal은 일반적으로 철강 생산 과정하의 coke blending의 기본 구성에 포함되며, 총 혼합량의 15~40%를 차지한다. PCI 석탄은 고발열량 석탄으로, 탄소와 열을 공급하기 위해 용광로에 주입되어 코크스를 일부 대체하기 위해 사용된다.

제철용 석탄은 2018년 기준 중국, 호주, 러시아 등이 1,033백만톤을 생산해서 자국소비를 제외하고 약 29%가 해상을 통해 거래되고 있다. 이 중 절반 이상이 호주 퀸즈랜드주를 통해 공급되고 있고 일본, 한국, 인도 등이 주요 수입국이다.

2018년 제철용 석탄의 생산, 수출 및 수입 현황

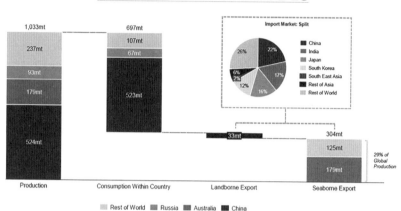

자료 : AURIZON, 2020, Performance Result [14]

발전용 석탄은 주로 발전소 연료로 사용되며, 이외 용도로는 직접적인 가열, 대기 및 온수 난방, 공정 가열, 시멘트 제조 등이 있다. 모든 석탄은 발전용 석탄으로 사용가능 하지만 모든 석탄이 제철용 석탄으로 사용될 수는 없다. 일반적으로 수출되는 발전용 석탄은 역청탄 또는 아역청탄이며, 갈탄도 발전용 석탄으로 사용가능하나 수분함량이 높고 발열량이 낮아 수출하기에 효율적이지 않다.

발전용 석탄은 2018년 기준 중국, 인도, 미국 등이 5,977백만톤 생산중 자국소비를 제외하고 약 15%가 해상을 통해 거래되고 있다. 일본, 한국, 인도 등이 주요 수입국이다.

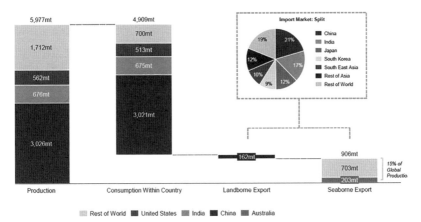

2018년 발전용 석탄의 생산, 수출 및 수입 현황

자료 : AURIZON, 2020, Performance Result [14]

석탄터미널의 계약 특징

석탄터미널의 시설은 선석과 교량의 해상 시설, 야적장의 육상시설 그리고 야적설비, 선적설비, 컨테이너 등의 장비로 구성된다.

터미널은 석탄 탄광 개발업체와 Ship-or-Pay(SoP) 구조의 User Agreement를 맺는다. 석탄 터미널의 특징상 전용부두 성격이 강해서 기간이 10~20년 장기가 대부분이고 고정비를 보상받는 고정 이용료와 처리 물량에 따른 변동 이용료 이중 이용료 구조를 통상 보인다. 다음은 석탄 터미널의 계약 사례다.

- 사용자 계약(이하 'User Agreement')은 장기간의 의무 인수(Ship-or-pay) 계약으로, 발행회사가 사용자(User)에게 터미널에 접근할 권한을 부여하고, 각 사용자의 석탄을 터미널에서 수령하며, 배송을 위해 사용자의 석탄을 선박에 선적하는 것에 대해 정함.

- User Agreement의 사용자는 석탄의 수송 여부와 관계없이 터미널 사용료를 지불해야 함. User Agreement에 따라, 사용자는 호환 가능한 철도차량을 통해 철도편으로 석탄을 수송해야 하며, 석탄의 선적 시기에 선박이 사용 가능한지 확인해야 함. 사용자는 석탄이 일년 내내 균등한 비율로 터미널에 도착할 수 있도록 합리적인 노력을 기울여야 함.

- 발행회사의 모든 User Agreement에 사용자가 최소 10년 간(혹은 사용자의 석탄 매장량의 잔존 수명에 부합하는 더 짧은 기간)의 기간 연장을 요청할 수 있는 권리가 명시되어 있음. 해당 요청이 있을 경우, 발행회사의 표준 User Agreement가 적용됨.

- User Agreement의 양 당사자는 다음의 경우에만 User Agreement을 해지할 수 있음:

  i. 상대방이 채무를 이행하지 않고, 채무 불이행에 대한 통지를 받은 이후 30일 이내에도 해당 채무가 이행되지 않을 경우

  ii. 상대방이 User Agreement상의 다른 의무를 중대하게 위반하고 이에 대한 구제를 이행하지 않거나 특정 불이행에 대한 통지를 받은 이후 60일 이내에 구제조치를 성실하게 개시하지 않는 경우

석탄 터미널 사업 중요한 고려사항

■ 재계약에 대한 경쟁력 분석

석탄터미널은 전용부두의 성격을 보이고 있지만 인근 경쟁 석탄 터미널에 비해 제반 경쟁력을 보유하고 있어야 재계약이 보장된다. 석탄터미널의 특성상 내륙운송은 철송, 해상 운송은 석탄운반선이 한다. 따라서 터미널의 처리나 부지 매력도는 기초 경쟁력이 되고, 석탄운반선의 대기시간에 대한 경쟁력, 내륙 운송을 위한 철송의 접근성에 대한 경쟁력, 이용 고객의 탄광의 매장량 등이 계약 연

장에 대한 터미널 경쟁력이라고 할 수 있다.

광산 운영 업체들은 해당 광산으로부터 터미널까지의 철도 운송을 하는 과정에서 소요되는 시간과 비용을 최소화하기 위해 수출항을 선택하는 것이 일반적이다. 따라서 터미널의 혼잡도, 탄광에서 터미널까지 직접 철로 인입 여부 등에 따라 경쟁력이 확보된다. 또한 대기선박수가 적정 처리 능력에 비해 많아 대기 시간이 길어진다면 이는 경쟁력 확보에 감점이 된다.

그럼에도 불구하고 주요 화주의 탄광 매장량이 얼마 남지 않아 재계약이 불가한 경우도 있다. 광산별 잔존 매장량 및 최근 생산량을 기준으로 잔존내용연수를 살펴보고 탄광 생산가능기간을 감안해서 화주를 확보해야 한다.

■ 전용부두의 요금체계

요금결정체계는 향후 매출안정성과 비용구조를 결정한다는 점에서 매우 중요하다. 요금체계는 터미널별, 국가별, 업종별로 매우 상이하게 나타나고 있다. 이에 따라 각각의 요금체계가 고정비와 변동비를 충분히 전가(pass-through)하도록 설계되어 있는지 개별적으로 검토해야 한다. 즉 요금산정 투자비와 터미널의 실제 투자비에서 차이가 있는 경우가 있다. 대부분 규제당국은 투자비 항목 일부를 부인하거나, 표준 투자비를 내세워 실제 투자비 회수가 어려운 경우가 있다.

아래의 도표는 한 터미널의 요금체계 예시이다. 해당 터미널의 경우 자본비용(WACC)에 따라 투자수익률(ROA)를 산정하고, 인플레이션을 반영하여 감가상각비를 결정한 후, 예상 운영비(Opex)와 법인세를 합산하여 n년간의 Annual Revenue Requirement(ARR)를 결정한다. 그리고 확정된 ARR를 이용자의 n년의 계약물량 합계에 비례하여 터미널수수료를 부과하는 방식을 취하고 있다. 매년 물가상승률에 따라 터미널 수수료가 자동으로 조정된다. n년 후 다시 ARR을 재협상한다.

구성요소	ARR	산식
Return on Asset	ROA	WACC × Depreciated Asset Value + WACC × net working capital
Return of Asset	Economic Depreciation	Depreciation – Inflation
Efficient Corporate Cost	Opex	
Corporate Tax	Notional Tax	

위의 요금체계는 투자보수를 고려한 총괄원가(ARR)를 각 이용자가 계약물량만큼 부담한다. 그리고 장기이용계약자중 일부가 계약을 파기되어 전체 계약물량이 줄어든다면, 남은 터미널 이용자가 줄어든 계약물량에 비례하여 ARR을 부담한다. 운영사입장에서는 안정적인 구조로 보이나, 남은 이용계약자에게 대체 석탄터미널이 있다면 언제든 요금이 저렴한 곳으로 이탈할 가능성이 높다. 따라서이 역시 경쟁력분석 접근으로 귀결된다. 즉 전용부두이고 요금 구조가 완벽해도핵심은 철도 인프라, 대형선박 접안능력 등이 열세라면 언제든 영업위험은 발생한다.

9장

발전시설
Power Generation

1 발전시설이란 무엇인가

발전소의 기초 개념

Heat Rates(열소비율)

열소비율은 kWh의 전기를 생산하는 데 요구되는 연료의 양을 열량단위인 Cal 또는Btu(British Thermal Unit) 로 표시하고, 국내에서는 일정한 열량이 최종 전기 생산에 기여하는 정도를 %로 변환해서 표시한다. 열소비율이 낮을수록 일정량의 에너지를 생산하기 위해 필요한 연료의 양이 줄어들고, 이에 따라 발전소 가동 원료비용도 절감된다.

Spark Spreads

Spark Spread(원/kWh) 는 kWh당 전력가격에서 kWh당 연료비(가스 시장 가격 x Heat Rate)를 차감한 금액을 의미한다. 즉 전기 1kWh 팔아서 얼마나 남는지를 보여주는 수익지표로서 가스발전소에 적용하고, 석탄발전소는 Dark Spread라고 칭한다. 예를 들어, 현재 가스가격이 $4/mmbtu, 전력시장가는 $40/MWh, 발전소의 열량이 7,000btu/kWh이라고 가정하면, 해당 발전기의 Spark Spread는 $40 - [$4 *(7,000/1,000)] = $40-$28 =$12/MWh으로 계산된다.

Availability Factor 가용률

Availability Factor는 발전소가 급전을 받으면 언제든 운전할 준비가 되어 있는

Available한 상태가 일년중 얼마나 되었는가를 보여주는 지표로서, 연간 계획 유지보수시간을 제외하고 고장율이 얼마나 있는지를 보여주는 지표다. 예를 들어 90%라고 하면 연 8760시간의 10%인 870시간만 유지보수 또는 고장으로 Unavailable한 상태였음을 말한다.

- Availability Factor 가용률(%) = 운전시간 / 역일시간 × 100

Capacity Factor 이용률

실제 급전을 받아 발전한 양을 보여주는 지표다. 1,000MW발전설비도 100% 출력운전을 하지 않고 50%만 부분운전을 하는 경우도 있다. 따라서 일정기간 누적 발전량을 해당 설비 생산가능량으로 나누어 산출한다. 발전기의 경쟁력 및 수익성을 볼 수 있는 지표다.

- Capacity Factor 이용률(%) = 전력생산량 / (역일시간 × 설비 용량) × 100

발전시설에는 무엇이 있나

■ 화력발전소

연료가 연소하여 발생하는 열에너지를 이용하여 전기에너지를 생산하는 발전방식을 화력발전이라고 한다. 화력발전은 작동 방식에 따라 유형이 갈리는데 연료를 연소하며 발생한 열을 이용하여 고온 고압의 수증기를 발생시켜 스팀터빈을 돌리는 기력 발전소와 디젤 엔진 같은 내연기관으로 발전기를 구동하는 소규모 발전소인 내연력 발전소, 고압의 공기 혹은 연료 등을 연소하여 발생되는 가스로 터빈을 돌리는 가스 터빈 발전소가 존재한다. 화력발전소는 또한 발전에 사용되는 연료에 따라 석탄 화력발전소, 중유 화력발전소, LNG화력발전소 등으로 구분하기도 한다.

■ 원자력 발전소

우라늄과 같은 방사능 동위원소들의 핵 분열과정에서 발생하는 열 에너지를 이용하여 전기 에너지를 생산하는 발전방식을 원자력발전이라고 한다. 핵 분열과정에서 발생된 열 에너지가 고온 고압의 수증기를 발생시키고 이 수증기를 이용하여 증기 터빈을 돌리는 발전 방식이다. 한번 발전에 사용된 수증기는 냉각탑을 거쳐 냉각시킨 뒤 다시 사용된다.

석탄화력발전

■ 발전원리

석탄화력의 발전원리를 살펴보면, 보일러에 화석원료를 연소시켜 얻은 에너지로 물을 끓여 증기로 만들고, 그 증기로 터빈을 회전시켜 회전력을 얻은 후 터빈 축에 연결된 발전기로 전기를 얻는다.

① 석탄화력 발전소는 보일러를 기동할 때에는 유류를 사용하고, 정상 운전 중에는 유연탄을 사용하도록 되어 있다.
② 연료인 유연탄은 외국에서 배로 싣고 와서 저탄장에 야적해 두었다가 상탄기에 의해 저탄조로 운반하여 석탄 이송기에 의해 석탄분쇄기에 들어가서 석탄이 분쇄되면, 분쇄된 석탄은 일차통풍기의 공기에 의해 보일러에 들어가게 된다.
③ 연소에 필요한 공기는 압입통풍기(FD Fan)로 가압하여 공기예열기(A/H)에서 배기가스의 열로 예열시킨 후 보일러에 공급한다. 보일러에서 나오는 연소가스는 공기예열기에서 연소용 공기에 열을 전달하고, 전기집진기에서 재가 완전히 제거된 후 탈황설비를 통해 SO_x가 제거된 후 유

입통풍기에 의해 굴뚝으로 배출된다.

④ 보일러에 공급된 물은 보일러 벽을 형성하고 있는 수관을 지나면서 연료
의 연소 열에 의해 가열되어 물의 전부가 증발되면서 1차, 2차 과열기를
통하면 과열증기로 변환 후 고압 터빈으로 들어간다.

⑤ 그 주증기는 고압터빈을 돌리고 난 후 보일러 재열기에서 다시 가열되어,
중압터빈 및 저압터빈을 돌린 후 복수기로 들어와서 해수에 의해 냉각되
어 보일러 용수로 재 사용된다.

⑥ 복수기에 들어온 증기를 냉각시키기 위한 해수는 순환수펌프에 의해 복
수기에 공급되며, 복수기를 거친 해수는 방수로를 통해 흘러 나간다.

⑦ 전기는 터빈축에 연결되어 운전되는 발전기에서 22,000[V]로 생산하여
주변압기에서 345,000[V]로 전압을 높여 송전선을 통해 송전된다.

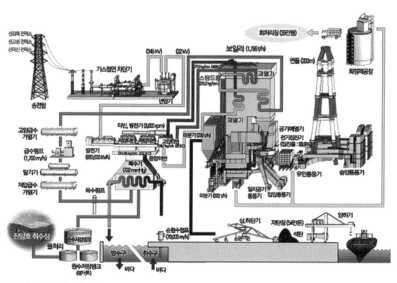

자료 : 남동발전 홈페이지 [1]

■ 석탄 구매 및 운송방안

석탄을 구매할 경우 연료공급의 안정성 및 구매원가의 경쟁력이 검토되어야한다. 연료공급의 안정성을 보려면 Term 계약(중대형 공급사를 중심으로 우수 브랜드 안정적 확보), 공급선 다변화(특정 항구/공급사의 지역/시기별 공급 리스크분산) 등을 고려해야 한다. 또한 구매원가 경쟁력을 보려면 핵심 공급사 물량 비중, 물류 경쟁력 강화(CVC vs COA/Voyage Charter), 탄력적 시장 대응(Spot vs Term), 구매원가 리스크 제고(Benchmark vs Index) 등을 고려해야 한다.

┃ 공급기간 ┃

일반적으로 spot(1년 미만) 계약, term 계약을 1년, 3~5년로 각각 구분하여구매하게 된다. 운영의 안정성을 고려하면 term 비중을 70%로 높게 유지하는 편이 좋다. 일반적으로 term 계약은 구매 우선권을 부여함으로써 안정적인 원료 공급원을 확보하기 위한 목적으로 이루어지며, 서면검토 → 샘플테스트 → trial 카고(1~2회 spot 구매) → term 계약(3~5년)으로 진행된다.

Term 계약과 spot 비중은 통상적으로 조업 초기 안정성 위주, 정상화 이후에는 원가 경쟁력 제고 방향으로 진행된다는 점을 감안할 때, 조업 초기 term 비중을 높게 (예를 들어 term 70% + spot 30%) 적용하고, 정상화 이후 term 비중을 낮춰 (예를 들어 term 50% + spot 50%) 추진하는 방안이 적정하다.

┃ Term 가격구조 ┃

석탄구매 계약 방법에 있어서 term 계약은 공급의 안정성 측면에서 고려되는 가치로서, 가격 결정구조는 고정가격과 변동가격으로 구분된다. 고정가격(Fixed Price)은 계약시점의 Benchmark Index를 기준으로 협상하여 구매 1년간고정된 가격으로 구매하는 방법이 일반적이며, 변동가격(Index link Price)은 1년간 구매시에도 가격을 Benchmark Index를 기준으로 삼아 변동하여 구매하게된다. 만일 변동가격으로 결정된다면, term 계약은 구매 우선권을 부여하는 장치로 해석되어야 한다. 즉, 양질의 석탄에 대해 고정적인 물량의 구매를 보장함으로써 공급자는 이를 바탕으로 광산운영을 안정적으로 할 수 있고, 수요자는 또한 안정적인 품질과 물량을 설계할 수 있는 장점을 가진다. 만약 기간 연장을 통해 공급자로부터 적용가격에 대한 단가 할인을 받을 수 있다면 term 계약은 물량 확보 외에 원가 절감의 역할도 할 수 있을 것이다.

Spot 비중을 50% 이상 늘리는 것은 가격 변동리스크, 예를 들면 급격한 가격 상승시 Index 가격에도 물량을 확보하지 못하게 되는 문제가 있다. 또한 지나친 term 계약 비중은 Index보다 낮게 입찰 가격이 형성되더라도 기회를 이용하지 못하게 되는 문제가 있다.

∣ 해상운송 ∣

항해용선계약은 선주가 용선자의 화물을 일정 항구에서 다른 항구로 운송해 주고 운임을 받는 화물 운송 계약 형태로 운임 임차 계약으로 볼 수 있다. 항해용선계약에 있어서 용선자는 선주에게 운임을 지급하고, 선주가 선박운항에 따른 비용을 부담하는데, 용선자는 선복 만을 이용하고 일정한 항해를 기초로 용선료를 부담한다는 점에서 기간용선계약이나 나용선계약과 구분된다. 이 중 정기용선계약은 선주의 선박(선원이 승선된 상태) 전부 또는 일부를 용선주가 운항 구간과 용선 기간을 정하여 빌려 쓰고 용선료를 주는 선박용선 계약 형태로써, 기간용선계약(Period Time Charter), 1항차 정기용선계약(Time Charter Trip)으로 구분된다. 나용선계약은 용선주가 선주의 선박 자체 만을 용선하여 선원 배승을 포함한 선박운영비 일체를 부담하고 선주에게는 자본비 성격인 용선료를 주는 선박용선 계약이다.

용선자는 운임 이외에 화물과 관련된 선적 및 양하 비용을 부담하고, 선주가 모든 운항 경비와 고정비를 부담하기 때문에, 운항 기간 중 연료비 변동, 환율 변동에 따른 항비 변동, 악천후로 인한 항해상의 지연 등의 위험은 기본적으로 선주가 부담하여야 하는 계약 형태이다. 그러나 용선자와 선주와의 협상에 따라 다양한 조건으로 결정할 수 있다. 용선자가 선주에게 지급하는 용선료는 보통 항차단위로 화물운송량에 따라 톤당 금액을 기준으로 한다.

이렇게 공급기간, 가격구조, 해상운송구조를 각각 고려해야 한다. 다음은 석탄발전소의 구매 및 운송계약 예시다.

구분		연간물량	가격구조	운송계약
Spot		70만톤	Spot index	Spot VC
Term	1년	50만톤	Fixed Price	30년 CVC 전용선 1척
	3년	50만톤	Fixed price 매년 3월 가격갱신	
장기공급 5년이상		50만톤	Benchmark Index	

가스 복합화력발전 (Combined Cycle Gas Turbine CCGT)

복합화력발전은 LNG를 연료로 가스터빈을 돌려 발전을 하고 가스터빈을 돌린 폐열을 이용해 증기를 발생시켜 스팀터빈을 돌리는, 두 가지의 발전시스템으로 구성된 발전소를 말한다. 일반 기력발전소는 가스터빈은 없고 스팀터빈만 있어 차이가 있다. 복합화력발전을 하는 가장 큰 이유는 효율이 좋아서이다. 일반 석탄이나 중유 기력발전은 30~40%대의 효율을 보이나, 복합화력발전을 하면 50%대의 효율이 나와 수익성이 좋다. 특히 에너지 가격이 높은 지역, 한국과 같은 지역은 고가의 연료를 이용해 최대한 발전을 극대화해야 하므로 복합화력발전이 적합한 지역이다.

주요 기자재는 가스터빈, 배열회수보일러, 스팀터빈 3가지다. 작동원리는 외부에서 유입된 공기를 압축, LNG연료와 혼합하여 연소시키면, 고온의 공기가 가스터빈을 회전시켜 일차 전기를 생산한다. 배열회수보일러(HRSG : Heat Recovery Steam Generator)는 가스터빈에서 나온 고온 배기가스로 증기를 만들어 증기터빈으로 보낸다. 증기터빈은 증기를 이용해 한 번 더 전기를 생산된다.

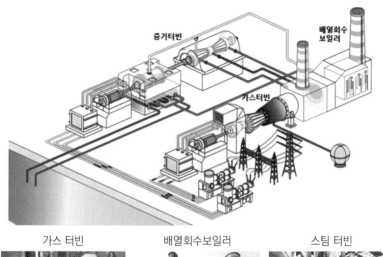

가스 터빈 　　　　　 배열회수보일러 　　　　　 스팀 터빈

자료 : GS EPS 홈페이지 [2]

복합화력발전은 첨두부하 시간대 DSS(Daily Start-up and Shut down) 운전에 적합하다는 장점이 있다. 일반적으로 석탄발전은 발전기를 시동을 걸어 최대 출력까지 걸리는 시간이 한 겨울에는 5시간이 넘게 걸린다. 따라서 첨두시간대 몇시간 가동하기에는 비효율적인 발전기다. 이때 적합한 발전기가 복합화력발전기다. 최대출력까지 1시간이내에 도달하므로 운전방식에는 경쟁우위에 있다.

■ 핵심설비인 가스 터빈

가스터빈은 고도의 기술력을 요하는 핵심설비라서 제조업체가 과점체제다. GE, 지멘스, MHPS 등이 시장을 선도하고 있다. 가스터빈은 효율을 기준으로 E Class, G Class, H Class 등으로 구분된다. 효율이 57%에서 61%까지 올라간다.

국내에서는 2010년대초까지는 G Class가 주류를 보였으나. 이후 H Class가 많이 설치되고 있다. 경쟁시장일수록 발전에 사용되는 연료비가 경쟁력의 절대적이므로 남보다 조금이라도 싸게 입찰해야 급전도 받고, kWh당 수익성도 높아진다.

다음은 효율에 따른 연료비의의 차이와 kWh당 수익성을 예시로 만든 자료다.

구분		2019년 12월	2018년 12월
LNG 열량단가(원/Gcal)		47,967	64,528
평균 SMP (원/kWh)		83.72	109.34
연료비 (원/kWh)	효율 61%	67.63	90.97
	효율 59%	69.92	94.36
	효율 57%	72.37	97.36
1GW 발전기 12월 80% 가동기준 공헌이익 (백만원)	효율 61%	9,579	10,932
	효율 59%	8,215	9,096
	효율 57%	6,755	7,131

자료 : 전력거래소 [3]

2019년과 2018년 12월의 국내 전력시장의 운영실적을 토대로 효율의 중요성을 만들어 본 표다. 효율이 2% 차이가 kWh당 연료비는 2~3원 차이지만, 1,000MW 발전소를 기준으로 보면 한달에 최대 25~30억원까지 차이를 보인다. 효율 좋은 가스복합을 소유한 발전소냐 아니냐의 차이가 얼마나 중요한지 알 수 있다. 이는 가스가격이 높을수록 더욱 진가를 발휘한다.

■ 유지보수가 중요한 고가의 가스터빈

가스터빈의 효율 및 출력성능 유지를 통한 최적의 운전조건을 만족하기 위해 가스터빈 특성을 가장 잘 이해하고 있는 제작사가 직접 정비, 예비품 공급 등을 하는 추세다. 일반적으로 터빈공급계약과 함께 장기유지보수 계약을 패키지로 체결하는 추세다.

계획 예방정비의 급수별 예방정비부문에 대한 용어는 가스터빈 제작사별로 약간 상이하나 통상적으로 다음과 같이 구분한다.

예방정비별 정비 급수의 구분

구분	Inspection	예방정비부문
A급	MI (Major Inspection)	가스터빈 전 부문 • HGPI 검사를 포함 • Turbine 및 Compressor section의 Overhaul • Cylinder, Bearings and Seals Inspection • 주기에 따라 Rotor Inspection을 포함
B급	HGPI (Hot Gas Path Inspection)	연소기 ~ 터빈 Section • CI의 검사를 포함 • Hot Flow Path에 있는 부속들의 교체 또는 복구를 수행 • Guide Vane과 Blade에 대한 교체 및 수리
C급	CI (Combustion Inspection)	연소기 Section • 모든 Combustor chamber, transition 부속 등에 대한 검사 • 파쇄, 마모, 크랙에 대한 검사 및 손질 • 터빈 및 압축기의 첫단과 끝단의 Visual Inspection • 터빈의 첫 단에서 Hot Spot 발견 시 Vane의 재배열 등

장기유지보수계약은 계약형태에 따라 주요부품의 납품, Overhaul(분해 수리) 등 업무범위를 규정하고 있으며, 과거에는 부품과 기술지원 부분의 경우 제작사로부터 지원받고 계획예방정비는 국내 업체에서 수행하는 형태로 진행되었으나, 최근에는 부품, 계획정비 및 기술지원을 제작사에서 직접 수행하는 형태로 변화하고 있다.

발전사업 중요한 고려사항

■ EPC 계약

EPC사는 발전소의 설계, 기자재의 공급 및 설치, 시공 및 시운전 등을 포함하는 역무를 수행한다. 가장 중요한 항목은 성능 보증 조항이다

(예시) 성능 보증

보증항목	보증치
Facility Net Power Output (kW)	1,149,374
Net Heating Rate (Btu/kWh)	6,652.4

(예시) 손해배상

- 성능에 대한 손해배상 : [1,250] USD/kW, [160,000] USD Btu/kWh
- 공사지연에 대한 손해배상: [100,000 USD per 일/단위]
- 손해배상액 한도: 성능에 대한 손해배상액 한도는 전체 EPC계약금액의 20%로 하며, 공사지연에 대한 손해배상액 한도는 전체 계약금액의 15%로 함. 또한, 성능과 공사지연에 대한 손해배상액 총액의 한도는 전체 EPC계약금액의 25%로 함

■ 가스터빈 서비스 계약

가스터빈(Combustion Turbine) 납품업체와 장기 서비스 계약을 체결하여 가스터빈의 유지관리 및 부품공급 서비스를 제공받는다. 계약기간이 역일이 아닌 운전시간(FFH)과 기동횟수(FS)로 표현되는 것이 이색적이다.

(예시) 계약기간

- 계약기간: 모든 가스터빈에 대해 작동 종료일(Performance End Date)과 계약 효력발생일로부터 30년 중 먼저 도래한 날까지

- 작동 종료일: 각 가스터빈에 한하여 I) 누적 운영시간이 192,000시간(Factored Fired Hours)에 도달하거나 누적 기동횟수가 4,320회(Factored starts)에 도달한 날, 또는 II) 두번째 주요 검사가 완료된 날 중 나중에 도래한 날

(예시) 대가의 지급

- 연간 milestone 비용 : 2,000,000 USD (2030~2041년)

- 월간 고정 비용 : 20,000 USD

- 월간 가변 비용

  i. Factored Fired Hours / Factored Starts〉44.4 이면 514.47 USD / FFH

  ii. FFH/FS 〈 44.4 이면 GEI SA Ratio에 따라 감소

  iii. 계약서에 명시된 FFH/FS 요율은 최초 64,000 FFH에 대해 30% 증가되며 이후 모든 FFH에 대해 15% 감소함

- Escalation: 2019년 1월1일 부터 분기 지급 및 해지 금액에 대하여 지정된 BLS labor 및 BLS material 지수에 각각 40%, 60%씩 가중치를 적용하여 매년 인상함

(예시) 가용보증

- 서비스 기간 동안 가스터빈에 대한 Availability 보증 (1년 기준 8,760시간)
- 365일 기준 CT Outage 및 Hot Gas Path & Major Inspection 미포함

Scheduled Outage	All	Hot Gas Path	Major
Equivalent Available Factor	98.5%	92.2%	89.8%

(예시) 손해배상
- 성능에 대한 손해배상: 보증기준 미달 시 EAF 1% 기준 100,000 USD
- 손해배상액 한도: 터빈당 연간 300,000USD

■ 가스 운송 계약

발전시설로의 천연가스 운송을 위해 가스 운반 전문회사와 가스운송계약 (Gas Transport Agreement)을 체결한다. 다음은 예시다.

- Delivery Point : 발전소 내 M&R Station (DTI TL-400 Pipeline이용)
- 계약단가 : 0.225 USD / MMBtu (연간 12,318,750 USD)
- 운송량 : 최대 일 150,000 Dt (연 54,750,000 Dt)

■ 가스 공급 계약

발전회사는 천연가스 공급을 위해 가스공급회사와 Gas Supply Agreement 을 체결한다. 다음은 예시다.

- 계약물량 : 총 일 192,000 Dt (Firm)
- 가스가격 : Dominion South Point + Adder

2 발전사업 투자~꼭! 고려할 사항

발전사업 위험 유형

| Completion Risk |

발전사업에 있어 건설단계에 발생하는 위험요소는 지연, 성능 미흡, 비용초과로 인해 발생한다. 최적의 관리 방법은 신용도 높고 건설경험이 많은 건설사와 설계, 기자재구매, 시공을 함께 수행하고 책임지는 EPC 계약을 맺는 방식이다.

우선 대상 시설의 Technology risk 수준에 따라 위험관리는 차별화된다. 우선 "Conventional technology"를 기반으로 하는 발전시설, 즉 미분탄 석탄발전, 복합화력, 폐기물 소각발전 같은 카테고리가 있고, "Evolutional technology"를 기반으로 하는 발전시설, 즉 초초임계압(ultra-super-critical) 석탄발전, 가스화(gasification) 또는 열분해 폐기물 발전 같은 카테고리가 있고, "Revolutionary techonology"를 기반으로 하는 발전시설, 석탄가스화복합발전(integrated gasification combined cycle), 이산화탄소분리저장시설(Carbon sequestration & Storage) 시설 같은 카테고리가 있다. 카테고리마다 기술이 검증 "Proven"이 덜 될 수록 시공사 경험, EPC 성능보증 및 손해배상 조항을 중요하게 본다.

독점 기술을 사용하는 사업은 자격을 갖춘 EPC 회사가 거의 없어 대체 계약자를 찾기가 어렵다. 그럴 경우에는 대체시공사 확보가 어려운 경우는 프로젝트 신용도는 계약자 신용도에 머물 수밖에 없게 된다.

| Operation Risk |

일반적으로 EPC 건설사 또는 주기자재 업체가 유지보수에 대한 서비스계약을 연계해서 맺는 경우가 많다. 앞서 이야기한 검증이 덜 되었다고 보는 기술의 경우 유사하거나 관련 기술을 운영한 높은 명성과 입증된 성능을 가진 운영자가 아니면 운영비 초과 위험에 대해 면밀하게 봐야 한다. 즉 스트레스 테스트를 세밀하게 해야 한다. 최소 가용률 보장, 최소 효율 보장 수준 및 측정 절차에 대해 명확하게 계약에 명시되어야 향후 분쟁이 생기지 않는다.

통상 주요 기자재에 대한 거액의 자본적지출에 대한 관리가 핵심이다. 두 가지 관리 방법이 있다. 하나는 자체 여유있는 운영예산을 감안한 Maintenance Reserve Accounts(MRAs)를 Waterfall상 적립하는 방법이 있다. 또 하나는 기자재업체와 장기 서비스 계약(Long Term Service Agreement, LTSA)을 맺고 매년 일정액을 지불하면서 특정년도의 거액의 비경상적 지출을 미연에 막는 방법이 있다. 후자가 대주가 선호하는 방식이지만, 워낙 고액이 매년 지출되어 종종 사업주와 마찰이 생기는 경우가 있다.

| Supply Risk |

신뢰할 수 있는 연료 공급자와 Fixed 또는 indexed Price에 기반한 장기 계약하고 장기 판매계약(PPA 등)에서 요구 사항과의 미스매치를 피하기에 충분한 양을 계약해야 한다.

반대로 현물 시장 가격에 노출되고 연료 공급이 보장되지 않은 사업이라면 Supply risk 경감 방안이 필요하다. 석탄이나 가스 연료는 소싱도 다양하고 가격도 투명하므로 그리 문제가 없다. 그러나 폐기물이나 바이오매스를 연료로 하는 경우 대체 공급원의 부족 또는 연료 품질의 불일치로 인한 Supply risk 관리가 중요하다.

때로는 지역에 따라 계절별 운송이 제한되는 경우가 있다. 뉴욕의 경우 거울 한파로 가스공급이 중단되는 경우가 발생한다. 빈번히 발생하는 지역은 Dual-fuel capability이 가능한 발전 시설이 고안되어야 한다. 가스 공급이 중단될 때 오일을 사용하여 작동할 수 있다. 실제 가스공급에 제약이 있고, 겨울 한파가 잦은 뉴욕주나 뉴잉글랜드 지역은 대부분 Dual-fuel 발전시설이다.

| Revenue Risk |

장기 판매계약이 체결된 발전사업은 Offtaker의 신용도가 중요하게 된다. 그렇지 않은 Merchant 발전사업은 시장에 대한 면밀한 검토와 최소한의 현금흐름 헷징 장치, 금융구조 유무 등을 병행해서 판단해야 한다.

우선 Tolling Agreement는 연료구매의무도 없어 market risk와 fuel cost risk와 절연되어 가장 안정적인 사업구조로 인식된다. 그리고 전력구매계약 (PPA) 은 통상 부채상환액, 출자액과 투자보수를 충당하는 'Capacity Charge'와 연료비와 운영비용을 전가하는 "Energy Charge" 형태로 되어 있어 안정적이다.

Merchant 발전사업은 역사적 경험수치를 반영해 보지만 한계가 있다. 경쟁력분석이 중요하다. Dispatch상의 위치가 얼마나 경쟁력 있고, 얼마나 유지할 수 있는지를 전력수요, 기저발전의 입출, 동일연료의 경쟁사 진입 등 다양한 시나리오로 접근해야 한다. Energy Hedge가 있는 사업은 얼마나 Contracted Cash flow가 원리금 상환에 안정적인 역할을 하는 지 점검해야 한다. 최근 Merchant 발전에 대한 변동성이 높아져 투자 기피현상이 커지자 안정적 전원공급을 위해 투자비를 보전해주는 용량요금 제도가 도입된 시장이 많아지고 있다. 국내는 초기부터 있었고, 미국도 2010년 즈음에 PJM, NYISO, MISO 지역에 용량요금 제도가 도입되어 시행되고 있고. ERCOT, CAISO 지역은 아직도 없다. 또한 유럽 대부분, 호주도 아직은 도입되어 있지 않다. 대출기관이 금융 구조로 푸는 방식에는 부채비율을 낮추거나 배당을 엄격히 제한하고 더 나아가 Cash Sweep을 하는 방식 등이 있다.

리스크 발생 사례

■ Panda Temple Power LLC의 Revenue risk[4]

Panda Temple Power은 758MW의 가스복합발전설비로 텍사스주 템플에 위치하고 있다. 2012년 건설이 시작되어 2014년 상업운전을 개시하였다. 발전기는 효율이 7,000 btu/kW로 매우 경쟁력 있는 발전기였다. 문제는 리파이낸싱이었다. 최초 금융당시 차입금 $377milion, 출자금 $375 million으로 부채비율이 50% 수준이었다. 그러나 리파이낸싱 과정에서 RCF, LC 등 선순위 대출성 차입규모를 $412milion로 확대시켰다. 그리고 5년후 파산에 이른다.

회사는 PPA 대신 600 MW 용량에 대해 4년만기 Revenue put option에 가입했다. 그럼에도 채무불이행에 이르렀고 파산에 이른다. 회사는 ERCOT이 제시한 "Capacity Demand and Reserve"의 공급부족을 믿고 추진했으나 착공후 CDR을 공급과잉으로 변경 발표했고, 그래서 파산에 이르렀다고 주장하고 2016년 ERCOT을 상대로 손해배상을 청구했다. 그러나 2018년 패소한다.

파산에 이른 원인으로 ERCOT의 낮아진 가스가격과 풍부한 풍력발전을 꼽는다. 2018년 가스가격은 $3.1/mmbtu였고 발전소의 7,000 btu/kWh 효율을 감안하면 연료비는 $21/MWh이다. 그러나 ERCOT의 전력시장가격은 $32/MWh에 불과해 기타 운영비 $9/MWh를 제외하면 원리금 상환이 곤란한 상황에 처하게 되었다. 이는 과다한 풍력발전의 설치가 과다한 전력생산으로 인해 전력가격을 크게 떨어뜨렸다고 본다. 2017년 ERCOT에 13,693MW의 가스복합화력발전소와 더불어 9,742 MW의 풍력발전시설이 운영되고 있다.

미국의 발전부문에서 대표적인 Revenue Risk 발생사례다. 경쟁력 있는 발전기, 경험이 많은 스폰서, 50% 부채비율, Revue Put Option 가입 등으로 볼 때 적합한 투자 상품으로 출발했다. 그러나 예상과 다른 재생에너지의 설치, 가스가격의 하락 등이 겹쳐 최악의 시장상황을 만났고, 회사는 그에 앞서 리파이낸싱을 해서 Revenue Put Option도 소용없는 상황이 되었다.

■ Longview Power의 Revenue Risk[5]

Longview Power는 West Virginia주 Morgantown인근에 위치한 700MW 급 석탄발전소다. 2011년 상업운전을 개시했으나 잦은 고장과 전력가격의 하락이 겹쳐 2013년 Chapter 11을 신청한다.

이는 미국의 석탄발전소가 처한 어려움을 드러낸 사건이라고 말한다. 다른 석탄발전소는 더 오래되고 덜 효율적이어서 석탄 공급에 더 많은 비용을 지불하고 있었다. 당시 $220milion의 투자비로 가장 최신의 가장 효율적인 석탄발전소이고, 석탄공급처도 인근에 있어 장점이 많은 발전소였다. 그럼에도 파산을 신청했다. 즉 발전소의 운영위험도 영향을 줬지만 기본적으로 시장이 석탄발전에 비우호적으로 변하고 있었다. 그래도 2015년 회생해서 재기에 노력했으나 2020년 다시 파산신청을 했다. 이번엔 세일 가스 붐이 원인으로 지목된다. 2016년부터 2019년까지 평균 83%의 이용률을 보일 만큼 정상 가동되고 있었으나 이렇게 파산을 신청한 것은 미국에서 석탄발전 운영이 얼마나 어려운지 보여주는 사건이라고 해석되고 있다.

3 장기판매계약 발전사업
Long-term-Sales-
Contracted Power

장기판매계약이란 무엇인가

장기판매계약을 통해 Revenue Risk를 경감하는 전통적인 방법은 Utility회사와 장기전력구매계약(PPA)를 체결하는 것이다. 또한 여기에 연료구매의무를 뺀 Tolling Agreement이 있다. 시간이 지나 Utility사와 장기계약을 체결할 기회가 적어지자 일반회사와 Synthetic PPA를 맺는 사례도 늘고 있다.

■ Power Purchase Agreement (PPA)

전형적인 PPA는 부채상환액, 출자액과 투자보수를 충당하는 'Capacity Charge'와 연료비와 운영비용을 전가하는 "Energy Charge' 형태로 되어 있다.

구 분	요 소	구성 항목	적용 발전량
Capacity Charge	Fixed Capacity Charge	자기자본 회수액, 차입금 원리금 상환액	순발전가능용량 (kW)
	Fixed O&M Charge	고정운영비용	
	Supplementary Interest Charge	추가 발생 이자비용	
Energy Charge	Variable O&M Charge	변동운영비용	순발전량 (kWh)
	Fuel Charge	연료비용	

Capacity Charge는 개발 및 건설에 투입된 비용과 금융비용 그리고 발전소의 고정운영비용에 대해 Tariff로 지급해 주는 항목이다. 즉, 매 계약연도의 차입금에 대한 원리금 상환액과 발전소의 운영을 위한 고정운영비 발생액 그리고 출자자의 자기자본 투입액에 대한 회수액의 합계액이 매 계약연도의 Capacity Charge가 된다. 한편, Capacity Charge는 용량요금으로서 보증용량(Dependable Capacity)당 환산된 단가로 지급되므로 순발전량(kWh)과는 무관하며 순발전가능용량(KW)에 의해서 결정된다.

Energy Charge는 운영기간 중의 변동운영비와 전력생산을 위해 소요되는 연료비에 대해 지급하는 Tariff 요소로서 Variable O&M Charge와 Fuel Charge로 구성된다. 변동원가를 보존해주는 Tariff 요소인 Energy Charge는 실제 전력 판매량인 순발전량(kWh)에 의해 결정된다.

■ Tolling Agreement

Tolling Agreement는 가장 안정적 구조로서 안정적인 현금흐름이 예상된다. Availability 기반 지급 구조로 고정비용 충당에 충분히 안정된 매출원으로 인식된다. 여기서 고정비용은 원리금을 넘어 출자자의 투자보수도 포함된다. Offtaker는 급전을 관리하고, 연료구매에 대한 책임을 진다. 위험요인은 거의 없으나 Availability 계산식이 복잡하면 현금흐름 추정의 정확도가 떨어진다. 예를 들어 계절에 따라 Multiple capacity rate이나 weighting factor를 적용하는 경우가 있다. Peak 시즌에 고장이 나면 높은 손해배상을 요구하게 구조는 그 예측이 어렵다.

■ Spark Spread Hedges

일반적으로 기업보다는 금융기관이 헷징을 제공하는데, 변동 전력가격을 고정가격으로 거래하는 방식이다. 위험요인은 정산하는 Reference 가격이 실제 판매가격과 차이가 나서 발생하는 Basis risk가 있다. 통상 Nodal 또는 Hub price를 Reference 가격으로 정하고 체결하는데, 실제 발전소의 판매가격과 차이가 난다. 회사는 차이를 감내하던가 아니면 제3자와 추가 헷징계약을 맺어야 한다. Spark Spread Hedge의 경우 이원화된 에너지 Swap 계약과 가스 Swap 계약 체결을 통하여, 결과적으로 에너지마진을 확정짓는 효과가 있다.

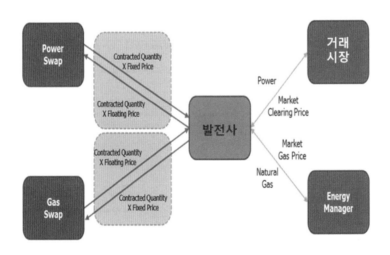

Tolling Agreement 사업 사례

연료조달에 대한 위험이 없으므로, Offtake가 요구하는 Availability factor 와 열효율에 대한 이행이 핵심이다. 통상 O&M계약을 통해 back-to-back 전가 하는 방식을 통해 안정성을 꾀한다. 초과이익을 얻는 방법은 크게 없다. 다만 약 정 효율보다 좋게 운전해서 연료비 절감을 통한 효율마진을 얻는 방법이 있다.

조항	내용
Capacity Payments	• Capacity Payment = $7.88/kW–mo × Availability Factor × Net Capability; Capacity payment escalated at 1% per annum • Net capability: 여름에는 95°F DB, 19% RH, 12.27 psia BP 기준, 겨울에는 30°F DB, 20% RH, 12.27 psia BP 기준
Fuel	• 발전사의 연료공급 책임은 없음
Variable O&M	• Variable O&M Payment = Monthly generation produced × $6.75/MWh
Fixed O&M	• Fixed O&M Payment = $1.68/kW–month × Availability Factor × Net Capability • 6월부터 9월까지 on-peak 시즌에는 availability factor가 97%에 미달할 경우 매 0.1% 마다 0.1% 감액
Start Charge	• Monthly Start Charge = Actual Starts × $7,446/start
Availability Guarantee	• 6월부터 9월까지 on-peak 시즌에는 97%
Heat Rate Guarantee	• Guaranteed Net Heat Rate: 9,700 btu/kWh (lower heating value 기준), 매년 0.4% degradation • 만약 Facility net heat rate이 guaranteed heat rate의 101.5%를 초과할 경우 보너스를 받고, 98.5%에 미달할 경우 패널티를 낸다

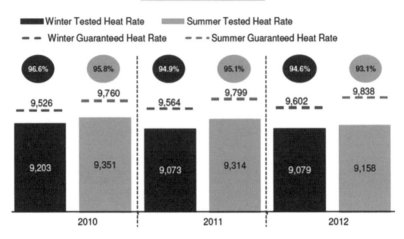

Heat rate 성과 (btu/kWh)

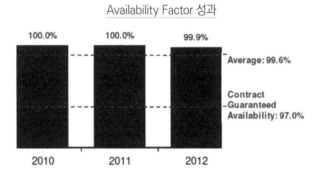

Availability Factor 성과

　　예를 보면 Heat rate도 보증치를 초과하고, Availability Factor도 보증치를 초과하고 있다. 재무실적을 보면 균질한 EBITDA와 Free Cash Flow를 보이고 있다.

재무실적($ in thousands)

	2010	2011	2012
Contract Revenue			
Capacity Payment	13,696	13,984	14,357
Variable O&M Payment	381	547	309
Fixed O&M Payment	3,021	3,004	3,077
Heat Rate Adjustment	166	235	167
Start Payment	542	657	452
Reimbursement	1,101	1,285	1,223
Tolling Revenues	18,907	19,713	19,585
Expenses			
Variable O&M	(9)	(10)	(9)
Fixed O&M	(1,006)	(1,156)	(1,033)
Tax Other than Income	(1,092)	(1,274)	(1,214)
Insurance	(235)	(222)	(226)
G&A	(170)	(198)	(222)
Total Expenses	(2,513)	(2,861)	(2,703)
Operating EBITDA	16,395	16,852	16,882
Non-operating Income	0	7	–
Major Maintenance/Capex	(97)	0	0
Unlevered Free Cash Flows	16,298	16,859	16,882
Statistics			
Total Generation(MWh)	70,588	94,986	50,740
Average Capacity(MW)	153	153	156
Contract Payment			
Calenderized Capacity($/kW-mo)	7.48	7.64	7.67
Variable O&M($/MWh)	5.39	5.76	6.09
Fixed O&M($/kW-mo)	1.65	1.64	1.64

4 시장거래 발전사업
Merchant Power

비용기반시장(CBP)과 가격입찰시장(PBP)

Merchant 발전소는 상업적 전력시장에 참여하는 발전소를 의미한다. Merchant 발전소는 IPP(Independent Power Producer) 라고 통용해서 부른다. 장기 전력판매계약이 없어 시장에 참여해서 수익을 창출하여야 한다.

시장거래 발전시장은 지역별 국가별로 비슷한 면도 다른면도 있지만 크게 변동비 반영하는 전력거래시장인 CBP(Cost-based-Pool)와 가격입찰 전력거래 시장인 PBP(Price-bidding-Pool)로 구분된다. CBP의 경우 발전에 소요되는 단위당 변동비(연료비)를 기준으로 입찰하므로 전력가격이 연료가격과 같이 움직여 비교적 수익분석이 용이하다. 그리고 고정 투자비 보전을 위해 용량시장이 일반적으로 같이 있다. 반면 PBP의 경우 변동비(연료비)에다 고정비(설비투자비)를 포함하여 자신이 받고자 하는 상품(전력) 가격을 자율적으로 입찰한다. 따라서 용량 시장이 별도로 없다. 단, 공급 경쟁이 심할 경우에는 이론적으로 변동비 입찰을 하는 것이 맞지만 이의 선택 또한 사업자가 결정할 부분이다. 가격을 입찰할 지라도 시장지배력 등의 사유로 가격이 비정상적으로 급등하는 것을 방지하기 위해 가격상한(Price cap) 제도를 도입하고 있으며, 일부 시장에서는 시장지배력 발생시 비용기반으로 운영하기도 한다.

(예시) PBP시장의 특정 0시 수요/공급 곡선의 가격 체결

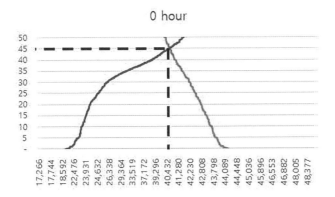

PBP시장 가격 결정에서 변동비만을 입찰하는 경우 예를 들어 위 그림을 보면, 유럽 모시장 PBP의 하루전시장에서 수요공급곡선 0[시]에 체결된 시장청산 가격은 45€/MWh, 물량은 40,432MWh가 거래되었다. 여기서 공급비용이 0[€/kWh] 이하인 공급물량이 약 18.5GW에 달하는 것을 볼 수 있다. 각각 개별 입찰 내용에 대해 공개하지 않으므로 상세사항을 알 수는 없지만, 이 물량이 재생발전 사업자, 기타 자기 제약 사유 등으로 인하여 꼭 발전해야 하는 물량인 것으로 판단된다. 해당시간대 낙찰된 사업자의 발전량에 대해서 발전사업자는 입찰을 제출한 지역에서 해당 시간의 전력가격으로 정산되므로, 발전이 가능한 시간대에서 자신의 발전량이 모두 낙찰되도록 가격을 제출하는 것으로 판단된다. 결론적으로 변동비 기반의 입찰을 하는 것이 합리적이고 그렇게 하는 것으로 추정된다. 이렇듯 PBP시장은 장래 전력가격과 손익 전망이 CBP에 비해 어렵다.

이렇게 가격 제도가 두가지로 진화되고 있는 배경을 이해하려면 전기 상품의 독특한 특징을 이해할 필요가 있다. 전기는 대규모로 저장을 할 수 없으며, 운송속도가 빛의 속도와 거의 같다. 그러므로 수요에 맞춰 시시각각 발전량을 조절

하여 수요와 공급이 일치토록 하여야 정전이나 제한송전과 같은 사태를 방지할 수 있으며, 품질도 유지할 수가 있다.

통상 전기를 사용하는 우리들은 얼마만큼의 전기를 사용할지 사전에 전력시장이나 전력회사에 통보하지 않고 우리가 사용하고 싶을 때 그냥 사용한다. 전력시장이나 전력회사는 이러한 수요의 불확실성을 예상수요를 초과하는 발전설비를 사전확보하여 대처한다. 전기의 경우 수요의 조절이 물리적으로 어렵고 타재화에 비해 가격 비탄력적이어서 공급력의 확보가 무엇보다 중요하다.

이하에서는 기본적인 설계시장인 CBP시장을 토대로 통상 개설되어 있는 에너지시장, 용량시장, 부가서비스시장에서 어떻게 수익을 창출하는 지 설명하고자 한다.

미국 전력시장은 하나가 아니다. 크게 규제시장과 비규제시장으로 나뉘고, 비규제시장에는 지역송전기관(Regional Transmission Organization, RTOs)과 독립계통운영기관(Independent System Operators, ISOs)이 있다.

RTOs/ ISOs은 지역단위의 송전망을 관리하기 위한 기관으로 FERC의 'Order 2000'에 근거하여 설립되었으며, 송전망 운영 및 요금제와 관련하여 FERC의 규제를 받고 있다. RTO/ISO는 회원제에 기반한 독립적인 비영리 기관으로서 대전력 계통을 운영하면서 도매전력 시스템의 신뢰도를 보장하고, 도매시장 전력수급 균형을 최적화하는 역할을 한다.

미국(북미)에는 7개(10개) 지역송전기관(RTO)/독립계통운영자(ISO)가 존재하며, 이러한 기관이 없는 州에는 수직적 통합 형태의 전기사업자(Utilities)가 전력시스템을 운영하고 있다. 미국의 7개 RTO/ISO는 California ISO, Midcontinent ISO, PJM Interconnection, New York ISO, New England ISO, Electric Reliability Council of Texas, Southwest Power Pool 등이 있다.

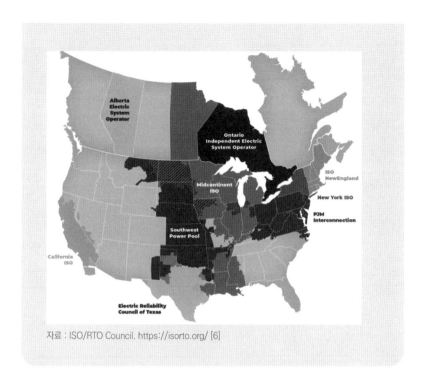

자료 : ISO/RTO Council. https://isorto.org/ [6]

에너지시장 (Energy Market)

- 하루 전 시장(Day-Ahead Market)에 판매
- 실시간 시장(Real-time Market)에 판매

일반적으로 대부분의 경쟁시장 도입국가에서는 전력거래를 위한 거래시장이 있고, 거래시장은 '하루전시장(Day-Ahead Market)'과 '실시간시장(Real-time Market)'이 있다. 국내에서는 하루전시장만 있고, 실시간시장 도입을 논의하고 있다.

에너지시장은 시스템을 통해 시장 참여자의 수급을 실시간으로 처리하여 증권 거래소와 같이 운영되며, 에너지가 전송되는 특정 지역과 시간대를 반영한 도매전력가격(국내는 SMP, 미국 일부지역은 LMP라함)를 통해 전력을 거래하고 있다.

도매전력가격을 결정하는 Merit Order(급전순위표)를 이해해야 한다. 다음은 국내 Merit Order의 예다. Merit Order는 하루전시장에서 입찰할 경우, 시장에 참여하는 발전기의 kWh당 연료비를 기준으로 줄을 세우는 그래프로 Dispatch Curve라고도 한다. 연료비가 낮은 원자력, 석탄, LNG, 유류 순으로 그래프가 이어진다. 연료내에서는 기울기가 평탄하고, 연료별로 단계적 증가를 보인다. 특히 마지막에는 효율이 낮은 발전기나 작거나 낡은 발전기가 위치해 급격하게 연료비가 증가하는 모습을 보인다.

이렇게 그려진 Merit Order에 특정 시간의 전력수요와 만나는 점이 해당시간의 도매전력요금으로 결정된다. 전력수요가 60,000MW인 D₁에서 55원/KWh, 전력수요가 80,000MW인 D₂에서 75원/KWh로 도매전력요금이 결정된다.

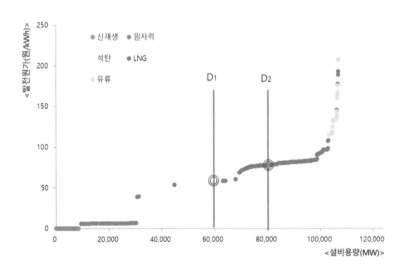

주요 요인별 변화가 도매전력가격을 어떻게 변화하는 지 예를 들어 보자.

1. 전력수요 증가

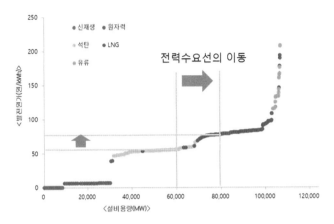

- 전력수요가 60,000MW에서 80,000MW으로 상승하여 이동하면 수요와 만나는 Dispatch Curve와 교차하는 점의 도매 전력가격도 상승

2. 기저발전소 폐지

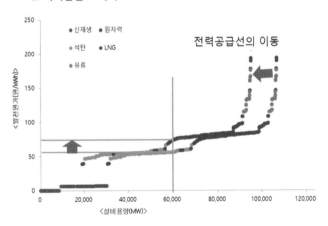

- 원자력의 일부가 폐지되어 발전용량이 감소하면서 그래프가 왼쪽으로 이동한다. 전력수요 60,000MW와 만나는 Dispatch Curve와 교차하는 점의 도매 전력가격도 상승

3. 가스가격 상승

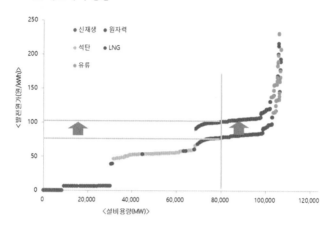

- 다른 연료는 동일하고, 천연가스 가격만 상승하면서 가스발전소 이후의 그래프 가 위로 이동한다. 전력수요 80,000MW와 만나는 Dispatch Curve와 교차하 는 점의 도매 전력가격도 상승

날씨가 전력가격에 미치는 영향

일반적으로 전력을 포함한 에너지 수요는 난방 및 냉방으로 인한 전력수요의 영향으로 기온(날씨)에 따라 크게 변동하는 모습을 보인다. 미국의 경우 2016년 겨울 관찰된 기온은 2015년 대비 전체적으로 상승하여 50개주에서 전년 대비 25% 이상의 HDD(Heating Degree Day) 하락이 발생하였다. 여기서 HDD란 일평균 기온이 65°F (18°C : 난방이 필요해지는 온도 기준)보다 낮은 날짜의 65°F 기준 기온차의 합를 모두 더한 수치를 의미한다. 즉, 일평균 기온이 32°F (0°C)이면 그 날의 HDD는 33이 되며, 월간 해당 수치를 모두 더하면 해당월의 HDD 지수가 산출된다. 아래 그림은 미국 지역 2016년 3월 HDD자료다. [7]

한편 2017년 겨울 북미 동부에 발생한 Winter Strom으로 인하여 극심한 한파를 기록하였다. 일 평균온도가 평균 겨울 대비 약 10°C 낮은 (−)17°C에 달하였

으며, 극심한 폭설이 발생하였다. 이에 따라 난방 전력수요가 동시에 늘어남에 따라 한정된 가스 공급에 대한 수요경쟁이 발생했다. 한파 기간중 가장 추운 날씨를 기록한 2018년 1월 5일 일평균 LMP(도매전력가격)는 262 USD/MWh 수준을 기록하여, 한파 이전 평균 20 USD/MWh에 비해 급격하게 상승하였다. 전력도매 가격에 가장 큰영향을 미치는 천연가스 가격의 경우 한파이전 평균 3~5 USD/MMBtu의 가격이 동일 96 USD/MMBtu까지 상승하여 전력가격 상승의 원인이 되었다. [8]

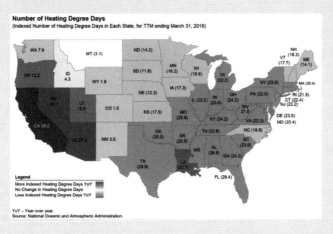

Number of Heating Degree Days
(Indexed Number of Heating Degree Days in Each State, for TTM ending March 31, 2016)

YoY – Year over year.
Source: National Oceanic and Atmospheric Administration.

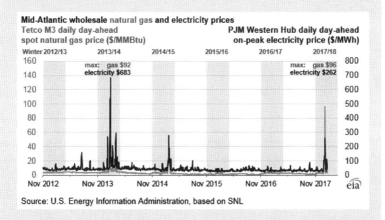

Mid-Atlantic wholesale natural gas and electricity prices

Source: U.S. Energy Information Administration, based on SNL

■ 하루 전 시장(Day-Ahead Market)

하루 전 시장이란 거래일 전일 열리는 선도 시장으로 거래일의 시간대별 시장가격을 결정하고 이에 따라 정산하는 시장을 말한다. 하루 전 시장의 가격과 거래량의 결정은 공급입찰(Offer), 수요입찰(Bid), 쌍방거래(Bilateral Transaction), 추가 입찰(Increment Offer 및 Decrement Bid), 하루 전 시장 예비력(Day-Ahead Scheduled Reserve)을 토대로 공급비용이 최소가 되도록 가격과 거래량이 결정된다. 하루 전 시장의 정산은 하루 전 시장의 시간대별 전력도매가격을 토대로 이루어진다.

■ 실시간 시장(Real-time Market)

실시간 시장은 하루 전 시장에서 계획된 수요와 공급을 반영하고, 실제 전력수요와의 차이를 토대로 운영된다. 하루 전 시장이 1시간 단위로 도매전력가격을 산정하는 데, 실시간 시장은 이보다 짧은 시간대(10분 또는 5분단위)로 거래가 이루어진다.

■ 도매전력가격

도매전력가격은 일반적으로 시스템 에너지 가격(System Energy Price), 송전 혼잡 비용(Transmission Congestion Cost), 한계손실 비용(Cost of Marginal Losses)의 3가지 독립적인 요소를 통해 지역별, 시간대별로 산출한다. 물론 모든 CBP시장이 다음 세가지를 모두 감안하여 가격이 결정되는 것은 아니다.

① System Energy Price은 송전혼잡과 손실을 고려하지 않은 최적 급전을

가정하여 앞서 설명한 Dispatch curve에 의해 결정된 가격을 의미. 송전
혼잡이나 손실이 없다면 시장내 모든 지역의 도매전력가격은 동일하게
된다.

② Transmission Congestion Cost는 시장을 송전여건에 따라 구분할 경우
송전혼잡에 따라 가격이 달리 정해진다. 이를 Zonal Price라 한다.

이해를 위해 그림을 보면, 시장에 West Zone과 East Zone의 2개 zone만 있
고, 발전소는 총 6개 총 용량은 500MW이고, 해당 시간 전력수요는 West
Zone 40MW, East Zone 270MW의 합인 310MW이다. 그렇다면 Merit
Order에 의해 연료비가 $40로 가장 낮은 Gen#3부터 발전을 시작하면
Gen#3(100MW) » Gen#5(50MW) » Gen#2(100MW) » Gen#1(60MW)
순으로 급전을 받아 도매전력가격은 Gen#1이 결정해서 West Zone과 East
Zone 모두 $55가 된다.

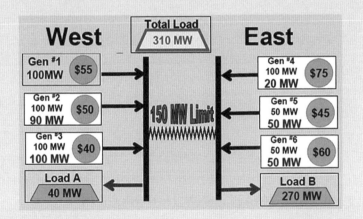

그러나 현실은 Zone West에서 Zone East로 전력이 송전하는데 150MW로
제약이 있다고 한다. 그러면 실제 West zone은 Gen#3(100MW)를 생산해서
우선 West Zone 수요 40MW에 배전하고, 남은 60MW와 최대송전량인
150MW의 차이 90MW를 Gen#2에서 90MW를 생산해서 총 150MW를

East Zone에 보낸다. East Zone에서는 West Zone에서 보내온 150MW와 지역수요 270MW와의 차이인 120MW를 Gen#5(50MW) » Gen#6(50MW) » Gen#4(20MW) 순으로 급전을 받아 생산한다. 그렇게 되면 West Zone 도매전력가격은 Gen#2가 결정한 $50이 되고, East Zone 도매전력가격은 Gen#4가 결정한 $75가 된다.

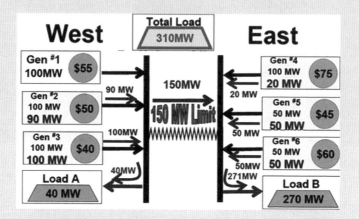

저렴한 발전기는 많은 데 수요가 없는 지역과 비싼 발전기가 그것도 적은데 수요는 많은 지역을 극명하게 보여준 예시로서, 송전제약이 있어 양 zone의 도매전력가격을 차별하고 있는 것을 보여준다.

가장 연료비가 싼 Gen#3는 당초 $15 (=55-40)의 이익에서 $10(=50-40)으로 낮아졌고, Gen#5는 당초 $10(=55-45)에서 $30(=75-45)으로 크게 증가하였다.

이 예시를 통해 발전소가 어디에 위치해야 높은 수익을 창출할 수 있는 지 보여주고 있다. 규제당국에서 도매전력가격에 송전제약 요인을 반영한 이유도 수요가 많이 있는 지역에 발전소 건설을 유도하기 위해 이렇게 설계하는 것이다.

③ Cost of Marginal Losses는 Zone내 모든 발전기의 수요지까지 배달하는 데 송전손실이 얼마인지 계산해서 수요지와 멀면 1보다 작게, 가까우면 1보다 큰 송전손실계수를 반영해서 가격을 달리 정함. 이를 Nodal Price라 한다.

위 예를 들면 100MW를 배달하기 위해 송전손실인 2MW를 감안한 102MW
를 생산해야 한다는 것임. 이는 역으로 말하면 100MW를 생산해서 배달하면
98MW가 도착해서 추가로 2MW를 더 급전해서 추가 비용이 발생함을 의미
한다

이 예시 역시 발전소를 어디에 건설해야 높은 수익을 창출할 수 있는 지 보여주
고 있다. 규제당국에서 송전손실 요인을 반영한 이유도 발전소를 수요지 인근에
건설하도록 유도하기 위해 이렇게 설계하는 것이다.

　　이렇게 세가지 요인을 반영해서 각 zone별 도매전력가격이 시간대별로 차
이가 발생한다. 아래 그림은 미국 PJM시장의 2014년 특정일의 도매전력가격
(LMP)을 보여준다. Congestion 등에 의해 전력가격이 $40대에서 $60대까지 차
이가 난다.

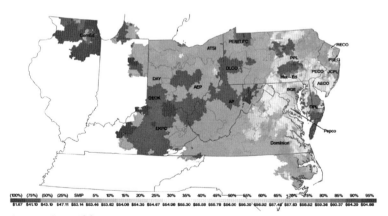

자료 : PJM 홈페이지 [9]

용량시장(Capacity Market)

용량시장은 전력시장에서 발전기에 대하여 입찰참여용량만큼 발전사에 지급되는 요금으로, 발전사의 발전기 투자비 회수를 돕고 신규 투자에 대한 유인을 제공하여 전력시장의 적정시설용량을 유지할 목적으로 두고 있다.

용량요금은 국내처럼 별도의 입찰없이 기준을 준수할 경우 고정가격을 지급하는 경우가 있고(국내에서는 2002년 초기부터 도입되어 지역이나 연료종류로 차이를 두지 않고 일률적으로 지급하다가, 지역 및 도입시기 차별화 등으로 진화중), 기간마다 용량입찰을 통해 가격이 결정되는 경우가 있다. 입찰을 통해 결정하는 대표적인 지역인 미국의 PJM, NYISO, MISO, ISO-NE시장이 있다. ISO/RTO지역 중 ERCOT이나 CAISO는 아직 용량시장이 도입되지 않은 PBP시장으로 운영되고 있다.

이중 대표적인 입찰시장인 PJM을 설명하면, 2007년 RPM(Reliability Pricing Model)에 기반한 용량시장이 도입되었다. 입찰은 매년 한번 이루어지고, 입찰대상은 3년후 전력거래시장(2020년의 용량입찰 대상은 3년후인 2023년에 필요한 용량)의 수요와 공급을 토대로 결정되는 구조다. 단, 수요 곡선의 경우 시장에서의 실제 수요를 토대로 설정되지 않고 정책 목적의 달성을 위해 시장 상황을 고려하여 당국에서 제시하는 관리수요곡선(Variable Resource Requirement, VRR)으로 설정된다. VRR 곡선은 우하향 형태를 보이며, 이를 통해 시장에서 설비 예비력이 충분할 때는 보상이 적고, 반대로 예비력이 적어질수록 더 많은 보상을 많이 받을 수 있도록 유도함으로써 용량 자원에게 적절한 인센티브 부여를 가능케 하도록 설계되어 있다. ISO-NE과 MISO는 PJM과 유사한 형태를 보이고 있고 NYISO는 계절별 월별 입찰이 이루어진다는 면에서 다소 차이가 있다.

	PJM	NYISO	ISO-NE
용량시장명	Reliability pricing model(RPM)	Installed Capacity Market(ICAP)	Forward Capacity Market(FCM)
최초 개설연도	2007/2008	2006/2007	2010/2011
낙찰 용량 예시	167,003MW (Cleared in BRA for 17/18 DY)	3,290MW/2,619MW (Cleared in Summer 14/ Winter 13-14 Strip Auction)	33,712MW (Cleared in FCA for 17/18 CCP)
지역별 낙찰가 예시	$/MW-day RTO:$120 MAAC:$120 PSEG:$215	$/kW-month LI:$6.39/$4 NYC:$16.24/$7.54 NYCA:$5.15/$2.58	$/kW-month CT:$7.025/$15 ME:$7.025/$15 Boston:$15/$15

주: DY:Delivery Year, CCP:Capacity Commitment Period

설명 : (1) PJM의 용량시장은 RPM으로 불리며 2017/18을 위해 2014년 5월에 이루어진 입찰결과 낙찰용량은 167,003MW이고 낙찰가는 RTO지역은 $120/MW-day가 되었다. 이는 1,000MW급 발전기의 경우 연간 가용률이 90%인 330일 기준이라면 [$120 x 330일 x 1,000MW = $39.6백만]을 받게 된다. (RTO, MAAC, PSEG는 지역별 용량입찰을 치르는 지역구분 명칭) (2) NYISO의 용량시장은 ICAP로 불리며 '2013겨울/2014 여름'을 위한 계절별 입찰결과 낙찰용량은 여름 3,290MW/겨울 2,619MW이고 낙찰가는 NYCA지역은 2014년 여름기준 $5.15/kW-month/2013년 겨울기준 $2.58/kW-month 가 되었다. 이는 1,000MW급 발전기의 경우 연간 가용률이 90%인 기준이라면 [$5.15 x 6개월 x 90% x 1,000,000kW + $2.58 x 6개월 x 90% x 1,000,000kW = $41.7백만]을 받게 된다. (3) ISO-NE의 용량시장은 FCM으로 불리며 2017/18을 위해 2014년 2월에 이루어진 입찰결과 낙찰용량은 33,712MW이고 낙찰가는 CT지역은 기존 발전기는 $7.025/kW-month, 신규발전기는 $15/kW-month가 되었다. 이는 1,000MW급 기존 발전기의 경우 연간 가용률이 90% 기준이라면 [$7.025 x 12개월 x 90% x 1,000,000kW = $75.8백만]을 받게 된다.

Merchant 발전사업 손익 구조

이해를 위해 사례를 들면, 539MW의 효율이 7,150btu/kWh인 고효율 발전기와 효율이 10,300btu/kWh인 Single-cycled 88MW 저효율 발전기가 3년간 운영한 실적과 재무실적을 본다.

구분		2014	2015	2016
고효율 발전기	발전량 (MWh)	3,929,576	3,830,185	4,402,167
	이용률(%)	83.2%	81.1%	93.2%
	Heat Rate (Btu/kWh)	7,285	7,160	7,136
	가용률(%)	90.3%	92.9%	91.9%
저효율 발전기	발전량 (MWh)	49,415	33,873	47,126
	이용률(%)	6.4%	4.4%	6.1%
	Heat Rate (Btu/kWh)	10,487	9,986	11,300
	가용률(%)	97.9%	93.3%	81.5%

가용률은 두 발전기 모두 90%대로 양호하다. 반면 이용률을 보면 고효율발전기는 80%가 넘는 양호한 발전실적을 보인 반면 저효율발전기는 10%가 안되는 수준이다. 추측컨대 Peak 계절에만 운전하고 있는 것으로 보인다.

2016년을 기준으로 두 발전기의 매출은 순에너지매출과 용량매출에서 용량매출의 비중이 저효율발전기는 82%로서 압도적인 차이를 보이고 있다. 왜 전력시장 안정화를 위해 용량시장이 필요한 지 알 수 있는 수치다.

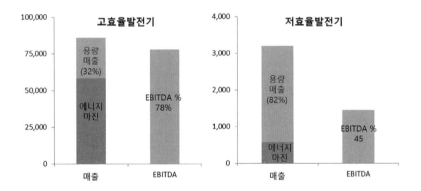

에너지 헷징 방법

Merchant 발전소는 시장에 직접 거래를 하여 수익을 얻다 보니, 변동성이 매우커서 안정적 운영을 원하는 기관으로서는 참여가 부담스럽다. 따라서 자연스럽게 전력거래의 변동성을 헷징하는 상품이 도입되었다. Revenue Put, Heat Rate Call Option 등이 있다.

■ Revenue Put

기본적으로 전력 판매와 관련해 상당한 리스크가 존재하는 Merchant Market에서 Revenue put은 Project Financing에서 가장 선호되고 있는 전력 헷징 상품이다.

발전수입의 불확실성에서 회사를 보호하여 안정적인 타인자본 조달이 가능하게 하고 우호적인 시장상황시 에너지 마진 상승분을 향유할 수 있다는 장점 때문에 미국 가스복합발전소에서 가장 널리 활용되고 있다. 다만 높은 Premium을 부담해야 하고, 계약에서 정의하고 있는 정상적인 가동조건을 충족하지 못할 경우 차액정산을 받지 못할 가능성이 존재한다.

Revenue put은 옵션 계약기간 동안 발전수입에 floor를 부여하게 된다. 발전소 실제 수입이 floor 가격보다 떨어질 경우, 계약 상대방은 차액만큼을 발전소에 지불한다.

다음은 미국 소재, 1,188MW 가스복합, 총투자비 $1,289백만인 발전소의 Revenue Put 사례다.

[Revenue Put 예시]

- 기간 : 5년
- 옵션 프리미엄 : USD 46,000,000
- Strike Price : 매 지급기간 USD 74,850,000
- Capacity : 900 MW (정비기간 중 450 MW)
- Heat Rates : 6.40 MMbtu/MWh
- VO&M : USD 2.00 /MWh
- Start Up Fuel: 1,500 MMbtu per Start
- Power Index : Day-Ahead LMP for AEP Dayton
- Gas Index Price : Dominion – South Point, midpoint + USD 0.09 / MMBtu
- Net Revenue Amount : Energy Revenue – Gas Cost – VO&M Cost – Start Up Cost
- Settlement : Strike Price 〉 Net Revenue Amount → 헷지 제공자가 소유자에게 차액을 지급, Net Revenue Amount 〉 Strike Price → 차액 지급 없음

■ Heat Rate Call Option (HRCO)

HRCO은 고정된 Heat rate 계약을 통해 연료사용량 변동위험을 헷징하는 상품이다. HRCO는 원칙적으로 Tolling agreement 와 비슷한 구조로 5년이내의 계약이 체결되는 것이 일반적이다. HRCO는 향후 현금흐름의 안정성을 확보하는 측면에서는 매력적이지만, 미래의 upside potential을 포기하는 측면도 있다.

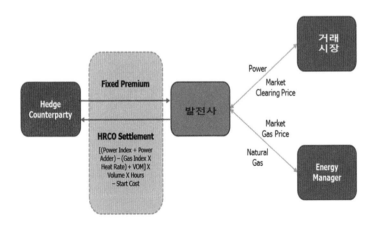

Option seller (발전소 운영자)는 HRCO 계약을 통해 Option premium을 수취함에 따라 전력 및 가스시장의 변동에도 일정 수준 이익 확보하고, Option buyer (금융기관 등)는 발전소를 실제로 소유하지 않으면서 전력 및 가스시장에 따라 수취하는 Option seller의 Energy margin (전력가격 − 변동비) 확보가 가능하다.

- option Premium 〉 HRCO Energy Margin : 차액을 Buyer가 seller에게 지급
- option Premium 〈 HRCO Energy Margin : 차액을 seller가 buyer에게 지급

[Heat Rate Call Option 예시]

- 기간 : 3년
- 계약용량 : 180MW
- 옵션 프리미엄 : $1.89/kW–month
- HRCO Energy Margin : (DA − (G × HR +VOM)) × Volume × Hour – Start Cost
    - DA: AEP Dayton Hub Day Ahead LMP – $4.00
    - G: GDD TPP 500L × 1.02 + Gas Adder
    - HR: Heat Rate 10.55 MMBtu/MWh
    - VOM: $0.39
    - Start Cost: $5,000 + (Gas Price × 250)

■ Gas Netback

Gas Netback계약은 Gas Price를 약정된 전력가격지수의 일정율 [예를 들어 8%수준]에 연동시켜 일정한 에너지 마진율을 유지할수 있으며, 적용 가격에 상/하한선을 약정하여 안정적인 연료비 지출을 기대할 수 있다. 다만, Gas Net Back 구조의 계약을 체결하기 위해서는 가스 공급가격 결정 위험을 부담할 수

있는 업스트림 회사와 계약이 가능해야 한다. 다음은 Gas Net Back 계약 사례다.

Gas Price Tranche	Tranche 1: Power Price-with Collar	Tranche 2: Power Price-without Collar	Tranche 3: Spot	합계
물량 (MMbtu/day)	80,000	60,000	10,000	150,000
비중 %	53.3%	40.0%	6.7%	100.0%
가격 공식	전력가격의 8.5% (floor $2.85, Cap$4.50/MMbtu)	전력가격의 8.5%	Midpoint of Platts Gas Daily Transco Leidy Line Receipts	가중평균

만일 전력가격이 MWh당 $25, $50, $75인 경우 Spark Spread가 각각 얼마인지 보면 다음 같다. (가스 spot 가격은 $3.0/MMbtu, Heat Rate는 6,320btu/kWh 가정)

Gas Price Tranche	Tranche 1: Power Price-with Collar	Tranche 2: Power Price-without Collar	Tranche 3: Spot	Blended Price	Spark spread
Power Price = $50/MWh (floor와 cap사이)	8.5%$50= $4.25/MMbtu	8.5%$50= $4.25/MMbtu	$3.0/ MMbtu	$4.17/ MMbtu	$50/MWh- $26.33/MWh= $23.67/MWh
Power Price = $25/MWh (below floor)	8.5%$25=$2.13/ MMbtu » Floor 2.85/ MMbtu	8.5%$25= $2.13/MMbtu	$3.0/ MMbtu	$2.57/ MMbtu	$25/MWh- $16.26/MWh= $8.74/MWh
Power Price = $75/MWh (above cap)	8.5%$75=$6.38/ MMbtu » Cap 4.50/MMbtu	8.5%$75= $6.38/MMbtu	$3.0/ MMbtu	$5.15/ MMbtu	$75/MWh- $32.56/MWh= $42.44/MWh

Merchant 발전소 경쟁력 분석

Merchant 발전소는 시장에서 지속가능한 경쟁력 확보가 중요하다. 일반적으로 저렴한 투자비와 양호한 Heat Rate 발전기에 대한 경쟁 우위는 보편적인 요인이다. 한편 시장제도에 따라 지역별 프리미엄이 중요한 국가가 있다. 또한 가스 가격이 지역에 따라 크게 다른 경우 이 또한 중요한 경쟁지수로 작용한다. 마지막으로 금융조건에 대한 경쟁력 역시 중요하다.

Cost 경쟁력	kW 당 경쟁력 있는 투자비 확보 여부
Heat rate 경쟁력	효율 좋은 가스터빈 도입 여부
Location 경쟁력	용량요금 및 도매전력가격 프리미엄 지역에 위치 여부
Fuel 경쟁력	가스가격이 저렴한 지역에 위치 여부
금융조건 경쟁력	Debt-to-Equity, 금리, Energy Hedge 여부

다음은 미국 동부(PJM지역)지역을 예시로 들어 발전소 경쟁력을 어떻게 접근해야 하는가를 설명하고자 한다. 우선 지역에 따라 두개 그룹으로 나눠 보았다. Group A는 가스 산지에 인접해서 가스가격이 저렴하다. 그러나 인근에 전력수요가 희박하다. 반면 Group B는 인근에 주택, 오피스 등이 많아 전력수요가 풍부하다. 그러나 가스가격은 비싼 편이다.

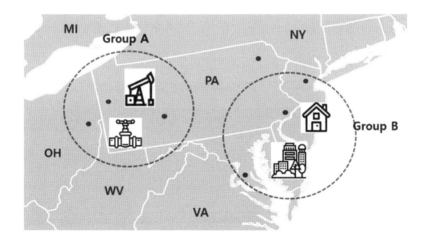

■ 위치 경쟁력

Group B는 전력을 많이 사용하는 대도시 또는 공단에 근접한 지역에 위치한 발전소로서 전통적으로 수익면에서 비교 우위에 있다. 규제기관은 전력수요에 인접한 지역에 발전소 건설을 유인하기 위해 용량요금과 에너지요금에 Premium을 제공하기 때문이다.

미국 뉴저지에 위치한 N발전소를 사례로 들어보면, 발전소는 프리미엄 지역인 동부중에서도 인구밀도가 가장 높은 북부 뉴저지주 PSEG-North 시장에 위치하고 있다. PSEG 구역은 남-북을 연결하는 송전 시스템의 병목으로 인해 남부지역 저비용 발전소들의 전력이 PSEG-North 시장에 제한적으로 공급되므로, PSEG-North 지역은 전력 프리미엄이 형성되어 있다. 또한 Energy 시장뿐 아니라 Capacity 시장에서 프리미엄을 받을 수 있다.

■ 연료단가 경쟁력

Group A는 과거 위치경쟁력에서 비교열위에 있었던 지역이나 미국 Appalachia 지역의 Marcellus/Utica 분지에서 Shale이 생산되면서 가스가격이 낮아졌다. 전통적으로 가스 허브였던 Henry Hub 대비 Chicago, TETCO M3, Dominion South, TCO Index 등의 가격이 저렴해지면서 인근 발전소에 연료비 비교우위가 생겼다.

Index별 가스가격 추이(단위: USD/MMbtu)

구분	2015	2016	2017	2018	2019	15~19 평균
Chicago	2.73	2.47	2.90	3.02	2.49	2.72
TETCO M3	2.51	1.72	2.50	3.69	2.47	2.58
Dominion South	1.46	1.49	2.11	2.64	2.20	1.98
TCO	2.51	2.35	2.79	2.92	2.32	2.58
Henry Hub	2.31	3.68	3.54	3.19	2.57	3.06

자료: Natural Gas Intelligence [10]

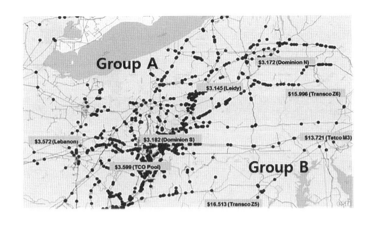

다음은 Group A에 위치한 연료우위발전소가 Group B에 위치한 경쟁발전소 A&B와 가상의 가격 비교를 해보면 다음과 같다. 열효율이 불리하면서도 가스가격이 낮아 연료비 경쟁력이 확보되고 있다.

구분	연료우위발전소	경쟁발전소 A	경쟁발전소 B
2014-2016 가스가격 ($/mmbtu)	2.12	3.29	4.39
Heat Rate(btu/kWh)	7,900	6,950	6,950
연료비($/MWh)	16.76	22.88	30.48
2017-2018 가스가격 ($/mmbtu)	2.46	3.17	3.93
Heat Rate(btu/kWh)	7,900	6,950	6,950
연료비($/MWh)	19.43	22.00	27.30

■ 열소비율(효율) 경쟁력

열소비율(Heat Rate)은 1 kWh의 전기를 생산하는 데에 요구되는 연료의 양을 Btu 단위로 측정한 수치를 말한다. 열소비율이 낮을수록 일정량의 에너지를 생산하기 위해 필요한 연료의 양이 줄어 들어 발전소 가동에 따른 원가도 절감된다.

구분	6,300 Btu/kWh	6,600 Btu/kWh	6,900 Btu/kWh
8,400 GWh 생산시 필요 연료량	52,920mmbtu	55,440 mmbtu	57,960 mmbtu
MMbtu당 $3.5 인 경우 연료비	$185.2백만	$194.0백만	$202.9백만

유류 또는 천연가스 Peaker 발전소의 열소비율은 12,000btu이고, 가스복합 발전소의 최신 모델은 6,500btu 수준이다. 아래 그림은 모가스터빈 제조사에서 가스터빈 온도에 따른 효율을 Class별로 정의한 그림과 가스터빈 용량과 효율을 보여주는 그림이다.

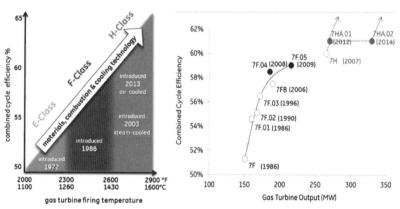

자료 : GE 가스터빈 카다로그 [11]

열소비율 좋은 가스터빈을 설치해서 연료비 경쟁력을 확보한 사례는 다음과 같다.

Project	열소비율 (Btu/kWh)	가스 구매 ($//MMBtu)	발전 원가 ($/MWh)	도매판매가격 ($/MWh)	에너지마진 ($/MWh)
A	6,843	4.20	28.74	47.20	18.46
B	6,828	3.74	25.54	43.15	17.61
C	6,518	3.73	24.31	40.11	15.80

설명 : A사업은 열소비율이 6,800btu/kWh대이며 Group B에 위치해 도매판매가격은 높으나 가스구매가격이 높은 발전기, B사업은 A사업과 같은 열소비율이나 Group A에 위치해 가스구매가격이 저렴해 도매판매가격 열위를 극복한 발전기, C사업은 B사업과 같이 저렴한 가스구매가격을 보이나 도매판매가격에서 더욱 불리한 위치를 6,500btu/kWh대의 열소비율로 어느 정도 극복한 발전기

■ 금융조건 경쟁력

유럽은 재생에너지 활성화로 화력발전소 금융이 빈번하지 않다. 그러나 미국은 풍부하고 저렴한 Shale 가스를 토대로 가스복합발전소 건설이 많은 편이다. 특히 미국의 PJM 지역은 인근 Marcellus에서 생산된 풍부한 가스를 토대로 2017에서 2022년까지 약 20GW규모의 가스복합발전소 건설이 이루어지고 있다. 20조가 넘는 금융을 위해 Merchant 발전소의 변동성을 감안한 금융조건이 자리잡고 있다.

만기	• 일반적으로 Hedge 기간과 건설기간을 감안하여 정해지는데, 통상 [건설기간+ 3~9년]
Energy Hedge	• Revenue put, HRCO
차입 : 출자	• 통상 50/50 수준. 최대 수준이 67/33 정도
상환	• Target Debt balance (USD 350~400/kW)를 정하고 의무원금상환과 Cash Sweep 규정을 정함
금리	• LIBOR + 300~400 bps

국내발전사업과 가장 다른 점은 차입규모(Debt Sizing)을 정하는 방식과 만기다. 우선 국내는 전체 투자비가 정해지면 미리 정한 부채비율 70~80%에서

차입금액을 정한다. 즉 전체 투자비가 먼저 정해진다. 그러나 미국은 EPC가 정해지지 않은 상태, 즉 전체 투자비가 정해지지 않은 상태에서 미래 현금흐름과 DSCR을 토대로 대출금 규모를 정한다. 따라서 최종 투자비가 정해지면 사후적으로 부채비율이 정해진다. 통상 50~60% 수준이다.

또한 국내에서는 전체 차입금이 모두 상환 완료되는 시점까지를 감안해서 만기를 정한다. 통상 15~20년 정도된다. 그러나 미국은 리파이낸싱을 감안해서 사업운전개시후 5~7년후 만기를 정한다. 대신 리파이낸싱을 감안해서 만기시 kW당 Target Debt Balance를 정해 그에 맞는 상환스케줄을 정하고, 더 나아가 Debt Sizing에도 영향을 준다. 금융시장이 좋지 않으면 원활한 리파이낸싱을 위해 kW당 금액이 내려간다.

미국 발전소 스폰서는 낮은 부채비율, 에너지 헷징 상품가입 등을 통해 선순위 대주에 안정적인 환경을 제공하는 대신 배당제약이 거의 없고, 만기까지 원금 상환액이 매년 5% 수준으로 낮아 자유로운 배당틀내에서 Capital gain을 모색하는 편이다.

미국 동부 주요 CCGT 발전사업의 대출조건

구분	Project A	Project B	Project C	Project D
Project Stage	Construction	Construction	Construction	Construction
운영개시	2018. 3	2018. 7	2018. 5	2019. 3
대출금 ($MM)	395	520	655	660
부채비율	53%	57%	62%	57%
이자율	건설: L+320운영: L+350, 375	건설: L+320운영: L+350, 375	건설: L+300운영: L+325, 350, 375	건설: L+320운영: L+350, 375
만기	3+5 년	2.5+5 년	2+7 년	2.92+5.33 년
용량 (MW)	695	800	785	925
시장	PJM RTO	PJM RTO	ISO-NE	PJM RTO
금융시점	2015.11	2016.4	2016.3.11	2016.8

미국 Term Loan B 시장

Term Loan A는 통상 분할상환되는 Term Loan과 RCF로 구성된다. 취급기관이 주요 은행으로 취급 목적이 De-leveraging에 있기 때문에 만기가 5년 수준으로 상대적으로 짧으며, 분할상환과 잉여현금 발생시 조기상환 옵션 등이 세부적으로 포함되어 있다.

Term Loan B는 통상 1% 수준의 분할상환을 제외하고, 사실상 만기일시상환인 Term Loan으로 구성된다. 취급기관이 Private Debt Fund, 헤지펀드, 연금, 보험사 등의 투자자로서 취급목적이 투자에 있기 때문에 만기가 7~8년으로 길어지고 있으며 최근 들어서는 Term이 점차 High Yield Bond수준에 근접하고 있다. 이에 따라 "Cov-Lite"형식을 취하고 있다.

다음은 2022년 미국 PJM소재 가스복합발전시설에 대한 Term loan B 주요 조건을 비교한 자료다.

구분	Project A	Project B	Prject C	Project D
Debt size($MM)	$460	$350	$425	$530
Closing date	2019-02	2021-05	2018-12	2019-02
Current Ratings	BB-	BB-	B+	B+
Initial spread	L+350 bps	L+400 bps	L+375 bps	L+375 bps
Excess Cash Sweep	〉3.5x, 75% ≤ 3.5x, 50%	〉4.0x, 75% ≤ 4.0x, 50%	〉4.0x, 75% ≤ 4.0x, 50%	〉4.0x, 75% ≤ 4.0x, 50%
Debt/EBITDA	5.3x	10.1x	5.3x	6.0x
Debt/kW at Colse	$650	$470	$590	$575
Debt/kW at Maturity	$202	$240	$250	$227
Capacity(MW)	700	745	725	870
COD	2017-12	2017-02	2016-01	2017-07

5 국내 발전시장

국내 전력시장의 연혁

한국전력공사가 독점하여 생산, 공급하던 국내 발전시장은 1999년 확정된 "전력산업 구조개편 기본계획"에 따라 효율적인 전력수급시장 구축을 위한 계획이 수립되면서 크게 바뀌기 시작하였다. 정부는 2000년 12월 1단계 구조개편을 위한 분할, 민영화를 규정한 「전력산업 구조 개편 촉진에 관한 법률」을 제정하였으며, 경쟁체제 도입을 규정한 「전기사업법」을 개정하였다. 이후 한전의 발전부문을 화력 5개사, 원자력 1개사로 분할(2001.04)하고, 전력거래소, 전기위원회를 설립하여 발전경쟁을 개시하는 한편 「발전회사 민영화 기본계획」을 확정(2002.04)하여 시행하였다.

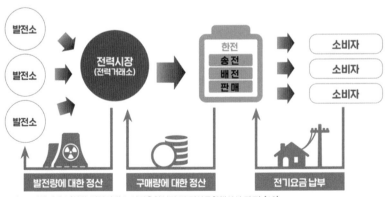

자료: 전력거래소(이하 전력거래소 시장운영실적 및 정산규칙해설서 자료) [12]

그러나 2003년 들어선 참여정부에 의해 전력산업 구조개편 및 민영화가 중단되면서, 한전발전자회사의 공기업 체제를 유지한 상태에서 발전자회사간 경쟁을 촉진하는 방향으로 정책이 변경되었다. 이에 따라 발전시장은 현재까지 발전사업자의 생산원가는 보상해 주되 경쟁을 통해 발전시장 전체 원가를 최소화하는 원가보상방식의 경쟁시장(CBP: Cost Based Pool)을 근간으로 운영중이다. 이후의 각 회차별 전력수급기본계획 중 발전설비계획에 따라 민간 발전사들이 추가로 시장에 진입하고 있다.

2000년대 초반 주춤하던 민자발전사업자들의 시장 진입은 2010년대 들어서 크게 증가하였다. 2000년대 후반 들어 전력수요가 예측보다 높아지면서 수급여건이 나빠지기 시작하였으며, 2008년 4차 전력수급기본계획에서 2014년 이후 발전설비 증설 계획을 확대하면서 2013~2015년 민자 LNG발전사들의 대규모 진입이 이루어졌다.

민자 발전사 현황(2020년 현재)

자료 : 전력거래소, 2020, 2019년도 전력시장 통계 [13]

전력시장 요금 제도

전력거래시 전력시장 요금은 크게 용량요금, 전력량요금, 계통운영보조서비스 요금으로 구성된다.

용량요금(CP: Capacity Payment)은 발전회사가 거래전일 입찰마감시간까지 제출한 공급가능용량에 대해 한계설비의 투자비 및 고정 운전유지비를 반영하여 지급하는 요금으로서 기준용량가격은 발전기를 대표할 수 있는 표준발전기를 선정(현재 가스터빈발전기)하고 그 표준발전기에 대한 용량가격을 산정하여 비용평가위원회에서 매년 결정하도록 규정되어 있다. 뒤에 자세히 설명한다.

전력량요금은 전력량에 대해 시장에서 정산되는 금액으로서, 가격결정발전계획에 발전량이 배분되어 실제로 발전한 전력량에 대한 요금(SEP: Scheduled Energy Payment)과 제반 제약사항을 반영하지 않은 가격결정발전계획을 토대로 한 예상 발전량과 실제 계통운영의 결과로 발생한 실제 발전량과의 차이에 대한 부가요금(Uplift)으로 구분된다.

부가요금에는 제약발전 전력량요금(CON: Constrained-On Energy Payment), 제약비발전 전력량요금(COFF: Constrained-Off Energy Payment) 등이 있다. 제약발전 전력량요금은 가격결정발전계획에 발전량이 배분되지 않았으나 타 발전회사의 자기제약, 계통제약 등으로 실제 발전한 전력량에 대한 요금이고, 제약비발전 전력량요금은 가격결정발전계획에 발전량이 배분되었으나 계통제약 등으로 실제 발전하지 못한 전력량에 대한 요금을 말한다. [12]

전력요금 정산체계

구분	가격결정 발전계획 포함시	가격결정 발전계획 미포함시
실발전량	SEP(Scheduled energy payment): SMP+CP	CON(Constrained On Payment) : 변동비+CP
미발전량	COFF(Constrained Off Payment): (SMP-변동비)+CP	CP

국내 전력 거래 방식

    국내 전력시장은 CBP시장으로 전력거래소가 그 운영을 담당하고 있으며 발전기들의 변동비로 시장가격이 결정된다.

    전력거래소는 각 발전소들로부터 제출된 비용 자료를 토대로 D-1일에 추정한 가상적인 전력수급상황을 바탕으로 여타 제약조건이 없는 상태에서 각 발전소의 생산비용에 기초하여 계통 전체의 공급곡선(Merit Order)을 작성하고, 시간대 별로 수요를 충족시키는 교점을 파악하여 전력생산 발전기들을 결정(급전지시)하며, 전력생산에 따른 보상가격인 시간대별 계통한계가격(SMP: System Marginal Price)을 결정하게 되는데, 이를 '가격결정발전계획'이라고 한다.

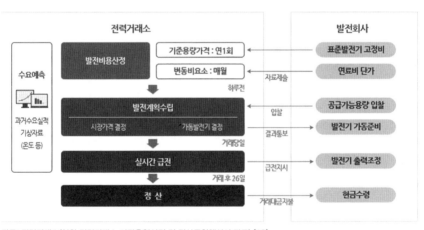

자료: 전력거래소(이하 전력거래소 시장운영실적 및 정산규칙해설서 자료) [12]

    다음 그림을 보면 시간대별 예측수요에 따라 발전비용이 낮은 발전기부터 투입하고, 예측수요를 최종적으로 충족시키는 발전기의 변동비가 SMP로 결정한다.

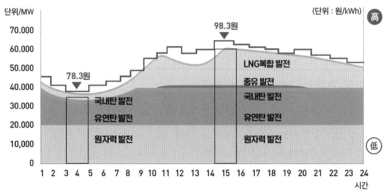

자료: 전력거래소 [12]

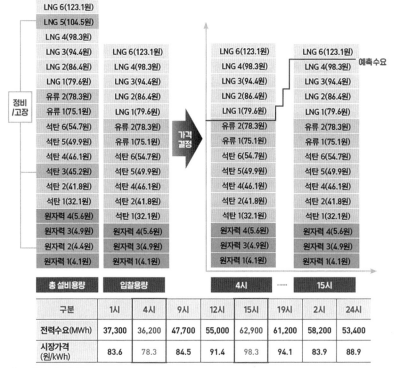

구분	1시	4시	9시	12시	15시	19시	2시	24시
전력수요(MWh)	37,300	36,200	47,700	55,000	62,900	61,200	58,200	53,400
시장가격 (원/kWh)	83.6	78.3	84.5	91.4	98.3	94.1	83.9	88.9

자료: 전력거래소 [12]

국내 용량요금

용량요금은 전력시장에서 중앙급전발전기에 대하여 입찰참여용량만큼 발전사에 지급되는 요금으로, 발전사의 발전기 투자비 회수를 돕고 신규 투자에 대한 유인을 제공하여 전력시장의 적정시설용량을 유지하기 위한 목적으로 초기부터 도입되었다.

■ 도입초기 용량요금

현재 우리나라 전력시장에 적용하고 있는 기준용량가격의 수준은 2001년 전력시장을 출범할 때에 결정한 가격과 차이가 없다. 일반적으로 용량가격은 전력시장에 진입하는 첨두부하용 발전소의 고정비 즉, 건설투자비와 고정운전유지비의 합을 바탕으로 산정된다. 전력시장 출범할 당시에 용량가격 결정을 위한 기준발전소는 울산복합발전소 중 가스터빈 부분이다. 기준발전기 선정을 위한 검토대상 발전소로서는 당시 우리나라 전력계통에서 운전중이던 4개의 서인천복합 #1,2 (1,880 MW), 신인천복합 #1,2(당시명칭 서인천복합 #3,4), 울산복합#2, 평택복합 등 4개 LNG복합발전소였다.

이들 4개 LNG복합발전소의 가스터빈발전소 해당부분에 대한 설비용량, 기자재비, 시공비, 간접비 등으로 구분하여 총건설비를 산출하였으며, 건설연도가 상이함을 고려하여 시공비, 간접비에 대해 검토년도 기준으로 물가 상승률도 반영하였다. 그 결과 용량가격 결정을 위한 기준발전기로서는 단위용량 당 총건설비가 가장 낮은 발전기였던 울산복합 #2발전소 가스터빈 부분을 기준발전기로 선정하였다.

용량가격 기준발전소의 고정운전유지비는 당시 운전 중이던 서인천복합발전소 및 평택복합발전소의 운전유지비 실적을 고려하여 건설비의 6.2%를 운전유지비율로 산정하였다. 즉, 용량가격 기준발전기의 건설투자비는 울산복합 #2 가스터빈 부분의 건설투자비를 적용하였고, 용량가격 기준발전기의 고정운전유지비는 역시 기준발전기인 울산복합 #2의 가스터빈 건설투자비의 6.2%를 연간 고정운전유지비로 산정한 것이다.

용량가격 기준발전소의 건설투자비를 연간균등화설비비(투자비연간고정분담금)으로 환산하기 위한 할인율(r)은 당시 전력수급기본계획에서 적용하던 것과 동일하게 실질할인율 8%로, 그리고 발전소 수명기간 또는 내구연한(n)은 30년으로 설정하였다. 또한 당시의 발전기 1기당 연평균 보수일수(24.86일)을 고려한 기준발전기의 연간 입찰가능시간인 가용률(Availability)은 93%로 산정하였다. 이렇게 해서 산정된 용량요금이 시간당 7.17원/kW이었다.

한편, 초기 전력시장은 기저시장과 일반시장으로 구분되어 있었고, 기저시장의 경우에는 표준 석탄화력을 용량가격 기준발전기로 선정하여 일반 전력시장과 동일한 방식으로 기저용량가격을 산정하였다. 2001년부터 적용한 기저용량가격(BLCP)는 시간당 21.7원/kW이었다.

2007년도부터 적용된 수전전력 기본요금과 송전접속비용의 용량가격 전환으로 기준용량가격은 시간당 7.17원/kW에서 7.46원/kW로 변경되었는데, 이는 실제 용량가격의 현실화하고는 별개의 문제이다.

■ 일반 발전기 진입연도별 CP 차등 (2016~)

2016년 10월 전력시장운영규칙 개정 이후에는 발전기별 진입연도에 따라 기준용량가격을 다르게 산정하고 있다.

국내 용량요금은 발전사업자가 입찰에 참여한 공급가능용량에 대해 발전기의 용량요금정산단가(HCF, Hourly Capacity Fee)를 곱하여 정산되며, 용량요금정산단가는 건설투자비, 운전유지비, 송전접속비, 수전요금에 발전기별 이용률, 환경기여도 등을 반영하여 결정된다. 발전기별 용량요금정산단가는 다음과 같이 기준용량가격(RCP, Reference Capacity Price)과 발전기별 용량가격계수

(RCF, Reserve Capacity Factor), 시간대별용량가격계수(TCF, Time of the day Capacity Coefficient), 성과연동형용량가격계수(PCF, Performance Capacity Factor)로 산정된다.

용량요금단가 HCF(원/kWh) = RCP × RCF × TCF × PCF

- RCP = 기준발전기의 (건설투자비 + 운전유지비) + 송전접속비 + 수전기본요금
- RCF = 당해년도 ICF(Installed Capacity Factor) 적용값 × 발전기의 LF(Locational Factor)
- TCF = 당해년도 시간대별 TCF 적용값
- PCF = 발전기여도

기준용량가격(RCP)은 발전기의 공급가능용량당 연간 지급해야 하는 금액의 시간당 가격으로 매년 결정된다. 기준발전기의 건설비, 운전유지비, 송전접속비용, 수전전력기본요금을 고려하여 가격이 책정된다. 과거에는 모든 발전기에 동일한 기준용량가격이 적용되었으나, 2016년 10월 전력시장운영규칙 개정 이후에는 발전기별 진입연도에 따라 기준용량가격을 각기 다르게 산정 적용받고 있다.

2019년 기준 발전기 진입연도별 기준용량가격(원/kWh)

~2004	2005	2006	2007	2008	2009	2010	2011
9.46	9.46	9.46	9.46	9.81	9.93	9.96	10.31
2012	2013	2014	2015	2016	2017	2018~	
10.45	10.42	10.43	10.38	10.27	10.39	10.68	

자료 : 전력거래소 전력시장 정보 [14]

용량가격계수(RCF)는 공급용량계수(ICF, Installed Capacity Factor)와 지역계수(LF, Locational Factor)를 곱한 값으로 결정된다. 공급용량계수는 전력계통의 최대부하에 대한 적정 설비예비율을 유지하기 위해 전력시장내 신규 공급

설비의 진입을 유도하거나 지연시키기 위해 연도별 예비율에 따른 용량가격을 차등적용 하도록 설정한 계수다. 지역계수는 발전기의 수요집중지역의 분산형전원 확대와 대규모 송전건설 최소화를 위해 용량가격의 지역신호를 강화할 목적으로 설정된 계수로 발전기별 송전손실계수를 기반으로 산정된다.

시간대별용량가격계수(TCF)는 시간대별로 기준용량가격을 차등적으로 적용하기 위해 설정한 계수로, 전력거래소는 매 회계연도 시작전까지 다음 해에 적용될 시간대별용량가격계수를 결정한다. 시간대별용량가격계수는 평일과 공휴일로 구분되어 월별, 시간대별 피크발생시간을 고려하여 산정된다.

성과연동형용량가격계수(PCF)는 과거 연료전환성과계수(FSF)에서 2022년 개정으로 도입된 개념이다. 용량요금을 발전기가 제공하는 용량의 공급기여도에 따라 차등 지급하는 계수로, 아직 구체적인 세부기준이 나오지는 않았지만 RCF와 마찬가지로 예비율 기준으로 용량요금을 차별화해서 지급하게 된다.

국내 전력시장 현황

■ 설비 용량

2012년 최저 예비율을 기록한 이후 유연탄과 복합화력을 중심으로 한 발전소 확충이 빠르게 이루어지면서 2018년말 기준 전체 발전설비 용량은 119GW 규모 수준까지 증가하였다. 발전원별 설비용량 비중은 원자력 18.3%, 유연탄 30.5%, 복합화력 32.3%으로, 기저발전원이 전체 발전설비의 49.4%를 차지하고 있다.

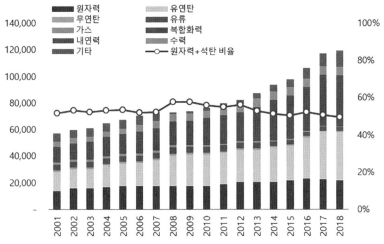

발전원별 설비용량 (단위: 좌-MW, 우-%)

자료 : 전력거래소, 2020, 2019년도 전력시장 통계 [13] (이하 그래프 동일)

2018년 발전량 기준으로는 발전원별 비중은 유연탄 41.9%, 원자력 23.4%, 복합화력 26.8% 수준이며, 기저발전 비중은 점차 줄어들고 있다.

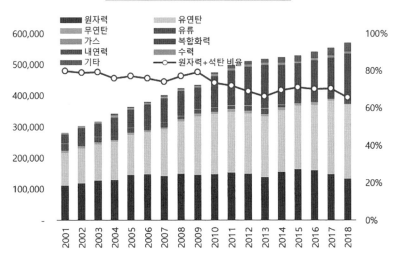

발전원별 발전량 (단위: 좌-GWh, 우-%)

■ 전력 수요

전력 수요는 장기적으로는 경제성장 및 산업구조 변화의 영향을 크게 받으며, 국내 전력 수요는 과거 경제 성장과 더불어 지속적으로 증가해 왔다. 연간 전력판매량은 2018년 기준 526,149GWh로 2008년 대비 36.6% 증가하였으며, 2018년 최대전력수요는 92,478MW로 2008년 대비 47.3% 증가하였다.

전력수요 추이 (단위: 좌-GWh, 우-MW)

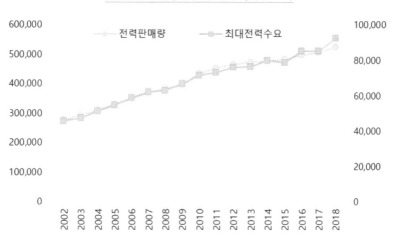

전력수요 증가율 추이 (단위: %)

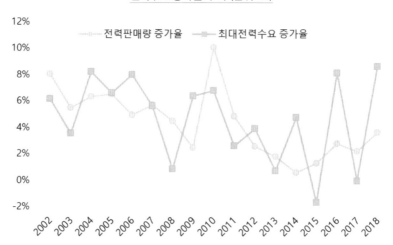

■ 전력 수급 현황 및 공급예비율

국내 전력구조상 SMP는 공급예비율 수준에 가장 영향을 많이 받는다. 공급예비율이 5.5%인 2011년경 SMP가 200원을 넘었고, 2014년이후 발전소가 속속 완공되면서 공급예비율은 정상을 찾아가면서 SMP도 다시 내려가는 모습을 보였다.

연도별 전력 수급 현황 및 공급예비율 (단위: 좌-MW, 우-%)

2014년 이전까지 공급예비율은 낮은 수준을 보여왔는데 이는 정부가 전력 저수요 예측으로 필요 발전설비 물량을 과소 산정해 왔으며, 목표한 수요관리에 미흡하였기 때문이다. 또한 발전소의 준공 지연, 노후 발전소의 공급능력 감소 등의 문제점이 누적되었다.

이후 정부는 보다 과감한 대규모 신규 발전설비 건설을 행정계획에 반영하였으며, 2014년에는 영흥#5, 6, 포천복합, 안산복합 등 다수의 발전소가 계통에 병입되면서 공급예비율이 11.5%까지 개선되어 전력수급상황이 빠르게 안정화되었다.

■ 연료원별 발전원가(변동비)

급전순위를 결정하는 연료비는 연료구입단가와 발전기의 발전효율에 따라 결정된다. 연료원별 발전단가를 보면 LNG가 원자력과 석탄에 비해 높아, SMP를 결정하는 한계발전기로 LNG발전기가 80%이상의 역할을 하고 있다. 그래서 SMP 가격이 LNG가격에 많이 연동되는 것으로 해석되는 이유다.

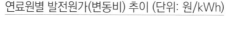

연료원별 발전원가(변동비) 추이 (단위: 원/kWh)

연료원별 열량단가는 원자력, 유연탄 및 무연탄, LNG 및 유류 순이며, 특히 SMP의 주요 결정원인 LNG와 유류의 열량단가는 글로벌 유가 등락에 연동하여 변동성이 높은편이다. 한편, 연료원별 발전단가는 연료원별 열량단가에 발전효율을 고려하여 산정되며, 원자력발전, 석탄발전의 발전단가가 낮고 LNG 및 유류발전의 발전단가가 높은 것이 일반적이다.

국내 LNG 민자발전의 경쟁史

■ 위치경쟁의 시대 : K-Power에 대한 질투에서 시작된 전쟁(2005~)

초기 민간발전사는 한전과 장기 PPA를 보유하고 있는 포스코에너지, GS파워, MPC, GS EPS에 머물렀다. 처음 순수 민간사는 지금은 SK E&S에 흡수된 K-POWER였다. 주주인 SK와 BP 주도하에 인도네시아 탕구로부터 LNG를 직도입한 발전소로서 저렴한 가스가격을 토대로 2000년대 후반 매우 높은 이익을 향유했다. 발단은 발전소가 광양에 위치하는 점에서 시작되었다.

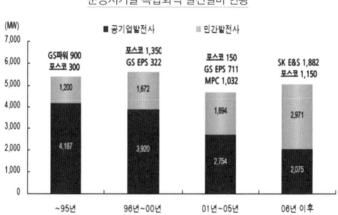

준공시기별 복합화력 발전설비 현황

2006~2007년 당시 국내 발전업계 화두는 최종 TWBP(양방향전력거래)시장으로 가기 위한 중간단계로 인식되었던 CBP 시장이, 2003년 전력산업 구조개편이 중단되면서 중간단계가 아닌 고쳐서 지속가능한 시장으로 만들어야 한다는 것이었다. 그 중 하나가 "지역별 신호 제도" 도입이었다.

당시 CBP시장은 국내 지역 불문으로 용량요금도 SMP도 동등하게 입찰하고 수령했다. 그러면서 발전공기업은 전력수요가 많은 지역에 위치한 발전기가 송전건설비용도 절감하고 송전손실도 적어 경쟁력 있다고 주장했다. 또 전력수요지 근처 발전기와 원격지 발전기간 발전가격에 차이가 없다 보니 부하 집중지역에 발전설비를 유인하는데 한계가 있다는 점도 제기되었다.

이로서 도입된 제도가 "전력량가격 산정 및 정산에 송전손실계수 적용"이었다. 이른바 송전손실계수(Transmission Loss Factor, TLF) 도입이었다. 아래 표가 당시 최초 적용했던 송전손실계수 현황 일부 발췌한 자료다.

서울화력#4	1.0435	부산복합#4	0.9978
인천복합#1	1.0301	울산화력#1	0.9939
보령화력#1	1.0031	광양복합#1	0.9642
영남화력#1	1.0005	율촌복합#1	0.9578

주로 수도권에 가까우면 1.0보다 크고, 멀면 1.0보다 작다. 그럼 이 계수가 입찰 및 정산에 어떻게 작용하는지 보자. 서울 마포에 위치한 서울화력의 TLF는 1.0435, K-POWER인 광양복합의 TLF는 0.9642를 적용 받는다.

- SMP 입찰을 위한 발전기별 변동비 = 변동비/손실계수
- 발전기별 전력량 정산가격 = SMP × 손실계수

구분	서울화력#4	광양복합#1
발전단가(변동비) 가정	100원/kWh	100원/kWh
송전손실계수	1.0435	0.9642
가격결정시 적용되는 가격	100/1.01435=98.58	100/0.9642=103.71
정산(SMP 100원/kWh)	100원×1.01435×발전량	급전 받지못함
정산(SMP 150원/kWh)	150원×1.01435×발전량	150원×0.9642×발전량

제도 이전에 비해 현저히 발전기의 수익성은 내려가게 되었고, 이 제도 도입

직후부터 경기이남의 발전소 건설은 없고, TLF가 유리한 포천, 동두천, 파주 등 한강 이북 지역에 발전소개발이 러쉬를 이룬다.

■ 효율경쟁의 시대 : 민간발전사가 쏘아 올린 경쟁(2010~)

복합화력발전소의 경우 발전설비 효율에 따라 단위 전력당 변동비 차이가 발생하여 발전기 이용률의 차별화를 시현할 수 있다. 특히, 첨두부하의 경쟁이 심화되고 있어 효율이 더 우수한 최신 기종의 발전설비를 확보할 경우 변동비를 절감하여 급전순위에서 상대적으로 상위권에 위치할 수 있다.

2010년을 넘어가면서 새로 개발하는 민간발전은 모두 서울인근에 집중된다. 그럼에도 가스복합발전에 대한 금융은 검증된 기술을 전제로 한다는 시장 컨센서스가 있었다. 당시 금융을 했던 포스코복합 #5, #6호기 및 오성복합, 대림포천복합 등은 당시 대세였던 F 또는 G-Class 가스터빈을 기본안으로 투자비 절감에 매진했다. 열효율이 높은 기종을 채택하되, 운전실적과 신뢰도 수준을 고려하고, 설비 신뢰도, 기동정지 능력, DSS 운전능력, 건설단가 등을 종합적으로 고려한 결정이었다.

그러나 이러한 컨센서스는 얼마 가지 못한다. 모든 개발사업들이 위치경쟁 우위를 갖다 보니 차별화가 안되고, 같은 F 또는 G-Class 가스터빈을 도입해서는 수익성을 담보할 수 없었다. 그래서 MHPS의 J-Class와 Siemens의 H-class 도입을 앞당긴다. 동두천복합, 신평택복합, 대우포천복합, 춘천복합, 대구그린파워, 안산복합, 포스코에너지 #7/#8, 장문복합 모두 줄줄이 신기술을 도입한다. 이렇게 효율경쟁의 시대로 2012년 이후 빠르게 진입한다. 얼마 지나지 않아 카니발효과가 문제로 나타난다. 동일 시점에 진입한 높은 이용률의 발전기의 경쟁력은 유사한 효율의 신규 복합화력발전기가 진입할 경우 희석될 수 밖에 없어진다.

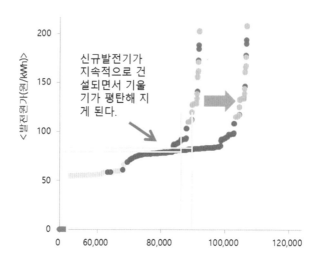

위 그림처럼 신규 효율 좋은 발전기가 일시에 진입하면서 가스연료 발전기의 발전원가가 유사해지면서 기울기는 평탄해졌다. 따라서 전력수요가 증가해도 SMP는 크게 오르지 않는 즉 Energy Margin은 예상보다 적게 나오면서, 서로의 이익에 도움이 되지 않는 카니발 역효과가 발생한다.

■ 연료경쟁의 시대 : 진짜 전쟁은 이제부터

| 1막 : 민간의 LNG 직도입(2015~) |

국내는 LNG 공급사업에 대규모 수송선, 인수기지, 전국 배관망 건설등 막대한 초기 투자비가 요구되고 장기 계약물량을 의무적으로 인수해야 하는 등 경직된 시장구조를 감안해서 LNG 도입계약에서부터 운반, 비축 및 발전사와 도시가스사에 대한 공급까지의 도매부문은 한국가스공사가 독점적으로 전담하고 있다. 한국가스공사는 보유하고 있는 주배관망을 통하여 대량수요처인 발전공기업, 민간발전사, 도시가스사에 LNG를 공급하고, 소매사업자인 도시가스사는 공급받은 LNG를 권역별 배관을 통해 소비자에게 공급함으로써, 도매와 소매로 이원화된 공급체계를 가지고 있다. 가스 도입은 거의 전량을 수입에 의존하고 있다. 인도 네시아, 말레이시아, 카타르, 오만, 러시아, 호주 등 다양하다.

민간의 LNG직도입은 2003년 가스산업 구조개편 계획에 의해 최초로 허용되었으며, 2005년부터 광양복합(K-Power)과 ㈜포스코가 최초로 인도네시아 Tangguh 가스전으로 부터 LNG를 직접 도입하면서 시작되었다.

국내 LNG 직도입 요건

도시가스사업법에 따른 사업자 분류 중 본 사업은 가스공급시설 설치자로 분류되며, 사용자들은 자가소비용직수입자로 분류된다. 천연가스를 직도입하기 위해서는 전년도 사용물량의 30일분 이상의 저장공간을 갖추어야 하고(단, 임차 허용), 수입한 천연가스를 국내의 제3자에게 처분할 수 없도록 (단, 직도입사업 자간 swap은 가능하며, 해외 재판매는 허용) 규제가 이루어지고 있다.

직도입을 통해 가스공사보다 경쟁력 있는 LNG를 직수입할 경우, 연료비 절감 및 발전 경쟁력 상승을 통해 수익성 몇 배 증가효과가 있다. 물론 전제는 가스 공사보다 저렴하게 직수입한다는 전제다.

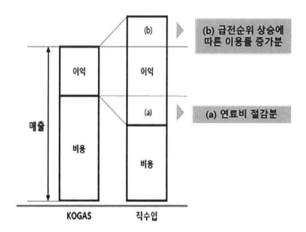

2015년 당시 효율 좋은 발전기도 수익성이 불투명해지고, 유가는 배럴당 100불이 넘어가는 과정에서 가스공사의 국내 도입 가스가격은 지나치게 높게 비춰졌다. 때마침 직도입을 가로 막던 저장시설 확보도 가스공사 임대, GS와 SK에서 설립한 보령터미널, 포스코의 광양터미널 증설 등으로 한결 유연해졌다. 이후 한국중부발전㈜가 2014년부터 발전공기업 최초로 Vitol사 등에서 연간 40~55만톤의 LNG를 직접 도입해오고 있으며, 2015년에는 GS칼텍스㈜, 2017년에는 파주에너지서비스㈜, 위례에너지서비스㈜, GS EPS㈜ 등이 LNG 직도입사업자로 참여하게 되었다.

2005년 33만톤으로 전체 수입의 1.4%에 그쳤던 LNG직수입은 2019년 730만톤으로 전체 물량의 17.8%를 차지했다. 직수입자도 2005년 발전용과 산업용 각각 1개소였으나 2019년 11개소로 늘어났다. 용도별로는 발전용이 2005년 5만톤(발전용 수요의 0.5%)에서 2019년 567만(28%)으로 증가했으며, 산업용은 2005년 28만톤에서 2019년 163만톤으로 늘어나 비중도 2.0%에서 17%로 증가했다. 2019년 기준 직수입자별 도입현황을 보면 포스코 83만톤, 포스코에너지 51만톤, 중부발전 41만톤, 에쓰오일 78만톤, 신평택발전 20만톤이며, SK계열의 경우 SK E&S 96만톤, 위례 44만톤, 파주 150만톤이다. GS계열은 GS칼텍스 54만톤, GS EPS 69만톤, GS파워 44만톤 규모다.

구분	계약기간	연간 계약량(천톤)	광구명	사용처
포스코	2005~2024	550	인니 Tangguh	발전/조업
SK E&S	2005~2024	600	인니 Tangguh	발전(광양)
	2017~2024	800	호주 Gorgon	발전(파주/위례)
	2019~2038	2,200	미국 Freeport	발전
GS 칼텍스, GS EPS, GS파워	2015~2034	500	호주 Gorgon	화학연료/발전(당진#4)
	2019~2039	600	미국 Cameron	
한국중부발전	2015~2024	400	Vitol(스위스)	발전(세종/인천)
S-Oil	2018~2033	700	Petronas(말련)	화학연료
현대산업개발(예정)	2019~	400	BP	발전(통영)

자료 : 언론 기사 [15]

그렇다면 직도입 발전사업자가 얼마나 저렴하게 수입했을까? 실제 2018년 8월기준 급전순위표를 보면 LNG 부문에서 직도입발전사가 순위를 휩쓸고 있다. SK E&S의 광양발전소, GS EPS #4, GS파워 개체호기, SK E&S의 위례열병합, 파주복합이 1~7위를 위치하고 있다. [16]

가스복합발전업계로서는 수익성 회복을 위한 몇 안 남은 카드중 하나가 '가스직도입'이다. 미국의 풍부하고 저렴한 셰일가스 수입이 상상을 현실로 더 앞당기고 있다.

| 2막 : 가스공사 개별요금제의 반격(2020~) |

구매자 우위시장이 지속되는 LNG시장에서 발전사는 가스공사가 공급하는 시장가격보다 높은 평균요금제를 통한 연료공급을 회피 대부분 직수입 의향을 밝히고 있으며, 직수입 확대 추진중이다.

제13차 천연가스 수급계획에 따르면 2025년 이후 LNG직수입 물량은 연간 1000만톤을 상회할 것으로 예상된다. 전체 물량에서 차지하는 비중이 31.4%에 이른다.

13차 수급계획상의 직수입 물량 실적 및 전망

구분	2010	2015	2018	2020	2025(e)
물량(만톤)	173	188	617	920	1,087

포스코, GS에너지, SK E&S 등 민간기업의 직수입 확대뿐 아니라 발전공기업도 LNG직수입에 나서고 있다. 2015년부터 매년 125만톤을 직접 들여오던 중부발전에 이어 서부발전(140만톤), 남부발전(50만톤), 동서발전(55만톤), 남동발전(80만톤)도 2022년부터 차례로 직수입을 시작한다. 가스공사의 발전용 판매물량에서 차지하는 발전5사 비중이 2011년 69%에서 2019년 35%로 감소한 상황에서 이들 4개 발전사마저 직수입을 시작하면 감소폭은 더욱 가팔라질 수밖에 없다.

가스공사도 방어가 필요했고 그래서 도입된 제도가 "개별요금제"다. 기존에는 수요자에게 가스공사 도입계약 POOL의 평균가격을 부과하는 평균요금제였다면, 2022년 1월 1일 이후 판매계약을 체결하는 발전용 수요자에게는 특정 도입계약을 각각의 발전기와 연계하여 상품을 공급하고 해당물량을 기초로 요금을 산정 부과(Pass Through)하는 개별요금제를 도입한 것이다. 누가 봐도 '발전시장 공정경쟁 환경 조성'이라 하지만 직도입자를 견제하기 위해 도입한 제도로 보인다.

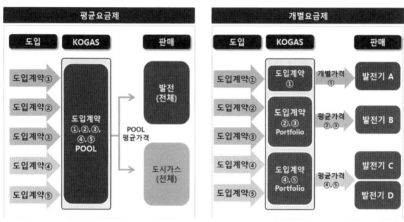

자료 : 한국가스공사 개별요금제 보도자료(2020.01) [17]

가스공사의 반격에는 나름의 복안이 있다. 가스공사의 주요 장기공급계약이 2024년부터 순차적으로 만료되고, 유리한 조건의 장기공급계약들로 대체되면 직도입발전사보다 경쟁력 있는 연료공급이 가능할 것으로 본다. 가스공사가 카타르로부터 수입하는 4.8백만톤, 오만으로부터의 4.06백만톤의 공급계약이 2024년에 만료될 예정이고, 2027년에는 카타르로부터의 2.1백만톤 공급계약이 만료될 예정이다.

2030년까지 만료될 장기공급계약물량이 연간 약17백만톤으로 제13차 천연가스장기수급계획상 예상수요 38백만톤/년의 45.2%에 이르는 양이 재계약을 기다리고 있다. 한국가스공사는 재계약시 가격뿐 아니라 구매자에게 불리한 제반 조건을 협상할 예정이다. 세계2위의 LNG수입회사로서의 강력한 구매력, 셰일가스 수출 이후 점진적인 LNG 공급물량 확대 기조(구매자 우위 환경)를 감안할 때 재협상시 도입가 인하 가능성은 높은 편이다.

한국가스공사는 2020년 10월 한국지역난방공사와 첫번째 개별요금제 계약을 체결하였고 이후 내포그린에너지 및 한주와 체결하였다.

개별요금제 체결 현황(2021년 기준)

체결대상	체결일	조건	사용처
지역난방공사	2020.10	15년(2023~) 연간 40만톤	집단에너지 열병합발전소 3개 (양산, 대구, 청주)
내포그린에너지	2020.12	15년(2023~) 연간 34만톤	내포신도시 열병합발전소
한주	2021.05	15년(2024~) 연간 15만톤	울산석유화학공업단지 구역전기사업 열병합발전소

자료 : 언론기사 [18]

가스공사의 개별요금제발 전쟁선포에 직도입 준비 민간발전사의 대응이 혼란스럽다. 특히 9차 전력수급계획에 따르면 LNG 발전설비는 2020년 41.3GW에서 2034년 59.1GW로 크게 증가하여 전체 발전원의 47.3%까지 확대가 예상되어 갈수록 개별요금제 및 직도입 LNG 발전소의 비중이 점차 확대되고 해당 발전소 간 연료비 경쟁이 치열해질 전망이다.

각 방식의 전략적 선택할 경우 다음이 각각 고려되어야 할 것이다.

개별 요금제	• 한국가스공사의 시장지위에 기반한 협상력을 활용하여 양호한 조건의 가격으로 가스를 공급받을 수 있으며, 이와 더불어 가스 공급설비 이용이 포함된 서비스를 함께 제공받을 수 있다는 장점이 있음 • 다만, 공공기관의 특성상 의사결정의 신속성이나 과감한 전략 실행 등의 측면에서 민간 직도입 업체 대비 제한적일 수 있다는 우려도 존재
직도입	• 현물계약과 장기계약의 조합, 연료가격 변동위험에 대한 헷징 등 리스크 관리 기법을 통해 가스발전 사업에서 주된 비용 항목인 연료조달 비용의 최적화를 발전사가 주체적으로 추진할 수 있다는 장점이 있음 • 다만 가스 공급설비의 확보가 용이하지 않을 수 있고 직도입 초기에는 도입물량이 일반적으로 크지 않아 도입가격 협상력이 제한적일수 있으며 단일 해외공급자에게만 의존할 경우 공급차질에 대한 위험이 존재할 여지가 있음

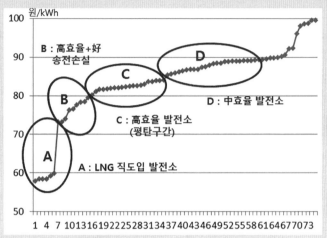

2020년 봄 가스복합발전기의 Merit Order

B : 高효율+好
송전손실

B

A

A : LNG 직도입 발전소

C

C : 高효율 발전소
(평탄구간)

D

D : 中효율 발전소

주 : 가스복합발전소만 반영하였고, 100원이 넘는 발전소는 편의상 제외함

정산받는 민간석탄발전

민자석탄발전 추진 현황

구분	지에스동해전력	고성그린파워	강릉에코파워	삼척블루파워
반영수급계획	5차	6차	6차	6차
민간 주체	GS 이앤알	SK에코플랜트	삼성물산	포스코에너지
설비용량(MW)	1,190	2,080	2,080	2,100
준공시기	17.03	21.05	22.09	23.10
사업비(억원)	20,340	51,960	56,000	48,790
사업비/MW	17.1	25.0	26.9	23.2
차입약정(억원)	15,524	42,900	47,000	39,032
차입금/사업비	76.3%	82.6%	83.9%	80.0%
차입금/MW	13.0	20.6	22.6	18.6

전력수급문제가 발생한 2010년대 초부터 민간자본의 석탄화력발전 허용이 검토되기 시작하였으며, 제5차 전력수급기본계획부터 민자석탄발전사가 포함된 후 최종적으로 북평화력발전사업(지에스동해전력), 고성하이화력발전사업(고성그린파워), 강릉안인화력발전사업(강릉에코파워), 삼척화력발전사업(삼척블루파워, 구)포스파워) 등 총 4개사의 민자석탄발전사업이 허용되었다.

■ 정산조정계수

민자석탄발전사업은 정산조정제도를 적용 받는다. LNG가스복합에 비해 발전단가가 저렴하므로 SMP를 그대로 받으면 구조적으로 초과이익을 가져간다고 보아 정산조정제도 대상이 되었다. 정산조정계수제도에서는 발전기의 건설 및 운영에 소요되는 총괄원가가 보상되는데, 총괄원가는 전력 생산에 소요되는 원가에 적정투자보수를 가산한 금액으로 계산된다. 고정비는 운전유지비, 감가상각비, 투자보수 및 법인세비용으로 구성되고 변동비의 대부분은 연료비다. 투자보수를 결정하는 투자보수율은 자기자본보수율, 타인자본보수율 및 자본구성비율 등을 감안하여 가중평균자본비용(WACC) 방식으로 산정된다.

연료비	• 연료비= 해당 발전기의 사용열량 x 적용 열량단가 • 적용 열량단가 : 기준열량단가 상·하한이 ±10% 범위내면 해당 발전기 열량단가 적용, 상한 초과는 "상한+ (해당 발전기 열량단가 – 상한) x 95%" 패널티를, 하한 미달은 "자기+ (하한 – 해당 발전기 열량단가) x 5%" 인센티브를 제공
운전유지비	• 설비용량별, 운전유지비 항목별로 과거 3개년 평균 운전유지비에 물가상승률을 반영하고 설비용량을 보정한 후 개별 고정성 비용을 가산하여 산정 (표준 운전유지비 방식) • 개별고정성비용 : 평균 운전유지비 산정시 제외된 송변전 설비 주변지역지원법에 의한 비용, 전력거래수수료, 지역자원시설세, 회처리비용, 사택 관련 비용 등

감가상각비	• 감가상각비(정액법) = 비용평가위원회 확정 투자비 ÷ 발전자회사 자산별 내용연수
	• 확정 투자비 : 비용평가위원회에서 인정한 투자비를 기준으로 산정 (건설기간중 자본비용 포함)
	   ① 실적투자비 〉 표준투자비 : 비용평가위원회 투자비 인정금액 적용
	   ② 실적투자비 ≤ 표준투자비 : 실적투자비 적용
	• 건설기간중 자본비용 = (전년도 투자비 및 투자보수 누적액) x 투자보수율 + 당해연도 투자비 ÷ 2 x 투자보수율

적정투자보수	• 적정투자보수 = 요금기저 x 적정투자보수율 • 요금기저 = 기초·기말 순가동설비 자산가액 평균 + 기초·기말 건설중인자산 평균 + 운전자금 (연료비, 운전유지비)
적정법인세비용	• 적정법인세비용 = 적정투자보수 ÷ (1 – 법인세율) x 법인세율

앞서 설명한 정산조정계수 제도의 총괄원가 산정방식에 따라 개별 민간석탄발전기가 보상받게 될 총괄원가와 보상구조를 도식화하면 다음과 같다.

정산조정계수제도 총괄원가 보상구조

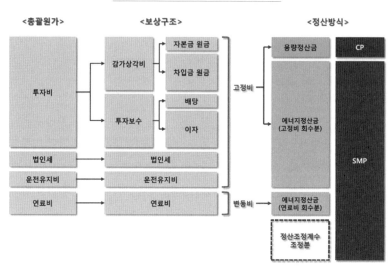

■ 민자석탄발전의 숨은 위험요인

민자석탄발전사가 적정투자보수를 보장하면서 초과하는 금액은 회수하고 미달액을 보전하여 운영실적에 따른 시장위험을 완화하는 정산조정계수제도의 적용을 받는다는 점도 투자자에게 매력적이다.

그러나 2019년 이후 미세먼지 배출 및 온실가스 감축으로 인한 석탄발전에 대한 여러가지 난관에 봉착했다. 당초 석탄과 LNG에 부과되는 개별소비세가 조정되어 두 전원간 가격 격차가 좁혀진 가운데, 2020년 들어 유가가 급락하면서 LNG가격도 시차를 두고 크게 하락하게 되었다. 이에 따라 LNG 대비 유연탄의 연료비단가는 지속적으로 높아져 2014년 20~30% 수준에서 2020년 하반기 90%대를 보이고 있다.

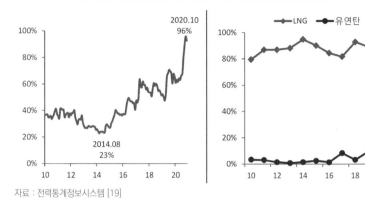

LNG대비 유연탄의 연료비단가, 연료원별 SMP 결정비율

자료 : 전력통계정보시스템 [19]

여기에 전력수요 감소까지 겹치면서 유연탄의 SMP결정비율이 2020년(9월까지 누계) 26%에 이른다. 실제 LNG 직도입자가 늘어나고 LNG의 발전단가가 낮아지면서 부분적으로 석탄과 LNG의 급전순위가 역전되는 현상이 나타나게 되었다.

ㅣ 투자비 불인정에 따른 수익창출규모 축소 가능성(투자비 불인정 위험) ㅣ

민간석탄발전사들은 발전사업에 투자된 원가에 적정투자 수익을 보장받는 정산조정계수 제도하의 적정 표준투자비와 관련하여 정부와 민간석탄발전사 간 표준투자비 결정에 대한 불확실성이 높다.

실적공사비 대비 과소한 표준투자비가 산정되고, 실적공사비 차액에 대한 소명이 받아들여지지 않아 각 민자발전사의 사업비 중 상당부분이 적정 투자비로 인정되지 않을 경우, 불인정 규모에 따라 기대 수익창출 규모 및 그에 따른 가동 이후의 재무부담이 커질 가능성이 높다.

ㅣ 석탄발전가동을 제약하는 제도 변경에 따른 매출 부진 및 현금유입 지연 가능성 ㅣ

기존의 석탄발전 관련 규제가 노후석탄발전기에 집중되었던 것과 달리, 석탄발전 총량제는 전체 석탄발전기를 규제 대상으로 할 것으로 보인다. 이 경우 민자석탄발전사의 가동도 제약을 받을 수 있다. 민자석탄발전사들의 경우 총 운영기간 동안 적정보수를 감안한 사업비를 보상받도록 되어 있기는 하나, 가동실적에 따라 수익을 보전 받는 구조로, 가동율 저하될 경우 현금유입이 이연되어 재무안정성 개선이 지연될 수 있다.

직도입 LNG발전사

앞서 설명한 LNG 직도입 발전사업자와 한국가스공사로부터 LNG를 수급하는 발전사의 영업실적을 살펴보고자 한다. 2019년부터 2022년가지 월별 평균 발전단가 추이를 보면 직도입자가 상당한 비교우위에 있음을 알 수 있다.

가스 직도입발전기 및 가스공사도입 발전기 평균 발전단가 추이(원/kWh)

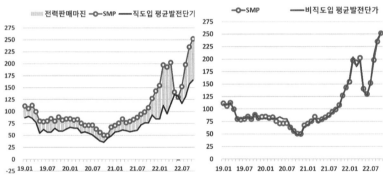

자료 : NICE신용평가, 2022, 에너지가격 상승이 발전산업에 미치는 영향 [20]

■ 직도입발전의 숨은 위험요인

낮은 도입단가를 무기로 상당한 전력판매마진을 보이는 직도입사업자의 장점에 가려진 숨은 위험요인은 무엇일까?

| 물량위험 |

직도입발전사는 일부 물량을 현물시장에 의존하연서 발생하는 물량위험에 노출되어 있다. 상업가동중인 직도입발전사는 물량의 20~30%를 현물시장에서 조달하고 있는 것으로 파악된다. 이 경우 갑작스러운 가격 급등 시기에 필요한 물량을 현물시장에서 조달하지 못하게 될 수 있다.

2022년 러우전쟁이후 천연가스 가격 상승기에 유가 상승폭보다 천연가스 현물가격 상승폭 및 변동성이 상대적으로 보다 크게 확대된 점을 고려해 보면 직도입자가 현물시장으로부터 물량을 확보하는 데 어려움을 겪게 되었다. 이러한 가격 급등기에 필요한 물량을 조달받지 못하게 될 수 있다.

| 가격위험 |

원가경쟁력 약화에 따른 가격 위험 증가는 직도입발전사가 장기적으로 마주하게 될 가장 큰 위험이다. 현재 한국가스공사의 도입가가 직도입발전사에 비해 높은 것은 과거 판매자 우위 시장일 때 체결한 장기공급계약으로 평균도입가격이 상승하였기 때문이다. 아래는 한국가스공사의 2030년 이전에 만료예정인 계약만 나열한 자료다.

한국가스공사 주요 장기공급계약 만료시점

국가	프로젝트	계약물량 (백만톤/년)	계약기간	인도조건
인도네시아	Donggi Senoro DSLNG	0.7	2015~2028	FOB
말레이시아	MLNG Tiga	1.50+0.50	2008~2028	DES
오만	OLNG	4.06	2000~2024	FOB
카타르	Ras Gas I	4.8	1999~2024	FOB
카타르	Ras Gas II	2.1	2007~2027	DES
예멘	YLNG	2.0	2008~2028	FOB
러시아	Sakhalin II	1.5	2008~2028	FOB
계		16.66~17.16		

자료 : 한국기업평가, 2018, 발전업계의 방탄소년단 [21]

한국가스공사의 주요 장기공급계약이 2024년부터 순차적으로 만료되고, 유리한 조건의 장기공급계약들로 대체되고, 앞서 설명한 개별요금제 도입사업자가 늘면 직도입발전사가 보유한 원가 우위가 상당부분 사라질 수 있다.

〈가스공사 개별요금제 계약 체결 발전기와의 경합〉

2023년 7월 기사에 따르면, 한국가스공사와 15년간 개별요금제를 체결한 내포열병합이 7월 71.25원/KWh 연료비원가를 나타내며 LNG를 연료로 사용하는 발전소중 가장 낮은 연료비원가를 기록했다. 반면 LNG 직수입물량을 사용하는 발전소별 현황을 살펴보면 A복합 1,2호기가 각각 87.82원, 86.74원으로 가장 낮았고, B복합이 84.09원, C복합 1,2호가 각각 99.24원, 99.27원을 기록했다.

가스공사의 장기 개별요금제와 LNG 직수입의 경쟁에서 우선 가스공사의 경쟁력있는 LNG도입이 확인된 측면이 있다. 향후 또 다른 개별요금제 발전사들이 지속적으로 낮은 연료비원가를 유지할지 지켜볼 필요가 있다.

자주 받는 질문

■ 이야기 하나 : 예비율과 유가, 무엇이 수익성에 더 영향을 주나?

SMP는 유가에 의해 크게 영향을 받는다. 앞서 설명했지만, 국내는 LNG가 한계발전기로서 SMP를 결정하는 비율이 매우 높아, 결국 LNG 가격에 영향을 미치는 국제유가가 SMP에 영향을 크게 주고 있다. 그러나 매출과 함께 연료비도 함께 올라가기 때문에 순이익은 크게 개선되지 못한다.

SMP에 영향을 미치는 요소 중 하나는 전력수급이다. 이를 한마디로 표현하면 공급예비율이다. SMP는 전력 수요와 공급의 균형점에서 가격(SMP)이 결정되기 때문이다. 각 시간대별 전력 수요에 대응하는 발전기는 공급가격(변동비)이 낮은 순서부터 가동하기 때문에, 가장 마지막에 투입되는 발전기의 공급가격이 그

시간대의 SMP가 된다. 전력수요가 증가하거나, 기저발전인 원자력 한 호기가 폐지되어 전력수급이 타이트해지면 발전단가가 높은 발전기도 가동하여 SMP가 상승한다. 이 경우는 비용은 오르지 않고 매출만 올라 LNG 민간 발전사 입장에서 가장 선호하는 시나리오다. 2011~2013년 사이에 SMP가 급등했던 배경이다.

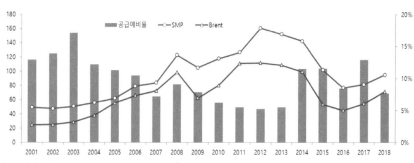

SMP, 예비율, 유가 추이(단위: 좌-원/kWh, $/bbl, 우-%)

자료 : 전력거래소, 2020, 2019년도 전력시장 통계 [13]

■ 이야기 둘 : 기저발전기 신설이 수익성에 얼마나 영향을 주나?

전력수요에 변동이 없고 기저발전 공급만 일정 수준 증가되는 상황을 가정하여 전력수급 변화가 전력량 요금마진과 가동률에 영향을 미치는 과정을 간단히 설명하면 다음과 같다. 발전단가가 낮은 기저발전이 신규로 진입하면, 낮은 단가의 발전용량이 확대되어 수요에 변동이 없는 경우 해당 수요에 대응되는 한계비용이 낮아진다. 이 경우 개별 발전기의 연료단가에 변동이 없는 가운데, 판매가격(SMP)만 하락하게 되어 전력량 요금 마진은 감소하게 된다.

다음 그림은 2015년 6월 변동비 및 누적 공급능력을 적용하여, 60,000MW의 수요가 유지되는 가운데 기저발전이 10,000MW 증가할 경우, SMP하락을 사례로 제시한 것이다. 이 경우, 기저발전 공급증가로 수요에 대응하는 SMP이 85.13/KWh원에서 80.34원/KWh으로 하락하며, 변동비가 80원/KWh인 발전기

의 전력량요금마진은 시간당 5.13원/KW에서 0.34원/KW으로 감소된다. [22]

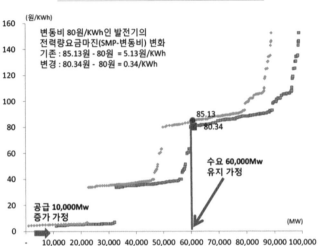

(예시) 전력수급에 따른 '전력량요금마진' 변화

한편, 실제 수요예측과 그에 상응하는 계통한계비용(SMP)의 결정은 시간 단위로 이루어지며, 기저발전공급 능력의 확대는 한계비용분포를 낮추는 요인이 된다. 다음 그림은 2015년 6월 720시간의 계통한계가격분포와 10,000MW의 기저발전 진입에 따른 SMP 분포 추정치를 그래프로 표시한 것이다. 결과적으로 변동비가 80원/KWh인 발전기의 경우 2015년 6월중 한계비용이 80원/KWh이상인 664시간(30일 × 24시간 − 56시간), 이용률 92.2% 운전되었으나, 기저발전이 10,000MW 증가될 경우, 운전시간이 415시간(30일 × 24시간 − 305시간), 이용률 57.6%로 감소되는 것으로 추산된다.

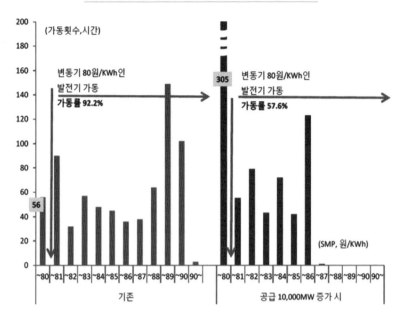

(예시) 전력수급에 따른 'SMP분포' 및 '가동률' 변화

즉, 기저발전기가 진입하면 SMP도 하락하여 마진이 줄뿐 아니라, 발전량도 감소해서 이중으로 수익성이 감소하게 된다.

■ 이야기 셋 : 저유가는 좋은 거? 나쁜 거?

가스공사의 LNG (장기)도입가격이 원유가격에 연동되고 있어, 가스공사로부터 LNG를 공급받는 대부분의 LNG발전사 연료단가는 시차를 두고 유가에 연동된다. 다음 그림에서 보는 바와 같이, 2014년 하반기 국제유가가 급락한 이후 LNG연료단가도 약 6개월의 시차를 두고 크게 하락한 모습이다.

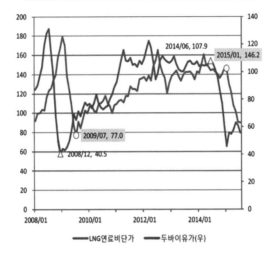

유가vs LNG연료단가 (단위: 원/KWh, USD/배럴)

　　한국가스공사로부터 LNG를 도입하는 LNG발전사들의 경우, 유가변동에 따른 연료비변화가 동일하게 영향을 미치기 때문에 유가하락은 LNG발전사의 연료비를 동일하게 낮추는 요인이 되며, LNG발전사간 급전순위나 원가경쟁력의 변동요인이 되지 않는다. 이에 LNG발전이 한계발전으로 한계비용을 결정하는 상황에서는 다음 그림과 같이 LNG발전단가가 하락한 만큼 SMP도 하락하게 되어 LNG발전사의 수익에 미치는 영향은 거의 없어 보인다.

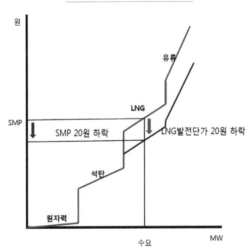

LNG 발전단가 하락과 SMP

그러나 다음의 예를 보면 영향이 있음을 알 수 있다.

구분	2019년 12월	2018년 12월
LNG 열량단가(원/Gcal)	47,967	64,528
효율 57%인 발전기가 한계발전기인 경우 SMP (원/kWh)	72.37	109.34
효율 61%인 투자 대상 발전기의 발전원가 (원/kWh)	67.63	90.97
Energy Margin (원/kWh)	4.74	18.37
(Margin %)	(6.5%)	(16.8%)

실제 같은 12월인데 2018년에 비해서 2019년에는 LNG 열량단가가 27% 하락하였다. 따라서 예를 들어 효율이 57%인 발전기가 SMP를 동일하게 결정한다면 109원에서 72원으로 34%하락하였다. 반면 효율 61%인 분석 대상 발전기의 연료비는 91원에서 68원으로 26% 하락하였다. 결과적으로 Energy Margin은 kWh당 18원에서 5원으로 크게 감소하였다. 저유가는 서로 다른 효율의 발전기로 인해 수익성을 악화시킨다.

■ 이야기 넷 : 수요가 증가했는데 수익이 개선되지 않는 이유는?

전체 LNG발전소 중 가스공사 LNG를 사용하는 발전소는 80~90%이며, 주기기인 가스터빈의 효율에 따라 발전원가가 일부 차별화되나 격차가 크지 않다. 따라서 수급측면의 긍정적 효과가 크지 않을 시, 가격결정 한계발전기와 특정 LNG발전기와의 발전원가 격차인 단위 전력량이익이 매우 작게 형성될 수 있다. 아래는 2018년 1월과 2월에 특정 가스공사 LNG사용 발전기의 단위 전력량이익이 차별화되는 과정을 그래프로 표시한 것이다.

2018년 1월 및 2월의 급전곡선상 전력량이익 계산

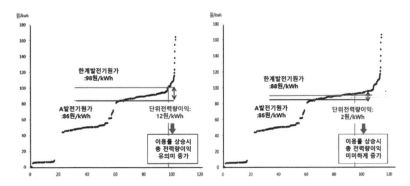

2018년 1월에는 한계발전기원가 98원, 검토대상 A발전기 86원으로 Energy Margin이 12원 발생한다. 한편 2월에는 동일한 조건인데 A발전기와 효율이 비슷한 발전기가 여럿 상업운전을 개시하는 경우 1월과 동일한 전력수요와 만나는 한계발전기원가 88원, 검토대상 A발전기 86원으로 Energy Margin은 2원으로 감소한다.

만일 더 나아가 효율 좋은 신규 발전기가 대규모 진입될 경우, 가스연료 구간의커브는 더욱 평평해진다. 그렇다면 전력수요가 증가해도 Energy Margin의 증가는 미미하게 발생한다.

6 국내 집단에너지시장

집단에너지 사업

지역난방은 아파트, 업무/상업용 건물들에 개별 열생산시설을 설치하지 않고 열병합발전소 등 대규모 열생산 시설에서 경제적으로 생산되는 열/스팀을 대단위지역에 일괄공급하는 선진 난방 시스템이다.

1985년 서울 목동에 주택 대상으로 최초 지역난방을 공급한 후 신도시 200만호 건설과정에서 지역난방이 본격 성장하게 되고, 1985년 한국지역난방공사 설립, 1991년 집단에너지사업법을 제정하여 본격 집단에너지사업이 확대보급된다.

집단에너지사업은 원칙적으로 열원 설비만을 활용하여 열공급만을 목적으로 추진이 가능하나 대부분이 열과 전기 생산을 병행하는 특징이 있으며, 제도적으로는 집단에너지사업법에 의해 통제된다. 집단에너지사업법은 집단에너지사업의 가이드라인을 제시하는 법이나 주로 열공급과 관련한 내용이고 전기 공급과 관련된 내용은 전기사업법에 규정되어 있다.

집단에너지사업은 『지역 냉난방사업』과 『산업단지 집단에너지사업』으로 구분된다.

구 분	내 용
지역 냉난방사업	일정 지역 내에 있는 주택, 상가 등 각종 건물을 대상으로 난방용, 급탕용, 냉방용 열 또는 열과 전기를 공급하는 사업
산업단지 집단에너지사업	산업단지 입주업체를 대상으로 공정용 열 또는 열과 전기를 공급하는 사업

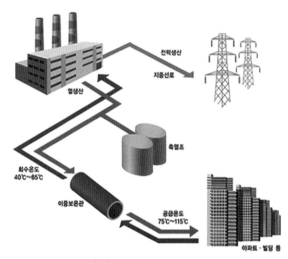

자료 : GS POWER 홈페이지 [23]

2017년말 기준 집단에너지사업자는 총 83개 사업자가 114개 사업장에서 허가를 보유하고 있으며, 지역냉난방사업자 34개, 산업단지사업자 42개, 병행사업자 7개로 구성되어 있다. 다음은 주요 지역냉난방사업자 현황이다.

수도권 지역냉난방 사업자 현황(2019년 기준)

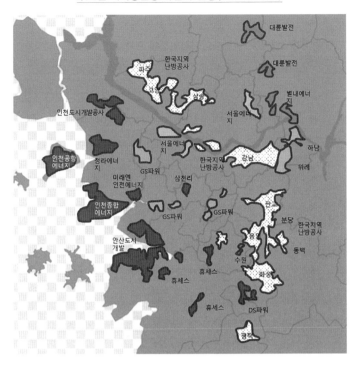

냉난방사업자	사업장	공급세대수(2015)
한국지역난방공사	수서, 일원/가락한라, 동남권유통단지, 남서울(중앙), 상암/상암2, 고양, 삼송/원흥, 용인, 용인서천, 수원광교, 수원, 대구, 광주전남혁신도시, 김해, 양산물금, 청주, 파주교하, 운정, 성남판교, 도촌, 화성동탄1,2, 분당	1,361,363
GS파워	안양, 부천	307,635
서울에너지공사	노원, 신정3, 목동, 마곡	190,366
미래엔인천에너지	인천논현2, 서창2	59,535
안산도시개발	안산, 송산그린시티, 시흥군자	58,912
수완에너지	광주수완	36,972
휴세스	화성향남1,2, 봉담2, 호매실, 남양뉴타운	24,905
나래에너지서비스	강일1,2, 고덕, 하남미사, 하남감일, 현안	22,081

자료 : 한국집단에너지협회 [24]

■ 주요 열공급 설비

집단에너지사업자는 집단에너지사업법에 의해 허가구역에 열을 공급할 의무가 있고. 전기사업법에 의해 전기를 생산해서 전력거래소에 판매하고 있으나 의무는 아니고 열생산의 부산물을 판매하는 개념이다. 따라서 열원시설인 보일러만 있거나, 타 집단에너지사업자로부터 열을 도매로 받아 소매공급도 가능하다.

일반적으로는 효율이 좋은 열병합발전기(Combined Heat & Power, CHP)와 첨두시 보조열원인 첨두부하보일러(Peak Load Boiler, PLB)를 기본으로 하고 수급 완충시설로 축열조가 있다.

열병합발전기 (CHP)	기존의 전력만 생산하는 일반 발전설비와 달리 발전으로 인해 발생하는 폐열을 활용하여 전체 에너지이용 효율을 극대화할 수 있는 고효율 에너지 이용 설비
첨두부하 보일러 (PLB)	CHP에서 발생하는 폐열로 담당할 수 없는 수용가측 초과열 수요(Peak Load)를 감당하기 위해 설치하는 보조 열원 성격의 설비(과거에는 Heat Only Boiler, HOB로 불렸음)
축열조	열원설비에서 생산된 열을 일시 저장하는 설비로 열수요가 낮은 시간에 저장하였다가 필요할 때 방열을 통해 열수요에 대응함으로써 수요와 공급 사이에 완충 역할을 하는 설비
열배관	열생산시설에서 발생하는 온수를 수용가측까지 전달하는 역할을 수행하는 설비로서 열 수송 과정에서 발생할 수 있는 열손실을 방지하기 위하여 이중보온을 사용
열교환기	CHP 설비에서 폐열 및 PLB에서 생산되는 열을 이용 집단에너지에 필요한 온수(혹은 증기)를 생산할 수 있도록 열교환 역할을 담당하는 장치

첨두부하보일러는 혹한기의 피크부하, 비상용 열원설비로서 지역난방수를 120℃이하로 직접 가열하여 지역난방 순환펌프를 이용하여 수용가에게 직접 공급한다. 초기 투자비가 저렴하고 설치기간이 짧아 열부하 추종성 및 기동성이 뛰어나나, 도시가스(LNG)를 연료로 사용하므로 변동비용이 높아 기저가 아닌 첨두부하용 또는 비상시에 주로 사용되며, 저가열원, 연계수열에서 담당하는 열용

량을 초과하는 부족분을 첨두부하 보일러가 담당하게 된다.

축열조는 열배관망에 일정 압력을 유지하고, 잉여열을 축열한후 방열함으로써 열생산시설을 경제적으로 운영하는 설비로서, 저부하시 잉여열이 발생될 때 축열하고 고부하시 방열운전함으로써 집단에너지시설을 탄력적으로 운영할 수 있도록 한다. 일반적으로 집단에너지사업의 경우, 축열조 용량은 동절기 가장 추운날의 일평균 열부하와 최대 열부하와의 차이 이상이 되도록 선정하는데, 최근에는 경제적 운영을 감안하여 축열조 용량을 결정할 뿐만 아니라 비상시 열공급을 위한 열원용량으로 종합적으로 고려한다.

■ 천연가스 연료비

산업단지는 석탄, 폐기물, 바이오매스 등 다양한 연료를 통해 스팀을 공급하고 있다. 그러나 지역난방의 경우는 열원시설이 대부분 주거지역 인근에 위치하므로 청정연료인 천연가스를 사용한다. 집단에너지 사업의 경우 가장 비중이 높은 변동비가 연료비라 중요하다. 집단에너지 사업자가 설비규모나 설비에 따라 서로 다른 요금을 적용 받는다.

구분	내용	요금 예시
100MW 이상의 CHP	한국가스공사로부터 "발전용"으로 직접 공급	2020.08 한국가스공사의 집단에너지 발전용 요금 : 9.1782 원/MJ
100MW 미만의 CHP	지역 도시가스업체로부터 "열병합용"으로 공급	2020.08 서울도시가스㈜의 열병합 집단에너지 동절기 12.7017 원/MJ
PLB	지역 도시가스업체로부터 "열전용 보일러용"으로 공급	2020.08 서울도시가스㈜의 열전용 보일러 14.9088 원/MJ

가스공사로부터 받는 도시가스와 지역 도시가스업체로부터 수령하는 도시가스 요금차이가 커서 설비가 소규모인 업체는 수익성 확보가 어렵다. 또한 PLB

는 열병합용에 비해 15~20% 높아, 특정 계절이나 부득이한 경우외에는 운전할수록 오히려 손실이 커진다.

■ 열 요금

집단에너지사업자의 열요금은 기본적인 요금 산정의 원칙은 열 공급에 소요된 총괄원가(적정원가+적정투자보수)를 보상하는 수준에서 결정하되, 산업통상자원부장관이 지정 고시한 요금의 상한을 초과할 수 없다.

이러한 열요금은 집단에너지사업자의 총괄원가 수준에 따라 각 사업자별로 달라질 수 있는 것이 원칙이나 현재는 민원 등의 이유로 대부분 한국지역난방공사의 열요금을 적용하고 있다. 다만, 2012년 9월 한국지역난방공사 열요금 동결 조치에 따라 일부 민간 집단에너지 사업자는 한국지역난방공사 요금과는 별개로 요금 인상을 신고하였으며, 이에 따라 집단에너지 사업자는 한국지역난방공사 준용그룹과 독자그룹으로 이원화되는 양상을 보이고 있다.

열 요금 산정방식

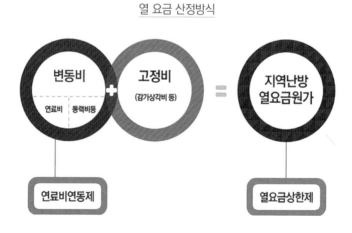

열요금은 고정비와 변동비로 구성되며 요금의 조정은 ① 연료비 연동제와 ② 열요금 상한제 적용을 받고 있다. 연료비연동제는 변동비 중 연료비에 해당되는 제도로서 국제유가, 환율의 변동으로 인한 연료비 증감분을 연동주기에 따라 정기적으로 열요금에 반영하는 제도다. 열요금 상한제는 연료비를 제외한 변동비와 고정비에 적용되는 것으로서 열요금 조정 통제를 위한 요소로 요금결정의 투명성을 높여 소비자의 권익을 보호하기 위한 제도다.

열요금은 도시가스 요금에 가장 연동이 많이 된다. 열판매사업은 연료비 연동제가 적용되고 있어 원칙적으로 연료비의 변화를 열판매가격에 반영하면 문제없다. 그러나 요금인상시 서민경제에 미치는 영향을 고려하지 않을 수 없는 만큼 연료비 증가가 즉각적으로 반영되지 못하는 경우가 있어 왔다. 실제로는 연료비 연동제가 중단되기도해 단기적으로 수익성은 적정마진에서 벗어나 왔다. 과거 2013년 7월부터 2년 가까이 LNG 가격의 상승에도 불구하고 열요금이 동결된 사례가 대표적이다. 물론 반대로 2015년의 경우에는 LNG 단가가 빠지기 시작했지만 여전히 연동제는 적용되지 않아 수익성이 회복된 사례도 있었다.

열요금과 도시가스요금 추이

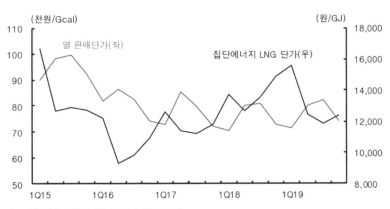

자료 : 한국지역난방공사, 한국가스공사 자료실 [25]

■ 스팀 요금

집단에너지사업자중 인근 지역에 주거용, 업무용 냉난방 열을 공급하면서 인근산단의 스팀수요처에 스팀을 판매하는 냉난방사업자, 산단에 스팀만 공급하는 산단사업자가 있다. 산업단지 증기요금은 공급업체의 열공급규정과 개별 업체의 수요 특성에 따라 결정되기 때문에 개별 업체마다 열요금 산정식이 다소 상이하나 일반적으로 계약기간과 계약물량에 기반한 기준요금과 실제 증기 사용량에 따라 연동되는 사용요금으로 구분된다. 사용요금은 연료에 따라 유연탄, B-C유, LNG 가격 등의 영향을 받으며 증기사용 후 응축수 회수량, 변동비용, 환율 등에 따라 변동되는 구조를 가지고 있어 비용 상승분을 판매가에 전가할 수 있다.

(예시) 스팀요금 산정방식

구분	기본요금	사용요금	응축수 회수대가
A계약	최저계약량 × 일수 × 24시간 × 기본요금단가 (시간당)	스팀사용량 × 스팀톤당 연료비용 × (1할인율) *스팀톤당 연료비 : 벙커C유 구매가격(원/L) × 66(L/스팀톤) **할인율 : 25%	계약서에 명시된 응축수 회수온도, 이용률, 발열량을 감안하여 적용
B계약	계약량 × 개월수 × 기본요금단가(연간)		
C계약	고정금액(연간)		해당사항 없음

사용요금의 스팀톤당 연료비는 "스팀구매자"입장에서 자체 보일러를 통해 스팀생산시를 기준으로 산정한다. 도시가스면 인근 도시가스업사의 "열병합2" 기준가격과 도시가스 사용량(Nm^3/스팀톤), 석탄이면 유연탄 구매가와 유연탄 사용량(Mcal/스팀톤), 벙커C유면 벙커C유 구매가와 벙커C유 사용량(L/스팀톤)이 기준이 된다. 그리고 생산시 기준 연료비의 75%, 즉 25% 할인한 금액으로 산정되었다. 일반적으로 구매자기준 연료비의 70~80%수준에서 체결된다.

■ CHP 운전 모드

　CHP는 연료를 투입하여 가스터빈을 통해 1차로 전력을 생산하고, 배열회수보일러(HRSG)로 폐열을 회수하여 증기터빈으로 보내면, 증기터빈에서는 회수된 폐열(증기)을 활용하여 전력과 열을 2차로 생산한다. 이렇게 일반 발전 시스템은 전력만을 생산하는 반면, 열병합발전 시스템은 폐열을 회수하여 재사용하는 단계를 거쳐 전력과 열을 동시에 생산하기 때문에 에너지 이용 효율이 높다.

　집단에너지사업의 발전설비의 운전모드를 살펴보면 다음과 같으며, 항상 아래의 운전모드가 일치하는 것은 아니고, 연료단가, 전력판매단가 그리고 열수요 및 열판매단가에 따라서 변동되는 것이 일반적이다.

(예시) 운전모드

운전 모드	생산가능에너지			운전시기
	전기(MW)	열(Gcal)	종합효율(%)	
Mode I	118.0	91.0	81.54	• 주로 동절기와 운전형태 • 열부하 추종운전
Mode II	45.7	0.0	33.28	• 가동/정지, 증기터빈 유지보수 • 가스터빈 단독운전
Mode III	115.2	7.5	49.73	• 하절기 전력을 공급할 때 • 전기부하 추종운전
Mode IV	100.5	121.2	80.65	• 사용자 열부하가 많이 필요할 때 • 최대 열부하 추종운전
Mode V	증가터빈 추기하는 양에 따라 변동			• 봄,가을 열부하 추종운전 • 전기/열부하 추종운전

주 : 00열병합발전소 설계조건(HHV)

　예시로 든 설비는 ISO 기준으로 Mode III에서 49.73%(고위발열량 기준)의 발전효율을 갖도록 설계되었으며, Mode I에서는 발전효율 42.96%, 열효율 38.50%

로 종합효율 81.54%의 효율을 갖는 열병합발전설비이다. 그래서 CHP가 효율이 가장 좋은 발전기라고 하는 이유가 Mode I 조건으로 에너지를 생산할 때다.

열부하가 많은 겨울에는 Mode I에서 열중심으로 운전을 하고, 급전을 받아 전력생산이 중심일 때는 Mode III로 운전을 한다. 기타 Mode는 일시적인 조건에 따라 운전하는 방식이다.

■ 열(증기)부하

지역냉난방사업은 공동주택, 일반 건물 등이 수요처이며, 산업단지 사업자는 단지 내 입주업체들을 대상으로 하고 있다. 지역난방은 해당 구역이 집단에너지 공급 대상지역으로 선정되면 수요처의 선택권이 제한되어 안정적인 열공급이 가능하므로 수요안정성이 높은 편이다. (집에 개별 보일러 설치 불가)

신규 지역난방 집단에너지사업을 추진하는 경우 부동산 경기침체에 따른 입주율저하로 수요안정성이 높지 않아 열판매실적이 저조하게 된다. 한가구만 입주해도 집단에너지 사업자는 열을 공급해야 한다. 일반적으로 입주 초기에는 PLB를 통해 열공급을 한다. 물론 손실을 무릅쓰고 의무를 이행하는 것이다. 따라서 효율이 좋은 발전기를 도입해서 열수요가 포화되기 전엔 전력판매로 수익 창출하는 전략을 추구할 수 있다.

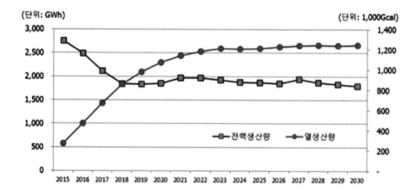

그러나 대체로 설비용량이 작아 수익창출에 한계가 존재한다. 따라서 신규 지역냉난방 집단에너지사업자는 전반적인 사업위험이 다소 높은 것으로 판단된다.

산업단지 집단에너지사업은 증기 및 전기 수요가 많은 업종에 속한 업체를 대상으로 하고 있으며, 장기공급계약에 기초하고 있어 수요안정성이 높은 수준이다. 다만 경기변동, 공장정비 등에 따른 수요변동 가능성이 존재하며, 법적 제약 및 기술적인 한계로 증기 공급지역을 확대하기 어려워 동일한 단지 내 수요기반 확충이 제한적이다.

최적 운전을 통한 공헌이익 극대화

지역난방사업에서 수익성 확보가 어려운 이유는 열부하의 계절성이 크기 때문이다. 겨울철 4~5개월 이외에는 열부하가 거의 없어 꾸준한 수익성 확보가 어렵다.

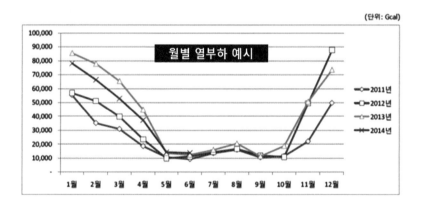

이런 계절성 강한 열부하패턴에서 열을 어디에서 구할 건지, 전기도 같이 생산할 건지 의사결정에 따라 공헌이익이 크게 달라진다. 집단에너지사업이 매출보다는 원가분석이 매우 중요한 이유다. 매출이 증가해도 비싸게 생산해서 팔면 손

실이 누적된다. 따라서 열부하가 일정 수준 증가하면 CHP와 축열조로 대응이 안되고 그래서 PLB로 생산하면 매출이 커질수록 공헌이익이 손상된다. 최적 부하를 찾는 것이 그래서 중요하다.

최적 운전을 이해하기 위해서는 앞에서 배운 열판매 이외에 전력생산, 저가열원, 축열조, PLB 운전에 대해 이해가 필요하다.

■ 전력 생산

집단에너지 열병합발전 사업자들은 열을 공급해야 하는 의무가 있기 때문에 전력거래소로부터 급전 지시를 받지 못해도 난방 및 온수를 공급하기 위해 설비를 가동해야 한다.

집단에너지 사업자가 전력을 판매하는 경우는 다음 세 가지로 나눌 수 있다.

- 동절기 열을 생산하기 위해 Mode I로 운전하는 과정에서 생산되는 전기를 판매하는 경우 (이를 열제약발전이라 함)
- 발전기의 효율이 경쟁력 있어(또는 최대수요가 예상보다 커서) 전력시장에서 급전을 받아 전기를 판매하는 경우(여름철 최대수요 발생시 가능)
- 급전순위에는 들지 못했지만 송전제약이 발생해서 제약발전으로 인한 전기 생산(제약발전 전력량요금(CON)은 가격결정발전계획에 발전량이 배분되지 않았으나 타 발전회사의 계통제약 등으로 실제 발전한 전력량에 대한 부가수입으로, 수도권에 소재한 집단에너지사업자에 한해 발생할 가능성이 있음)

열제약발전은 CHP의 열공급을 위해 빈번히 발생하는 일이다. 전력거래소도 열공급을 위해 부산물로 생산되는 전기는 급전과 무관하게 전력을 구매해준다. 이때 생산된 전기는 전력거래소로부터 대부분 원가 이하로 정산돼 기업에는 큰 부담이 된다. 전력시장운영규칙에 따라 집단에너지 사업자가 열제약으로 생산한 전기는 생산에 투입된 원가(발전원가)와 실시간 전력도매단가(SMP) 중 더 낮은 값을 적용해 정산하도록 규정되어어 있다. Min(변동비용, SMP)를 적용 받는다. 최근에는 SMP가 변동비용(증분비용이라고 한다)에 미치지 못해 생산할수록 손실이 난다. 다만 열생산을 위해 부산물로 전기를 생산할 뿐이다.

또한 급전발전이나 송전제약발전은 원가 이상을 회수하므로 수익성에 크게 기여한다. 그러나 용량이 작고 효율이 낮은 경우가 대부분이므로 급전 빈도가 낮고, 송전제약은 수도권 인근에 위치한 CHP에 한해 발생할 뿐이다. 정산은 급전판매는 SMP로, 송전제약 발전은 Max(SMP, 변동비)로 정산한다. 따라서 공헌이익이 발생한다. 이런 매출은 예상도 어렵고 지속가능하기도 어렵다는 단점이 있다.

■ 저가 열원 확보

신규 사업은 LNG만을 연료로 사용하게 되어 초기 연료비 부담이 상당하다. 따라서 최대한 저가의 열원을 확보해야 한다. 대표적인 저가 열원은 인근 쓰레기 소각장 폐열이나 인근 공장의 공정 폐열을 공급받는 것이 최선이다. 다만 저가열원 개발은 사업장의 위치와 기업 환경여건에 따라 극히 제한적이다.

소각장 같은 저가열원은 저렴하기도 하지만 4계절 꾸준히 발생해서 장점이 많다. 겨울철에는 기저 열원 역할을 해서 PLB가동을 줄이는 역할도 하지만, 겨울철 이외에도 적은 양의 열을 공급해야 할 때 CHP 가동없이 열공급이 가능해진다. 최근에는 연료전지나 폐기물 소각발전을 공동사업으로 하면서 저가 열원을 꾸준히 찾고 있다.

인근 저가열원공급장(소각장 등)으로부터 수열하는 경우의 조건 예시다.

구분	조건	열공급비중
A사업	• 공급자 : 소각장 폐열 • 계약기간 : 1년마다 갱신 • 수급량 : 연간 30Gcal • 요금은 주택용 사용요금의 35%	8%
B사업	• 공급자 : 소각로에서 생산된 증기 • 계약기간 : 20년 • 수급량 : 18톤/시간, 연간 최소 122천톤 • 요금 = 기준단가 14천원/톤 + 연동비(연료비 증감의 일정율)	15%
C사업	• 공급자 : 소각장 폐열 • 계약기간 : 1년마다 갱신 • 수급량 : 34Gcal/h • 요금은 주택용 사용요금의 27%	20.8%

■ 축열조 열 저장

축열조는 일종의 배터리다. 생산시점과 판매시점이 다르며, 한번에 많이 생산해야 원가절감이 되는 경우 축열조는 요긴하다. 동절기에는 열수요가 밤에 많지만 낮에 SMP가 높아 낮에 열제약발전을 하는 것이 유리한 경우가 있다. 이때 낮에 전기는 팔고 축열했다가, 밤에 방열해서 열공급하면 공헌이익이 크게 좋아진다.

하절기에는 매일 조금씩 열수요가 발생한다. 따라서 전력가격이 높은 낮 시간대에 운전을 하여 전기를 팔고, 생산된 열은 축열조에 저장된 후 밤 시간대에 필요에 따라 공급한다.

■ 최적 운전

앞에서 설명한 운전 Mode와 전기 판매, 저가열원 등을 묶어서 최적의 운전 시뮬레이션 방법에 대해 설명하고자 한다.

우선 열부하를 추정하고 이를 외기온도를 토대로 시간대별 열부하를 추정한다. 그리고 저가열원부터 CHP, 축열조 활용, PLB 순서로 열을 생산한다. 또한 열수요 유무에 따라 그리고 전력시장의 SMP 수준에 따라 운전모드를 선택한다.

구분			구조
열 생산 순위			저가열원 » CHP가동 » 부족분 축열조 충당 » 부족분 PLB 가동
운전 Mode 선택	열수요 無	SMP〈발전원가	발전기 정지
		SMP〉발전원가	Mode III (전기 추종운전, 주로 여름철)
	열수요 有	SMP〈발전원가	Mode I (열 추종운전, 주로 겨울철)
		SMP〉발전원가	Mode V (열/전기 동시 생산)

다음과 같은 패턴이 공헌이익 극대화를 위한 열공급 전략이다. 여기에 전력시장 SMP 좋고, LNG 가격이 내려가면 큰 폭의 이익을 실현한다.

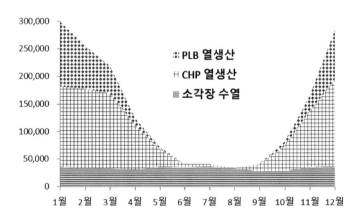

국내 집단에너지시장의 민간 사업자 시련史

2010년경 다수의 민간사업자들이 장밋빛 미래를 꿈꾸며 집단에너지사업에 진출했다. 대다수 사업자들은 열부하를 기준으로 CHP를 도입하여 대부분 소규모였고, 규모의 경제에 도달하지 못해 재무건전성이 크게 떨어졌다.

특히 당시 고유가로 인해 연료비는 높았고, 반면 연료비 상승분이 열요금에 전가되지 못하고 있었다. 당시 지역난방공사는 지역난방 시장점유율 60%에 근접하는 대형사업자였다. 규모의 경제를 갖추고 있으며 열배관 효율성, 저가열원 확보 등 경쟁력 측면에서는 집단에너지 사업자 선두에 위치하고 있었다. 반면 민간사업자는 소규모 사업장에 공급설비 부족과 열원확보에 어려움이 있다. 최적화된 지역난방공사 열요금이 전체 열요금의 상한으로 작용해 불평등이 확대되게 되었다.

더구나, 기후변화 탓인지 시간이 갈수록 세대당 열사용량은 점차 감소하였다. 아파트 이중창 설치 확대로 단열이 잘 되면서 난방도일이 감소한 것도 중대한 원인으로 보고 있다. 결과적으로 과거 실적을 토대로 건설된 열병합설비는 줄어든 부하에 비해 과다 용량설비가 되어 버렸다. 이렇게 공정하지 못한 열요금제도, 설비의 과투자 등은 집단에너지 성장을 가로 막고 있었다.

2012년이 되면서 전력시장이 공급예비율이 급감하면서 SMP가 치솟았다. 효율이 낮은 열병합발전까지 급전이 오면서 SMP는 kWh당 200원을 넘어가면서 집단에너지 업계는 오랜만에 수익이 회복되는 계기가 된다.

이렇게 되면서 집단에너지 업계도 덩치를 키워서 열공급은 의무로 하고 이익은 발전업으로 벌고자 한다. 제약은 열병합발전을 과도하게 키울 수 없도록 열전비(열생산용량이 전기생산용량보다 클 것)를 규제하고 있었다. 직후 가스터빈 기술발전에 따라 에너지효율을 기준으로 적용할 수 있도록 하면서 효율 좋은 가스터빈을 탑재한 열병합설비가 집단에너지 시장의 판을 바꾸게 된다.

사업명	용량(MW)	지역	급전순위
나래에너지서비스	399	하남	93
대구그린파워	415	대구	87
대륜발전	524	양주	112

주 : 2015년 11월 급전순위 기준

이후에도 한국지역난방공사도 파주 및 화성 열병합, 중부발전은 세종열병합, DS파워(오산), 춘천에너지 등이 400~500MW급으로 추진된다. 갈수록 집단에너지사업자의 발전용량이 커지는 이유는 배열생산보다 발전효율 극대화로 방향을 잡은 가스터빈 제조사의 의도도 영향을 끼쳤지만, 궁극적으로는 전력시장에서 살아남기 위한 고육지책이었다. 전력시장이 경쟁을 강조하면서 열제약발전을 통해서는 경쟁력 있는 열 생산이 불가능해졌기 때문에 어쨌든 효율을 끌어올려 급전을 받으면서 열을 생산하기 위한 시도였다.

그러나 이 역시 오래 가지 못한다. 2014년 하반기부터 전력수급이 안정화됨에 따라 급전량은 급감하게 된다. 한국지역난방공사 마저 열판매 감소와 전력시장 불황(SMP 하락 및 가동률 저하)으로 2014년 영업이익이 60% 가까이 감소하였다.

주요 집단에너지사업자 2014년 경영실적(억원)

회사	매출	영업이익	순익
한국지역난방공사	23,691(-10.9%)	856(-56.9%)	663(-42.7%)
GS파워	8,106(-25.2%)	1019(-13.2%)	784(-7.2%)
수완에너지	874(-21.3%)	43(713.8%)	-89(적자축소)
별내에너지	686(19.9%)	-25(108.3%)	-161(적자심화)
안산도시개발	477(-17.0%)	111(4.0%)	75(14.0%)
청라에너지	470(5.9%)	54(-6.9%)	-112(적자심화)
미래엔인천	436(-4.0%)	9(-77.1%)	-18(적자전환)
부산정관에너지	306(9.5%)	-49(166.1%)	-137(적자심화)
휴세스	122(1.7%)	-24(30.7%)	-80(적자축소)

주 : 괄호 숫자는 전년대비
자료 : 전자공시시스템 [26]

2000년 이후 설립된 신생 집단에너지사업자들의 부진은 더욱 심각했다. 청라에너지, 부산정관에너지, 별내에너지는 100억원이 넘는 당기순손실을 내는 등 단 한 곳도 예외 없이 적자상황이 되었다. 연료비 상승에도 불구 열요금 인상이 지연되면서 적자규모가 더 커졌다.

2015년 이후 국제유가 급락으로 LNG 단가가 크게 하락했다. 도시가스 요금이 인하되는 동안 열요금은 동결되고 스프레드가 크게 개선되면서 이익이 개선되었다. 이후 개별요금제 보완이 되었으나, 열부하 감소와 전력시장 부진 등으로 사업 개선은 더디게 진행되고 있다. 아직도 별내에너지, 청라에너지, 정관에너지, 휴세스는 과다한 금융비용으로 당기순손실에서 벗어나지 못하고 있다.

주요 집단에너지사업자 2019년 경영실적(억원)

회사	매출	영업이익	순익
한국지역난방공사	23,679(-4.8%)	409(182.1%)	-256(유형자산손상)
GS파워	8,027(-8.7%)	1635(6.7%)	10(2.6%)
수완에너지	677(-1.0%)	97(22.8%)	100(법인세수익)
별내에너지	778(21.8%)	39(-43.5%)	-53(적자축소)*
안산도시개발	736(7.6%)	62(-8.8%)	31(-43.6%)
청라에너지	686(6.2%)	93(72.2%)	-26(적자축소)*
미래엔인천	401(-3.6%)	7(250.0%)	-9(적자전환)
부산정관에너지	392(-2.2%)	2(-118.2%)	-46(적자전환)*
휴세스	290(3.6%)	15(-46.4%)	-50(적자확대)*

주 : 괄호 숫자는 전년대비 및 비경상사항은 제시
주 : *는 금융비용이 당기순손실의 주된 요인
자료 : 전자공시시스템 [26]

지난해 1월만 해도 1Gcal당 4만2000원대였던 집단에너지용 천연가스(LNG)
요금 단가는 2022년 1월, 9만8000원대까지 상승했다. 불과 1년 만에 가격이
2배 넘게 치솟은 것이다. 열의 주택용 판매요금 단가가 1Gcal당 7만원 내외로
형성돼있는 상황에서 집단에너지용 LNG 요금 단가가 열의 주택용 판매요금 단
가를 넘어선 것이다. 업계로선 고객에게 지역 냉난방에너지를 팔면 팔수록 손해
인 셈이다.

한국지역난방공사는 현재 주택용 수용가를 대상으로 계약면적 ㎡당 52.4원의
기본요금과 1Gcal당 65230원의 사용 요금을 부과하고 있다. 정부방침에 따라
다른 동종업체들은 한난 요금의 110% 미만에서 금액을 징수한다. 문제는 이
판매요금이 에너지 가격 상승에도 1년간 동결돼 기업의 피해만 누적되고 있다
는 것이다.

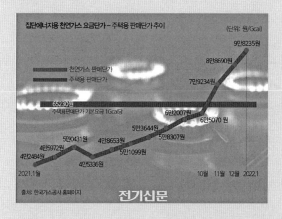

한국지역난방공사와 GS파워 등 대형열병합발전소를 보유한 기업들은 그나마
사정이 낫다. 전력도매가격(SMP)가 상승했기 때문이다. 이들도 에너지가격 상
승으로 적자가 쌓여 어려움을 겪고 있지만 대규모 업체인 만큼 그나마 '버티기'
는 가능한 상황이다. 하지만 소규모 열병합설비를 가지고 있거나 외부수열 의존
도가 높은 열 중심 판매 사업자들은 버틸 여력조차 없이 말 그대로 악전고투 중
이다. 또 다른 집단에너지 업계 관계자는 "안 그래도 재정상태가 그리 좋지 않
은 데다가 당장 에너지가격이 내려갈 기미도 보이지 않아 소규모 업체들은 버티
기도 쉽지 않은 위기 상황"이라고 쏟아냈다.

10장

재생에너지
Renewables

:
:
.

1 재생에너지란 무엇인가

재생에너지의 모든 근원은 태양으로부터 온다

재생에너지는 오염 물질이 거의 없는 "깨끗한" 에너지 자원 및 기술을 사용한다. 많은 사람들이 "대체 에너지", "재생 가능 에너지"및 "그린 에너지"라는 용어를 폭넓게 유사한 의미로 사용하고 있다.

그렇다면 재생 에너지란 무엇인가? 해 바람 비 조류 등과 같이 고갈되지 않는 다양한 자연에너지의 특성과 이용기술을 활용하여 화석연료(석탄, 석유, 천연가스)를 사용하는 기존 에너지를 대체하는 재생가능한 에너지를 총칭하는 개념이다. [1]

대부분의 재생에너지는 태양에너지와 연관된다.

아래 그림을 보면 태양으로부터 지구에 도달한 복사에너지는 태양열발전을, 태양광은 태양광 발전으로 재생되고, 대지와 바다에 도달한 복사에너지는 온도를 높여서 대지와 바다의 온도차이에 의해 바람을 형성시켜 풍력발전으로 재생되고, 바다에서 비구름을 만들어 육지에서 비가 내리면 이를 토대로 수력발전으로 재생되고, 햇빛은 광합성을 통해서 식물을 성장시켜 유기물질인 바이오매스를 생성시키는 등 모든 재생에너지는 태양에너지와 직간접으로 연관된다.

모든 재생에너지의 근원인 태양에너지

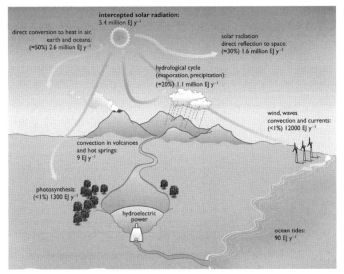

자료 : Renewable Energy, Oxford [2]

재생에너지의 종류는 국가마다 다소 차이가 있다

국내에서는 재생에너지뿐 아니라 신에너지 개념을 추가한 신재생에너지를 총괄하는 법률인 "신에너지 및 재생에너지 개발·이용·보급 촉진법" 2조에 의하면 다음과 같이 나열하고 있다. (2020년 기준)

1. "신에너지"란 기존의 화석연료를 변환시켜 이용하거나 수소·산소 등의 화학 반응을 통하여 전기 또는 열을 이용하는 에너지로서 다음 각 목의 어느 하나에 해당하는 것을 말한다.

   가. 수소에너지
   나. 연료전지
   다. 석탄을 액화·가스화한 에너지 및 중질잔사유(重質殘渣油)를 가스화한

에너지로서 대통령령으로 정하는 기준 및 범위에 해당하는 에너지
라. 그 밖에 석유·석탄·원자력 또는 천연가스가 아닌 에너지로서 대통령령으로
정하는 에너지

2. "재생에너지"란 햇빛·물·지열(地熱)·강수(降水)·생물유기체 등을 포함하는 재생
가능한 에너지를 변환시켜 이용하는 에너지로서 다음 각 목의 어느 하나에 해
당하는 것을 말한다.

가. 태양에너지
나. 풍력
다. 수력
라. 해양에너지
마. 지열에너지
바. 생물자원을 변환시켜 이용하는 바이오에너지로서 대통령령으로 정하는
기준 및 범위에 해당하는 에너지
사. 폐기물에너지(비재생폐기물로부터 생산된 것은 제외한다)로서 대통령령으로
정하는 기준 및 범위에 해당하는 에너지
아. 그 밖에 석유·석탄·원자력 또는 천연가스가 아닌 에너지로서 대통령령으로
정하는 에너지

　IEA는 재생에너지로 태양에너지, 풍력에너지, 수력, 지열, 해양에너지, 가연
성재생에너지와 폐기물(고형바이오매스, 목탄, 바이오가스, 도시폐기물)로 분류
하고 있고, 일본은 신에너지로 연료전지, 청정에너지, 천연가스열병합발전 미이용
에너지 등이 포함되어 있다.

2 재생에너지 투자~꼭! 고려할 사항

재생에너지 투자의 장점은 자연으로부터 에너지원을 받아 발전하기 때문에 연료비가 없다는 점이므로, 주 고려 사항은 발전량(Q), 정부가격지원(P), 제도의 변화(R)에 국한된다.

발전량(Q)의 변동성은 비교적 안정적

변동성 재생에너지인 태양광과 풍력은 전 세계적으로 전력 구성에서 차지하는 비중이 빠른 속도로 늘고 있다. 2017년 기준, 이미 변동성 재생에너지가 전력 구성에서 차지하는 비중이 20%를 넘는 국가가 7개로, 현재의 추세로 확대될 경우 2050년이면 전 세계 전력 구성의 절반이 변동성 재생에너지로 채워질 전망이다.

이렇게 대표 에너지원으로 자리 잡으려면 생산의 변동성도, 판매의 변동성도 안정적이어야 한다. 우선 생산측면에서 태양광 일사량은 해가 뜨고 지고 사계절이 뚜렷한 면에서 변동성이 낮고, 풍력 풍황도 연도별 차이는 있으나 계절풍의 흐름은 뚜렷해 변동성이 낮은 편이다. 그리고 판매측면에서는 변동성 재생에너지가 발전시간과 양의 예측이 불가하므로, 대부분 국가에서 재생에너지는 별도의 시장 급전지시 없이 전력구매자가 무조건 구매 의무가 있는 강제 규정이 마련되어 있다. 따라서 생산해서 팔지 못할 위험은 없는 안정적인 에너지원이다.

정부가격지원(P)제도 지역별 도입 기간에 따라 다양하게 진화

재생에너지 기술 진보 및 규모경제 실현 등으로 인한 투자비 하락에도 불구하고 대부분의 지역에서 재생에너지와 화석연료간의 kWh당 발전단가가 같아지는 그리드 패리티(Grid Parity) 도달은 못하고 있다. 지역별로 미국 캘리포니아 태양광발전, 텍사스지역 풍력발전 등은 어느 정도 도달하였지만 나머지 대부분의 지역은 여전히 갈 길이 멀다. 따라서 재생에너지 활성화를 위해 정부의 재생에너지 가격 지원제도(Incentive Mechanism)에 여전히 크게 의존하고 있다.

재생에너지 지원제도는 Feed-in Tariff("FiT")방식, Feed-in Premium("FiP") 방식, IRR-Based 방식 등 3가지 제도로 진화되고 있다. 유럽, 호주, 일본 등은 정부의 지원법에 근거하여 지원방식이 다양하게 진화하고 있다. 반면 미국은 연방정부 차원이 아닌 주정부 차원의 차별적 지원제도가 적용되는 특징이 있다.

지역에 따라 정부 또는 주정부의 지원법하에 재생에너지 회사는 신용도가 좋은 유틸리티 회사와 장기 PPA를 체결하고 있다. 이를 뒤에 나오는 Corporate PPA와 구분해서 Utility PPA라고 칭한다.

재생에너지 지원제도 분류

Feed-in Tariff	Feed-in Premium	IRR-Based
MWh당 고정금액 지급	MWh당 시장 판매수입을 제외한 보조금 지급 (Market revenue + Regulated top-up)	발전량과 무관한 일정 IRR (수익률) 확보까지 보조금 지급
• 제도 도입 초창기부터 적용된 가장 보편적인 제도 • 시장 가격과 연관 없음	• 전력의 시장 판매외에 발전량당 보조금을 지급하는 제도 • 보조금은 고정금액 또는 변동금액 두 가지방식 있음	• 송배전 가스관 등에 적용되는 규제자산 제도를 모델로 도입된 제도 • 미리 정해진 수준의 수익률 향유
• 일본 • 한국 및 유럽의 초창기 제도	• 영국의 CfD/ROC • 한국의 RPS • 독일의 EEG • 중국	• 스페인

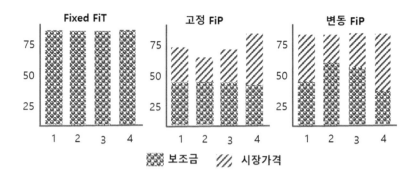

위 지원체계 분류에서 FiT와 변동FiP가 안정적인 매커니즘이고, 나머지 두 체계는 시장 환경에 의해 변동 가능성이 있는 매커니즘에 해당된다. FiP 제도 기본구조는 "Market revenue + Regulated top-up"로서 큰 틀은 안정적인 매출 확보가 가능한 틀이다. 그러나 Market revenue의 '실제 market price'와 정부가 지원할 때 적용하는 'Reference Price' 간의 차이로 인한 불일치 위험에 노출되게 된다. 일반적인 유럽 국가에서 시장가격으로 차용하는 'Reference Price'로 특정 기간의 시장 평균가격을 활용하여 '실제 market price'을 반영하지 않아 발생하는 위험을 Basis risk라 칭한다.

(예시) Basis Risk 발생

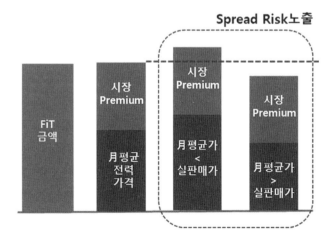

위 그림에서, 왼쪽의 FiT는 월평균 가격과 마켓프리미엄을 더한 금액이 고정 FiT와 일치하여 Basis Risk가 없으나, 오른쪽의 경우는 실제판매가격과 전력시장의 월평균 Capture Price가 크거나 작아 basis Risk가 발생한다.

재생에너지 성장속 그림자(R)

■ 시장위험(Merchant Risk)에 대비해야 한다

모든 국가는 화석연료 일색에서 재생에너지 도입을 목표로 하고 있다. 그러나 현실은 화석연료에 비해 월등히 비싼 투자비와 날씨에 의존하는 간헐적(Intermittent: 전력생산이 자연현상에 기초함에 따라 수요변화에 대한 능동대응이 불가) 발전량을 극복하기 위해 초창기는 강력한 보조금제도인 FiT형태로 시작한다. 재생에너지 사업자나 투자자입장에서는 가장 선호하는 구조이지만 정부는 과다한 재정 부담에 봉착한다. 이때 꺼내는 것이 Premium 보조형태인 FiP로의 이전이다. 정부는 보조금 재정이 감소하나, 재생에너지 사업자 입장에서는 시장위험이 다소 느껴진다. 그래도 견딜만한 수준이다. 한국도 2001년 FIT도입하여 10여년 운영하여 시장 초기 인큐베이팅이 완성되었다고 판단한 2012년 FIP형태인 RPS제도로 변경한 바 있다. 물론 영국, 일본처럼 FIT에서 FIP로 변경되었다가 재생에너지의 도입 촉진을 위해 다시 FIT(영국은 CfD)로 회귀하는 사례도 있었다. 자세한 제도의 설명은 주요 국가별 제도 설명과 함께 후술하고자 한다.

2017년 이후에는 유럽에서 촉발된 경매제도(Auction제도)는 때마침 크게 하락된 설치비용과 과다경쟁과 맞물려 "정부지원없는"(이하 "subsidy-free") 구조 낙찰자가 나오면서 시장위험에 대한 헷징방안이 화두로 자리잡게 되었다. 첫 발원지는 2017년 실시된 독일의 해상풍력발전 입찰이었다. 10개 프로젝트 중 5개 프로젝트가 Subsidy-free(0 cent/kWh)로 입찰에 참여하였다.

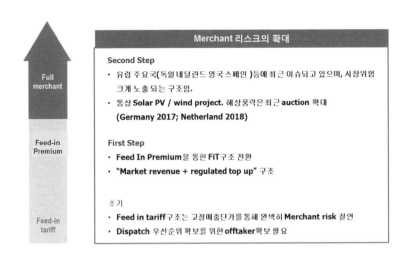

이러한 현상은 이후 독일을 넘어 네덜란드의 2017 년 12 월 해상풍력 경매에서도 Subsidy-free 경매 결과가 나왔다. 이러한 현상은 유럽에서 미국을 넘어, 최근 아시아의 일본 한국 등으로 넓게 퍼져나가고 있다. 시장은 스스로 변화에 대응하고 있고, 그게 바로 Corporate PPA다.

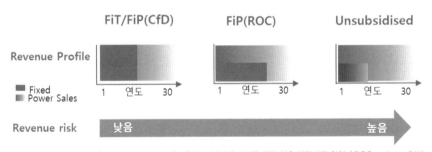

주 : FiT& CfD contracts (France, Ireland, UK) : 통상 15년까지 보조를 하고 이후 전력시장 참여 / ROC projects (UK) : 20년 동안 정부 subsidy와 market revenues의 복합 매출 / Unsubsidised projects : 전체 Merchant exposure가 있으므로 이를 경감시키기 위해 Capital structure 또는 Hedging 구조 설계 필요

■ 출력제한(Curtailment)에 대비해야 한다

캘리포니아 지역의 2012~2020사이 봄철 순수요 추이

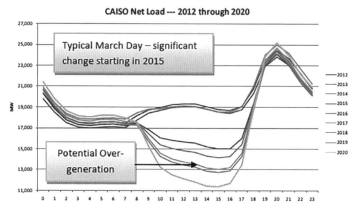

자료 : CAISO [3]

위 그림은 미국 캘리포니아주 3월 순수요(Net Load)의 2012년부터 2020
년까지의 변화를 보여주는 그림으로, 그림 모양이 오리를 닮아 Duck Curve(한
낮 시간에 집중되는 태양광 발전 공급량이 수요곡선과 불일치해 일어나는 순수
요 급등·급락)로 알려진, 재생에너지의 증가가 초래하는 염려를 제대로 보여주
는 그림이다. 봄철은 춥지도 덥지도 않아 전력수요는 어느 때 보다 낮지만 Sierra
Nevada와 Cascade 산맥의 적설층이 녹아내리면서 수력발전원의 발전량이 높아
지고 햇볕은 좋아 태양광발전까지 활발한 기간이다. 따라서 점차 수요에 비해 재
생에너지의 공급이 늘어나 순수요가 한낮인 12시경이 되면 오리배처럼 축 내려
가는 모습을 보이고 있다.

캘리포니아주는 Senate Bill 350의 승인으로 2030년까지 재생에너지 보급
율 50%를 목표로 가고 있다. 따라서 재생에너지 사업자는 순수요 감소는 가속화
되고 결국 햇볕이 쨍쨍한 기간에 생산된 전력을 팔지 못하고 버려야 하는 상황,
즉 출력억제를 걱정하고 있다. 이러한 현상은 유럽, 일본, 국내에는 제주도 등으로

아주 미미하지만 현안으로 대두되고 있다. 이는 태양광 등 재생에너지 프로젝트의 현금흐름 변동성을 증가시켜 투자위험 요인으로 작용할 수 있다.

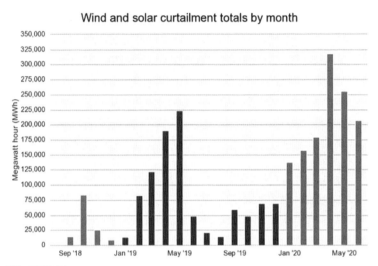

CAISO지역의 풍력 및 태양광 출력억제 추이

자료 : CAISO [3]

구체적으로 캘리포니아의 사례를 살펴본다. 캘리포니아주 최대 계통운영기관인 CAISO에 따르면 재생 발전용량 증가로 재생에너지 출력억제 발생빈도가 증가하고 있다고 한다. CAISO에서 발표한 월별 출력억제 현황에 따르면, 출력억제를 통해 제한된 발전량 규모가 증가하고 있는 추세에 있다.

CAISO에서 신재생 에너지의 출력억제가 증가하고 있는 추세이지만, 아직까지 총 신재생 발전량과 비교하여서는 미미한 수준이지만, 재생에너지 사업자 보호를 위해 출력억제에 따른 매출 보상규정이 있다. 규제기관인 California Public Utilities Commission(CPUC)는 캘리포니아주의 유틸리티사(재생에너지 전력 구매역할 수행, PG&E, SCE, SDG&E 등)에게 전력구매계약에 '전력구매자에 의한 출력억제(Buyer-directed Economic Curtailment)' 보상조항을 포함토록 하였다.

출력억제 보상조항 사례

캘리포니아의 태양광발전사업의 사례를 보면 캘리포니아 유틸리티회사와 체결한 전력구매계약에 다음과 같이 보상 규정이 명시되어 있다.

- 구매자 출력억제기간(Buyer Curtailment Period): 구매자 입찰 출력억제 (Buyer Bid Curtailment) 혹은 구매자 출력억제 지시(Buyer Curtailment Order)로 인해 판매자가 발전전력을 감소시킨 기간
- 구매자 출력억제 지시(Buyer Curtailment Order): 계획정지(Planned Outage), 고장정지(Forced Outage), 불가항력(Force Majeure), 출력억제지시(Curtailment Order)와 관련없이 구매자가 판매자에게 출력억제를 지시하는 행위
- 구매자 출력억제 기간 동안 구매자는 판매자에게 제공간주전력에 대하여 정해진 계약대금을 지불하여야 함
- 계약가격(Contract Price) $56.79 / MWh / 제공간주전력가격(Deemed Delivered Energy Price)은 "Contract Price + $2.5 / MWh"

더 나아가 CPUC는 재생 발전원의 가동율 불완전성을 보완하기 위해 에너지 저장장치의 구비를 독려하고 있다. 2024년까지 대형 유틸리티사들을 대상으로 1,325 MW의 에너지 저장장치 확보를 강제하고 있다. [4]

이상과 같이 재생에너지의 증가는 간헐성 자원이라는 문제를 동시에 갖고 올 터이고, 이로 인한 출력억제 문제들을 해결하기 위해 각 국가는 합리적인 보상 규정을 체계화하고 있고, 더 나아가 근본적인 해결을 위해 배터리와 같은 저장장치 확보에 힘을 쓰고 있다.

3 인센티브 메커니즘
Incentive Mechanism

재생에너지 지원제도인 Feed-in Tariff 방식, Feed-in Premium 방식, IRR-Based 방식 등을 주요 국가별로 어떻게 도입하고 운영중인지 설명하고자 한다. 대부분 초기에는 정부의 가격 지원정책이 중심이었지만, 기술개발과 비용하락으로 재생에너지 부문의 경쟁력이 증가하면서 정부 지원을 축소하고 시장 기반형 정책으로 전환하는 형태를 보여 왔다.

주요국의 재생에너지 지원제도

국가	~2011	2012	2013	2014	2015	2016	2017
독일	FiT	FiT, FiP					
영국	RO			CfD, RO(2015부터 순차 폐지)			
미국	RPS(44개주), 세제지원(ITC, PTC 등)						
일본	RPS	FiT					
중국	FiP						
스페인	FiT/FiP		IRR-Based				
한국	FiT	RPS					

영국의 RO와 CfD 제도

■ 영국의 RO(Renewable Obligation) 제도는 고정형 FiP제도

Renewable Obligation(이하 "RO")는 재생에너지 지원정책으로 영국 전력산업규제를 담당하는 Office of the Gas and Electricity Market Authority (이하 "Ofgem")에 의해 2002년부터 시행되었다. RO 체계하에서 전력 판매사업자는 판매전력의 일부를 재생에너지지원으로 충당해야 하는 의무를 부담한다. RO 제도에 따라 RO승인을 받은 재생에너지사업자는 MWh당 가중치를 감안하여 ROC(Renewables Obligation Certificates)를 발급받게 되며, 승인사항에서 결정된 기준일로부터 20년간(최대 2037년 3월까지) ROC를 발급할 수 있다. RO제도는 Ofgem의 결정에 따라 2017년 3월 이후부터 신규 발전설비에는 적용되지 않는다. 해당 ROC는 전력 판매사업자에게 판매 가능하며, 발전원별 MWh당 발급되는 ROC 가중치(banding)와 연도별 ROC Buy-out Price는 다음과 같다.

RO제도에 의한 발전원별 ROC 가중치 추이

구분	13년 이전설비	13/14 설비	14/15 설비	15/16 설비	16 이후 설비
육상풍력 ()5MW)	1.0	0.9	0.9	0.9	0.9
해상풍력	2.0	2.0	2.0	1.9	1.8
태양광 – 지붕형	–	1.7	1.6	1.5	1.4
태양광 – 지상형	–	1.6	1.4	1.3	1.2

자료: Renewables Obligation: Guidance for Generators 69페이지, Ofgem, 2018년 9월 [5]

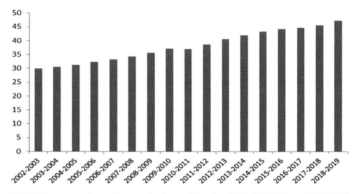

ROC Buy-out Price (단위: GBP/ROC)

자료: RO buy-out price and mutualisation ceilings for 2018-19 RO Year, 2018년 2월 Ofgem [6]

■ 영국의 CfD(Contract for Difference) 제도는 변동형 FiP제도

CfD(Contract for Difference)는 영국의 EMR(Electricity Market Reform)에 따라 2017년 3월 이후 신규 가동 재생에너지사업자는 기존의 RO가 아닌 CfD의 지원을 받게 되었다.

정부는 2013년 12월에 CfD의 재생발전원별 Administrative Strike Price를 발표하였고, CfD의 계약기간은 15년이며, Strike Price는 매년 소비자물가지수가 적용된다. 운영개시연도에 따른 Administrative Strike Price는 다음과 같다.

Administrative CfD Strike Price (단위: GBP/MWh)

구분	14/15 설비	15/16 설비	16/17 설비	17/18 설비
바이오매스	105	105	105	105
해상풍력	155	155	150	140
육상풍력	95	95	95	90
태양광	120	120	115	110

자료 : Investing in renewable technologies – CfD contract term and strike prices 7페이지, DECC, 2013년 [7]
주: 2012년 기준가격

CfD 지급 구조는 만약 Market Reference Price(시장기준가격)이 Strike Price 보다 낮으면 정부는 전력생산자에게 차액을 지급하며, 반대로 Market Reference Price가 Strike Price 보다 높으면 전력생산자가 차액을 정부에 지급하여야 하는 메커니즘이다.

CfD 지급 메커니즘

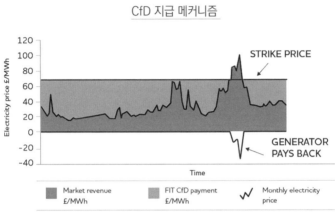

자료: https://energytransition.org/2018/12/czech-pay-for-nuclear, 2019년9월 검색 [8]

CfD제도 하에서 전력생산자는 Strike Price로 전력을 판매하여 안정적인 매출 시현 가능하다는 측면에서 FiT구조와 유사한 선호구조이다.

미국 RPS 및 세제지원 제도

■ Renewble Portfolio Standard(RPS) 제도

RPS는 미국 각 주정부가 전력기업이 소비자에게 공급하는 전력의 일정 비율을 재생에너지원으로 공급하도록 의무화하는 정책이다. 2019년 기준, 미국은 29개 주 및 워싱턴DC에서 RPS 제도를 운영하고 있다. 시행하지 않는 주도 20여개 있다. 따라서 미국은 미합중국이라는 연방정부차원에서 재생에너지를 촉진하는 것이 아니고, 주 정부의 에너지 현황에 따라 자율적으로 목표를 정하고 있다.

미국 주별 RPS 이행 목표

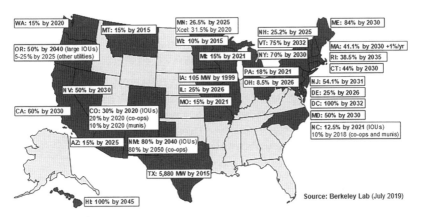

자료 Berkeley Lab[9]

예를 들어 캘리포니아 지역의 RPS제도는 Senate Bill 1078에 따라 2002년 최초 시행되어 이후 지속적으로 확장되어 왔다. 캘리포니아 RPS제도는 미국 내에서도 가장 공격적인 것으로 평가받고 있다.[10] 2015년 기준 캘리포니아 주지사인 Jerry Brown은 RPS의무비율을 2030년까지 50%로 상향하는 Senate Bill 350에 서명하였으며, 동 개정안은 목표 의무비율 상향뿐만 아니라 유틸리티회사(IOUs, POUs 등)에게도 재생에너지 조달의무를 확장하는 내용을 포함하고 있다.

미국의 RPS제도는 주마다 성격이 다르나 발생된 전력은 PPA를 통해서 또는 전력거래시장을 통한 매출이 되고 별도로 REC를 받아 추가 수익을 내고 있다. PPA Offtaker가 전력과 REC를 함께 구매하는 지역은 Bundled PPA의 Tariff에 전력 및 REC를 합해 KWh당 판매하는 경우가 많다. 다음 사례는 미국의 태양광 발전의 전형적인 Bundled PPA 구조를 보인다.

계약기간	• 운영개시일로부터 25년(이후 2회, 각 5년씩 총 10년 연장 가능)
계약금액	• Contract Price : US$ 108.85 / MWh • 상업운전개시(COD) 후 실제 생산량이 예상 계약연도 생산량(Contract Year Expected Metered Output-기준 발전량)의 70% ~ 110% 수준일 경우 계약가격인 US$108.85/MWh를 정산 받음. 다만, 예상 계약연도 생산량의 110%를 초과하는 부분에 대해서는 할인된 계약가격으로 정산을 받게 되며, 70%에 미달하는 부분에 대해서는 계약 금액으로 정산받고 미달한 생산량에 비례하여 Penalty를 지불하게 됨. • Buyer는 Seller가 생산하는 모든 전력(Test 시 생산전력 포함) 및 부산물 일체(REC등)를 구입해야 하며, 부산물에 따른 수입은 Buyer에게 귀속됨.
특이사항	• Buyer's Purchase Option : COD로부터 6년 및 25년이 경과한 시점에 Buyer는 Seller로부터 발전 시설을 구입할 수 있는 우선 매입권을 갖음. • 6년 경과시 판매 가격: 다음 중 높은 가격 (1) Fair Market Value(FMV), (2) 미상환 차입금 + 우선상환수수료 + 미회수 자본금 + 세전 주주투자수익률 9.5% 수준을 충족시키는 금액 • 25년 경과시 판매 가격: FMV

■ 기존 재생에너지 지원 Tax 제도

┃ Investment Tax Credit (ITC) ┃

재생에너지 육성정책으로 연방차원에서 제공되는 세액공제제도다. 재생에너지시설 투자금액의 30%를 투자 세액공제의 Credit으로 부여받는 제도다.

구분	내용
대상시설	• 태양광, 태양열, Landfill Gas, 지열 등
공제대상	• Solar, Fuel cells, small wind : 30% • geothermal, microturbines and CHP : 10%
적용시기	• 운영개시 시점에 한번에 공제

자료 : https://programs.dsireusa.org/system/program/detail/658 [11]

2016년 소멸 예정이었으나, 미의회에서 재생에너지 세제혜택을 3년 연장하는 법안이 통과되었다. 이에 따라 ITC 적용 기간은 2022년까지 연장되었으며 태양광 발전 프로젝트는 2019년까지 세제 공제율을 현재 수준인 30%로 유지하고 그 이후부터 점차 축소하게 된다.

적용기간 연장 후 투자세액공제율

구분	~2019	2020	2021	2022	2023~
상업용태양광	30%	26%	22%	10%	10%
가정용태양광	30%	26%	22%		

자료 : https://programs.dsireusa.org/system/program/detail/658 [11]

태양광 발전은 ITC대상 사업비(ITC basis)의 30%를 Tax Credit이라는 형태로 부여받으며, 향후 납부해야 하는 금액에 대해 세액공제를 받는다. 태양광 발전 사업의 ITC 대상 사업비는 총투자비의 약 95% 수준이며, ITC를 지급받는 다음해부터 사용 가능하고, 세액공제 후 남은 금액은 다음 해에도 사용할 수 있으며, 20년간 이월 가능하다.

| Production Tax Credit (PTC) |

구분	내용
대상시설	• 풍력, 지열, 매립지가스 등
공제대상	• wind, geothermal, closed-loop, biomass : 2.3센트/kWh • PTC는 매년 kWh당 단가가 인플레이션에 의해 조정
적용시기	• 운영개시 이후 10년간

자료: https://programs.dsireusa.org/system/program/detail/734 [12]

ITC와 마찬가지로 2016년 소멸 예정이었으나, 미의회에서 재생에너지 세제 혜택을 연장하는 법안을 통과되었다. 이에 따라 풍력발전사업은 2019년말까지 연장되었으나 2016년 이후 2017년 공사개시 사업은 PTC 20% 감축, 2018년 공사개시 사업은 PTC 40% 감축, 2019년 공사개시 사업은 PTC 60% 감축된다.

| MACRS (Modified Accelerated Cost-Recovery System) |

기업이 재생에너지 분야에 설비투자한 금액을 사업초기 상각비용 공제를 통해 회수할 수 있게 한 제도다. 사업초기의 상각액을 늘려 세금지출을 사업의 후반기로 연기하여 과세이연효과가 있으며, 투자한 태양광설비 외 타 사업으로 수익이 발생한 경우 해당 과세소득의 손금으로 사용 가능하다. EPC, 환경영향평가비용, 개발비용, 법률비용 등이 해당되며 총투자비의 약 98% 수준이다.

ITC 30% 세액공제를 적용 받은 이후의 감가상각대상금액은 70%가 남게 되나, 보너스 감가상각(소득공제)을 적용할 수 있도록 당초 받았던 30%의 ITC 해당분의 50%인 15%에 대해서 추가적인 Bonus Depreciation으로 인정해 주고 있다.

MACRS 연차별 상각 비율

구분	1년차	2년차	3년차	4년차	5년차	6년차
MACRS	20.00%	32.0%	19.2%	11.52%	11.52%	5.76%

자료: 미국 IRS [13]

Treasury Cash Grant

Recovery Act의 Section 1603에 의해 2012년말까지 운영개시가 되는 사업에 한해 ITC 대신 투자비의 30%를 현금으로 지원해 주는 "Treasury Cash Grant"제도가 한시적으로 운용되었다. 2008년 금융위기 직후 주요 Tax Equity Player였던 금융기관이 투자 여력이 없자 신재생에너지 산업 전반이 침체되면서 한시적 경기부양 차원에서 운용되었던 제도로서, 적용 전제조건(풍력)은 다음과 같다.

구분	내용
공사개시	2011년 12월 31일 이전에는 시작해야 함
안전피난처 (Safe-Habor)	신청자가 설비공사 총비용의 5% 이상을 발생(신청인이 발생주의 회계를 적용한 경우)시켰거나 지급한경우 공사가 개시된 것으로 인정
중요한 특성을 지닌 물리적 작업	공사비용의 금액이 아닌 작업의 성격상 실제 터빈의 설치와 관련된 작업이 이루어져야 함. 예컨데, 콘크리트 토대 만들기나 엥커볼트 등의 설치

■ IRA 도입 이후 재생에너지 지원 Tax 제도

Inflation Reduction Act(미국 인플레이션 감축법)은 2022년 8월 16일 바이든 대통령이 서명 후 발효된 법으로 친환경 에너지, 헬스케어 등의 분야에 대규모 예산을 투입해 미국 내 인플레이션 억제와 기후변화 대응은 물론, 취약계층 지원 확대, 보건 분야 복지 개선, 기업 과세 개편 등을 목적으로 하는 법안이다.

통상 태양광 전원은 ITC를, 풍력 전원은 PTC를 적용했으나 IRA 법안 체결에 따라, 태양광 전원도 PTC 를 택할 수 있게 되었다. 2022년 이후에 서비스 제공되는 태양광 발전소가 2033년 이전에 건설을 시작하면 1MW이상은 미 재무부가 발행한 "노동 요건"을 충족하거나 1MW미만은 조건없이 30%의 ITC 또는 2.75센트/kWh(1992년 불변기준 1.5센트에 2022년 기준 누적 인플레이션율 적용한 금액)의 PTC를 받을 수 있게 되었다. [14]

일본의 후쿠시마원전 사고 이후 부활한 FiT제도

일본 고정가격 매입제도 체계

자료: 경제산업성[15]

일본 정부는 2011년 8월 재생에너지 보급 확대하고자 재생에너지 발전에 대한 FiT지원과 전력 최종 소비자가 이를 분담하는 내용을 담은 '전기사업자에 의한 신재생에너지 전기 조달에 관한 특별조치법 법(재생에너지법)'을 공표하였다.

재생에너지법 시행에 따라 전기사업자는 정당한 사유가 없는 한 재생에너지 발전사업자가 생산한 전력 일체를 고시된 매입가격과 매입기간 동안 구매할 의무를 부담하게 하였다.

태양광 발전 FiT는 2012년 7월 최초 고시 이래 조달가격위원회의 평가를 거쳐 매년 지속적으로 조정되어 왔다. 10kW 이상 태양광 발전의 FiT는 제도 개시 이래 매년 평균 약10%가량의 하향 조정되면서 2016년 기준 24엔/kWh까지 하락하였다.

10KW 태양광 발전 kWh당 FiT(고정매입가격)

2012.7~ 2013.3	2013.4~ 2014.3	2014.4~ 2015.3	2015.4~ 2015.6	2015.7~ 2016.3	2016.4~
40엔	36엔	32엔	29엔	27엔	24엔

자료: 경제산업성[15]

한편 2017년 2MW 이상 태양광 발전설비를 대상으로 입찰제를 도입하였으며, 2019년과 2020년에는 그 대상을 각각 500kW이상과 250kW이상으로 점차 확대해 나가고 있다. 제1차 입찰(2017.12) 최저 낙찰가격은 17.20엔/kWh이었으나, 제6회 입찰(2020.12) 최저 낙찰가격은 10엔/kWh, 제15회 입찰(2023.03) 최저 낙찰가격은 9.5엔/kWh로 점차 하향되었다. 10kW 미만 태양광 설비의 경우 상대적으로 높은 단위당 투자비를 감안하여 2020년 FiT는 21엔/kWh이다.

그럼에도 일본은 20년간 지역전기사업자(도쿄전력, 간사이전력 등 10개 업체)와 PPA계약을 체결하고, 20년간 고정가격으로 안정적으로 수령이 가능하여 투자자입장에서 매우 선호하는 지역이다.

스페인의 FiT에서 전환된 IRR-Based 제도

2000년대 중반 이후 재생에너지 발전소 증가에 따른 보조금 증가로 급격히 전력부문 재정이 악화되었다. 이에 스페인 정부는 적자 문제를 해결하고자 2013년에 전력 구조 개혁을 통해 재생에너지 지원제도를 대폭적으로 개선하게 되었다. 재생에너지 보조금 제도를 기존 FiT 및 FiP 방식에서 규제자산 제도 방식의 "IRR-Based" 보상 메커니즘으로 전환하였다. 신규 정책의 도입은 제도의 안정성 및 예측가능성을 보존하기 위해 신규 투자자산을 대상으로 전진적으로 적용되는 것이 일반적이나, 스페인의 새로운 재생에너지 보조금 제도는 기존 운영 중인 자산에도 소급 적용되어 혼란을 초래했다.

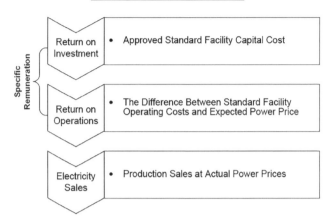

자료: Orden IET/1045/2014 [16]

"IRR-Based" 보상 메커니즘은 "규제자산 Regulated Asset"의 가격결정구조를 토대로 구조화되었다. 재생에너지 설비에 대한 규제 보상은 투자비에 대한 규제보상(Return on Investment, Rinv) 및 운영비용에 대한 규제보상(Return on Operations, Ro)의 두 가지로 구성된다. 재생에너지원별 규제 보상기간 및 보상금액은 에너지원별 표준설비를 기준으로 정해진다.

FiT는 발전량에 비례하여 매출이 변동하는 전력량요금 위주인 반면 IRR-Based 보상방식은 발전량이 충족될 경우 보조금 대부분이 지급되는 투자비에 대한 규제보상 위주로 매출의 변동성이 상대적으로 낮다.

다음은 10MWh급 태양광발전의 2014부터 3년간의 실제 운영수입을 나타낸 것으로, 수입 대부분이 투자비보상인 Rinv로 이루어진 것을 알 수 있다. 즉 발전량과 무관한 수입 비중이 75%를 웃도는 것을 알 수 있다.

경매를 통한 보상 규모가 지나지게 감소하자 2020년 11월 경매를 통한 고정가격 기반의 새로운 재생에너지 보상체계인 REER(Renewable Energy Economy Regime)을 발표했다.

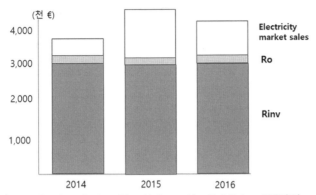

10MW Solar PV Project Revenue Profile

(천 €)

자료: First Regulatory Review of Spanish Renewables, Fitch Ratings, 2017 [17]

이탈리아 재생에너지 지원제도 Remodulation

스페인이 재정악화로 재생에너지 제도를 당초 FiP 및 FiT에서 IRR-based로 소급적용시킨 것처럼, 또 다른 유럽국가 이탈리아에서도 2014년 다음 세가지 옵션중 하나를 선택하게 하고 소급적용시켰다. 이로 인해 직후 이탈리아의 재생에너지 투자는 급격히 위축되었다. [18]

첫 번째 옵션은 잔여 FiT 기간에 따라 일정 요율(17~25%)로 Tariff 금액을 하향 조절하고, 이에 대한 보상으로 FiT 기간을 기존 20년에서 24년으로 연장하는 방안

두 번째 옵션은 FiT 기간은 20년으로 기존과 동일하게 유지하면서 FiT 잔여 기간에 따라 Tariff 수준을 재조정(RE-modulation)하여 초기에는 기존보다 낮은 수준(10~31%)의 Tariff를 받고, 이후 기존보다 높은 수준의 Tariff를 받는 방안

세 번째 옵션은 전체 FiT 기간(20년)은 유지하는 가운데 잔여 FiT 기간 동안 Tariff를 일괄적으로 낮춰서 받는 것으로 하향 요율은 발전소의 용량에 따라 상이함

4 국내 신재생에너지 시장

2012년 FiT제도에서 RPS제도로 전환

신재생에너지 공급의무화 제도(RPS, Renewable Portfolio Standard)가 2012년 본격 시행되었다. "신에너지 및 재생에너지 개발·이용·보급 촉진법 (신재 생에너지법)"에 근거한 제도로서 이전 "발전차액지원제도, Feed-in-Tariff)"가 투자면에서 안정적인 제도임에도 정부 재정부담이 많아지고 자원분배의 비효율을 초래한다는 문제점이 지적되면서 10년만에 RPS로 이전하게 되었다.

RPS는 설비용량 규모가 500MW 이상인 발전사업자(공급의무자)에게 총 발전량의 일정비율 이상을 신재생에너지로 공급하도록 의무화한 제도다. 매년 RPS 비율을 충족시키기 위해 공급의무자들은 직접 신재생에너지 발전설비를 건설하거나 의무공급량을 REC(신재생에너지공급인증서, Renewable Energy Certificates)를 구매하여 의무 할당량을 채워야한다. REC는 태양광 등 신재생발전사업자들이 신재생에너지 설비를 이용하여 전기를 생산, 공급하였음을 증명하는 인증서다.

그러나 발전사업자(공급의무자)들이 자체건설, REC 구매 등 매년 RPS 비율을 충족시키기 위해서는 많은 비용을 온전히 부담할 수밖에 없어, 비용 부담을 완화시키기 위하여 "신·재생에너지 공급의무화제도 관리 및 운영지침"에 의해 발전사업자(공급의무자)가 REC 구매를 위하여 지출한 비용의 일부금액을 보전 받을 수 있으며, 이를 전력시장에서 RPS의무이행비용 정산금으로 지급한다. [19]

RPS 운영 매커니즘

■ 500MW이상 발전사업자에게 2026년까지 15%를 목표로 한다 (2022년 기준)

일정규모(500MW) 이상의 발전설비(신재생에너지 설비는 제외)를 보유한 발전사업자(공급의무자)에게 총 발전량의 일정비율 이상을 신·재생에너지를 이용하여 공급토록 의무화한 제도

2023년 4월 기준 공급의무자는 25개사 : 한국수력원자력, 남동발전, 중부발전, 서부발전, 남부발전, 동서발전, 지역난방공사, 수자원공사, SK E&S, GS EPS, GS 파워, 포스코에너지, 씨지앤율촌전력, 평택에너지서비스, 대륜발전, 에스파워, 포천파워, 동두천드림파워, 파주에너지서비스, GS동해전력, 포천민자발전, 신평택발전, 나래에너지서비스, 고성그린파워, 강릉에코파워

최초 의무비율은 2014년 3%에서 2022년 10%까지 점차적으로 증가하도록 설계되었으며, 이후 의무 이행 실적이 저조함에 따라 2015년 3월 정부는 10% 목

표시기를 기존 2022년에서 2024년으로 2년 연기하는 것으로 개정, 하지만 미세먼지 등 환경 문제에 대한 관심이 높아짐에 따라 다시 의무 비율을 상향 조정하여 2023년에 10%에 도달하는 스케줄로 개정하였다. 이후 몇차례 상향 하향을 거듭하고 있으며 2023년 1월 2025년까지 15%를 목표로 하고 있다.

■ REC 가중치는 태양광, 풍력 등 청정에너지 확대 유도, 바이오, 폐기물 에너지 등 연소형 재생에너지는 점진적 축소

REC는 신재생에너지원을 통한 발전량에 대하여 "교환, 지불, 저장, 가치척도"의 수단으로 신재생에너지원을 이용한 발전소에서 생산된 전력임을 증명하는 증서를 의미하며, "신재생에너지 공급의무화제도 및 연료 혼합 의무화제도 관리 운영지침"을 통해 고시하고 있다.

가중치는 환경, 기술개발 및 산업 활성화에 미치는 영향, 발전원가, 부존잠재량, 온실가스 배출 저감에 미치는 효과 등을 고려하여 산업통상자원부장관이 정하여 고시. 공급인증서 가중치는 3년마다 재검토(필요한 경우 재검토기간 단축 가능)

주요 REC 가중치(2022년 기준)

태양광 에너지	• 일반부지 : 0.8~1.2 • 임야 : 0.5 • 수상 : 1.2~1.6 • 건축물 등 이용 : 1.0~1.5 • 태양광설비 연계 ESS 설비 : 삭제(2020년말까지 4.0)
풍력	• 육상 : 1.2 • 풍력설비 연계 ESS 설비 : 삭제(2020년말까지 4.0) • 해상풍력 : 연계거리에서 따라 2.5(기본)+ 수심(5m) 연계거리(5km) 증가시 0.4(복합) • 연안해상풍력 : 2.0(기본 가중치)

바이오에너지	• 목재펠릿/목재칩 전소 : 0.5
	• 목재펠릿/목재칩 혼소 : -
	• 미이용 산림바이오매스 전소 : 2
	• 미이용 산림바이오매스 혼소 : 1.5
	• Bio-SRF 전소 : 0.25
기타	• IGCC : 0.25에서 0
	• 매립지 가스 : 0.5
	• 조력 : 방파제 있고 변동형 1.0~2.5, 방파제 없고 고정형은 1.75
	• 지열 : 변동형 1.0~2.5, 고정형 2.0
	• 수력 : 1.5
	• 연료전지 : 1.9
	• 조류 : 2.0

자료: 신재생에너지 공급의무화제도 및 연료 혼합의무화제도 관리 운영지침(산업통상자원부 고시 제2022-1호) [21]

■ RPS 의무이행률이 점차 증가

RPS제도 시행 첫 해인 2012년 이행연기량을 제외한 의무공급자들 의무이행률은 64.7%로 태양광 이행률은 95.7%인 반면 비태양광 이행률은 63.3%로 다소 저조한 이행실적을 기록했다. 이후, RPS 의무이행률은 매년 상승하여 2017년 이행률이 92.9%에 달하는 것으로 집계되었으며, 이러한 이행실적 개선은 RPS 제도가 안정화 단계에 접어들면서 공급의무자들의 신재생에너지에 대한 적극적 투자와 정부의 일관된 신재생에너지 확대 정책 등에 기인한 것으로 풀이된다.

RPS 의무이행실적

구 분	2012	2013	2014	2015	2016	2017
이행률	64.7%	67.2%	78.1%	90.2%	90.6%	92.9%

자료: 에너지관리공단, 2018, RPS제도개선 공청회 자료 [22]

발전자회사를 중심으로 입지확보, 허가 절차 등을 거쳐야 하는 태양광 및 풍력 등에 비해 단순 연료교체를 통해 기존 화력발전소의 연료를 활용하여 의무

이행이 가능한 바이오 매스 혼소발전 비중이 급증하여 바이오 에너지에 의한 의무이행량 비중은 2012년 10.3%에서 2018년 37.7%로 크게 증가하였다. 2018년 기준 발전원별 RPS 의무이행 실적은 바이오 에너지, 태양광, 연료전지 순으로 높은 비중을 차지하였다.

RPS제도 덕분에 신재생발전 설비용량은 꾸준히 증가하고 있으며 그 중에서도 태양광이 2019년도에 3,374MW로 급격히 증가하고 있다.

신재생에너지 누적 설치 추이(단위 : MW)

원 별	2015년	2016년	2017년	2018년	2019년
태양광	2,537	3,716	5,062	7,130	10,504
풍력	834	1,051	1,215	1,420	1,512
수력	1,582	1,582	1,582	1,582	1,582
기타	2,466	2,935	3,117	3,281	3,289
합계	7,420	9,284	10,976	13,413	16,888

자료: 전력거래소, 2019년 전력 계통운영실적 [23]

■ REC 거래량 가격 추세

REC거래는 크게 양자간 계약시장과 공개 현물시장에서 이루어진다. 계약시장은 양자간 계약이므로 거래량만 공개되고 거래금액은 공개되지 않으나, 현물시장은 전력거래소에서 양방향 입찰로 이루어져 거래량 및 거래가격이 공시된다.

계약시장	• 매매당사자끼리 계약을 체결하는 시장으로 연중 개설 • 표준계약서 사용하고 계약내용 신고 • 태양광 공급인증서 판매사업자제도도 계약시장임
현물시장	• 수요와 공급에 의해 매매가 체결되는 시장 • 매월 개설

또한 RPS공급의무자가 공급의무량 이행 후 지출한 비용을 정부가 보전해주기 위해 매년 일회 결정하는 가격을 이행보전가격 또는 기준가격이라 한다. 매년 기준가격을 전력거래소가 설정, 해당 보상기준가격을 한전이 지급한다. 발전사들은 지난해 확보한 REC수에 기준가격을 곱한만큼 비용을 보전받게 된다. 기준가격은 현물시장가격과 자체계약, 자체건설 비용에 가중평균단가를 계산해 결정한다. 이 중 에너지공단 신재생센터에서 입찰하는 선정계약(고정가격계약)과 바이오혼소는 제외된다.

REC 거래실적

구분	현물시장		계약시장		합 계
	태양광	비태양광	태양광	비태양광	
2013	113,858	408,523	369,936	525,638	1,417,955
2014	182,495	346,270	992,491	1,268,512	2,789,768
2015	1,304,860	627,452	1,674,940	2,198,589	5,805,841
2016	2,623,819		4,843,135		7,466,954
2017	2,572,137		7,767,266		10,339,403
2018	6,288,524		9,028,974		15,317,498
2019	7,191,767		12,399,619		19,591,386

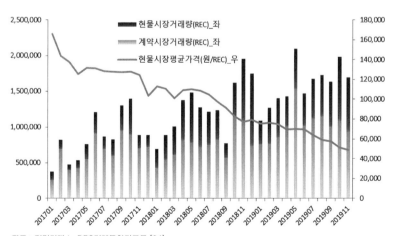

자료 : 전력거래소, REC거래동향리포트 [24]

시장 운영 초기인 2012년~2013년에는 REC 공급부족, 의무 미이행에 따른 평판하락 우려 등으로 REC 현물가격이 기준가격 대비 2~2.5배 수준으로 형성되었다. 이후 양방향거래방식 도입과 공급물량의 증가 등으로 점차 현물시장의 REC 가격은 하락 추세를 보이고 있다.

■ REC 기준가격

전술한 것처럼 국내 SMP는 시간대별로 변동성이 높다. 이러한 시장을 대상으로 수익률이 높지 않은 재생에너지 투자를 한다는 것은 여간 불편한 게 아니다. 조정은 매년 정부가 공급의무자에 이행비용을 보전해주는 "기준가격"이 역할을 해왔다. 물론 기준가격은 현물시장과 계약시장의 거래를 감안해서 최종 주무관청에서 결정하여 매년 이듬해 6월경 고시한다.

"SMP+REC" 단가 추이(단위: 원/kWh, 천원/REC)

구분	2012	2013	2014	2015	2016	2017	2018	2019
연평균 SMP	160	152	142	102	77	81	96	91
REC 기준가격	32	57	62	85	87	105	88	67
SMP+REC	192	209	204	187	164	186	182	158

자료 : "연평균SMP"는 전력거래소, "REC기준가격"은 에너지관리공단 [25]

초기 REC 가격은 수요와 공급에 의하기 보다 위 표에서 보듯 "SMP + REC"가 KWh당 170~190원에 수렴하도록 REC 기준가격이 결정되는 것처럼 되어 왔다. 그러나 2019년 이후부터 저유가와 예비율상승으로 SMP는 하락, 공급과잉으로 REC현물가격 하락이 겹쳐 낮은 매출단가가 이어지고 있다.

국내 신재생에너지 제도 성장史

■ 2008년 FIT 제도 태양광발전의 급성장

우리나라는 2002년 5월 발전차액 기준가격 지침을 처음 제정한 후 몇 차례 개정을 통해 기준가격 적용 설비용량, 적용기간, 가격체계 등을 점차 강화시켰다.

그러나 2007년까지 투자는 지지부진했다. 태양광 발전소는 2007년까지 누적으로 28.8MW에 그쳤다. 그러나 2008년이 되면서 저가 태양광 기자재의 수입으로 가격경쟁력이 제고되면서 100MW의 단일 사이트 사업이 개발되는 등 분위기는 급반전 되었다. 한편, 정부는 갑작스러운 태양광 대규모 설치로 차액보전금 즉 재정 부담이 가중되게 되었다. 결국 정부는 기준가격 하락을 결심하게 된다.

2008년 초기에는 일정용량까지만 기존 기준가격을 적용하고, 이를 초과하면 하락한 기준가격을 적용하고자 했다. 그러나 당시 개발붐이 본격화되었던 시기였기 때문에 전국의 수많은 태양광 개발자의 거센 반대가 있었고, 결국 2008년 9월까지 설치된 태양광까지만 기존 기준가격을 적용하는 선에서 마무리되었다.

태양광 발전차액 기준가격 변경(원/kWh)

	~ 2008. 09	2008. 10 ~ 2009.12	2010. 01~
15년	677.38	1MW~3MW : 561.23원 3MW초과 : 472.70원	-
20년	-	1MW~3MW : 509.24원 3MW초과 : 428.83원	매년 고시

3MW 초과 사이트의 경우는 2008년 9월까지 계통연계를 하느냐 10월로 넘기느냐에 따라 30%정도 기준가격이 감소하는 상황이었다. 결과적으로 2008년 한햇동안 설치된 태양광은 258MW로서 전년대비 열배가 넘는 증설이 이루어지게 된다. 당초 2011년까지 총 500MW를 지원키로 하였으나 2008년에만 여론에 부딪쳐 258MW가 시장 진입하면서 재정부담으로 인한 속도 조절이 요구되었다.

2009년 4월 잔여용량인 200MW를 50~80MW로 3년간 적정하게 배분하게 이르른다. 이는 태양광 발전사업을 준비중인 상당수 사업자들이 사업 포기가 불가피해지면서 정부와 사업자간 갈등 표출로 어수선했던 시간을 보낸다.

에너지원별 발전차액지원액 및 발전량

구분	태양광	풍력	수력	연료전지	LFG	기타
차액지원액(억원)	3,717	257	185	131	111	1
발전량(GWh)	656	1,501	1,341	76	1,576	13
kWh당 지원액(원)	566.6	17.1	13.8	172.4	7.0	7.7

주 : 2002년~2009년 누계 기준
자료 : 2010년 신재생에너지 백서 [26]

■ 2012년 RPS 제도의 출발

2012년 도입되는 신재생에너지 의무공급제도(RPS)가 도입되어 발전차액지원제도 및 신재생에너지개발공급협약(RPA)는 종료되었다. 에너지원간 경쟁유도를 통해 신재생에너지 활성화가 제도변경의 취지였으나 실상은 재정부담 주체를 정부가 아닌 수요자 즉 화석연료 발전사로 이전하는 것도 숨어 있는 목표였다.

2012년 출범 당시 대상 발전소는 발전공기업이외에 케이파워, 포스코파워, GS EPS, GS파워, MPC율촌전력, MPC대산전력 등 14개 회사였다. 전원별 가중치는 태양광은 0.7~1.2, 육상풍력은 1.0, 목질계바이오매스 전소발전 1.5, 연료전지는 2.0으로 출발했다.

특이한 점은 당시 태양광은 다른 전원에 비해 건설단가가 현격히 높아, 태양광 발전 개발 기피현상을 우려하는 분위기가 팽배했다. 이를 감안해서 태양광 별도의무량을 제도화하게 되었다. 2014년부터 매년 200MW 이상의 태양광 의무량을 별도로 정해서 건축물 등을 이용하는 경우 인증서의 가중치를 1.5로 부여하였으며, 환경훼손 정도와 설비규모를 감안하여 1.2, 1.0, 0.7로 차등하여 가중치가 부여되었다. 또한 태양광 발전사업에 민간사업자 참여를 활성화하기 위해 5,000MW이상의 설비를 보유한 발전사업자는 태양광 할당량의 50%를 외부로부터 조달하도록 의무화하였다.

■ RPS 초기(2012~2016) REC 계약

장기 고정 가격 방식	• RPS의무자와 신재생사업자간 REC조달 물량에 대하여 REC가격을 고정하여 체결하는 방식 • RPS의무자는 확정적 REC확보가능하나 기준가격 하락시 위험에 노출. 개별 계약단가 적정성 입증 위험 노출(감사 대비) • 신재생사업자는 가격 확정성 담보 가능 • 사례 : 발급량의 90%는 향후 10년간 71,000원/MWh
FiT 방식	• SMP의 가격 변동성(대폭 하락)이 더욱 심화되면서 신재생에너지 개발이 크게 침체되면서 일부 SMP 가격 변동성을 흡수하는 계약 출현 • RPS의무자와 신재생에너지사업자간 REC조달물량에 REC가격을 "SMP+REC" 고정하여 체결하는 방식 • 주로 소규모 풍력 및 태양광에 적용 • 사례 : 20년간 "(184원 - SMP거래단가) × 1000 /MWh"
현물시장 연동방식	• 현물시장에서 거래되는 평균거래단가를 기반으로 REC 계약 단가를 결정하는 방식. 월간 정산이므로 가격은 비교적 신속 확정 • RPS의무자는 개별 계약단가 적정성 입증 부담은 완화되나, 현물시장가격 변동성에 노출 • 신재생애너지 사업자는 단기정산방식으로 정산은 편리하나, 장기적으로 현물시장 불완전 상황시 가격 변동위험 노출 (당시 전체 REC 거래량중 현물시장 거래량은 10%에 머물러, 가격 변동성이 높은 편이었음)
기준가격 후정산방식	• 사전에 정해진 가격으로 거래한 후, 이듬해 정부에서 "기준가격"이 확정되면 후 정산하는 방식 • RPS의무자는 단가 적정성 입증 부담에 가장 완화된 방식 • 신재생에너지 사업자는 REC 정산단가 변동위험에 크게 노출. 정산까지 일년이상 걸리므로 매출 확정 지연. 특히 당시 현물가격이 기준가격의 1.5~2배 사이로 거래되면서 사업자 불공정 제기 • 사례1 : 연중 별도산정가격(REC=40,000원/MWh)으로 거래 후 다음 년도 초 발표되는 해당 연도 기준가격으로 정산 • 사례2 : 원리금 상환이 되는 "별도산정가격"으로 거래 후 다음 년도 기준가격으로 정산. 다만 별도산정금액이 기준가격에 비해 크면 RPS의무자에 차액을 지급하되, 금융약정서에 지급제한조건을 충족하는 범위내에서 지급. 미충족시 미지급금으로 해서 추후 조건 충족시 지급.

RPS도입된 초기 REC 계약시장은 시행 초기 주된 계약 Offtaker인 발전공기업의 가이드라인에 의해 결정되는 모습을 보였다. 비록 REC공급 부족으로 인해 일부 의무자는 의무 불이행에 따른 과태료를 부담하였으나, 공기업 특유의 감사 리스크를 회피하기 위해 "후정산방식"이 대세를 이루게 되었다. 초기 다양한 형태로 출발했으나 대부분 "후정산방식"으로 쏠리게 되었다.

초기 REC 절대적 구매 큰손인 발전공기업이 "후정산방식"을 고집하는 상황에서 태양광 및 풍력을 제외하고는 수익 불확실성을 넘지 못하고 좌초되었다.

■ 2016년 태양광 통합, 수상태양광 & ESS설비 도입 등 재정비

2012년 RPS 도입이후 2016년까지 약 7,555MW(20,338개소)가 신규로 진입하였다.

RPS 설비 보급현황(누계) (단위:MW)

구분	2012	2013	2014	2015	2016
비태양광	1,731	2,240	3,113	3,555	4,266
태양광	245	630	1,499	2,485	3,289
합계	1,976	2,870	4,612	6,040	7,555

자료 : 에너지관리공단 [27]

2016년 기준 누적설비는 태양광 3,289MW, 풍력 597 MW, 수력 685 MW, 연료전지 172 MW, 바이오 1,618 MW, 폐기물 848 MW, IGCC 346 MW 이 공급되었다. 태양광의 비중이 매우 높고, 바이오가 그 다음을 보이고 있다.

2015년까지 태양광은 별도의무량으로 보호를 받아 전체 보급 신재생에너지 설비의 43%를 차지할 만큼 양적으로 성장하였다. 이제 별도의무량으로 보호의 필요성이 없다고 판단하여 2016년 3월부터 태양광의 별도의무량은 폐지되고 전체 하나로 통합되게 되었다. REC도 태양광 및 비태양광 각각 따로 거래되었으나 구분없이 거래가 가능하게 되었다. 통합이후 REC 현물거래시장 가격은 100~170천원 수준으로 형성되었다. 이는 통합시장의 기대감이 주된 작용을 했다고 해석되고 있다.

한편, 태양광 업체는 여전히 시장통합시 태양광 홀대론을 내세우고 있었다. 이를 위해 정부는 기존 태양광에만 있던 "판매사업자 선정 제도"를 지속 확대해가도록 조치했다. 당초 약 150MW에서 연 1~2회 수시 선정해오던 방식에서 약 300~350MW 범위내에서 연 2회 추진하여 통합으로 인해 태양광발전 투자의 위축을 예방하기로 했다.

그리고 신재생에너지 공급인증서 가중치에 새롭게 수상태양광과 ESS설비가 다음과 같이 포함되었다.

설치유형	REC 가중치
태양광을 유지의 수면에 부유하여 설치하는 경우	1.5
태양광설비 연계 ESS설비	5.0 ('16~'17)
풍력설비 연계 ESS설비	5.5('15), 5.0('16), 4.5('17)

■ 2017년 공급인증서 고정가격제도 도입

2016년 감사원은 "신성장동력 에너지사업 실태조사"에서 한전의 6개 발전공기업이 신재생에너지 공급의무 이행을 위한 공급인증서 구매계약 대부분을 수의계약 방식으로 체결, 공정한 거래환경 조성 및 거래시장 활성화를 저해했다고 지적했다. 2015년까지 발전자회사의 자체계약 현황을 검토한 결과, 2012년부터 2015년까지 총 306건의 계약을 체결하면서 그중 97%인 297건(계약금액 5,337여억원)을 수의계약으로 구매하고 있다고 지적했다.

일견 합리적인 지적이었다. 그러나 소규모 재생에너지 사업자가 SMP 변동성에 REC 변동성까지 부담하는 현실적인 문제는 외면한 일방적인 지적이라는 불만이 사업자도 발전공기업에서도 나왔다. 특히 당시 SMP가 100원대 밑으로 급격하게 하락하면서 시장은 경색되었고, 결국 금융권의 투자 기피로 이어지고 있었다.

결국 2017년 감사원의 공급인증서 수의계약 지적도 개선하고 소규모 태양광 및 풍력사업의 안정적인 사업개발을 도모하기 위해 입찰을 통한 고정가격제도가 도입되었다. 주요 내용은 발전공기업들이 태양광, 풍력 사업자로부터 REC 구매계약 시 'SMP + REC'를 합산한 장기고정가격으로 20년 내외기간 구매토록 의무화하는 내용을 골자로 한다.

구분	기존	변경
REC 가격	가격결정방식 제한 없음	SMP+REC 고정가
계약기간	기간제한 없음	20년 내외 장기
의무대상	해당사항 없음	그룹1공급의무자(발전공기업)
대상설비	해당사항 없음	태양광, 풍력

(예시) 고정가격 계약체결

구분	계약방식 1 (SMP+1REC가격)	계약방식 2 (SMP+1REC가격X가중치)
정산 시 가정	• (설비) 가중치 1.2, 월 10MWh 생산하는 태양광설비 • (고정가격) 낙찰된 고정가격(SMP+1REC) 180,000원, 가중치를 반영한 고정가격 196,000원 • (SMP가격) 계약 후 첫달 80,000원, 두번째 달 90,000원	
첫달 정산수익	• SMP : 10MWh × 80,000원/MWh = 800,000원 • REC : 12REC × (180,000원 – 80,000원) = 1,200,000원 • 월정산액 = 800,000원 + 1,200,000원 = 2,000,000원	• SMP : 10MWh × 80,000원/MWh = 800,000원 • REC : 12REC × (196,000원 – 80,000원)/1.2 = 1,160,000원 • 월정산액 = 800,000원 + 1,160,000원 = 1,960,000원
두번째달 정산수익	• SMP : 10MWh × 90,000원/MWh = 900,000원 • REC : 12REC × (180,000원 – 90,000원) = 1,080,000원 • 월정산액 = 900,000원 + 1,080,000원 = 1,980,000원	• SMP : 10MWh × 90,000원/MWh = 900,000원 • REC : 12REC × (196,000원 – 90,000원)/1.2 = 1,060,000원 • 월정산액 = 900,000원 + 1,060,000원 = 1,960,000원

자료 : 에너지관리공단[27]

고정가격제도 도입 이후 경쟁입찰 결과

	'17上	'18上	'19上	'19下	'20上	'20下	'21上
선정용량(MW)	250	250	350	500	1,200	1,410	2,053
평균선정가(천원)	181.6	180.0	167.3	159.3	151.4	143.6	136.1

자료 : 에너지관리공단[27]

■ 2018년 바이오에너지 및 폐기물 가중치 하향

2016년 감사원이 실시한 "신성장동력 에너지사업 실태조사"에 의해 RPS의 무자의 지나친 바이오에너지 치중, 게다가 석탄발전소 혼소를 통한 의무 이행에 대해 문제점을 지적했다.

2015년까지 RPS의무자가 RPS 도입된 2012년 이후 이행실적을 검토해 본 결과, 바이오에너지 비중이 가장 높고 태양광, 연료전지 등의 순으로 나타났다. RPS 도입 이후 바이오에너지 비중이 크게 증가한 것은 한전의 발전자회사를 중심으로 입지확보, 인허가 절차 등을 거쳐야 하는 태양광, 풍력 등에 비해 연료교체를 통해 기존 화력발전소의 연료로 활용하여 의무이행이 가능한 목재펠릿 등 목질계 바이오매스 혼소발전 비중이 급증한 것이 주된 요인이다.

RPS 에너지원별 이행실적(단위:REC, %)

구분	태양광	풍력	수력	연료전지	바이오	폐기물	합계
2012	264,180 (6.3)	822,687 (19.8)	1,773,078 (42.7)	741,819 (17.9)	426,981 (10.3)	125,482 (3.0)	4,154,227 (100)
2013	1,724,452 (28.6)	1,056,644 (14.4)	2,016,309 (27.5)	1,130,232 (15.4)	1,211,269 (16.5)	185,955 (2.6)	7,324,861 (100)
2014	1,499,214 (14.9)	857,175 (9.5)	1,324,017 (13.1)	1,816,730 (18.0)	4,153,474 (41.2)	327,741 (3.3)	10,078,351 (100)
2015	3,374,086 (27.0)	808,232 (6.5)	1,039,030 (8.3)	1,895,174 (15.2)	4,946,260 (39.6)	423,679 (3.4)	12,486,461 (100)

자료 : 감사원, 2016, 신성장동력 에너지사업 실태 감사보고서 [28]

기존 석탄화력 발전소의 보일러를 개조하여 석탄과 함께 섞어 연소(혼소)하는 바이오 혼소발전의 경우 발전소를 신규 건설 및 운영하여야 하는 전소발전과는 설비투자 규모, 형태, 운영방식 등이 상이하여 설비비와 운영비가 적게 드는 등 발전원가에 큰 차이가 있다.

그럼에도 바이오 혼소를 통한 의무이행에 주는 가중치가 지나치게 높게 형성되어 이러한 부작용이 유발되었다고 지적했다. 바이오 전소발전에 부여되는 높은 신재생에너지 공급인증서 가중치를 기준으로 혼소발전 가중치를 그대로 부여한 점이다. 당시 바이오에너지 중 목질계 바이오매스 전소발전은 공급인증서 가중치 1.5를 부여하고, 나머지 바이오에너지는 공급인증서 가중치를 1.0을 부여하는 것으로 되어 있다.

한전 발전자회사의 바이오 혼소발전 실적 (단위:REC, %)

연도	의무공급량(A)	바이오에너지 전체 (B)	B/A	바이오 혼소(C)	C/B
2012	3,900,725	378,233	9.7	176,491	46.7
2013	7,076,109	1,095,903	15.5	883,072	80.6
2014	8,956,622	4,030,282	45.0	3,113,003	77.2
2015	9,071,021	4,510,034	49.7	3,126,267	69.3

자료 : 감사원. 2016. 신성장동력 에너지사업 실태 감사보고서 [28]

표를 보면 2015년 바이오에너지가 전체의 49.7%를 차지하고, 바이오 혼소가 이중 69.3%를 보여 의무이행을 위한 주요 수단으로 바이오 혼소발전을 활용하고 있음을 알 수 있다.

이러한 문제를 반영해 2018년 공급인증서 가중치가 변경되었다. 목재펠릿 및 SRF 등 바이오 폐기물은 대폭 하향된다. 바이오의 경우 목재펠릿, 목재칩, 바이오 SRF 모두 기존 1.0을 부여했던 혼소시설에 대해 가중치가 부여되지 않도록 적용했다. 또한 기존에 1.0을 부여했던 목재펠릿, 목재칩 전소 전환설비는 0.5를 부여하여 바이오 SRF 전소전환설비는 0.25로 하향되었다. 1.5를 부여했던 목재펠릿, 목재칩분야 목질계 전소의 경우 1단계 1.0, 2단계 0.5로 대폭 하향되게 되었다. 이는 정부의 정책방향이 바이오 및 폐기물에너지 등 연소형 재생에너지는 점진적으로 축소한다는 것으로 해석될 수 있다.

기존	변경			
• 목질계 바이오매스 전소 1.5 • 바이오에너지 1.0 • 매립지 가스 0.5 • 폐기물 가스화 1.0 • RDF전소 1.0 • 폐기물 0.5	• 바이오매스			
	구분	목재펠릿, 목재칩	Bio SRF	미이용 바이오
	혼소	미부여	미부여	1.5
	전소전환	0.5	0.25	2.0
	전소	1단계 1.0 2단계 0.5 (유예기간)	1단계 0.5 2단계 0.25 (유예기간)	2.0
	• 매립지가스 0.5 • 기타 바이오 1.0 • 폐기물(폐기물 가스화, RDF전소 포함) 0.25 (유예기간)			

유예기간 적용 : [1] 고시 개정일 기준 6개월이내 전기사업법에 따른 공사계획인가, 집단에너지사업법에 따른 공사계획승인, 건축법상 착공 신고 후 30개월 이내 설비등록 신청 완료된 시설은 기존 가중치 적용 [2] 고시개정일 6개월 이후 12개월 이내 전기사업법에 따라 따른 공사계획인가, 집단에너지사업법에 따른 공사계획승인, 건축법상 착공 신고 후 30개월 이내 설비등록 신청 완료된 시설은 1단계 가중치 부여 [3] 고시개정일 12개월 이후 공사계획인가, 건축법상 착공 신고하는 경우 2단계 가중치 부여

■ 2020년 수소 발전 의무화 제도 도입

정부는 2020년 10월 '수소경제 육성 및 수소 안전관리에 관한 법률(수소법)'에 따른 제2차 수소경제위원회를 개최하였으며, 수소경제의 핵심축인 수소연료전지의 체계적인 보급 확대를 위해 '수소 발전 의무화 제도(HPS: Hydrogen Energy Portfolio Standard)' 도입을 추진하기로 하였다.

수소경제위원회에서 정부는 기존 태양광·풍력 등 재생에너지를 중심으로 설계된 신·재생에너지 의무화제도 체계하의 발전용 연료전지 보급은 한계가 있다고 지적하였으며, RPS 제도에서 연료전지를 분리한 수소 발전 의무화 시장을 조

성하여 안정적인 수소 연료전지 보급체계를 마련하기로 하였다.

수소 발전 의무화 제도 도입을 위해 정부는 수소법상 '수소경제 기본 계획'에서 중장기 목표 및 연도별 보급 계획을 수립하고, 분산형 및 친환경 전원 조건을 강화하여 경매를 통해 연료전지 발전전력을 구매할 예정이다.

■ 2022년 풍력발전 경쟁입찰제도 도입

풍력발전은 초기 시장으로서 대부분 발전공기업 중심의 수의계약 형태로 사업이 개발되고 정부는 개별 사업별 비용을 평가하여 계약가격을 확정함으로써 사업자간 경쟁을 통한 비용인하를 유도하는데에는 한계가 있었다. 점차 발전공기업 외에 민간의 풍력개발이 활성화되면서 풍력사업에도 경쟁여건이 조성됨에 따라 우리도 유럽 등 해외 주요국에서 활성화된 풍력 입찰제도를 도입하게 되었다. 제도의 주요 내용은 다음과 같다.

- 연1회 용량과 가격을 입찰
- 참여대상은 환경영향평가를 완료한 육상 및 해상 풍력 사업
- 평가는 가격(60점), 비가격(40점) 지표를 평가하여 고득점 순서로 선정
- 비가격지표로는 국내공급망기여와 주민수용성, 계통기여도 등을 평가
- 선정된 사업은 입찰된 발전량당 고정가격으로 장기간(20년간) 계약을 체결
- 선정된 사업은 이후 사업 착공 등을 거쳐 42~60개월 내에 준공해야

2022년에는 육상과 해상 구분없이 550MW의 물량에 대한 입찰이 진행되어 총 8개, 발전용량으로는 374MW(8개 사업)의 풍력발전 프로젝트가 선정되었다. 22년에 선정된 프로젝트 중 해상풍력은 99MW 규모의 전남해상풍력이 유일했다.

2023년 입찰에서는 정부는 육상풍력 400MW와 해상풍력 1,500MW를 포함한 총 1.9GW물량에 대한 경쟁입찰을 진행했다. 선정결과 1,583MW(9개 사업)

이 체결되었다. 이중 해상풍력은 완도금일해상풍력 1,2단계, 신안우이해상풍력, 낙월해상풍력, 고창해상풍력 등 5개, 1,431MW이 선정되었다.

5 태양광 발전
Photovoltaic (PV) Power

태양광 발전의 원리

태양에서 방출되는 에너지가 우주를 지나 구름과 대기에 흡수되고 지표면에 도달하여 우리가 이용하는 에너지는 50%수준이라고 한다. 일사량 (insolation)이란 특정지역에 입사하는 햇빛의 양으로, 태양광선에 직각으로 놓은 1cm^2의 넓이에 1분 동안 받는 일사에너지의 양으로 정의되며, 수평면에 입사되는 평균 태양 복사조도를 W/m^{2}로 나타낸다. 공기가 전혀 없다고 가정했을 때의 일사량은 대개 매분 1.94cal인데 이것을 태양상수라 정의한다.

태양전지는 태양에너지를 전기에너지로 변환할 목적으로 제작된 광전지로서 금속과 반도체의 접촉면 또는 반도체의 pn접합에 빛을 조사(照射)하면 광전효과에 의해 광기전력이 일어나는 것을 이용한 것이다. 태양전지는 실리콘으로 대표되는 반도체이며 반도체기술의 발달과 반도체 특성에 의해 자연스럽게 개발되었다.

PN접합에 의한 태양광 발전의 원리

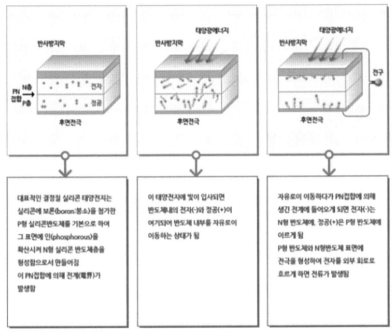

태양전지는 전기적 성질이 다른 N(negative)형의 반도체와 P(positive)형의 반도체를 접합시킨 구조를 하고 있으며 2개의 반도체 경계 부분을 PN접합(PN-junction)이라 일컫는다. 이러한 태양전지에 태양빛이 닿으면 태양빛은 태양전지 속으로 흡수되며, 흡수된 태양빛이 가지고 있는 에너지에 의해 반도체내에서 정공(正孔:hole)(+)과 전자(電子:electron)(-)의 전기를 갖는 입자가 발생하여 각각 자유롭게 태양전지 속을 움직이지만, 전자(-)는 N형 반도체쪽으로, 정공(+)은 P형 반도체쪽으로 모이게 되어 전위가 발생하게 되며 이 때문에 앞면과 뒷면에 붙여 만든 전극에 전구나 모터와 같은 부하를 연결하게 되면 전류가 흐르게 되는데 이것이 태양전지의 PN접합에 의한 태양광발전의 원리이다.

태양광 발전시스템은 태양전지 Module, 축전지, Inverter 등으로 구성되며 태양전지 Module은 빛을 받아 직류전기를 생산하는 역할을, 축전지는 발생된 전기를 저장하는 역할을, Inverter는 PCS(Power Conditioning System)로 직류전기를 교류전기로 바꾸고 전력계통에 연결하는 역할을 수행한다.

태양광발전 시스템 구성도

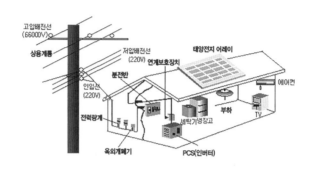

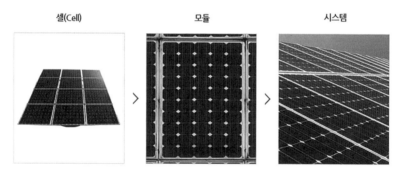

자료:에너지관리공단. [29]

2019년 기준 글로벌 태양광 모듈 제조업체 생산능력 랭킹은 다음과 같다.

2007년에는 일본 업체(Sharp, Kyocera 등)과 미국 업체 등이 상위에 있어 지역적인 다양성이 보였다. 그러나 2018년 Top 10에는 Jinko Solar, LONGI, JA Solar, Trina solar, Tongwei 등 대부분이 중국 업체이고 국내 한화큐셀이 8번째에 올라 있다. 한화는 독일의 큐셀을 인수하면서 글로벌 메이커로 성장했다.

순위	제조사(2018)	생산량(GW)	제조사(2007)	생산량(GW)
1	Jinko Solar	6.7	Sharp	0.4
2	LONGI	5.7	Q-cell	0.3
3	Canadian Solar	5.7	Suntech	0.3
4	JA Solar	5.2	Kyocera	0.2
5	Trina solar	4.8	First Solar	0.2
6	Tongwei	4.8	Motech	0.2
7	UREC	4.1	Sanyo	0.2
8	Hanwha	3.9	Solar World	0.1
9	Suntech	3.3	Mitsubishi	0.1
10	Aiko	3.3	SunPower	0.1
기타		41.5		1.0
합계		89.1		3.0

자료:Solar Industry Updat, 2019, NREL [30]

발전량은 어떻게 추정할까

■ 일사량의 변동성은 높지 않다

본 발전량 추정 절차는 사이트의 과거 수평면 일사량을 조사한다. 수평면 일사량은 강수량, 강수일수, 평균기온, 평균최고기온, 안개일수, 운량, 연무일수, 황사일수 등에 따라 영향을 받는다. 수평면 일사량은 국가별 기상청에서 제공하고, 유료로 제공하는 기관으로부터 입수 가능하다. 다음은 충남 모 지역의 2007년부터

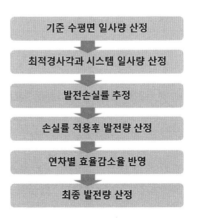

기준 수평면 일사량 산정

최적경사각과 시스템 일사량 산정

발전손실률 추정

손실률 적용후 발전량 산정

연차별 효율감소율 반영

최종 발전량 산정

2016년까지 기상청 관측자료를 통한 월평균일사량([MJ/m^2] 데이터이다.

(예시) 월평균 일사량

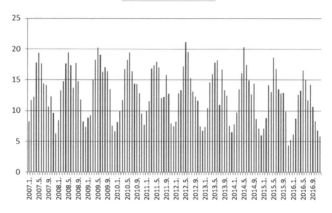

구분	2007	2008	2009	2010	2011	2012	2013	2014	2015	2016
일사량 [MJ/m^2]	4,697	5,004	5,126	4,858	4,839	4,829	4,626	4,523	4,184	3,957
	평균 4,664 / 최대 5,126 / 최소 3,957									

일사량은 일기에 따라 영향을 많이 받는다. 다만 과거 연도별 일사량 데이터는 다른 에너지원 풍력 수력 등에 비해 과거 수십년의 데이터가 확보가능하고, 사이트가 기상청 측점지역과 거리가 있어도 그 차이가 유의미하지 않다. 즉 투자시 일사량으로 인한 이슈발생가능성은 타 에너지원에 비해 현격히 낮은 편이다.

■ 경사각을 어떻게 설치해야 최대 효율이 생산될까

지구는 사계절에 따라 태양의 남중고도가 달라진다. 지구의 자전축이 공전축에 대해 23.5° 기울어져 있는 상태로 공전하기 때문에 태양의 적위 값은 매일 달라진다. 따라서 태양의 적위 변화에 의해 태양의 남중고도가 변하게 된다.

모듈의 설치방향과 설치 각도

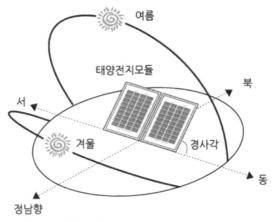

자료: 솔라센터 홈페이지 [31]

아래는 국내 지역별 적정 설치각도를 시뮬레이션 해본 분석자료로서, 대부분 정남향으로 태양광 모듈의 구조물을 고정시키고 구조물(태양광 모듈면)의 경사 각도는 위도에 따라서 다르나 대략 30~33도의 범위내에서 고정 유지시킬 때 효율이 극대화되는 것을 알 수 있다.

고정식은 오전 아침과 오후 저녁 무렵의 태양에너지를 받을 수 없고, 사계절 태양의 고도각이 구조물 경사각과 일치하지 않아 발전량이 떨어지는 단

연평균 최적 경사각(1982-2005 평균, 남향기준)

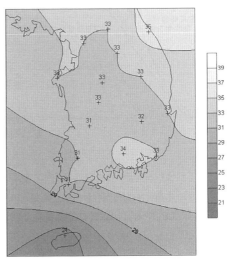

자료 : 전문가시스템을 이용한 태양 어레이의 최적설치 각도에 관한 연구, 유권종, (2007) [32]

점이 있다. 이러한 단점을 극복하기 위해 경사가변형, 단축식, 양축식 등이 있다.

- 경사 가변형 : 통상 일년에 두세차례 구조물 각도를 수동으로 변경시켜 발전량을 증대시키는 방식. 동절기 47~52°, 춘추절기 32~37°, 하절기 15~20° 로 변경하는 방식으로 고정형에 비해 대략 3~5% 이내 발전량 증대.

- 단축식 트랙커 : 해가 떠서 동에서 서로 해가 질때까지 트랙커를 통해 구조물도 동에서 서로 추적하는 방식. 고정형에 비해 대략 10% 정도 발전량 증대. 단점은 트랙커 장치의 구동 모터 고장이 발생하여 추적이 불가하여 발전량이 오히려 감소하는 경우가 생김. 설치비용이 고정식에 비해 높으나 발전량 증대효과가 더 클 때 적용

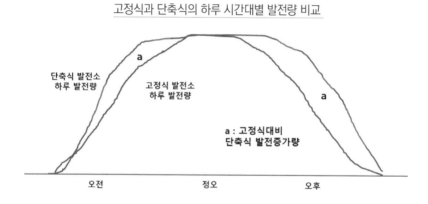

고정식과 단축식의 하루 시간대별 발전량 비교

- 양축식 트랙커 : 태양의 고도각에 맞추어서 동서, 남북으로 태양 이동에 따라서 추적하는 방식. 동서, 남북으로 움직이는 태양의 방향을 따라서 궤적을 추적하여 고정식에 비해 대략 15%정도 발전량 증대. 단축식같이 추적하는 축이 하나 더 있어서 전기사용량이나 고장 발생이 더 일어날 수가 있음.

■ 발전손실 요인은 다양하나 온도손실 영향이 가장 높다

태양광 발전소에서 생성되는 발전량은 각종 손실 요소로 인하여 입사 에너지보다 항상 낮으며, 각종 손실 요인별 손실 계수는 다음과 같다.

(예시) 태양광 주요 손실 요인

구 분	손실계수	비 고
Incidence Angle	-3.1%	태양광의 입사각에 따른 반사, 에너지 변화
Low Irradiance Performance	-3.7%	낮은 일사량 상태에서의 발전효율 저하
Temperature	-4.5%	기온에 따른 손실
Mismatch	-0.5%	모듈의 random connection에 따른 Loss
Inverter Loss	-2.0%	DC to AC 전환에 따른 발전량 손실
AC Wiring	-0.8%	모듈부터 인버터까지의 배전손실

일반적으로 손실 요소는 전기설비 배치 및 태양광 레이아웃에 따라 크게 달라지며, 일반적으로 가장 큰 손실 요인은 온도 손실이다.

(예시) 외기온도로 인한 손실

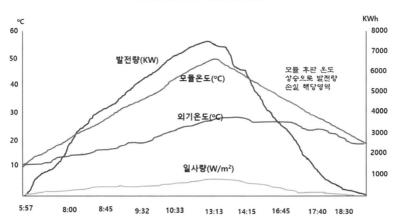

위 그림을 보면 외기온도는 7시경 12℃에서 15시경 30℃으로 가장 높다가 이후 낮아진다. 그리고 모듈어레이의 후판 온도를 측정해 본 결과 12시 반경 50℃까지 올라갔다가 내려간다. 외기온도에 비하면 최대온도는 20℃ 더 올라가는 것을 알 수 있다. 발전량은 일사량에 따라 완만히 상승하며 12시 반 최고치를 찍고 이후에는 급격하게 감소하는 것을 볼 수 있다. 이 그림을 보면 외기온도를 통한 온도손실이 얼마나 중요한지 알 수 있다. 따라서 유지보수과정에서 후판온도를 얼마나 잘 쿨링시키는 지가 중요하다.

태양광 발전사업 중요한 고려사항

■ 성능 보장(Performance Warranty)

발전량 추정 과정에서 보았듯이 태양광 발전량은 수평면 일사량을 기준으로 해서 최적경사각 및 단축식에 의한 효율증가분과 모듈온도에 의한 손실, 지형손실, 송전손실, 설비 노후화 및 기타 요인으로 인한 손실감소분에 의하여 산정된다.

따라서, 수평면 일사량 이외에 발전량에 영향을 미치는 상기 요인들의 효율 감소가 예측보다 클 경우 투자위험이 크게 발생한다. 따라서 적정효율 보증이 태양광발전사업에 매우 중요한 체크 항목이다. 태양광발전은 모듈, 인버터, 변압기 등 다양한 기자재를 거쳐 최종 발전량이 산정되므로, 개별 기자재의 개별 효율 보장으로 계약을 체결하는 것보다는 전체 기자재의 종합효율보장(연평균 발전시간/연평균 수평면 일사시간)을 기준으로 시공업체에게 보장을 받는게 유리하다.

통상 시공사(EPC업체)와 유지보수업체(시공사 또는 모듈업체)가 성능보증을 하는 데, 가장 단순한 성능보장 구조는 다음 예시와 같다.

시스템총합효율 보증(PR)	• 준공일로부터 [15] 년간 PR [82%] 보증 • (매년 0.5% 시스템 효율 저하 적용) • 분자 : 실제 발전량 • 분모 : ① 발전소 인근 Reference Cell(일사량 판독계) 약 6~7개소에서 측정 ② 측정된 값의 평균값의 90%를 벗어나는 수치 제외 후 (이상치 제외) 평 　균 일사량 산정하여 분모로 사용 ③ 만일 산정값이 외부검증표준치의 90%에 미달할 경우 검증 표준치 사용
보증효율 미달시 보상금	• 보상금 = (보증발전량 (=당해년도 보증효율 × 당해년도 일사량) − 실제발 전량) × oo원/kWh

　위 계약구조는 태양광설비의 종합효율(Performance Ratio : PR)을 82%로 보장하고, 매년 효율의 감소분을 최대 0.5%까지는 인정한다는 의미이다. 그리고 실제효율 계산 방법과 효율 미달시 보상금의 계산구조를 나타내고 있다. 가장 전형적이면서 이해가 단순한 구조의 예시이다.

　반면 다음 계약구조는 보다 정교하면서 복잡하게 되어 있다.

성능손해배상	• 실제 성능이 보증된 성능보다 낮은 경우, 시공사는 회사에게 다음과 같이 산 정된 확정손해배상액을 지급함: (부족한 에너지 수량 × 측정 기간 동안의 실 제 에너지 가격) + (두번째 시점의 완료 시점에 보증된 성능보다 낮은 성능에 대하여 매 0.1% PR 마다 oo원)
가동률 보증	• 운영개시 가동률 99.0% 보증 • Availability Ratio가 Guaranteed Availability 보다 적은 경우, O&M 제공 사는 실제 매출단가에서 Tax를 제외한 금액에 상응하는 확정손해배상액을 회사에게 지급하여야 함 • O&M 제공사의 귀책사유로 인하여 실제 측정된 연간 Availability가 Guaranteed Availability 보다 적은 경우, O&M 제공사는 그의 비용으로 모든 관리 조치를 취하여 Guaranteed Availability를 충족하도록 하여야 함

　실제 성능이 보증된 성능보다 낮은 경우, 시공사는 회사에게 다음과 같이 산정된 확정손해배상액을 지급함: (부족한 에너지 수량 × 측정 기간 동안의 실

제 에너지 가격) + (두번째 시점의 완료 시점에 보증된 성능보다 낮은 성능에 대하여 매 0.1% PR 마다 ㅇㅇ원)

6 풍력 발전
Wind Power

풍력 발전의 원리

태양에너지의 한 형태인 바람은 태양에 의한 대기의 불균일한 가열, 지구표면의 불규칙성, 지구의 자전과 공전으로 인하여 발생한다. 풍력에너지는 바람을 이용하여 전기를 생산하는 과정으로, 풍력터빈은 바람의 운동에너지를 기계적인 동력으로 변환한다. 바람이 블레이드(회전자)에 전달하는 에너지의 크기는 공기의 밀도, 회전날개의 면적, 바람의 속도에 의존한다.

- 공기밀도 : 움직이는 물체의 운동에너지는 그 물체의 질량에 비례한다. 바람에서의 운동에너지는 공기의 밀도, 즉 단위체적당 질량에 의존한다. 즉 무거운 공기는 터빈이 더 많은 에너지를 획득하게 한다. 대기압 15°C에서의 공기밀도는 1,225kg/m^3 으로, 습도가 증가함에 따라 약간 감소한다. 또 공기는 온도가 낮을 때가 높을 때보다 밀도가 크다. 산에서와 같이 고도가 높을 때, 공기의 압력은 낮아지며 따라서 밀도도 낮아진다.

- 회전날개 면적 : 일반적으로 1MW급 풍력터빈에서 회전날개의 길이는 약 40~50m, 면적은 약 2,000m²이다. 회전날개 면적은 풍력터빈이 바람으로부터 얼마나 많은 에너지를 획득할 수 있는지를 결정한다. 면적은 블레이드 직경의 제곱에 따라 증가하기 때문에 터빈의 직경이 2배 증가하면 그에 따라 4배의 에너지를 더 획득할 수 있다.

- 바람의 속도 : 풍력터빈의 전기를 변환할 수 있는 에너지양에 관련해서 가장 중요하다. 바람이 포함하는 에너지는 평균 풍속의 세제곱에 따라 변한다.

이를 정리하면 풍력에너지는 공기의 밀도 비례, 회전날개면적 제곱에 비례, 풍속에 세제곱 비례한다.

$$P = \frac{1}{2}\rho V^3 \pi r^2$$

P : 바람의 동력 [W], ρ : 공기의 밀도 1.225 [kg/m³] (해표면에서의 대기압, 15 ℃)
V : 바람의 속도 [m/s], r : 회전자의 반경 [m]

풍력 발전 시스템 (Geared Type)

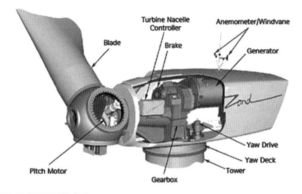

자료:에너지관리공단, [29]

풍력발전시스템은 회전날개(Blade)를 포함한 로터(Rotor), 각종 기계 및 전기장치를 탑재시킨 나셀(Nacelle), 상부 중량물을 지상으로부터 받쳐주는 타워 크게 3가지로 구성되어 있다. 세부적으로는 바람의 운동에너지를 기계적 회전력으로 변환하는 회전날개(Blade), 입력된 에너지를 증폭시키는 기어박스(Gearbox), 기계적 회전력을 전기에너지로 변환하는 발전기(Generator), 직류전기를 교류전기로 변환하는 전력변환장치(Inverter), 날개의 각도를 조절하는 피치시스템(Pitch), 날개를 바람방향에 맞추기 위하여 나셀을 회전시켜 주는 요잉 시스템(Yawing System) 등으로 구성된다.

■ 회전축방향에 따른 구분

수직축은 바람의 방향과 관계없이 사막이나 평원에 많이 설치하여 이용이 가능하지만 소재가 비싸고 수평축 풍차에 비해 효율이 떨어지는 단점이 있다. 수평축은 간단한 구조로 이루어져 있어 설치하기 편리하나 바람의 방향에 영향을 받는다. 중대형급 이상은 수평축을 사용하고, 소형은 수직축도 사용하고 있다.

| 수직축 발전기 | 수평축 발전기 |

자료: 에너지관리공단, [29]

■ 운전방식 따른 구분

기어드 방식(Geared type)의 기어는 저속축과 고속축을 연결하며, 블레이드 회전속도인 30~60rpm으로부터 대부분의 발전기가 전기를 생산하는 회전속도인 1,200~1,500rpm까지 증속시킨다. 기어박스는 풍력 터빈시스템 가격중에 고가이며 무거운 부품중의 하나이다. 반면 기어리스 방식(Gearless type)는 다극형 동기기를 사용하여 발전기 회전자의 회전속도가 블레이드 속도와 같이 수십 rpm 이내로 천천히 돌아가도 충분히 사용가능한 전압과 주파수가 발생되도록 설계되어 있다. 기어드 방식에 비해 마모가 적고 운전효율도 높은 것으로 알려져 있다.

■ 풍력터빈 제조업체

2019년 기준 풍력터빈 제조업체 1위는 Vestas로서 글로벌 플레이어다. GE는 상위 업체지만 미국내 설치 비중이 높고, 지멘스는 스페인 Gamesa를 인수하며 상위에 랭크되어 있다. 유럽 업체가 대부분을 보이고, 최근은 중국업체 Goldwind, Ming Yang, Dongfang 등이 중국내 급격한 풍력설치로 Top 10에 다수 진입했다.

Top 10 글로벌 육상풍력 터빈 제조업체(2019)(GW)

Gigawatts

Vestas	9.60
Goldwind	7.64
GE	6.98
Siemens Gamesa	5.49
Envision	5.11
Ming Yang	3.94
Windey	2.06
Nordex	1.96
Dongfang	1.42
Enercon	1.37

■ EMEA
■ AMER
■ APAC

자료:BloombergNEF, 기사 재인용 (2019년 설치완료된 용량은 53.2GW) [33]

풍력발전 사업은 입지, 인허가 등 개발절차에 대한 이해 중요

　　풍력발전 구조물은 높이 약 100미터, 블레이드 길이가 약 50m되는 큰 구조물이고 구조물과 구조물간 반지름의 2~3배 이격이 보통이므로, 방대한 대지가 요구된다. 또한 좋은 풍황을 위해 산악지역에 설치가 불가피하기 때문에 인허가, 민원 등 해결이 그 어느 재생에너지원에 비해 큰 현안이다. 따라서 투자를 위해 사업개발자의 풍력발전 개발절차에 대한 이해도가 필수적이다. 아래는 국내를 기준으로, 한국풍력산업협회(www.kweia.or.kr)에서 제공한 절차자료다. [34]

■ 입지검토

　　풍력단지로서 적정한 입지인지 검토가 최우선적으로 필요하다.

- 풍황자원 및 기상 조건 검토 : 풍속, 풍향, 기상 등
- 입지 조건 검토 : 환경, 산림, 문화재, 주민수용성 등
- 계통연계검토 : 변전소 잔여 용량 확인 / 송전선로 검토 등
- 군 작전성 검토(국방부)

■ 풍황자원 조사

　　장래 사업성의 토대인 풍황자원의 신뢰도 높은 조사가 중요하다. 풍력에너지는 공기밀도와 풍속에 비례한다. 따라서 풍황조사에 조사된 풍력에너지가 풍력발전 타당성의 핵심중에 핵심이다. 풍황자원을 조사하기 위해서는 태양광과 달리 실제 대상 개발지역에 풍황계측기를 설치해서 측정을 해야 한다. 풍황계측기를 통해 풍속, 풍향 등에 대한 데이터를 수집한다. Quality있는 풍황 데이터 확보

가 핵심이다.

따라서 점검사항은 (i) 최소한 풍력발전기의 허브높이의 2/3이상 높이에서 측정되어야 한다. 예를 들어 중심높이(허브높이)가 90M이면 풍력계측기는 최소 60M이상에서 측정되어야 한다. 이유는 측정한 데이터를 허브높이인 90M로 외삽(Extrapolation)해서 최종 풍황을 결정하는데, 높이 차이가 날수록 불확실성이 높아진다. (ii) 측정기간은 최소한 4계절이 반영된 1년이상이고, 3년정도 측정된 사이트면 실무적으로 신뢰도가 매우 높게 간주된다. (발전사업 세부허가기준에 관한 최근의 개정 고시(산업통상자원부 고시 제2018-160호) 에 따라 풍력발전을 계획하고 있는 사업자는 1년간의 풍황자료를 확보하여야만 발전사업 허가를 신청할 수 있게 되었다) (iii) 측정데이터는 최소 10분간격 데이터여야 한다. 측정된 풍속, 풍향 등은 생각보다 지속시간이 짧다. 특히 유럽처럼 균질한 밀도의 꾸준한 풍향에서 불어오는 바람이 아닌 돌풍성 국내 풍황에서는 1시간 데이타라면 평균 풍향, 평균 풍속은 변동성이 너무 많이 반영되어 있다. 따라서 1분 데이터가 더 좋겠지만, 최소 10분정도는 확보되어야 한다.

- 토지소유주 협의 : 국공유지 / 사유지 확인
- 풍황계측기 설치 및 자원 측정(1년 이상)

■ 마이크로사이팅

주기기 최적 배치 설계(마이크로사이팅, Micrositing)는 인허가와 토지확보, 계통연계용량 등에 따라 이루어진다. 다만 현실은 토지확보의 어려움, 최종 터빈 사양에 따라 변화가 있을 수 있고, 현실은 인근에 지하 동굴, 천연기념물 서식지 등에 따라 이격거리를 감안해서 마이크로사이팅을 해야한다. 결국에는 이런 저런 이유로 최적배치가 되지 못하는 것이 현실이다.

■ 인허가

풍력발전단지는 넓은 토지가 요구되고, 좋은 풍황을 쫓다 보면 산림을 훼손하게 되고, 소음이나 그림자로 인한 민원 등이 따라다닌다. 따라서 관련된 인허가를 꼼꼼하게 준비하고 확인해야 한다.

- 발전사업허가 : 3,000kW 이하는 시·도지사 승인(지자체 신청 및 허가), 3,000kW 이상은 산업통상자원부 승인(전기위원회 신청 및 허가), 반드시 풍황계측기 설치 및 1년 이상 측정 자료 필요하고 주민의견 수렴절차 필수
- 계통연계 신청 : 한전으로부터 송전용 전기설비 이용 신청 및 계약 체결
- 개발행위허가 : 지방자치단체 유관부서 및 관계기관 협의
- 환경영향평가(환경부) : 소규모환경영향평가, 전략환경영향평가 (도시군개발계획), 환경영향평가(100MW 이상, 사업면적 30만㎡ 이상)로 나뉨. 백두대간 포함여부, 생태자연도 등급 검토가 이루어짐
- 산지관리법 및 국유림의 경영 및 관리에 관한 법률에 따른 부지 이용 협의(산림청)

■ 발전단지 건설

Blade는 워낙 길고, Nacelle은 중량이 커서 이동 및 설치를 위해 없던 길, 다리도 만들어야 하는 경우도 있다.

- 발전기 설치 및 진입, 관리도로 개설
- 송전선로 및 변전소 건설
- 준공검사 (발전단지 준공검사(지자체), 전기설비사용전검사(한국전기안전공사), REC신청을 위한 설비설치 확인(한국에너지공단))

발전량은 어떻게 추정할까

일반적으로 풍력사업의 발전량 추정 절차는 다음과 같다.

측정된 풍황자료 분석통해 주풍향에 따라 배치계획을 정한다

(예시) 풍황자원 조사 결과

구분	측정 결과
측정 높이	60 m
실측 높이 평균 풍속	5.80 m/sec
평균 풍력에너지 밀도	223.1 W/m²
주 풍향 (평균풍속/빈도)	WNW (7.39 m/sec) W (25.8%)

위 예시처럼 풍황자원을 통해 다양한 풍황 특성을 알 수 있다. 해석을 하면 풍향 자료를 분석한 결과 서풍(25.8%)이 주풍향을 이루고 있고, 방위별 풍속 또한 가장 강한 바람은 서북서풍(7.39m/sec)으로 풍향과 마찬가지로 주로 서풍 계열의 풍속이 우월한 것으로 나타난다. 오른쪽 그림은 이를 시각적으로 표시한 그림이다. 여기서 풍속 빈도를 통해 주풍향을 파악하고 이를 토대로 발전소 배치계획을 하게 된다. 사례에서는 주풍향인 서풍을 바라보면 발전기를 일렬로 배치하는 것이 최선임을 알 수 있다.

적용 풍력터빈의 성능곡선을 반영하여 발전량을 산정한다

(예시) 풍력터빈 성능 및 출력곡선

Wind Turbine Class	II-A
Hub 높이	100m
Rotor 반지름	110m
출력	2.0 MW
Frequency	60Hz
Cut-in 풍속	3m/s
Cut-out 풍속	25m/s

위 예시된 풍력터빈의 사양을 해석하면 Turbine Class 의미는 IEC (International Electrotechnical Commission)에서 사이트의 풍속, 극단적 돌풍 및 난기류와 같은 세 가지를 고려하여 풍력 터빈의 등급을 설정한다. 바람이 강한 장소와 약한 장소의 블레이드는 성능을 최적화하기 위해 서로 다른 디자인을 갖는데, 예를 들어, 약한 풍속 지역 Class III의 터빈은 주어진 정격 출력에서 Class II 지역의 유사한 터빈처럼 에너지를 얻기 위해서는 더 큰 Rotor가 필요하므로, 그렇게 풍질에 맞춰 설계한다.

오른쪽 출력곡선(Power Curve)를 보면 바람이 불어 3m/s에 도달해야 비로서 Cut-in 되어 발전을 시작한다. 그리고 풍속이 5~10 m/s의 구간에서 그래프는 가파르게 상승하다 약 12~13m/s에 도달하면 정격출력인 2.0MW이 나오고 그 이상의 풍속이 불어도 출력은 일정하다. 그리고 25 m/s을 넘어가면 Cut-out 되어 발전을 중단한다. 앞서 설명한 것처럼 풍력에너지는 공기밀도와 풍속에 비례하므로, 풍속이 커지면 계속해서 발전량이 커져야 하나, 터빈의 안전을 위해 Cut-out 하게 된다. 여기서 우리가 꼭 기억해야 할 것은, 바람이 아주 강하다고 발전량이 커지는 것은 아니라는 점, 즉 12 m/s를 넘으면 무차별함을 알 수 있고, 5~10 m/s의 구간은 작은 풍속의 변화에도 발전량은 크게 변화한다는 것을 알 수 있다. 앞선 사례에서 서북서풍으로 평균풍속이 7.39m/s 라고 조사되었으니, 약 600 kW 구간의 성능이 나오겠다는 것을 알 수 있다. 발전량은 조사된 풍황자원을 제시된 풍력터빈의 성능곡선에 반영하면 연간 발전량이 산정된다.

■ 기자재 성능, 배치 계획에 따라 발전손실이 발생한다

기자재의 가동률이나 송전에 따른 전력손실, 풍력단지의 기후상황이나, 특히 겨울에는 Icing 등에 의해 가동정지 되는 경우 등을 감안해서 발전 손실을 산정한다.

(예시) 풍력발전 전력손실

구분	손실계수
후류 손실	95.7%
가동률	97.1%
전력 손실	98.2%
터빈 성능	98.2%
환경손실	97.4%
종합손실	87.3%

앞서 태양광발전에서는 외기온도손실이 가장 영향이 컸다면 풍력발전에서는 후류손실이 가장 중대하다. 후류손실은 여러대의 풍력발전단지에서 풍력단지에서 서로 인근에 위치하는 풍력발전기로부터 발생하는 후류(Wake)의 영향으로 발생하는 발전량 감소율을 의미한다.

<h2 style="text-align:center">(예시) 후류손실</h2>

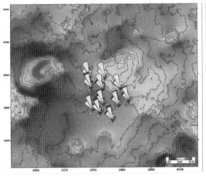
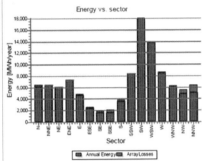

위 예시로 든 그림에서 왼쪽을 보면, 주풍향이 북북서임에도 풍력단지 배치는 일렬이 아닌 동그랗게 몰려 있다. 앞서 설명한 것처럼 최적배치가 되지 않는 이유는 토지확보의 어려움, 인허가에 의해 이격 등으로, 이렇게 최적이 아닌 마이크로사이팅이 되는 경우가 빈번하다. 이때 북북서 바람이 가장 앞 터빈을 거치고 나와 뒤에 위치한 터빈을 만날 때는 풍속이 감속되거나, 방향이 굴절되어 예상보다 작은 발전량이 나오게 되고, 이것이 바로 후류손실이다. 오른쪽 그래프는 방위별로 후류손실의 양을 보여준다.

■ 확률적 발전량을 제시한다

풍황데이타와 출력곡선을 통해 총발전량을 산정하고, 전력손실을 반영해서 최종순발전량이 나온다. 여기에 풍속 측정 기기의 오차가 발생하거나, 풍속 자원 측정을 위해 설치한 풍력계측기 결과가 불확도가 있거나, 풍속 측정 지점과 실제 발전 지점간 고도 및 위치차이에 따라 불확도가 있거나 등을 종합적으로 반영하여 풍력발전단지의 확률적 발전량을 산정한다.

(예시) 추정 확률적 발전량

초과 확률	발전량
95%	90,000 MWh/y
90%	102,000 MWh/y
75%	113,000 MWh/y
50%	125,000 MWh/y

풍력 발전사업 중요한 고려사항

■ 풍력 발전량의 변동성

Fitch Ratings(2019)의 "Renewables Performance Review : Solar Outperforming Wind"은 세계 각지역에 분포한 태양광 및 풍력발전 사업별로 운영실적을 검토해 본 결과 태양광의 발전량은 당초 전망치와 비교해도 좋은 실적을 보였고, 반면 풍력은 상대적으로 전망치에 비해 낮은 실적을 보였다고 한다.

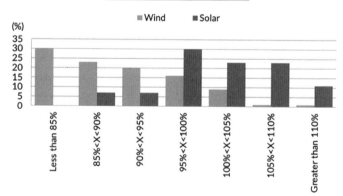

태양광 및 풍력의 발전량 변동성

자료 : Fitch Ratings[35]

주된 원인으로 제시된 사항은 태양광사업의 운영위험 감소, 발전성능의 개선 및 일사량변동성 감소 등을 제시하고 있다. 그렇다면 풍력사업은 세계 각 지역에서 예측치와 실적치의 차이가 발생할까?

가장 큰 원인은 풍력 터빈의 출력곡선의 특징 등에 기인한다. 앞에서 설명했지만, 다음 예시된 출력곡선을 보면 풍속 0m/s에서 25m/s까지 직선으로 발전량이 증가하는 것이 아니고, 3~12 m/s 사이에 가파르게 증가하는 특징을 보인다.

아래 표는 국내에서 운영중인 풍력발전단지의 풍황조사 현황자료다.

구분	1	2	3	4	5	6	7	8	9
위치	경북	강원	경북	경남	제주	강원	강원	전남	전남
용량(MW)	17	26	59	19	3	18	3.3	20	63
측정기간(월)	21	27	35	40	12	19	16	12	12
측정높이(m)	80	80	60	40	80	60	60	50	60
평균풍속(m/s)	7.3	7.4	6.5	5.5	7.5	6.4	6.6	5.6	6.2

지역별로 풍황의 차이는 있지만 대체적으로 계측기 높이에서의 평균 풍속은 최소 5.5m/s에서 최대 7.5m/s로 측정되었다 차이를 보면 약 1.36배에 달한다.

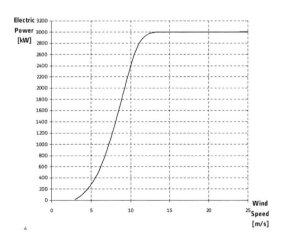

반면 위 출력곡선에 대입해서(눈대중으로) 발전량을 산정하면 최소 400 kW에서 최대 1,300kW로 약 3.25배로 풍황의 배수에 비해 월등히 높게 나타난다. 즉, 풍황자원의 조사의 작은 오차 또는 오류가 발전량에 가면 2.4배(=3.25/1.36) 정도의 차이를 만들고 있다는 것을 알 수 있다.

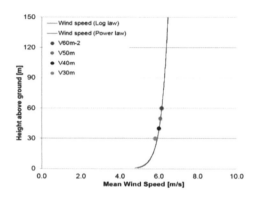

더 나아가 일부는 풍력발전기의 허브높이 80~100m에서 측정되었지만 대부분은 미치지 못하는 40~60m에서 측정된 것을 알 수 있다. 이를 허브높이인 100m 수준으로 외삽(Extrapolation) 하는 과정에서도 상당한 오차의 발생여지가 높다. 그림처럼 30m, 40m, 50m, 60m 각각의 측정치를 통해 100m의 풍속을 예측한다. 따라서 풍황계측기의 측정 높이가 높을수록 100m의 예측치 오차가 작아진다. 여기에서 작은 풍속 오차가 발전량에 커다란 차이를 줄 수 있다.

마지막으로 넓은 풍력단지에서 일반적으로 풍황계측기는 하나 또는 둘 정도 설치한다. 생각보다 계측기의 설치 범위가 넓어 많은 비용이 요구된다. 만일 사이트가 지장물이 거의 없고 해발고도가 일정한 지역에 건설하는 경우는 크게 문제가 없으나, 산악지역에 설치하는 경우는 해발높이가 서로 다르고, 산의 어느 쪽에 위치하느냐에 따라 풍질 차이가 큰 경우도 빈번하게 있다.

예시를 든 배치도를 보면 풍황측정지에서 발전소 설치는 이격이 수킬로미터 떨어져 있다. 당연히 고도도 다르고, 지장물 컨디션도 상이하다. 이경우 풍황

측정치에서 측정한 풍속 등을 통해 개별풍력발전호기의 평균풍속을 추정한다. 아래 표를 보면 각 호기마다 6.5 m/s에서 7.5 m/s으로 예측됨을 알 수 있다. 결국 이런 추정과정 역시 오차가 생기면 발전량에 커다란 차이를 줄 수 있다.

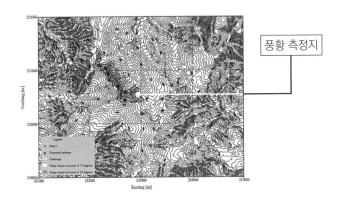

구분	#1	#2	#3	#4	#5	#6	#7	#8
평균풍속(m/s)	7.4	7.4	7.5	6.5	6.8	6.7	7.0	6.5

종합적으로 태양광은 인근 기상청의 수십년 데이터 확보가 용이하고, 근거리에서는 일사량의 차이가 작고, 발전량이 일사량과 비례하여 증가되는 반면, 풍력은 데이터 확보의 불확실도가 내재되어 있고, 발전량이 풍속에 가속 비례하는 구간이 있다는 점에서 풍력사이트의 발전량이 예측치와 차이가 날 수 있는 가능성이 높다는 것을 알 수 있다. 따라서 사이트 검토시 확률적 발전량의 P75, P90으로 민감도 분석을 통해 확인해 볼 필요가 있다.

■ 출력 성능 보증과 가용률 보증

성능은 앞선 터빈업체가 제시한 출력곡선을 토대로 성능 보증을 받게 된다.

즉 터빈공급계약서(Turbine Supply Agreement)에 명시되어 있다. 또한 가용률은 풍력터빈이 바람이 불면 발전할 준비가 되어 있는 것을 의미한다. 고장이나 유지보수를 위해 블레이드가 멈춰있는 시간을 제외한 준비가 되어 있는 시간을 가동률이라 한다. 이는 유지보수를 얼마나 잘 하느냐가 중요하므로 유지보수계약(O&M Agreement, 기자재업체마다 다른 이름을 사용)에 명시되어 있다.

다음은 풍력발전의 실적을 보여주는 그림으로, 첫번째는 이용률(Capacity Factor)를 의미한다. 이는 풍황과 성능의 복합적 결과수치다.

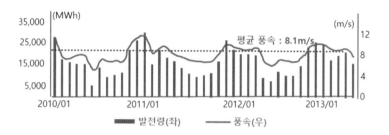

두번째는 가용률(Availability Factor)를 의미한다. 중간중간 유지보수나 고장으로 발전을 중단한 시간이 보인다.

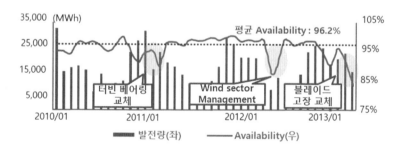

통상 터빈 공급사와 유지보수업체가 제시하는 보증 구조 예시는 다음과 같다.

출력성능 보증	• 도급인은 성능보증시험을 위하여 인수한 사업설비 중 1개 호기를 대표호기로 선정하고, 수급인은 해당 호기의 발전설비 인수일 이후부터 1년간의 기간을 성능시험기간으로 하여, 측정출력곡선(Measured Power Curve)을 작성하여 제출하도록 함. 또한 성능시험시 풍황계측설비를 이용하여 획득한 1년간의 풍황데이터를 표준풍황자료라 함. 출력성능보증은 수급인이 제시한 보증출력곡선(Guaranteed Power Curve)과 표준풍황자료를 바탕으로 산출된 보증 연간 전력생산량(Guaranteed AEP)과 측정출력곡선 및 표준풍황자료를 토대로 산정된 측정 연간 전력생산량(Measured AEP)을 상호 비교하여 단위호기의 연간 전력생산량을 보증토록 함. 대표호기로부터 산정된 연간전력생산량은 예외 없이 수급인이 공급하는 전체 사업설비에 대하여 동일한 것으로 적용함. • 성능시험에 의해 작성된 측정출력곡선과 표준풍황자료에 의해 계산된 측정 연간 전력생산량과 보증 연간 전력생산량을 비교하여 하기의 식이 만족할 경우 성능보증이 이루어진 것으로 함. $$[0.95] \leq \text{Measured AEP} / \text{Guaranteed AEP}$$ • 전항에 기술된 성능보증조건을 만족하지 못할 경우에 성능보증은 이루어지지 않은 것으로 간주하며, 성능보증 미달에 대한 보상금은 하기의 식에 의하여 계산함 출력성능보증 미달 보상금(KRW, MWh) = [([0.95]) x Guaranteed AEP − Measured AEP] x 호기수(N) x 배상단가(oo원/MWh)
가용률 보증	• 하자보증기간 중 단지 설비가용률 97% 이상을 유지 • 배상금: 연간에너지 생산량 손실분(kWh) x 배상단가

풍력발전기의 내용연수

유럽은 풍력발전의 역사 20여년이 넘는 사이트가 많아, 2020년에서 2030년 사이에 대다수가 수명을 다할 것으로 보고 있다. 국내는 2000년대초에 처음으로 설치되고, 대부분 2010년 이후 설치되었다.

최근 운영중인 풍력발전소를 인수할 때 내용연수를 얼마나 보고 추정할 것인지 현안이 되고 있다. 물론 기자재업체가 보증하는 기간이 있다. 25년 또는 30년 이렇게 봐도 무리 없다. 그러나 최근은 Life Extension을 통해 장기간 기자재 수명을 보다 길게 가정하고 현금흐름을 추정하는 분위기에 직면했다.

Repowering은 발전소를 해체하고 새로운 풍력터빈을 설치하는 것을 의미하고, Lifetime Extension은 기존 풍력 터빈의 일부 구성요소를 업그레이드하는 수준을 의미한다. 즉 발전단지의 전체 레이아웃은 변경하지 않은 상태로 유지하고(hub height, siting, size), 오로지 초기 장비 대신 새로운 기술이 설치되거나 부품이 교체되는 수준을 의미한다.[36]

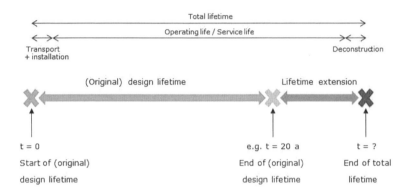

기술적으로는 내용연수 연장을 고려하기에 앞서 다음 항목을 병행해서 분석할 필요가 있다.

- 정부지원의 종료
- 건축물 허가의 종류(Building permit)
- 토지 리스기간의 종료
- 유지보수계약의 종료

정부지원이 종료되고 Merchant 시장에서 거래해서 유지하는 게 유리한지, 아니면 Repowering 후 정부지원을 갱신할 것인지를 결정해야 한다. 그리고 건축물과 토지리스기간의 종료는 Life extension과 Repowering 가정을 가로 막는 중대한 항목이다. 만일 50년 이상 받아 뒀으면 문제없다. 유지보수계약은 갱신에 무리가 없으므로 큰 문제없다.

따라서 분석기간을 설계수명을 토대로 획일적으로 정하기 보다는 약 20년 이후 추가 Capex 지출과 더불어 Lifetime extension을 고려하는 것도 필요한 시점에 왔다.

7 해상풍력 발전
Offshore Wind Power

해상풍력 발전 단지

　해상풍력 발전단지는 크게 풍력발전기, 해상송전설비 및 육상송전설비로 구분되며, 풍력발전기는 다시 Rotor와 Nacelle Assembly, 타워 및 해상구조물로 구성된다. 일반적으로 육상풍력은 송변전설비에 직접 접속하는 반면, 해상풍력은 별도 해상변전소와 지상변전소를 동시에 건설하는 경우가 많다. 해상송전설비는 생산된 전력을 승압하여 육상으로 송전하기 위한 해상변전소(Offshore Substation)와 송전케이블(Export Cable)로 구성되며, 단거리는 교류전원(AC, Alternative Current)으로 송전하는 반면 장거리는 HVDC(High Voltage Direct Current) 케이블을 통해 직류전원으로 송전하는 것이 일반적이다. 지상변전소는 다시 주전력망에 연결하기 위한 승압설비와 송전케이블로 구성되어 있다.

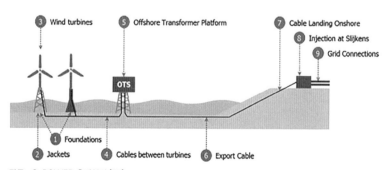

자료 : C-POWER 홈페이지 [37]

글로벌 해상풍력 트렌드 (2020년 기준)

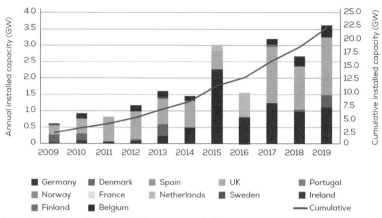

Source: WindEurope, 2019 annual offshore statistics [38]

유럽은 2019년말 기준 누적 설치용량이 22,072MW에 이른다. 현재 110개의 풍력단지가 유럽 12개국에서 운영중에 있고. 터빈의 수는 5,047개에 이른다.

■ 터빈업체의 과점화

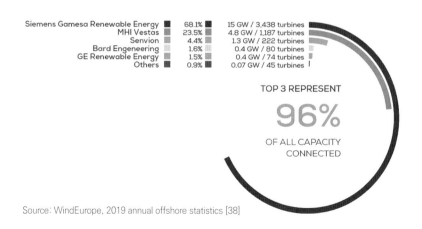

Source: WindEurope, 2019 annual offshore statistics [38]

해상풍력발전기 터빈 시장은 2019년말 설치용량기준 Siemens가 68.1% 로 터빈 제조시장의 1위를 점유하고 있으며, MHI Vestas Offshore Wind 23.5% 그 뒤를 차지하고 있다. 해상풍력에서는 Siemens의 시장점유율이 압도적이다.

■ 터빈의 대형화

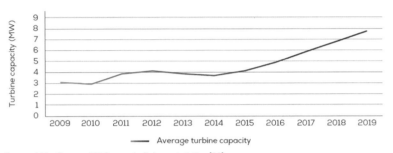

연도별 평균 신규 설치 해상풍력 터빈 용량 (MW)

Source: WindEurope, 2019 annual offshore statistics [38]

1991년 이후, 적용기술의 발전에 따라 터빈 및 타워의 대형화가 급속히 진전 되었다. 2010년까지 3MW급에 머물던 터빈 용량은 큰 폭으로 대형화되면서 2019 년말 7MW를 넘고 있다. 곧 15MW까지 대형화를 전망하고 있다.

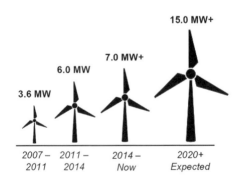

우리나라의 해상풍력 발전

국내에서 운영에 들어간 해상풍력 단지는 2016년 탐라해상풍력(30MW), 2018년 영광해상풍력(34.5MW), 2020년 서남해해상풍력 실증단지(60MW), 2023년 한림해상풍력(100MW)가 있다.

실제 보급된 해상풍력의 실적이 부진한데 반해, 해상풍력을 개발하고자 발전사업허가를 받은 사업의 용량은 2022년 12월 기준 20,811.68MW로 2030년 12GW의 목표치를 크게 웃돈다. 발전사업허가는 전기사업법에 따라 예비사업자가 발전사업자의 지위를 갖도록 허가하는 것으로, 해상풍력사업을 하기 위한 가장 핵심적이며 기초가 되는 허가이다.

국내 해상풍력 보급 현황과 발전사업허가 취득 현황 사이에 커다란 괴리가 생기는 이유는, 발전사업허가를 취득했다 하더라도 해상풍력 발전사업이 실제로 운영되기까지 그 전후로 수많은 인허가를 받아야 하기 때문이다.

■ 인허가 절차

우리나라는 해상풍력 개발 과정에 맞는 개발법(통합법)이 따로 없어 인허가가 개별법에 의하여 여러 인허가권자에 나누어져 있다. 특히 입지를 위한 인허가의 관련 법률과 인허가권자가 다양해, 사업을 하고자 하는 입지와 관련된 인허가를 여러 행정기관과 개별적으로 진행해야 한다. 다음표는 개별법으로 해상풍력 사업을 진행할 시 주로 거쳐야 하는 인허가 목록으로, 해상풍력 인허가별 근거법 및 인허가권자를 나열한 것이다. 해상풍력 주요 인허가는 전기사업을 위한 인허가와 발전시설 입지 및 개발을 위한 인허가로 구분된다. 사업별 해상풍력 인허가는 사업대상지의 입지 특성, 개발과정에서의 추가 필요 절차 등에 따라 늘어날 수 있다. 가령, 해상풍력 개발 과정에서 풍황계측기 설치 또는 발전시설 설치를 위한 사유 외 지질시추조사 등 설계에 필요한 기타 사항을 위해 공유수면점·사용허가를 받는 경우가 있다. 이럴 경우, 허가 신청 때마다 관련 개별법 협의를 완료해야 하는 등 실제 사업 추진 과정에서는 더욱 많은 인허가가 필요하다.

해상풍력 주요 인허가 및 인허가권자

번호	절차	관할부처	근거법	인허가권자*
			사전타당성 검토 및 사전 준비	
1	풍황계측기 설치를 위한 공유수면점·사용허가	해양수산부	공유수면법 제8조	·중앙부처: 배타적 경제수역, 국가관리항 ·지방자치단체: 그외 공유수면
2	점·사용 실시계획의 승인		공유수면법 제17조	
3	준공검사		공유수면법 제18조	
			전기사업허가	
4	발전사업허가	산업통상자원부	전기사업법 제7조	·중앙부처: 3MW 초과 발전사업설비 ·지방자치단체: 3MW 이하 발전사업설비
5	송·배전용전기설비 이용신청		전기사업법 제15조	·중앙부처: 1MW 이상 ·지방자치단체: 1MW 이하
			입지 및 개발 협의 · 여기에서의 인허가권자는 협의권자를 지칭함	
6	해역이용협의 및 해역이용영향평가	해양수산부	해양환경관리법 제84조, 제85조	·중앙부처: 해역이용협의(50MW 미만), 해역이용영향평가(50MW~100MW)
7	환경영향평가	환경부	환경영향평가법 제22조, 제42조	·중앙부처: 100MW 이상
8	전파영향평가	국방부	군사기지법 제13조	·관계 행정기관의 장, 국방부장관 또는 관할부대장 등
9	재해영향평가	행정안전부	자연재해대책법 제4조	·관계 행정기관의 장, 지방자치단체 장
10	문화재지표조사	문화재청	매장문화재법 제6조	·중앙부처
11	해상교통안전진단	해양수산부	해사안전법 제15조	·중앙부처
			입지 및 개발 인허가	
	개발행위허가	국토교통부	국토계획법 제56조	·지방자치단체
12			개발행위허가 의제(19개 법률) 공유수면법, 광업법, 농어촌정비법, 농지법, 도로법, 장사업, 사도법, 사방사업법, 산업집적법, 산지관리법, 소하천정비법, 수도법, 연안관리법, 체육시설법, 초지법, 공간정보관리법, 하수도법, 하천법, 공원녹지법	
13	발전단지를 위한 공유수면점·사용허가	해양수산부	공유수면법 제8조	·중앙부처: 배타적경제수역, 국가관리 ·지방자치단체: 그 외 공유수면
14	점·사용 실시계획의 승인		공유수면법 제17조	
15	준공검사		공유수면법 제18조	

자료: 기후솔루션, 2022, 해상풍력 인허가 문제점과 개선방안 [39]

해상풍력 입찰이 당겨 온 Merchant exposure

이렇게 대형화가 되면서 리스크로 자리잡는 것이 과다한 입찰경쟁으로 이어진 2017년 이후에는 유럽 해상풍력은 "정부지원없는"(이하 "subsidy-free") 구조가 다수 출현하고 있다. 2019년에 유럽에서 행해진 입찰 결과 자료다.

2019년 유럽 Offshore Wind Auction 결과

국가	풍력단지	용량 (MW)	Strike price (€/MWh)	제도	낙찰자	운영 개시
네덜란드	Holland Kust Zuid 3&4	760	–	Zero subsidy	Vattenfall	2023
프랑스	Dunkirk	60	44	FiP	EDF, Innogy and Enbridge	2026
영국	Sofia	1400	44.99	CfD	Innogy	2024
	Seagreen Phase 1–Alpha	454	47.21	CfD	SSE Renewable	2025
	Forthwind	12	44.99	CfD	2–B Energy	2024
	Donggerbank Teeside A	1200	47.21	CfD	SSE Renewable & Equinor	2025
	Donggerbank Creyke Beck A	1200	44.99	CfD	SSE Renewable & Equinor	2024
	Donggerbank Creyke Beck B	1200	47.21	CfD	SSE Renewable & Equinor	2025

Source: WindEurope, 2019 annual offshore statistics [38]

2019년에 대용량 입찰이 여러건 있었다. 영국의 Round 3로 행해진 5.5GW 의 입찰이었는데, 낙찰평균가격이 £40.63/MWh (€46.16/MWh)이었다. 프랑스 는 FiT에서 처음으로 해상풍력에 대한 입찰로 변경해서 실시했다. 낙찰자는 EDF Renewables, Innogy (RWE) 등의 컨소시엄이었고, 낙찰가는 €44/MWh이었다. 네덜란드는 북해의 Hollandse Kust 3&4 입찰을 실시했다. 5개 컨소시엄이 경합 을 펼쳤는데 낙찰자는 Vattenfall이 Zero Subsidy로 받았다.

첫 발원지는 독일의 해상풍력발전이었다. 독일은 해상풍력발전 15GW설치를 목표로 2017~2018년에 3.1GW의 입찰을 진행하였다. 낙찰결과는 놀랍게도 가격 이 평균 2.63 cent/kWh 수준으로 기존 FIT 제도상 15 cent/kWh 수준에서 대폭 하락하였으며, 10개 프로젝트 중 5개 프로젝트가 Subsidy-free로 참여하였다.

EEG 2017에 따른 해상풍력 입찰 결과

프로젝트명	OWP West	Gode Wind 3	EnBW He Dreiht	Borkum Riffgrund West 1	Gode Wind 4
Developer	Ørsted	Ørsted	EnBW	Ørsted	Ørsted
용량(MW)	240	110	900	420	132
운영개시	2024	2024	2025	2024/25	2024/25
낙찰가(cent/ kWh	0.00	6.00	0.00	0.00	9.83

자료 : DEUTSCHE WIND GUARD [40]

주 : 독일 해상풍력의 경우 기존 EEG 2014규정까지는 해상풍력 사업들은 두가지 제도중에 한가지를 선택할 수 있다. (i) 기본모델(Base model) : 전력 고정가는 낮지만, 기간을 길게 가져가는 제도(초기 12년 동안 Euro 149/MWh 보장하고 FiT기간 이후부터 20년까지 최저보장 전력가 Euro 39/MWh를 보장), (ii) 가속화모델 (Acceleration model) : 전력 고정가는 높지만, 기간을 짧게 가져가는 제도(초기 8년 동안 Euro 184/MWh 보장 하고 FiT기간 이후부터 20년까지 최저보장 전력가 Euro 39/MWh를 보장) [41]

이후 최근 입찰된 해상풍력단지까지 보조금 수준을 시계열로 비교한 자료다.

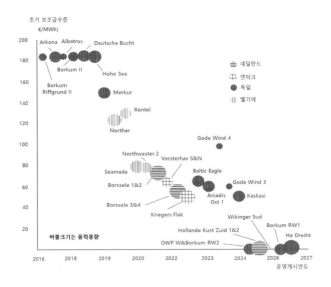

이러한 공격적인 입찰의 배경에는 i) 낙찰에 따른 의무를 이행하지 못했을 때 부담할 패널티 수준이 전체 투자비의 약 2% 정도로 부담이 크지 않은 점, ii) 터빈의 대형화 추세에 따라 실제 최종 투자 결정시기 13~15MW의 대형 터빈 개발 완료로 투자비용 감소가 예상된 점, iii) 개발사의 인근 기개발 중 사이트와의 시너지로 인한 운영비 절감이 고려된 점, iv) 내용연수 연장을 통한 가치 제고가 고려된 점 등이 원인으로 분석된다.

Merchant Risk 헷징 위해 도입된 Corporate PPA

새로운 재생에너지 사업의 Merchant Exposure 현상은 바로 Corporate PPA(Power Purchase Agreement, 전력구매계약)의 출현으로 이어지고 있다.

PPA의 개념을 우선 살펴보면, 고정가격으로 장기 PPA를 체결하는 것은 전력가격 변동성을 완화할 수 있는 장치다. 이러한 PPA에 신용을 부여하기 위해선 고정가격이나 최소가격, 또는 take-or-pay 계약이어야 하며, 조기 계약종료 위험이 없거나 제한적이어야 의미가 있다.

당초 유럽에서 활발한 비즈니스를 하는 Google 및 Microsoft와 같은 미국의 주요 회사가 자신 회사가 PPA를 이용하여 유럽 소재 데이터 센터의 전기 수요에 대한 장기 고정 가격 PPA를 통해 얻음으로써 매우 낮은 전기 요금을 활용하는 형태에서 Corporate PPA가 시작되었다. 이러한 PPA를 통해 기업은 도매 전력 시장에서 제공되지 않는 장기간 고정전력요금의 혜택을 누릴 수 있는 장점을 갖게 된다. 이미 미국은 재생에너지 구매를 위한 PPA 계약 체결은 일반적인 관행이므로 Google 등은 이런 계약에 많은 경험을 갖고 있다. 결과적으로 그들의 이미 확립된 절차와 계약 표준을 유럽 자회사와 공유하면서 유럽형 Corporate PPA가 진화하게 되었다.

이제는 이러한 고정가격체결 도구를 Merchant Exposure에 대한 강력한 헷징도구로서 Corporate PPA가 활발히 논의되고 있다. 2020년 현재 유럽의 PPA

계약기간은 보통 10~12년 사이로 체결되는데, 이는 PPA 만료 이후에는 프로젝트가 시장위험에 여전히 제한적으로 노출됨을 의미한다.

현재 유럽에서 체결된 PPA의 수는 제한적이지만, 향후 시장위험에 노출된 재생에너지 프로젝트가 증가함에 따라 PPA 계약이 증가할 것으로 전망된다. 통계를 보면, 2019 년 1 월 WindEurope는 2013 년 이후 유럽에서 거의 5GW의 Corporate PPA가 서명되었고, 2018 년에만 1.9GW를 기록하였다고 전한다. [42]

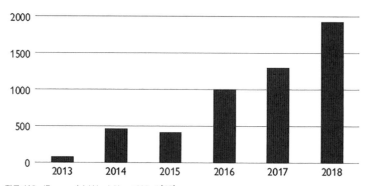

유럽 풍력사업의 체결된 Corporate PPA (MW)

자료: WindEurope / A Word About Wind [43]

또한 다음 몇 가지 사례를 보면 다음과 같이 Merchant exposure가 있는 사업의 성공에 Corporate PPA가 핵심적 역할을 했다는 것을 알 수 있다.

사업명	규모	주요 내용
GOYA PROJECT, ENGIE	300 MW Wind Spain	• ENGIE, Forestalia, General Electric and Mirova가 총 9곳의 subsidy-free wind farms 300 MW를 개발. 이는 2016년 스페인에 처음으로 도입된 renewable generation auction 에 선정 • 성공요인: ENGIE와 12년 PPA체결을 통해, BBVA, Banco Santander 로 부터 금융조달 성공
DON RODRIGO	174 MW Solar Spain	• 정부보조없이 설치된 첫 사례, 독일 개발업체인 BayWa R.A.의 노르웨이 유틸리티 회사인 Statkraft와 15년 PPA체결, Nord/LB와 €100 million 브릿지 조달하여 공사 진행, 2019년 1월 MEAG에 매각 • 성공요인: Statkraft와 15년 PPA체결

자료 : ARUP, 2019, The zero-subsidy renewables opportunity [44]

Corporate PPA의 사례는 다음과 같다.

PPA 기간	• 14년 (3+11)
PPA 물량	• 전력 판매량의 73.0%
PPA 구성	• 초기 3년: € 45 /MWh • 이후 11년: Ceiling €70, Floor €29 　－ If 전력 가격 〉 €70 : (전력가격-€70) Offtaker 100% 수익 　－ If €29 ≤ 전력 가격 ≤ €70 : Project 100% 수익

해상풍력 발전사업 중요한 고려사항

■ 복잡한 공사 과정

해상풍력 건설기간 중 가장 큰 문제점은 단일 책임 구조가 아닌 다수의 하도급업체들을 통한 불투명한 관리 책임에 대한 우려가 초기 많았다.

해상풍력 건설 주요 Interface

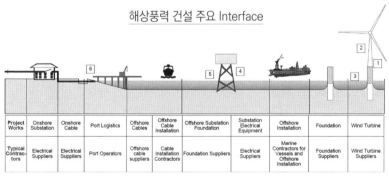

[1] Wind turbine – foundation interface
[2] Wind turbine – electrical systems' interface
[3] Foundation – J-tube/Inter-array cables interface
[4] Substation foundation/substation electrical equipment interface
[5] Offshore substation/offshore cable interface
[6] Offshore/onshore cable interface
자료 : European Wind Energy Association (EWEA) [45]

그러나 최근 사업 당 하도급 또는 주계약 수가 줄어드는 추세를 보이고 있다. 해상 설계 및 건설 경험이 있는 대형 업체들이 많아져 포괄적인 업무 범위를 대응해주며 건설위험에 대한 우려를 낮추고 있다.

■ 풍황 자원과 손실

해상풍력을 위한 풍황 예측은 육상풍력과 같다. 다만 해상풍력은 지형의 영향이 큰 육상풍력과 달리 사이트의 직접적인 조사 자료가 없어 인근 자료를 활용해도 큰 문제가 없다. 최근 해상풍력 프로젝트들의 경우 LIDAR기술을 활용한 부유체(buoy)에서 풍속, 풍향 등을 측정해도 추정치의 신뢰도가 높은 편이다.

그러나 해상풍력은 후류손실(Wake Loss)가 육상풍력에 비해 높다. 보다 복잡한 해상풍력의 특성상 대규모 단지이기 때문에 이격거리에 따른 Wake Loss가 더 큰 것으로 분석된다.

■ 육상 풍력보다 이용률은 높고 가용률은 낮다

해상풍력은 높은 풍속을 기록하여 육상풍력 대비 더 많은 전력을 생산한다. 유럽 북해 지역 해상풍력 단지는 40%가 대부분 넘어 육상에 비해 압도적으로 높다.

반면 해상풍력은 가용률이 육상 풍력에 비해 낮다. 터빈 제조업체가 일반적으로 하자보증기간 동안 가용률 보증을 제공하지만, 기상 악화시 터빈 접근 불가 시간, 주요 블레이드 수리가 필요한 경우 잭업 선박 구매를 위한 유예 기간과 같은 몇 가지 예외적인 사항으로 인해 가동률이 상대적으로 낮다.

■ 더욱 중요한 O&M

해상 풍력 사업 유지, 보수는 터빈 유지 보수와 관련되어 있으며, 정기유지 보수는 기상 악화에 따른 지연을 최소화하기 위해 일반적으로 여름철에 정기예 방정비가 수행된다. 비정기 유지보수 작업은 적은 시간이 소요되는 간단한 검사부터 수개월이 소요되는 변전소 변압기 교체작업까지 다양하다.

해상풍력 사업만의 주요 O&M 업무

구분	업무범위	책임배분
해상 물류	• 보트, 헬리콥터, jack-up 선박, 해상거주지 제공	• 기상 리스크에 대한 책임이 있는 사업주 혹은 터빈 제조업자
Foundation 유지보수	• 점검, 조사, 페인트, 청소, 기초적인 수리	• 터빈과는 다르게 기초 유지보수는 보증이 되지 않는 것이 일반적임 • 기초 유지보수작업은 하청업체와 계약하거나 제3자와 계약할 수 있음
Offshore substation	• 개폐기상부와 변압기의 non-intrusive검사 • 저빈도 intrusive 서비스와 수리	• 법률적 규제에 따라 다름 (사업주, 영국에서는 OFTO)
Export cable and grid connection	• 케이블 검사, 케이블수리,	• 법률적 규제에 따라 다름 (사업주, 영국에서는 OFTO)

Source: A Guide to UK Offshore Wond Operations and Maintenance (2013) [46]

대형 터빈 제조업체(Siemens, Vestas 등)는 일반적으로 5 년간 하자보수 및 성능보증을 수행한다. O&M 전략에 따라 터빈 유지 보수 계약은 5년 이상 체결하며, 단기간 계약시 회사는 계약을 갱신하거나 독립적인 O&M 업체를 지정하여 대체할 수 있다. 해당 계약에 따라 선박과 헬리콥터가 제공된다면 운영비용 변동성의 위험을 더욱 줄일 수 있다.

해상풍력의 유지보수 선박 CTVs, SOVs

육상풍력과 달리 해상풍력은 멀리 떨어진 구조물까지 접근이 Availability를 높이는데 핵심이다. 이제 해상풍력 전문 O&M사는 SOV, 헬리콥터 보유가 필수가 되고 있다. 발전소에 접근하는 방식은 육지와의 거리, 기상학적, 해양학적인 조건에 따라 결정되며, 거리가 멀수록 기상학적 리스크에 크게 노출된다. 그래서 풍력의 Availability 산정에 Accessibility 가 얼마나 포함되느냐가 쟁점이다.

초기 해상 풍력발전소는 비교적 육지와 가까웠으며(20km~30km), 전통적으로 CTVs (육지에서 해양으로 이동하여 유지/보수를 책임지는 선박)를 이용해왔다. 그러나 CTVs는 많은 기술자들을 운송할 수 있으나, 운송시간과 해양컨디션에 따라 반응 시간과 접근성에 한계가 있다.

해상 풍력프로젝트들이 증가함에 따라, 바람과 파도가 강한 육지에서 먼 (60km 이상) 프로젝트들은 SOVs(Service Offshore Vessels)를 이용하기 시작했다. SOVs는 특정한 프로젝트를 수행하기 위한 더욱 크고 튼튼한 선박이다. 육지와 해양간의 이동이 3~6시간 걸린다는 점을 감안할 때, 이러한 접근법은 시간과 효율성을 높일 수 있다. 어떤 선박은 파고가 2m이상 일 때에도 선원들과 장비들의 운송이 가능하다.

8 가정용 태양광 발전
Residential PV Power

가정용 태양광 지원 제도

■ 넷미터링(Net Energy Metering, NEM) 제도

NEM은 가정에서 태양광 설비를 설치하여 생산된 전기를 우선 사용하고, 남은 전기를 전력망을 통해 매전하는 제도이다. 가정에서 가장 태양광 설치에 부담을 가진 이유는 해뜨는 낮에 발전하지만 집에 수요가 없고, 정작 밤에는 한전으로부터 전기를 구매하는 시점 불일치에 있었다. 이점을 해결한 제도가 NEM이다. 낮에 생산해서 소비하고 남으면 한전에 팔고, 저녁에는 구매해서 쓰다가 한달후 구매량에서 판매량을 차감한 순구매량을 토대로 전기요금을 납부하는 제도다.

NEM는 재생 에너지 저장 문제에 대한 대안으로 1983년 미국 메사추세스주에서 최초 시행하여 40개주로 확산(2020년 기준) 되었고, 이후 유럽, 호주, 캐나다 및 한국 등으로 확산되었다.

가장 활성화되고 있는 미국의 NEM을 토대로 설명을 하고자 한다. 미국은 각 주별로 NEM제도를 각기 다른 형태로 도입하고 있다.

태양광 발전 NEM 제도 활용

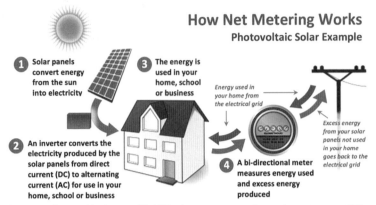

자료 : https://www.slideshare.net/MarkValen/net-energy-metering-and-smart-meters [47]

NEM 제도 설계 및 운영시 주요 고려사항은 ① 참여대상 설비의 유형과 용량 ② NEM에서 수용할 수 있는 분산전원의 용량 상한 ③ 잉여전력에 대한 보상(상계요금) 기준 ④ REC 소유권 ⑤ NEM 적용기간 등이 있고 각각의 적용 방법은 지역별로 상이하다.

미국 주별 NEM 도입 현황

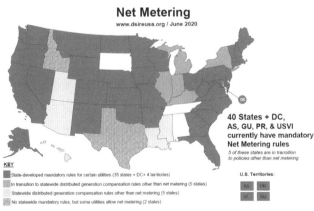

자료: DSIRE [48]

NEM에 참여 가능 설비는 소규모 재생으로 제한되어 있으며, 태양광, 풍력, 지열, 조력, 파력, 바이오 에너지 등이 포함되나 대부분은 가정용 태양광 설비 위주로 이루어지고 있다.

미국은 NEM제도 도입후 가정용 태양광설치가 급격히 증가하였다. 도입은 원활하게 되고 있으나 논란이 발생했다. 미국의 소매전력요금은 계절별, 일시간별 요금이 다르다. Time-of-Use(TOU) 제도에서 비롯되었다.

TOU제도는 최고 수요 시간에는 더 높은 요율이 부과되고, 수요가 많지 않은 (낮은) 시간에는 요율이 낮아지도록 설계되어 있다. 요금은 일반적으로 겨울철보다 여름철에 더 높다. 이 요금 구조는 소비자로 하여금 Peak시간대에서 Off-peak 시간대로 에너지 사용을 전환하도록 유인을 제공한다. 각 유틸리티회사 마다 적용 시간과 요율은 다르나, 평일 오후 및 저녁 시간에 가장 높은 요율(On-peak)이 적용되며, 평일 정오에는 그보다 조금 낮은 요율(Off-peak), 나머지 시간대는 가장 낮은 요율(Super Off-Peak)이 부과되는 것은 공통된 특징이다. 캘리포니아의 유틸리티회사인 Southern California Edison (SCE)의 TOU 요율은 다음과 같다.

SCE의 TOU

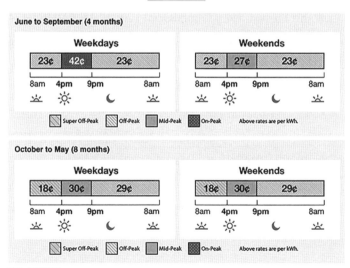

자료: SCE [49]

NEM입장에서는 TOU의 가격구분과 무관하게 총사용량에서 판매량을 뺀 순사용량에 한해서 단일요금을 지급하도록 되어 있다 보니, NEM 이용자가 부담할 비용까지 미이용자에 전가된다는 공격을 받게 되었다. NEM 이용자가 급증하면서 더욱 논란이 가열되었다. 가장 뜨거웠던 캘리포니아주는 결국 NEM제도를 수정한 NEM 2.0 제도를 도입했다.

■ California NEM 2.0의 특징[50]

캘리포니아 지역은 1995년 분산형 신재생 전원 확산 정책으로 NEM을 도입한 이후 미국 내 태양광 시장을 선도하고 있으나 단일 소매요금을 적용한 NEM 보상기준의 비형평성을 문제삼았다.

지역의 주요 유틸리티회사는 2015년 8월 전력구입비 부담 완화를 위해 제도 개선을 요청하였다. SDG&E는 NEM 시행으로 전력회사가 지불해야 하는 비용이 연간 160백만 USD에 이르며 NEM 미참여고객이 지불해야 하는 비용이 가구당 100 USD에 이른다고 주장하였다.

California Public Utilities Commission는 2016년 1월 전력회사의 주장을 일부 수용하여 2018년부터 상계요금을 조정한 NEM 2.0을 시행하기로 하였다. 변경의 주된 골자는 NEM에도 TOU가 적용되어 Peak 시간대와 Off-Peak 시간대에 서로 다른 요율을 적용하여 상계하도록 하였다.

기존 제도는 Peak Demand의 5%까지 유예하고 이후는 NEM 2.0으로 전환했다. 그러나 기존 연계 설비에 대해서 소급 적용되지 않으며 최초 등록으로부터 20년이 지나면 NEM 2.0의 적용을 받게 된다.

예시로 2017년 9월 캘리포니아주의 Utilities社인 PG&E가 Net Metering 소비자에게 발송한 연도말 최종 정산(True Up Statement) 예시를 보면 다음과 같다.

Details of NEM Charges

09/01/2017 - 09/30/2017 (30 billing days)

Service For: 1234 Main Street
Service Agreement ID: 9087654321
Rate Schedule: ETOUB H Residential Time-of-Use Service
Enrolled Programs: Net Energy Metering (NEM2)

09/01/2017 - 09/30/2017

Net Usage				
Peak	520.000000 kWh	@ $ 0.35632	$185.29
Off Peak	- 56.000000 kWh	@ $ 0.25326	-14.18
NBC Net Usage Adjustment			-8.69
State Mandated Non-Bypassable Charge[1]			10.69
Energy Commission Tax			0.13

Monthly NEM Charges $173.23

[1]The State Mandated Non-Bypassable Charge (NBC) cannot be reduced by any net generation credits. If applicable, additional discounts are included in the NBC.

Average Daily Usage (kWh / day)

Last Year	Last Period	Current Period
N/A	9.23	15.47

Service Information

Meter #	1098765432
Consumption	520.000000 kWh
Net Generation	-56.000000 kWh
Net Usage	464.000000 kWh
Baseline Territory	X
Heat Source	Electric
Serial	P
Rotating Outage Block	50

Additional Messages

The State Mandated Non-Bypassable Charge (NBC) is calculated based on your energy usage and is relevant to determine the True-Up amount. This charge includes the following fees: Public Purpose Programs, Nuclear Decommissioning, DWR Bond Charge and Competition Transition Charge. The NBC Net Usage Adjustment is to ensure that you don't pay for NBCs twice.

주 : 9월 한달 Peak 시간에 520kWh를 순판매했고, off peak시간에 56kWh를 순구매해서 최종 전력요금이 $173.23이 부과 되었음.

Summary of NEM Charges

Bill Period End Date	Net Peak Usage (kWh)	Net Off Peak Usage (kWh)	Net Usage (kWh)	Estimated NEM Charges Before Taxes	Estimated Taxes	Estimated Total NEM Charges
10/31/2016	25	122	147	$29.88	$0.04	$29.92
11/30/2016	-48	-23	-71	-15.11	-0.02	-15.13
12/31/2016	88	425	513	104.29	0.15	104.44
01/31/2017	14	-44	-30	-5.74	0.01	-5.75
02/28/2017	120	801	921	186.51	0.27	186.78
03/31/2017	55	91	146	30.24	0.04	30.28
04/30/2017	-86	120	34	5.19	0.01	5.20
05/31/2017	-44	19	-25	-10.87	-0.01	-10.88
06/30/2017	81	108	189	56.21	0.05	56.26
07/31/2017	58	155	213	59.92	0.06	59.98
08/31/2017	199	78	277	90.66	0.08	90.74
09/30/2017	520	-56	464	173.10	0.13	173.23
TOTAL	982	1796	2778	$704.28	$0.81	$705.09

주 : 연도말 최종 정산서(True-up statement)에 의하면 2016/10~2017/09까지 Net Usage로 2,778kWh를 사용했고, 최종 순정산금액(세금포함)은 $705.09로 청구되었음.

미국 가정용 태양광 금융(Residential PV Financing)

미국의 가정용 태양광 시장은 독특하고 복잡한 구조로 성장해 왔다. 태양광 개발업체(Tesla, Vivint, Sunrun 등)가 주도하여 주택소유주에게 태양광시스템을 구매 또는 리스 방식 등을 통해 설비를 설치한다. 개발업체는 세일즈 활성화로 좋고, 주택소유주는 NEM에 의해 전력비를 절감해서 좋다. 가정용 태양광 발전 시스템을 통해 창출되는 현금 흐름은 다음과 같다.

가정용 태양광 발전시스템의 흐름

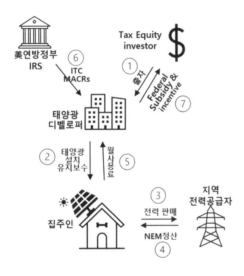

① Tax equity investor의 출자
② 집주인과 리스 또는 PPA를 체결한 후 집 지붕에 태양광 설치를 하고 상시 유지보수 서비스 제공
③ 태양광을 통해 생산된 전력은 그리드를 통해 지역전력사업자에 송전
④ 매달 생산된 전력과 사용한 전력을 NEM을 통해 정산
⑤ 집주인은 월 사용료 지급(리스계약이면 고정리스료, PPA계약이면 KWh당 대가 지급)
⑥ 과세당국은 생산된 전력에 따라 Tax benefit 승인(ITC 등)
⑦ Tax Equity investor는 디벨로퍼로부터 Tax benefit 및 배당금 수령

■ Home Owner의 Solar Financing

집주인은 지붕에 설치할 태양광설비를 현금 또는 대출로 구매, Solar Lease 및 Residential Solar PPA 등의 방식으로 확보한다.

Solar Lease는 개발업체가 지붕에 태양광을 설치하고 소유하며, 그 대가로 집주인은 월임대료를 정기적으로 지급하는 방식이다. 일반적인 리스 기간은 15-25 년이다. 장점은 초기 부담이 적으나, 단점은 발전량에 대한 전문성이 떨어지는 집주인으로서 경제성 판단이 어렵다

Residential Solar PPA는 이를 보완한 제도다. 개발업체는 월사용료(임대료)를 발전량에 따라 받는다. 집주인은 지금 전력비와 비교해서 혜택있을 때 추진한다는 측면에서 리스형태보다 선호한다.

태양광 발전 시설 임대 및 전력구매계약 체결 방식의 주요 조건은 다음과 같음.

계약기간	• 계약기간은 20. 이후 자동으로 매 1년간 갱신
발전 판매	• 집주인은 매달 리스료 또는 전력단가를 개발업체에 지불하고, 이후 연간 2~3%의 증가율에 따라 그 단가는 증가함.
발전량 보증	• 발전량 보증 수준은 일반적으로 Lease는 95%, PPA는100%, 약정된 발전량에 미달하면 사전에 약정된 $/KWh 요율에 따라 집주인에 매년 지불함.
집주인 주택 매도시 옵션	• 집을 매도 할 경우 (1) 현행 계약을 매수자에 이전. 다만 허용된 FICO 신용등급자에 한함 (2) 매도시 공정가치로 시스템 매수
조기 해지	• 주택보유자는 (1) 어떠한 경우에도 계약기간 20년 중 남은 기간의 예상현금흐름에 상응하는 금액으로 조기상환 가능 (2) 운영개시후 5년차 또는 운영 20년차 종료후 공정가치로 매입

2015년 이후 미국의 소매전기요금이 가스가격 하락 등으로 감소 또는 증가세가둔화되면서 집주인입장에서 개발업체에 리스료를 지불하는 구조가 매력이 없어졌다. 최근 트렌드는 대출을 통해 직접구매하는 방식으로 크게 변하고 있다.

미국 Tax Equity Investor 제도[51]

　미국은 독특한 투자 형태인 Tax Equity Investor(이하 "TEI") 제도를 시행하고 있다. 재생에너지사업에 투자하는 자기자본은 Cash Equity Investor(이하 "CEI")와 TEI로 구분되며, CEI는 일반적으로 사업을 개발하는 Developer 또는 전기사업자(Utilities) 등이 참여하고 있다.

　CEI는 세제 혜택보다는 현금 배당이 주 투자 목적이며 TEI는 다음에 설명할 ITC 등의 Tax Credit이 주 투자 목적이다. Tax Equity는 미국계 은행, 보험회사가 주로 참여하고 있으며, Google, Cheveron, PG&E 등 비금융회사의 참여가 점차 증가하고 있다. 미국 Tax Equity 자금조달 규모는 2007년을 정점으로 61억 달러 규모였으나, 2008년 금융위기 이후 감소하여 2010년 33억 달러, 2011년 19억 달러로 추산되었다.[52] 그리고, 2016년 태양광에 대한 Tax Equity Market은 50억 달러로 추산된다.

전형적인 Tax Equity 투자 구조

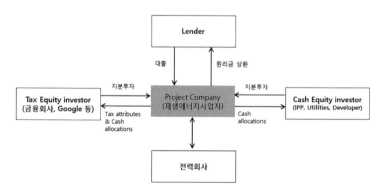

■ Tax Equity 투자 차입 방식

Tax Equity 구조의 차입 방식은 다음과 같은 두 가지 형태가 있다. 일반적으로 Back-Leveraged 형태가 더 많이 보인다. 운영법인은 TEI의 원활한 모집을 위해 무부채기업으로 두고, Cash Equity Investor 법인에서 차입이 이루어진다. 외견상 Holdco Loan처럼 보이지만 운영법인이 무부채이므로 차이가 있다. 본 차입금 TEI의 결코 후순위가 아니고, TEI와 동순위로 배분받는다, 다만 배분비율이 차이가 있을 뿐이다.

Tax Equity 투자 구조도(Leveraged / Back Leveraged)

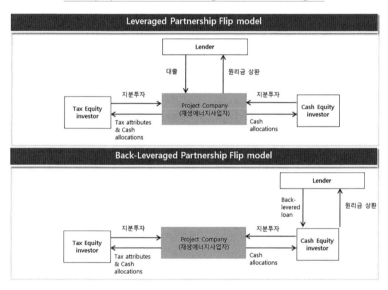

┃ Partnership Flip 투자 구조 ┃

Tax Equity 투자 수익구조는 Partnership Flip, Sale-leaseback, Inverted Lease, Pay-as-you-go 구조 등이 있고, 이중 Partnership Flip이 가장 많이 사용된다.

(예시) Partnership Flip 분배 구조

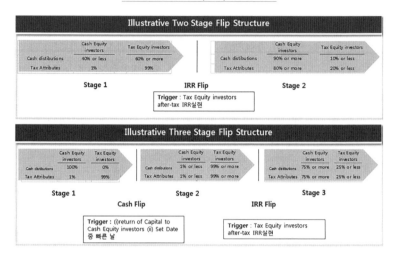

Flip은 "전환점"으로 Pre-Flip 기간에는 사전에 합의된 세후 투자 수익을 달성할 때까지 세제혜택과 수익이 TEI에게 높은 비율로 귀속되고, TEI의 목표수익률이 달성되면(Flip Point), CEI의 배분 비율이 높아진다. 일반적으로 flip point 또는 그 이후에 TEI의 지분을 시장가격에 매입할 수 있는 옵션을 보유하게 된다.

미국 오클라호마주에 위치하고 2009년 10월 운전을 개시한 99MW급의 풍력단지의 사례를 통해 Tax Equity 구조를 설명하고자 한다. 주된 Tax 인센티브 대상은 PTC를 근거로 하고, 초기 TEI는 현금으로 60%, Tax attribute는 99%를 배분받고, 세후기준 IRR이 8.4%를 넘으면 Flip되면서 현금으로 5%, Tax attribute는 5%를 배분받는 사례다.

구분	Stage 1			Stage 2	
	Cash	Tax attributes	Flip trigger	Cash	Tax attributes
CEI	40%	1%	TEI 세후 IRR 8.4% 실현	95%	95%
TEI	60%	99%		5%	5%

이러한 구조에서 아래 실적을 통해 CEI가 배분받을 현금 및 Tax attribute 를 계산하면 다음과 같다. 당초 Flip 기준인 세후 IRR 8.4% 실현이 2017년 2월에 되었고, 이후 높은 배분을 받고 있음을 알 수 있다.

연도별 현금 및 Tax attribute의 배분 (USD in million)

구분	2015	2016	2017	2018	2019
발전량(GWh)	389.8	389.8	(flip year)	389.8	389.8
전력 매출	21.2	21.6	389.8	22.6	23.1
State PTC 매출	1.7	1.7	22.1	1.7	1.3
총매출	22.8	23.3	1.7	24.3	24.5
운영비용	6.2	6.5	23.8	7.0	7.4
EBITDA	16.6	16.8	6.8	17.3	17.1

Distributable Cash

구분	2015	2016	2017	2018	2019
EBITDA	16.6	16.8	17.0	17.3	17.1
CEI 배분율(%)	40.0	40.0	81.8	95.0	95.0
CEI 배분액	6.7	6.7	13.9	16.4	16.2

Production Tax Credits

구분	2015	2016	2017	2018	2019
PTC ($/MWh)	24.0	24.0	25.0	25.0	26.0
발전량(GWh)	389.8	389.8	389.8	389.8	389.8
PTC 매출	9.4	9.4	9.7	9.7	10.1
CEI 배분율(%)	1.0	1.0	79.2	95.0	95.0
CEI 배분액	0.1	0.1	7.7	9.3	9.6

Taxable Income

구분	2015	2016	2017	2018	2019
EBITAD	16.6	16.8	17.0	17.3	17.1
Tax Depreciation	1.8	1.7	1.5	1.4	1.4
Taxable income	14.9	15.1	15.5	15.8	15.7
CEI 배분율(%)	1.0	1.0	79.2	95.0	95.0
CEI 배분액	0.1	0.2	12.3	15.0	14.9

9 태양열 발전
Solar Thermal Energy

태양열 에너지의 원리

태양열 에너지란 태양으로부터 발생한 열을 이용해 만드는 에너지다. 태양열로 물을 끓여 증기를 발생시킨 후 열교환기를 이용해 전기에너지를 생산하는 방식으로, 태양열 에너지는 대규모 발전단지와 함께 가정이나 기업체의 지붕 위에 설치되어 흡수·저장·열 변환 등을 통해 건물의 냉난방 및 급탕 등에 활용되고 있다.

태양열 에너지는 태양광 에너지와 마찬가지로 온실가스 없는 무공해 무한정 에너지 자원이며, 기존의 화석 에너지에 비해 지역적 편중이 적고, 유지보수비가 낮다는 장점은 있으나 계절별·시간별 생산량 편차가 심해 안정적 에너지 공급이 어렵다.

태양열 에너지 시스템은 집열부, 축열부, 이용부, 제어장치로 구성되어 있다. 집열부는 태양으로부터 에너지를 모아 열로 변환하는 장치로 태양열 에너지 시스템의 핵심적인 부분이다. 집열온도는 집열기의 열손실율과 집광장치의 유무에 따라 결정된다. 축열부는 모아진 열을 저장했다가 필요할 경우 다시 사용하기위한 저장 탱크 역할을 한다. 이용부는 태양열을 효과적으로 공급하고 사용량이 부족할 시 보조열원에 의해 공급되는 장치다. 마지막 제어장치는 위 과정들을 효과적으로 공급할 수 있는 조정장치다.

태양열 발전시스템 원리 및 구조

자료:에너지관리공단, [29]

태양열 에너지와 태양광 에너지의 차이점은 무엇일까? 우선 태양열 에너지와 태양광 에너지는 이용하는 에너지가 다르다. 태양광 에너지가 태양으로부터 오는 빛에너지를 전기 에너지로 변환시키는 발전 방식이라면, 태양열 에너지는 태양으로부터 오는 열에너지를 전기 에너지로 변환시키는 발전 방식이다.

두 에너지는 발전 방식에서도 차이를 보이는데, 태양광 에너지는 태양광 발전 시스템을 이용해 광전효과를 발생시켜 직접적으로 전기를 생산하는 방식이기 때문에 태양광 발전을 위해 전기를 발생시키는 태양광 모듈과 직류 전기를 교류 전기로 변환하는 인버터 등의 기자재를 필요로 한다. 반면 태양열 에너지는 태양에서 오는 복사광선을 고밀도로 모은 후 열 발전 장치를 통해 전기를 발생시키는 방식이다. 광학설비 등을 이용하여 태양복사를 응축하고, 수신기에서 열로 변환한 후 열전달매체로 전달, 열에너지를 역학에너지로 변환한 후 이를 전기에너지로 변환하는 것이다.

집광형 태양열 발전(Concentrated Solar Power)

누구나 볼록렌즈를 가지고 한 번쯤 빛의 굴절 현상을 이용한 실험을 해 본 적이 있을 것이다. 볼록렌즈의 초점에 햇볕을 집중시킨 다음, 검은색 종이에 구멍을 뚫거나 불을 붙여 보면서 단순히 햇빛을 모으는 것만으로도 물건을 태울 정도의 높은 열에너지를 얻을 수 있다는 사실을 쉽게 이해할 수 있었다.

태양열을 모아 물과 같은 용매를 끓이고, 이 때 나온 증기로 발전 터빈을 돌려 전기를 생산하는 집광형 태양열 발전(CSP, Concentrating Solar Power)은 이러한 인류의 오랜 고민의 산물이다. CSP는 전력 생산에 300℃ 이상 고온의 태양열 에너지를 이용하기 때문에, 건물의 난방 및 온수 공급을 위해 저온의 태양열 에너지를 이용하는 태양열 온수기와는 다르다. 또한 CSP는 전기를 생산하기 위해 기계장치인 발전터빈을 이용하기 때문에, 반도체 소자인 태양전지를 활용하는 태양광 발전과도 차이가 있다. 즉 태양광 발전과는 다르게 빛 대신 열을 사용하여 전기를 생산하는 주목받는 신재생에너지 기술 중의 하나가 바로 CSP이다.

주 : CSP발전과정 : 반사경을 통한 복사광선이 Molten Salt Receiver에서 열로 변환한 후 스팀터빈을 통해 전기 생산

2016년 기준 전세계 CSP의 설치 현황은 다음과 같다.

전세계 태양열발전소(CSP) 도입 현황

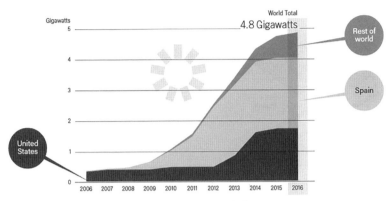

자료: REN21, 2017, Renewable 2017, Global Status Report [53]

CSP의 종류는 집열 방법에 따라 구유형 (Parabolic Through), 타워형 (Solar Tower), 접시형(Dish Stirling), 프레넬형(Frenel)이 있다. 구유형은 단면이 포물선인 반사경을 통해 관형태의 흡수기에 집열시키는 것이고, 타워형은 여러 개의 반사거울이 중앙의 타워 상부의 흡수기에 집열시키는 방법이며, 접시형은 접시형태의 집열기를 사용하여 한 지점에 빛을 집중시키는 방법이다. 프레넬형은 구 유형과 유사한 방식으로 포물선인 반사경 대신 평면의 거울을 사용하여 흡수기에 집열하는 방 식이다. 일반적으로 구유형, 프레넬형, 타워형 등은 대용량 발전에, 접시형은 분산형 발전에 사용되고 있다. 현재 운영 중이거나 건설 중인 CSP 발전소의 90% 이상이 구유형으로 대부 분을 차지하고 있지만, 방식별로 장단점이 모두 있기 때문에 집열비율 및 발전효율을 높이기 위한 연구가 각각 진행 중에 있다.

■ Parabolic Trough System

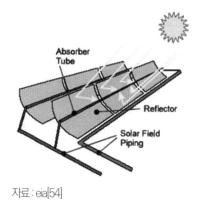

Absorber
Tube

Reflector

Solar Field
Piping

자료 : eia[54]

Parabolic Trough CSP에서 태양 에너지는 포물선형으로 구부러진 Trough 모양의 반사경(Reflector)에 의해 거울의 곡면 위 약 1m를 따라 흐르는 열 흡수기 튜브(Absorber Tube)에 집중된다. 파이프를 통해 흐르는 열 전달 유체(Thermal Oil)의 온도는 293~393ºC로 증가한 다음 가열된 열전달유체를 이용하여 물을 끓여 수증기를 생성하고, 스팀 터빈을 통해 전기를 생산하는 방식이다.

■ Power Tower Systems

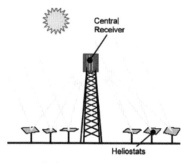

Central
Receiver

Heliostats

자료 : eia[54]

전력 타워 또는 중앙 수신기 시스템은 Heliostats라고하는 양 추적 미러를 사용하여 태양광을 타워 상단의 수신기에 집중시킨다. 리시버에서 약 600ºC까지 가열된 열 전달 유체는 증기를 생성하는 데 사용되며, 이는 다시 기존의 터빈 발전기에서 전기를 생산하는 데 사용된다.

초기 남아프리카의 Khi Solar One 과 캘리포니아의 Ivanpah사업은 열전달 유체로 증기가 사용되었으나 저장에 적합하지 않았다. 그러나 Gemasolar (2011), Crescent Dunes (2013) 및 Noor III (2018)는 우수한 열 전달 및 에너지 저장 능력 때문에 용융염(molten salts)이 사용되고 있다. 더 높은 온도에 도달하여 효율성을 높이고 비용을 낮출 수 있는 다른 열 전달 또는 에너지 저장 물질이 연구되고 있다.

■ Parabolic Dish Systems

Parabolic Dish시스템은 초점에 장착된 수
신기에 태양 복사를 반사하는 접시 형태의 포
물선 모양의 점 초점 집중기로 구성된다. 이 집
광기는 태양을 추적하는 2 축 추적 구조물이
일반적이다. 수집된 열은 일반적으로 Dish 구조
와 함께 움직이는 Receiver 장착된 열 Engine
에 의해 직접 사용된다. Dish는 매우 높은 온
도에 도달할 수 있으며, 극도로 높은 온도를 필
요로 하는 태양열 연료를 만들기위한 태양열
reactor에 사용될 가능성도 있다.

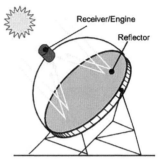

자료 : eia[54]

태양열 발전사업 중요한 고려사항

■ 높은 투자비에 맞는 지원제도

CSP는 초기 투자 비용이 높은 프로젝트 사업이기 때문에 지속적이고 안정
적인 투자가 필요하다. CSP 비용을 구체적으로 살펴보면 설치, 허가, 프로젝트 관
리 등의 분야가 30%~40%를 차지하고 있어 웨이퍼, 셀, 모듈과 같이 재료비용이
60% 이상을 차지하는 태양광 발전 과는 다른 특징이 있다.

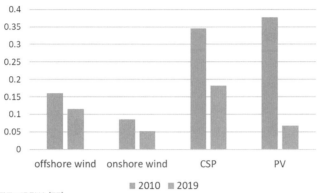

주요 신재생에너지원의 균등발전원가 변화($/kWh)

자료 : IRENA [55]

그래프를 보면 PV사업의 LCOE는 2010년 $0.378/kWh에서 2019년 $0.0.068/kWh로 82% 크게 감소하였으나, CSP사업의 LCOE는 2010년 $0.346/kWh에서 2019년 $0.182/kWh로 47% 감소하였다.

CSP사업은 사업의 비용 감소효과가 크지 않고 태양광 및 풍력에 비해 LCOE가 높아 활성화에 장애요인이 되고 있다. 따라서 대규모 시설 투자비를 감안한 정부의 지원 제도가 유효한지 살펴보아야 한다.

■ 적합한 부지확보

수자원 접근성 : 전통적인 화석연료 발전소와 마찬가지로 CSP 시스템은 많은 냉각수가 필요하다. 또한 수집 및 거울 표면 세척을 위해 물이 필요하다. 물론 공냉식이나 하이브리드 냉각 기술을 활용하면 되지만 효율도 떨어지고 소내소비도 증가하여 경제성이 미흡해진다.

송전 접근성 : 융통 유효송전용량이 부족하거나 송전설비가 노후화되면서 태양광발전과 달리 대규모시설인 CSP는 송전 여건이 미흡해서 애를 먹는 경우가 많다. 태양열 에너지 자원이 풍부하고 넓은 부지가 있는 지역은 대부분 전력 수

요지와 멀어 송전여건에 애로사항이 많은 경우가 많다. 따라서 전세계적으로 태양열 발전의 신설이 눈에 띄지 않는 이유도 투자비와 더불어 송전여건 때문이다.

10 수력 발전
Hydro Power

수력 발전의 원리

수력 발전은 유량의 낙차에서 발생되는 위치에너지를 수차를 이용하여 운동에너지로 변환하고, 발전기 내부의 전자기유도 현상을 이용하여 전력을 생산하는 청정발전기술이다. 발전기의 출력은 낙차와 유량에 비례하며, 기동과 정지 및 출력조정이 타 전력설비 대비 유연하여 부하변동 대응 및 전력공급의 안정성에 기여도가 높은 것으로 평가된다.

수력 발전은 취수구 혹은 수취구라 불리는 지점에서 낙차와 유량을 통해 생성된 위치에너지를 수차를 이용하여 운동에너지로 전환하고 발전기를 통하여 전기에너지로 변환 후 변압기를 통하여 전력을 송전한다.

수력 발전은 가장 널리 쓰이는 재생에너지 기술 중 하나이며 발전원가는 투자비가 대부분으로, 연료비 등 변동비용 위험이 거의 없어 타 전원 대비 발전생산 원가가 안정적이다. 수력발전소는 평균 50년 이상의 장기 운영이 가능하고 탄소 배출이 거의 없는 것이 장점이나, 발전소 입지확보가 어렵고 발전소 형태에 따라 수몰지역 발생 및 상·하류 어류 생태계에 영향을 준다는 단점이 사업의 제약요인으로 작용한다.

수력 발전 시스템

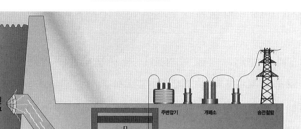

자료 : 한국전력 [56]

■ 수력 발전의 형태

수력 발전은 크게 저류기능에 따라 발전형태가 분류되며, 수자원의 낙차와 유량 원에 따라 저류여부와 발전형태가 결정된다. 수력 발전의 형태는 크게 수로식(Run-of-River), 저수식(Storage) 그리고 양수식(Pumped Storage)로 구분되고 있으며, 각 수력 발전 발전형태에 따른 특징은 아래와 같다.

저수식 (Storage): 저수식은 높이의 차이가 적은 지형의 강을 가로질러 높은 댐을 쌓아 물을 저장하고, 댐의 상·하류에서 생기는 수위차를 이용하여 발전하는 방식이다. 계절적으로 유량이 크게 변동하는 지역에서 대용량의 저수로로 풍수기의 홍수량을 저장하여 갈수기에 저류하는 등 조절유량으로 발전하는 방식이다.

수로식 (Run-of-River): 수로식은 하천을 막아 긴 수로를 만들어 발전소 상부의 물 저장소에서 발전소까지의 낙차를 크게 만든 후 수압관로를 통해 고압의 수력을 발생시켜 수차를 돌리는 원리다. 홍수철 등 특정 범위를 넘는 유하량은 무효방류되며, 특정 유량이하의 유하량으로 감소되면 발전을 중지하게 된다.

■ 수차(Turbine)의 종류

수력 발전에서 수차는 위치에너지를 운동에너지로 변환시켜주는 주요설비로 운영효율, 경제성 등을 결정하며, 수차의 형식은 발전기의 출력, 유효낙차 및 유량 등에 따라 결정된다. 수차 선정이 잘못되었을 경우 수력발전소의 발전효율 저하, 설비의 수명단축 등의 문제점이 발생될 가능성이 있다.

일반적으로 수력발전소에서 사용되는 수차는 충동수차(Impulse Turbine)와 반동수차(Reaction Turbine)로 나눌 수 있다. 충동형은 물의 유속에너지를 이용 수류의 속도에 의한 고낙차에 효율적이며, 반동형은 수압에 의한 에너지 즉 압력에 의해 작용하고 일반적으로 저낙차에 주로 이용된다.

수차 형식별 특성

구분	수차의 종류	특징
충동수차	펠톤(Pelton), 터고(Turgo) 등	수차가 물에 완전히 잠기지 않음 물은 수차의 일부 방향에서만 공급됨
반동수차	프란시스 (Francis)	중/저 낙차에 적합하며 수차가 물에 완전히 잠김
	카플란(Kaplan), 벌브 (Bulb) 등	수차의 원주방향에서 물이 공급되며 유량과 낙차의 변화가 심한 소수력발전소에 적합

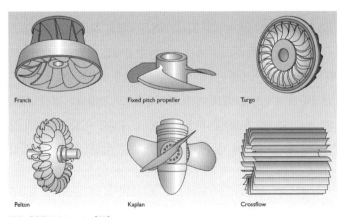

Francis Fixed pitch propeller Turgo

Pelton Kaplan Crossflow

자료: OPEN University [57]

아래 그림은 낙차와 유량에 따라 적합한 수차를 보여주는 그림이다. 저낙차에서는 유량에 따라 "Kaplan" 수차를, 고낙차에서는 유량에 따라 "Pelton" 수차를, 그리고 중간 낙차에서는 "Francis" 수차가 적용된다는 의미다.

낙차와 유량에 따른 수차의 분류

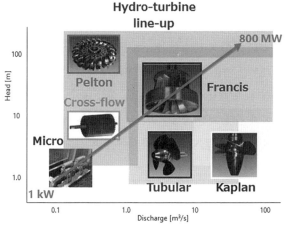

자료 : Toshiba Energy System and Solutions Corporation 홈페이지 [58]

Francis 수차는 반동수차로 가장 널리 사용되는 형식이며, 수력발전소의 약 70%을 점유하고 있다. 일반적으로 설계효율은 최대효율의 80% ~ 90%로, 부분부하 운전 등을 포함한 운영변수들을 고려하여 평균효율이 극대화될 수 있도록 설계되었다.

Pelton수차는 저유량 고낙차 수력발전소에서 선호되는 충동형 수차로, 유압을 조절하여 위치에너지를 운동에너지로 변환하여 회전력을 발생시키는 원리로 작동된다. Pelton수차는 설계특성에 따라 유량이 감소되어도 효율의 변화가 적으며 다양한 유량에서도 안정적인 효율을 유지할 수 있는 장점이 있으나, 평균효율은 다른 수차대비 낮은 수준이다.

발전량은 어떻게 추정할까

■ 유량(Flow rate)의 계절 특성 파악

물이 떨어지는 힘으로 수차를 돌리면 수차 축에 붙어있는 발전기가 돌아가게 되어 전기가 생산된다. 이때 발전기 출력은 낙차(Head)와 유량(Flow rate)과의 곱에 비례한다.

p (kW) = 10 × Q × H (Effective head (H), Flow rate (Q))

유량은 대부분 여름철 우기 또는 겨우내 얼었던 눈이 봄에 해빙되어 내릴 때 유량이 커진다. 즉 계절에 크게 좌우된다. 유량 데이터 분석의 과정을 사례를 들어 보면 다음과 같다. 가장 관심을 가져야 하는 점은 계절적 변화에 대한 특성과 과거 연도별 유량의 변동성을 눈 여겨 봐야 한다.

<u>(예시) 연평균 유량 추이 (단위: m^3/s)</u>

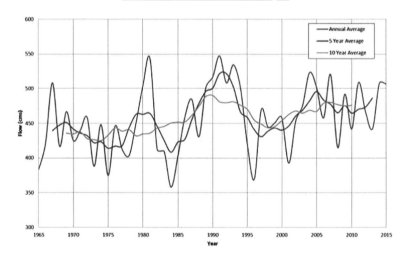

발전소 인근 관측지점에서 1965년부터 2015년까지 50년간 관측된 연평균 유량이며, 관측기간동안 평균 유량이 점차 증가하는 추세를 보여주고 있다.

최근 10년간 관측된 유량은 1960년대 그리고 1970년대의 유량보다 약 7% 증가한 수준을 보이고 있다. 이 경우 어느 시기 데이터를 기준으로 발전량을 예측하느냐에 따라 결과값이 차이가 제법 난다. 만일 최근 데이터를 토대로 한 유황(Flow Duration)을 발전량 추정에 적용할 경우 잠재 발전량은 장기 유량 데이터 적용시 대비 과대 평가될 가능성이 높다. 데이터가 지나치게 유리한 부분만 잘라서 사용하지는 않았는지 투자할 때 세심하게 점검해야 한다.

■ 유량지속곡선(Flow Duration Curve) 분석

유량지속곡선은 유황곡선이라고도 불리며, 이 지속곡선은 하천수계상에서 임의의 지점에 대해 사용 가능한 하천유량의 크기와 변동성을 분석 및 평가하기 위한 수단으로 사용한다. 쉽게 이해를 위해 간단한 예시로 설명하고자 한다. 먼저 10 일 동안 강의 흐름을 측정한다고 가정하자. 매일 하천의 흐름을 기록하고 이를 그래프로 표시했다.

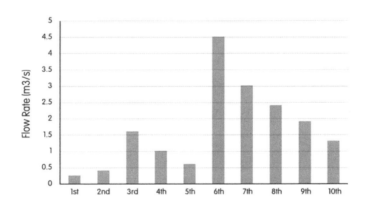

그래프를 보면 낮은 유량과 높은 유량의 차이를 더욱 쉽게 볼 수 있지만, 그 사이에 무슨 일이 일어났는지 확인은 여전히 어렵다. 그래서 유황곡선이 필요하

다. 유량곡선을 구성하기 위해 데이터를 날짜순이 아닌 유량이 가장 높은 것부터 낮은 순으로 나열한다.

다음으로 유황곡선을 날짜에 대한 유량을 표시하는 대신 '불확실도 percentage exceedance'에 따라 표시한다. 위 예에서는 10개의 유량이 있고, 백분율 초과 비율은 0%에서 100%로 이동하므로 각 백분율 초과 증분은 100%를 데이터 포인트 수로 나눈 것이므로 이 경우 100%를 10으로 나눈 값 = 10% 초과 단위로 유량을 표시한다. 이것이 유황곡선이다.

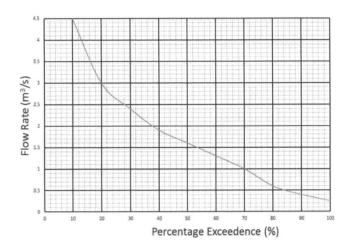

'60 % 초과'에서 유량 값을 보면 1.3 m³/s 임을 알 수 있다. 이것은 유량이 60% 동안 1.3 m³/s 라는 의미가 아니고, 60% 동안 같거나 초과한다는 것을 의미한다. 100% 초과인 최저 유량 0.25m³/s은 100% 동안 그 유량 이상을 의미한다.

위 예는 10일 동안 10개의 유량을 기반으로 했으나, 실제 세계에서 우리는 수십 년에 걸쳐 측정된 수천 개의 데이터를 사용하여 유황곡선을 구성한다.

■ 손실수두 (Head Loss)

유체가 관이나 밸브 등을 통과할 때 마찰 등으로 인해 피할 수 없이 압력의 손실이 발생한다. 그러한 압력손실을 수두로 나타낸 것이 손실수두다.

손실수두는 발전소 구조에 따라 발생하는 위치 에너지의 물리적 손실을 의미하며, 물리적 입구조물에 의한 손실수두, 스크린에 의한 손실수두, 유입구조물에 의한 손실수두, 관로 굽힘에 의한 손실수두, 관로 축소에 의한 손실수두 등으로 구분할 수 있다. 발전량 산정의 기준이 되는 유량 적용시 손실수두를 감안한 유량을 적용해야 한다.

■ 출력곡선 (Power Curve)

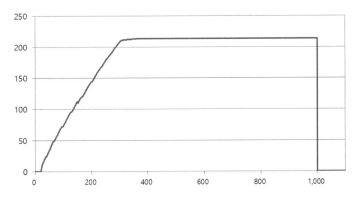

(예시) Power Curve (단위: MW/s, m^3/s)

위 그림은 수차의 출력곡선 예시다. 곡선을 보면 최대 1,000 m^3/s유량까지는 220MW용량의 발전이 가능하나, 그 이상의 유량에서는 전력생산이 불가하다. 또한 약 370 m^3/s유량부터는 추가적인 전력생산이 이루어지지 않도록 설계되어 있다. 전체적인 그림은 풍력터빈과 유사하다.

수력 발전사업 중요한 고려사항

실무적으로 수력발전 투자시 점검 사항은 그리 많지 않다. 투자비의 대부분이 토목공사비로 EPC계약으로 위험을 전가하고, 운영비는 연료비가 없어 거의 무시할 정도로 발생하고, 수차 등의 내용연수는 50년 정도로 CAPEX 투자도 그리 크지 않다. 발전량의 기반이 되는 유량은 국가별로 수문에 대한 아주 오랜 데이터가 충실하게 측정되어 제공되고 있다. 남은 것은 생산된 전력을 신용이 뛰어난 구매자에게 장기계약을 우호적으로 체결하고 있는지 확인하는 점이 남아 있다. 수력발전은 투자비가 크고, 지역적으로 전력수요가 적은 지역에서 개발되므로, Merchant 발전보다는 PPA 구조가 대부분이다. 소수력처럼 소규모는 재생에너지 보조금 형태로 지원받는다.

수력발전이 왕성한 지역은 크게 두가지로 나뉜다. 일년내 우기가 많은 지역으로 풍부한 강수량 기반인 동남아나 남미 지역의 수력발전, 겨우내 혹한의 기후를 보여 가장 적은 유량을 보이다 기후가 온화해지는 봄부터 유량이 늘어나기 시작하는 북유럽이나 캐나다 지역의 수력발전이다. 양쪽 모두 계절성이 뚜렷하고 연도별 유량이 기후변화와 맞물려 변동성이 작지만 있다.

이러한 수력발전의 내재적 특성이 PPA에 생산자와 판매자 누구에게 유리하게 반영되어 있는지 점검해야 한다.

■ PPA의 계절별 의무 발전량

통상적인 PPA가 기본적으로 발전소의 발전전력을 조건없이 구매하며 일정한 단가를 적용하는데 반해, 일부 수력발전 사업은 확정발전량과 비확정발전량으로 구분하여 각기 다르게 정산하는 방식도 있다. 즉 전력구매자는 수력사업자(판매자)의 발전량을 모두 구매하되, 확정발전량만큼의 전력생산에 대한 최소발전의무를 판매자에게 주고 있다.

수력발전의 경우 계절별 유량변동에 따라 발전량 또한 큰 폭의 변동성을 보이게 된다. 그런데 만일 확정발전량을 계절별로 세분하여 설계된 경우 최소의무 발전량 준수 위험에 노출될 수 있다. 이 경우 유황분석을 통해 보수적인 유량을 기본안으로 투자의사결정이 이루어져야 한다.

11 바이오연료
Biofuel

바이오매스의 특징 및 종류

바이오매스는 광합성으로 생산되는 동식물의 유기체(Bio) 총량(Mass)으로 표현된다. 바이오매스 내 에너지의 축적은 식물의 광합성을 통해 흡수된 태양에너지가 먹이사슬과정을 거쳐 생물내 축적되는 것이다. 바이오매스 에너지화는 광합성과정에서 흡수했던 이산화탄소를 다시 대기중에 배출하는 것이므로 기본적으로 대기 중 이산화탄소의 증가에 영향이 없어 Carbon Neutral이라 한다.

바이오매스는 크게 고체 바이오매스, 액체 바이오매스, 바이오가스로 구분할 수 있으며, 각각의 형태별 종류와 용도는 다음과 같다.

바이오매스 종류 및 용도

구 분	고체 바이오매스	액체 바이오매스	바이오가스
종 류	나무류 농업폐기물	바이오에탄올 바이오디젤	바이오메탄 매립가스
용 도	직접 연소(가장 일반적) 액체 바이오매스 원료	연료용 산업용	바이오메탄 매립가스

여기서는 연료용으로 사용하는 액체 바이오매스를 설명하고, 고체 바이오
매스와 바이오가스는 추후 별도 설명하고 자 한다.

바이오연료란 무엇인가

바이오연료란 주로 농산물이나 농업 부산물에서 2차 가공되어 경유 휘발
유 천연가스 등을 대신하여 사용하는 연료이다. 바이오 연료는 크게 바이오에탄
올, 바이오 디젤, 바이오가스 등으로 구분된다. 바이오에탄올은 사탕수수, 옥수
수, 타피오카 등을 발효시켜 정제한 에틸알코올로 휘발유에 혼합 또는 단독으로
자동차 연료로 사용하는 바이오연료이다. 이는 기존 화석연료와 달리 재생이 가
능하고 환경오염 물질 배출이 적으며 자동차 엔진의 개조 없이 쉽게 사용이 가능
하여 수송용 대체에너지로 각광받고 있다. 바이오디젤은 기본적으로 식물성 기
름을 의미하여 바이오디젤은 유채나 대두 등과 같은 유지식물에서 채종유를 추
출하여 만든다. 기술적으로는 모든 식용유나 폐식용유, 동물성 기름을 이용할 수
있다.

알콜인 에탄올(C_2H_5OH)은 전분 농작물이 당분으로 변환되고, 당분이 에
탄올로 발효된 후 맥주 양조과정과 유사한 방법으로 증류되어 만들어진다. 에탄
올 제조 원료인 녹말과 당분은 상대적으로 유용한 식물 재료에 많지 않으나, 당
분 분자의 종합체인 섬유소는 대부분의 바이오매스에 대량으로 함유되어 있다.
기존의 공급재료인 전분 농작물 대신에 섬유소 바이오매스 재료로부터 만들어지
는 에탄올을 바이오에탄올이라고 한다.

바이오디젤은 짧은 알킬에스터 사슬로 이루어져 있으며 여러 면에서 전통
적으로 사용되어 온 석유화학계 디젤연료와 유사하며 식물기름이나 동물기름의
트랜스에스터반응에 의해 제조된다. 바이오디젤은 석유계 디젤유와 혼합할 수 있
으며 혼합된 연료는 바이오디젤의 퍼센트에 의해 결정(BD5는 5%는 바이오디젤,
95%는 석유계디젤)된다.

국내 연료혼합의무화(RFS) 제도

국내 RFS(Renewable Fuel Standards) 제도는 「신에너지 및 재생에너지 개발·이용·보급 촉진법(이하 신재생에너지법)」에 근거 하에 '15년 7월 31일부터 전면 도입되었다. 수송용 연료 공급자(혼합의무자)가 기존 화석연료(경유)에 바이오연료(바이오디젤)를 일정 비율 혼합하여 공급하도록 의무화하는 제도다. 혼합의무자는 석유정제업자 및 석유수출입업자를 지칭하고 수송용 연료의 종류는 자동차용 경유에 한정하고 신재생에너지 연료의 종류로 바이오디젤로 한정하고 있다.

바이오디젤 중장기 보급 혼합비율은 '15년 7월 31일부터 2.5%로 시작하여 '20년 3%로 유지하고 이후 연간 0.5%p씩 상향하여 2030년 5.0%까지 확대하고 있다.

- 연도별 의무혼합량 = (연도별 혼합의무비율) × [수송용연료(혼합된 신·재생 에너지연료를 포함한다)의 내수판매량] ÷ 100

- 연도별 혼합의무비율

시행년도	'15년	'18년	'20년	'21.07~'23년	'24~'26년	'27~'29년	'30년
혼합의무 비율(%)	BD 2.5	BD 3.0	BD 3.0	BD 3.5	BD 4.0	BD 4.5	BD 5

2017년 기준 국내 수입원료 의존도 저감을 위해 국내 폐식용유가 전체 바이오디젤 원료 30%(약 15만톤)를 차지하고 국산원료 비중은 35%(약 17만톤)차지하고 있다.

12 에너지 저장장치, ESS
Energy Storage System

ESS란 무엇인가

변동성 재생에너지인 풍력과 태양광은 기술 특성상 전력이 필요할 때 생산되는 것이 아니라 기상조건에 따라 생산된다. 에너지 저장시스템(Energy Storage System, ESS)은 전력을 생산한 후 이를 저장하여 필요할 때 사용가능하고, 재생에너지의 높은 출력변동을 완화하여 전력계통의 안정성을 높이고, 전력 관리의 효율성을 제고할 수 있는 기술적 대안이다.

ESS는 전기를 생산하는 발전과 발전된 전기를 전달하는 송배전, 그리고 그 전기를 사용하게 되는 수용가 등 전력시스템상 다양한 위치에 설치되어 사용이 가능하다.

특히 태양광, 풍력과 같은 재생에너지는 입지환경이나 자연조건에 크게 영향을 받아 출력 변동이 심하여 연속 공급이 불가능하고, 에너지 생산시점과 수요시점의 시간차가 발생하게 되는데 에너지저장이 없는 상태에서 재생에너지 발전량 비율이 10%를 상회하는 경우, 전체 전력망의 불안정으로 인해 전력품질에 심각한 피해를 줄 수 있다. 따라서 ESS 기술은 출력 변동성이 심한 재생에너지원을 고품질 전력으로 전환하여 전력망에 연계를 가능케 하며, 재생에너지 활성화를 위해서 중요한 역할을 하고 있다.

■ ESS의 유형

ESS는 물리적, 전자기적, 화학적 에너지시스템 모두를 포괄한다.

물리적 ESS는 정격용량 및 출력 지속시간이 높아서 대용량 부하관리에 적합하다. 그 중 양수발전은 기술적 완성도가 높고 역사가 오래되었으나 입지에 제한이 많아서 분산전원으로서의 활용도가 떨어지는 단점이 있다. 압축공기 저장 역시 입지에 제한이 있으며 화석연료를 많이 사용하는 단점을 가지고 있다. 플라이휠의 경우 고출력, 긴 수명 및 빠른 응동으로 큰 장점이 있지만 저밀도, 고비용의 단점이 있다.

전자기적 ESS는 출력 지속시간이 짧아 급속 충·방전이 필요한 무정전전원장치 (UPS, Uninterruptible power supply)에 적합하다. 전자기적 저장시스템 중 슈퍼커패시티는 충·방전이 가능하고 수명이 길며 안정적이다. 하지만, 낮은 에너지밀도와 높은 비용이 단점이다. 초전도자기장 역시 비용이 높고 현재 기술 장벽이 높아 빠른 상용화가 어려운 상황이다.

화학적 ESS는 대형 이차전지의 한 종류로 양극과 음극에 들어가는 물질에 따라 리튬, 나트륨, 흐름 전지로 구분할 수 있다. 리튬이온전지는 완성도가 높고 그 활용범위가 넓다. 국내에 주로 사용되고 있는 태양광 연계형 배터리는 리튬이온 배터리다.

■ 배터리 ESS의 구성 및 원리

배터리 ESS는 기본적으로 ① 에너지저장원(배터리), ② 전력변환장치(PCS),

③ 제반운영시스템(EMS, BMS, PMS)으로 구성된다.

배터리는 양극과 음극, 전해질, 분리막 등으로 구성되며 이들 구성요소로 만들어진 것을 셀(Cell)이라 한다. 여러 개의 배터리 셀을 하나로 모은 것을 모듈(Module), 이들을 집합시킨 것을 랙(Rack), 랙이 모인 것이 바로 시스템이다.

PCS(Power Conversion System, 전력변환장치)는 전력의 직류와 교류를 변환해주는 역할을 하는데, 배터리는 직류로 저장되어야 하는 반면, 소비전력은 교류이기 때문에 배터리 저장시 교류→직류로 변환하고, 방전시 직류→교류로 변환하면서 출력을 제어하는 장치다.

배터리 ESS설비 구조

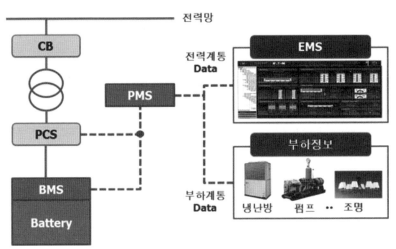

자료:에너지관리공단 [29]

EMS(Energy Management System, 에너지관리시스템)는 전력망과 부하를 모니터링하여 ESS가 적기에 작동하고 충전할 수 있도록 제어하는 운영시스템이다. BMS(Battery Management System, 배터리관리시스템)는 배터리의 전압, 전류, 온도 등을 측정하여 배터리의 안전상태와 고장 유무를 진단하고 배터리가 최대의 성능을 발휘할 수 있도록 역할을 한다. PMS(Power Management System, 전력관리시스템)은 PCS와 BMS와의 통신을 통해 에너지 상태에 대한 정보, 배터리 셀의 전압, 전류, 온도에 대한 각종정보를 받으며, 과전압, 과전류, 과온도에 대한 보호기능을 판단하여 배터리 셀을 이상상태로부터 보호하는 역할을 한다.

국내 풍력 및 태양광 연계 ESS

■ 국내 ESS연계 공급인증서 가중치(2020년 지원 종료)

2016년 "신·재생에너지 공급의무화제도 및 연료 혼합의무화제도 관리·운영 지침"에 신규로 풍력발전설비 및 태양광발전설비와 연계된 ESS설비에 대한 공급인증서 발급이 신설되었고 이후 2020년말에 지원이 일몰되었다.

태양광발전설비 연계 ESS설비의 경우 태양광설비로부터 10시부터 16시 사이에 배터리를 충전하여 그 외 시간대에 방전하는 전력량에 한하여 ESS설비 가중치를 적용하도록 정하고 있다.

태양광과 달리 풍력은 바람이 부는 시간이 불확실하므로 풍력발전과 연계된 ESS는 상시 전력을 저장하였다가 지정된 최대부하 시간대에 송출량에 한하여 ESS설비 가중치를 적용하도록 정하고 있다.

풍력연계 배터리 가중치 적용 방전 시간

구분	기간	최대부하 시간	
		육지지역	제주지역
춘 계	3월 17일 ~ 6월 6일	09시 ~ 12시	19시 ~ 22시
하 계	6월 7일 ~ 9월 20일	13시 ~ 17시	13시 ~ 15시, 19시 ~ 21시
추 계	9월 21일 ~ 11월 14일	18시 ~ 21시	18시 ~ 21시
동 계	11월 15일 ~ 3월 16일	09시 ~ 12시	18시 ~ 21시

자료: 신·재생에너지 공급의무화제도 및 연료 혼합의무화제도 관리·운영지침 [59]

■ 국내 태양광 연계 ESS(배터리) 사업구조

태양광 연계형 배터리 충/방전 흐름

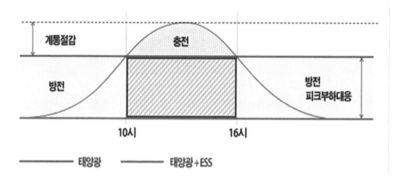

다음 국내 한 태양광 사이트의 시간대별 발전실적을 보면 10시에서 16시 사이의 발전량이 전체 발전량의 76.1%를 차지하는 것을 알 수 있다.

시간대 별 발전 실적(단위: MWh)

구 분	합계	6시	7시	8시	9시	10시	11시	12시
발전량	2,455	11	43	108	215	286	339	358
비율	100.0%	0.5%	1.8%	4.4%	8.8%	11.7%	13.8%	14.6%
구 분	13시	14시	15시	16시	17시	18시	19시	10~16시
발전량	350	308	227	136	59	14	1	1,868
비율	14.3%	12.6%	9.2%	5.5%	2.4%	0.6%	0.0%	76.1%

이렇게 산정된 10~16시 충전가능량을 토대로 적정 배터리 용량을 설치해야 한다. 배터리로 REC를 발급받을 수 있는 충전시간은 10시에서 16시 사이로 한정된다. 해당시간에 배터리가 완충되면 배터리로 송전하지 않고 직접 판매 해야한다.

ESS연계 태양광 발전시설의 직송전량과 ESS연계 송전량을 구분해서 보면 다음과 같다. 2018년 기준 태양광 발전량 2,455MWh에서 직접 송전량은 51%인 1,296MWh, ESS에 충전량은 49%인 1,186MWh이고, ESS에서는 자체 손실량 및 소내소비전력량을 제외한 87.3% 1,036MWh이 최종 방전을 통해 송전되었다.

구분	2018년	2019년
태양광 발전량 MWh	2,455	2,440
직접 송전량 MWh	1,269	1,266
ESS에 전송량 MWh	1,186	1,174
System 손실량 MWh	137	135
소내소비 전력량 MWh	13	13
ESS 방전량 MWh	1,036	1,026

다음은 ESS없이 생산된 발전량을 전부 직접 판매하는 경우와 ESS를 통해 판매하는 경우를 위 2018년 수치를 기준으로 매출액을 단순 비교해 보았다.

구분	SMP 100/REC 80 경우	SMP 60/REC 60 경우
(1안) ESS없이 태양광발전 전부 판매	2,455MWh×(SMP100+REC80)= 441.9백만원	2,455MWh×(SMP60+REC60)= 294.6백만원
(2안) ESS를 통해 일부 충전 후 판매	[1,269MWh×(SMP100+REC80)= 228.4백만원]+[1,036MWh × (SMP 100+4×REC80)=435.1백만원] = 663.5 백만원	[1,269MWh×(SMP60+REC60)= 152.3백만원]+[1,036MWh ×(SMP 60+4×REC60)=310.8백만원] = 463.1 백만원
차이	221.6 백만원	168.5 백만원

주 : REC는 태양광은 가중치가 1.0개, ESS연계는 4.0으로 가정
설명 : SMP 100원, REC 80원인 경우 ESS없으면 441.9백만원 매출, ESS를 연계해서 REC 4.0개를 받아 운영하면 663.5백만원 매출로 221.6백만원 차이 발생을 의미한다.

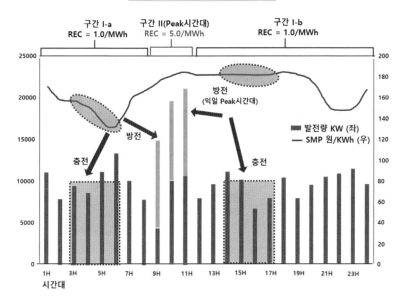

풍력 연계형 배터리 충/방전 흐름

국내 풍력단지에 ESS를 설치할 경우 현행 지침에 의하면 경부하시간대인 구간에는 충전을, 최대부하시간대인 구간Ⅱ 에는 방전을 해야한다. 구간Ⅱ 즉, 피크시간대에서 방전을 한 후, 구간-b 동안 배터리는 충전해야 한다. 배터리는 방전시간대가 다가오기 전 충전을 완료하면 충전을 멈추게 되며, 방전시간대가 되어서도 충전을 완료하지 못하더라도 충전을 중단하고 방전을 준비해야 한다. 방전시간대가 시작되면, 배터리에 충전된 최대한의 전력을 주어진 시간동안 계통으로 방전한다.

국내 풍력단지 사례를 들면 설비용량이 59.4MW이고 REC가중치가 당초 1.0이었떤 발전단지에 ESS를 설치하여 전력수요가 적은 경부하 시간대에는 발전단지 생산전력의 일부를 ESS설비에 충전하고, 전력수요가 많은 최대부하 시간에 ESS 충전전력을 방전하여 REC 가중치를 5.5 받는 구조로 변경된 경우다. 사업의 매출 구조변화는 다음과 같다.

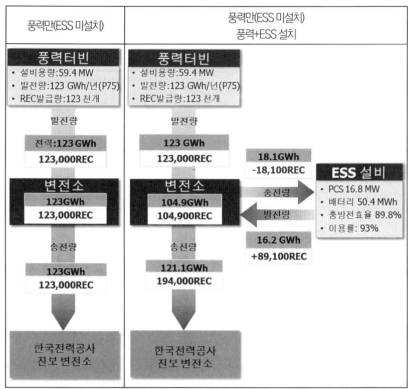

설명 : 당초 풍력단지만 있을 때 연간 생산 전력량은 123GWh이고, ESS를 설치하여 경부하때 충전 최대부하때 방전을 하면 생산된 전력 123GWh는 ESS 충전으로 18.1GWh 직접 판매로 104.9GWh으로 이동되고, ESS로 간 18.1GWh는 축방전효율 감소분을 제외하고 16.2GWh만큼 최대부하시간에 판매한다. 최종 판매는 104.9GWh와 16.2GWh를 합한 121.1GWh를 판매하게 된다.

해외 배터리 ESS

■ 미국 : 미연방 ITC지원

　　미국은 태양광발전과 풍력발전이 연평균 공급비중의 20%를 넘는 CAISO시장과 ERCOT 전력시장에서 간헐성자원의 문제가 심화되고 있다. CAISO시장에서는 태양광발전이 증가에 의한 Duck Curve로 순부하가 지속감소하고 일몰 후

Peak 부하 치솟는 현상이 심화되고 있다. 더구나 이러한 순부하 고저차는 매년 확대되고 있다. ERCOT시장에서는 풍력자원의 출력제한 리스크에 크게 노출되고 있다. 특히 전력부하가 낮은 춘추절기에는 월 4~8% 정도의 출력제약이 노출되고 있다.

일몰 직후 발생하는 순부하 급증이나 순간 공급과잉에 의한 다발성 출력제약 문제 완화를 위해서는, 1) 부하추종성이 뛰어난 가스터빈 자산의 신증설을 통해 순간 발전공급량을 급속히 늘이거나, 2) 대규모 배터리ESS 충방전을 통해 부하를 적극적으로 조절·분산하는 방법 외에는 뚜렷한 대안이 없다.

이러한 문제를 해소하기 위해 ESS도입이 진행중에 있다. 제도의 핵심은 ITC(Investment Tax Credit)의 지원이다. 다만 태양광 충전 비중이 75% 이상인 태양광연계형 ESS에 한해 적용된다. 즉 태양광 충전 비중이 75%미만이거나 단독형 ESS사업은 직접적인 세액공제는 없고 다만 가속상각(MACRs)만 적용 가능하다. 기존 운영중 태양광발전 자산에 대한 ESS추가연계 사업도 ITC 대상에 부합된다.

미국의 배터리 ESS 매출 구조는 크게 계약기반 매출과 시장기반 매출로 구분할 수 있다.

- 계약기반 매출은 i) 신용도가 높은 Off-taker와 체결한 장기용량계약(Tolling agreement 또는 Resource Adequacy) 매출이나 ii) PJM의 3년전 용량 입찰시장과 같은 선도시장 참여하여 선정됨으로써 수취하는 용량 매출 등이 있다.

- 시장기반 매출은 i) 전력가격의 차이를 이용하여 배터리를 충방전하는 차익거래(Arbitrage) 매출과 ii) 하루전 전력시장에서 예비력이나 주파수 조정 등의 낙찰을 통해 수취할 수 있는 보조서비스 매출로 구분할 수 있다.

운영원리를 예시 들면, 대체로 가격이 저렴한 새벽 시간대에 전력을 매수 충전하여, 하루동안 용량매출, 예비력/주파수조정, 차익거래의 우선순위로 판매한다.

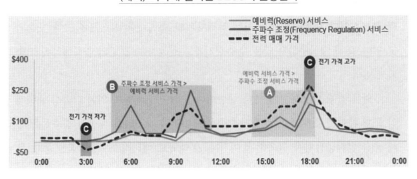

(예시) 미국에 설치된 BESS의 운영원리

수급예측을 통한 하루전 입찰을 통해 예비력, 주파수조정, 전력거래 및 용량계약 모두 입찰가능하다. (A) 주로 높은 오후 시간대에 대규모 전력 수요가 발생하나 태양광 공급 감소가 겹쳐 수급 피크가 발생하게 된다. 안정적인 공급을 위해 예비력 서비스 가격이 주파수 조정 소비스 가격을 상회하므로 예비력 서비스에 입찰한다. (B) 새벽에 저가에 충전한 전력을 활용, 전력 수요가 높은 오전 시간대에 주파수 조정 서비스를 제공한다. 비교적 낮은 수준의 충방전을 통해 전력 수급 불균형으로 인한 주파수 불안정 완화에 기여한다.

실시간 입찰 및 거래를 통해 (C) 전력 수요가 낮아 전력 매매 가격이 저가일 때 대량 충전하여 전력가격이 고가 일 때 방전하여 차익을 실현한다.

■ 영국 : 주파수 조정이 주 시장

영국 배터리 ESS 사업은 재생에너지 연계 ESS 보다는 주파수 조정 등의 Grid 연계 ESS 가 주류를 이루고 있는 것으로 나타난다. Grid 연계 ESS 기준, 영국 배터리 ESS 의 매출은 Off-taker 와 장기용량계약 또는 PPA(Power Purchase Agreement)를 통해 현금흐름을 수취하는 계약 기반 구조와 도매 전력시장에 참여하여 전력수급조정(Balancing)이나 차익거래(Arbitrage)를 통해 현금흐름을 수취하는 Merchant 구조로 구분할 수 있다.

계약 기반 구조의 경우, PPA/Toll Agreement 등의 계약 구조에 따라 신용도가 있는 Offtaker 로부터 통상 8~12년 계약 기간 동안 안정적인 매출을 수취할 수 있다. 계약 기반 구조 이외의 ESS 수익은 도매전력시장에 참여하여 수익을 수취하는 Merchant 구조이며, 동 구조의 매출 유형은 다음과 같다.

영국 배터리 ESS사업의 Merchant 구조 매출

구분	내용
용량 매출	• 용량시장은 전력공급자에게 피크수요에 대응하기 위한 예비 용량 확보 의무에 따른 보상을 지불하는 시장 • 경매 통해 낙찰된 용량에 대해 지급되며, 1~15년 단위 계약 사업자 선정 • ESS 사업자는 PPA 또는 Toll agreement로 확정된 용량 이외 잔여 용량에 대해 용량 입찰 참여 • 월별 용량매출 = 경매에 따른 낙찰 금액 (MW 당 파운드) X De-rating factor X 입찰 용량(MW)
에너지 시장 매출 (Arbitrage)	• 에너지시장에서 발전사업자는 매 30분마다 용량 및 가격에 대한 bid를 제출하며, 급전순위(Merit order)에 따라 발전소 가동 여부 결정 • ESS 사업자는 에너지시장에 참여하여 전력가격이 낮을 때 충전한 후, 전력가격이 높을 때 방전하여 그 차익을 수취 • 도매전력가격 = 발전소의 한계비용 + Uplift
밸런싱 매출	• 송전시스템의 수요와 공급의 균형을 실시간으로 일치시키기 위한 시장 • Gate Closure 시점부터 실제 전력 공급시점까지 30분 단위로 수요와 공급을 일치시키기 위해 Bid/Offer 제출 • Offer는 가격이 높은 순으로 Bid는 가격이 낮은 순 체결 • ESS 사업자는 각 시점 잔여 전력수요와 공급 위해 시장 가격에 전력 판매
보조서비스매출	• National Grid에 주파수 조정, 예비력 서비스 등 부수 서비스 제공 • 기술적 요건이 충족되어야 하며 주파수 조정의 경우 최소 1MW 이상, 서비스 유형별 응답시간 10~30 초 내 응답 필요함. 예비력 서비스의 경우, 25MW/분 이상 Ramp up rate, 2~15분 출력 제공

자료: 한국기업평가, 2022, 다가오는 친환경시대, 적극적인 ESS 투자가 필요할 때 [60]

재생에너지 연계 배터리사업 중요한 고려사항

■ 배터리 성능: System효율과 배터리 열화

재생에너지 발전기에서 생산된 전력이 배터리에 저장되고 다시 계통으로 송출되기 위해서는 전압 및 주파수 변환 과정과 충·방전 과정을 거쳐야 한다. 발전단계에서는 케이블효율, AC/DC 컨버터효율 등에 의해 충전효율이 결정되며, 배터리저장-송전단계에서는 배터리효율, DC/AC 인버터효율, 케이블효율 등에 의해 방전효율이 결정된다. 충전효율과 방전효율을 고려한 효율을 시스템효율이라고 하며, 시스템효율을 통해 배터리 충전량 대비 방전량을 도출할 수 있다. 따라서 배터리 충·방전 효율 감소로 인한 배터리 수익성 변동위험에 노출된다.

그리고 배터리는 충전과 방전 과정을 반복할수록 최대 충전 가능 용량이 점차 감소하게 되며, 이러한 배터리 열화율은 충·방전 횟수, 충전 및 방전량 등 배터리 이용 방법에 따라 달라질 수 있다.

다음은 배터리 공급사의 보증치 예시다.

- ESS 제품보증(제품의 수리 또는 교체 등 보증) : 15년 (무상 3년, 유상 12년)
- ESS 성능보증: 15년 (무상), ESS 충·방전 보증효율 (Round Trip Efficiency): ≥85 %
- 보증하는 배터리 열화율은 다음과 같음.

연도	1년차	5년차	10년차	15년차
배터리 잔존용량	96%	88%	81%	76%

13 수소란 무엇인가
Hydrogen

수소란 무엇인가

수소는 지구상 가장 가벼운 무색, 무미, 무취의 기체로 산소와 결합한 물(H_2O)처럼 다른 원소와 결합된 상태로 지구상에 대량으로 존재한다. 수소는 산소와 결합해 물로 변환하면서 많은 에너지를 방출한다. 수소의 단위부피당 발열량은 탄화수소 등에 비해 낮지만 단위 중량당 발열량은 약 세 배 정도 높다. 같은 무게라면 화석연료보다 세 배 가까운 에너지를 얻을 수 있다는 의미다.

원자번호 1번인 수소는 우주질량의 75%를 차지할 정도로 풍부하다. 기술적 난이도는 높지만, 지역적 편중이 없는 보편적 에너지원이며, 장기간 저장 가능하며, 산소와 화학반응으로 열/전기 생산 후 부산물도 물밖에 없어 환경친화적이다.

수소경제의 핵심은 탄소를 배출하는 화석 연료 기반 에너지 시스템을 수소에너지로 전환하는 것이므로 수소 중심의 에너지 시스템을 구축하면 환경, 에너지, 사회 및 경제 분야 등에서 나타나는 여러가지 문제를 해결할 수 있을 것으로 기대된다. 수소에너지에 주목해야 하는 이유는 크게 4가지로 정리된다.

첫째, 수소에너지는 특정 국가 또는 지역에 집중적으로 매장되어 있는 화석에너지와 달리 지역적 편중이 없는 보편적인 에너지원이다. 지구 표면에서는 산소와 규소에 이어 세 번째로 많은 원소이며, 우주에서는 질량 기준으로 약 75%, 원자 개수로는 90%를 차지하는 가장 풍부한 원소이다. 따라서 활용에 대한 기술적 난이도는 높지만 현재 화석 연료의 97% 이상을 수입하는 우리나라에서는 국내생산이 가능한 수소를 활용하여 에너지원을 다각화하면 해외 에너지 의존도를 낮춰 에너지 안보를 강화할 수 있다.

둘째, 수소는 산소와 반응하여 열과 전기를 만든 후 부산물로 물(H_2O)을 남기는 친환경 에너지이다. 수송 및 발전 등 다양한 분야에서 활용되어 탄소 저감으로 탄소 비용을 줄이고, 태양광 및 풍력과 같이 기후에 따른 간헐성과 변동성, 지역간 편차 등의 재생에너지의 근본적 한계를 보완해주는 보완재의 역할을 함으로써 재생에너지 활용도를 높일 수 있다. 따라서 미국이 파리 기후변화협정에 복귀한 상황에서 글로벌 탄소감축 목표를 달성하고, 우리나라 에너지 정책의 기본방향인 '에너지 전환'이라는 큰 목표를 달성하는 데 수소가 미래에너지로서의 재생에너지 확산을 보완하고 촉진하는 역할을 할 것으로 기대된다.

셋째, 수소는 에너지 운반체(Carrier)로서의 역할을 하며, 저장 및 운반에 활용도가 높다. 가장 흔히 사용하는 에너지 운반체인 전기와 비교하면 저장하기 쉽다는 것은 수소가 갖는 큰 장점이다. 현재 기체 상태로 수소를 압축해 저장하는 기술이 상용화된 상황이며, 부피를 800배나 줄일 수 있는 액화수소 저장 기술도 빠르게 발전하고 있다. 이러한 저장 용이성은 유통뿐만 아니라 충전소 등 인프라 구축에도 이점이 있다. 실제로 기체수소 충전소는 부지 약 250평이 필요하지만, 액화수소 충선소는 3분의 1 정도인 약 80평이면 충분하다. 이 때문에 도시 내에 설치하기 용이하여 인프라 구축에 유리한 것으로 평가된다.

넷째, 수소에너지는 전후방 파급효과가 큰 미래 성장동력 아이템으로서 차량을 중심으로 한 수송 분야에서부터 전기, 열 등 전반적인 에너지 산업에 걸쳐 다양한 미래 산업을 창출할 수 있다. 수송 부문에서는 승용차부터 상용차, 열차, 선박, 드론, 건설기계 등 모든 운송 분야에 수소가 활용되어 새로운 산업 생태계를 창출할 수 있다. 한편, 에너지 부문에서는 친환경적이면서 고효율 방식으로 전기와 열을 생산하는 연료전지가 분산형 전원의 대표적 기술로 떠오를 것이다. 수소 관련 산업은 협력 부품업체가 많고, 수소 생산-저장 및 운송-활용 등의 밸류체인 전반에 걸쳐 다양한 산업과 연계가 되어 있어 전방산업뿐만 아니라 후방 산업까지 파급효과가 크다.

전기차보다 차량에 들어가는 부품 수가 많은 수소차와 연료전지 등은 협력 업체가 대부분 중소 혹은 중견기업이기 때문에, 활용이 확대됨에 따라 협력기업 들의 성장과 고용창출로 이어질 수 있다. 또한, 수소 생산, 저장 및 운송, 활용 등 에 필요한 인프라 구축은 화학·금속·기계 설비 등 관련 산업의 투자와 고용 및 시 장확대를 촉진한다. 즉, 새로운 시장의 형성은 물론 밸류체인 전반에 걸친 관련 산업의 확대도 기대할 수 있다.

수소 산업 Value Chain

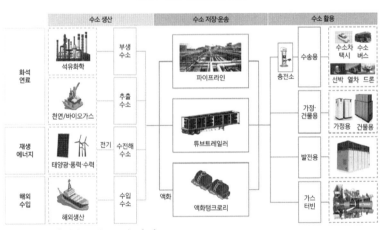

자료 : 수소경제활성화로드맵, 2019/01 [61]

국내 수소 관련 제도

정부는 2018년 8월 '혁신성장 전략투자 방향'에서 수소경제를 3대 투자 분야 중 하나로 선정하였으며, 2019년 1월 '수소경제 활성화 로드맵'을 제시하며 수소경제 추진정책의 비전 및 방향을 발표하였다. 이후, '수소경제 활성화 로드맵'의 후속대책으로 분야별 세부 추진계획을 수립함으로써 보다 엄밀한 수소경제 정책의 바탕을 마련하였다. 이와 함께 2020년 2월 세계 최초로 『수소경제 육성 및 수소안전관리법』(수소법)을 제정하여 지속적이고 체계적인 수소경제 추진을 위한 기반을 마련하였다.

2022년 신정부 출범과 발맞추어 그 해 5월 수소법 개정안이 본회의 의결을 통과하였다. 개정된 수소법의 주요 내용은 다음과 같다.

수소법 개정 시행령의 주요 내용은 1) 수소발전량 구매자 및 공급자, 의무구매량 및 공급량, 2) 수소발전 입찰시장에서의 낙찰기준, 3) 연도별 구매량 및 공급량 이행비용 회수 등이다. 개정 시행령은 수소발전 입찰시장의 낙찰자 선정 기준과 관련한 큰 틀에서의 방향성 제시. 특히 발전단가와 같은 가격지표뿐 아니라 지역주민 의견수렴 절차, 수소산업 활성화 기여도, 전력계통 및 수급안정, 에너지 효율과 같은 비가격지표도 제시하고 있다.

국내 수소발전 입찰제도

국내 정부는 기존 태양광·풍력 등 재생에너지를 중심으로 설계된 신·재생에너지 의무화제도 체계하의 발전용 연료전지를 분리한 수소 발전 의무화 시장을 조성하여 안정적인 수소 연료전지 보급체계를 마련하기로 하였다.

초기 시장 활성화를 위해 수소발전 입찰 시장을 사용 연료에 따라 일반수소와 청정수소 발전시장으로 구분하고 있다. 최종적으로 청정수소 발전을 확대하기 위해 한시적으로 개질 및 부생수소를 활용하는 기업들의 입찰 참여를 허용하겠다는 것이다.

정부는 기존의 석탄·천연가스(LNG) 발전설비가 좌초자산화되는 것을 방지하기 위해 2027년까지 수소·암모니아 혼소발전 조기 상용화를 추진하고 있다. 정부는 2023년 현재 USC급 미분탄 보일러, 발전용 순환유동층 보일러에 암모니아를 20% 혼소하는 기술개발 및 실증과제와 150MW(F급) 가스터빈과 300MW급 (H급) 가스터빈에 수소를 50% 혼소하는 기술개발 및 실증과제를 추진할 예정이라고 발표했다. 혼소발전은 기존 LNG와 석탄을 사용하는 발전터빈에 무탄소 연료인 수소(H_2)와 암모니아(NH_3)를 섞어 연소하는 개념이다.

수소발전 입찰시장 개념도

청정수소와 더불어 개질 및 부생수소까지 연료로 활용하는 것이 가능한 일반수소발전 입찰시장은 2023년부터 개설되었다.

일반수소발전 입찰시장 참가자격

구분		내용
발전 설비 요건	대상 설비	• 신설 전소 수소발전설비 • 입찰공고 마감일까지 RPS 등록 이력이 있는 설비는 참여 불가
	기술 요건	•「송배전용전기설비 이용규정」[별표6] 준수 가능 설비
	인허가 요건	• 입찰공고 마감일까지 발전사업 허가를 취득한 발전설비 또는 발전 사업허가 신청을 완료한 설비
입찰자 요건	재무 요건	• 신용등급: 회사채기업신용평가 BB- 이상, 기업어음 B0 이상 • 납입자본금: 입찰자의 납입자본금이 총 투자비의 1.5% 이상일 것 • 자기자본 비율: 총 투자 중 자기자본비율이 15% 이상일 것
	토지활용 능력	• 발전설비 건설부지의 토지 소유권 확보 또는 사용 권리 확보
	참여 제한	• 수소발전 입찰시장 참여제한자와 참여제한자가 주주로 포함된 법인

일반수소발전 입찰에서는 환경성, 경제성, 전력계통 영향, 산업 생태계 등을 고려해 사업자를 선정할 계획이다. 온실가스 감축이 가능하나 발전용 연료인 수소 생산 시에는 온실가스가 배출되므로 그레이수소(추출수소·부생수소)보다 온실가스 배출 수준이 낮은 청정수소를 사용하는, 수소발전 기술간 경쟁을 통해 발전단가 인하를 유도해 전기요금 부담이 낮은, 수요지 인근 발전으로 송·배전망 구축비용을 최소화할 수 있는 분산형 수소발전인, 국내 산업의 기술·투자·고용 창출과 청정수소 조달 시 단순 해외사 물량 구입이 아닌 기업의 참여가 적극적인 사업이 선정되도록 비가격 평가 항목을 제시하고 있다.

일반수소발전 입찰시장의 전력 판매가격은 고정판매가격과 변동판매가격으로 구분된다. 고정판매가격은 계약기간 중 투자비 및 운영비를 고려한 고정비 성격의 판매가격이며, 변동판매가격은 계약기간 동안 연료비를 기준으로 변경되는 판매가격이다.

이때 정산가를 구성하는 고정판매가격은 입찰 당시 제출한 가격으로 고정되나, 변동판매가격은 연료비 변동에 대한 리스크 헷징을 위하여 사후 조정이 이루어지게 된다. 즉, 입찰제안서상 변동판매가격에 변동성 사후 조정 인덱스를 반영하여 조정한 변동판매가격이 결정되며, 고정판매가격과 조정된 판매가격의 합으로 정산가가 결정된다.

수소발전사업자는 실제 발전량에 대하여 SMP에 해당하는 단가를 적용하여 판매해 전력시장정산금을 정산 받은 후, 계약가격에서 전력시장정산금을 차감한 차액을 별도로 차액정산금으로 정산 받게 된다. 이때 SMP가 계약가격보다 높은 경우 발생하는 부의 차액도 반영하여 정산금이 산정되는 양방향 정산(Two-way Settlement) 구조로 차액정산금이 산정될 예정이다.

또한, 실제 발전량이 계약 물량을 초과하는 경우에는 초과 물량에 대해 SMP를 통한 현물시장정산이 이루어질 예정이며, 실제 발전량이 계약량에 미달하는 경우에는 실제 발전량에 대하여만 계약가격에 따른 정산이 이루어지게 된다.

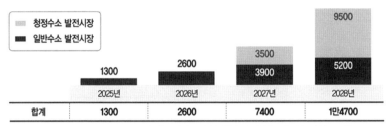

연도별 수소발전 구매량(GWh, 누적기준)

구분		청정수소 발전시장	일반수소 발전시장

2025년: 1300
2026년: 2600
2027년: 청정수소 3500, 일반수소 3900
2028년: 청정수소 9500, 일반수소 5200

합계	1300	2600	7400	1만4700

주: 2027년분 청정수소 물량 3,500GWh는 혼소 감안 낮게 설정했으나 정상 혼소율시 6,500GWh 규모
자료: 전력거래소 [62]

2023년에 진행된 일반수소발전 경쟁입찰 결과를 살펴보면 상반기와 하반기 합산 기준 총 181MW(상반기 89MW, 하반기 92MW)의 연료전지 발전설비가 선정되었다. 당초 KPX는 사업자 설명회에서 연간 입찰물량(1,300MWh)이 설비용량 200MW에 해당하는 규모로 설명하였으나, 이는 연료전지 발전소의 평균 이용률 실적인 약 70% 수준일 때의 설비용량이다. 실제 입찰에서는 각 사업자들이 주기기 보증이용률 수준(90% 이상)을 기준으로 입찰에 참여하면서 최종 낙찰된 설비용량은 181MW에 그치게 되었다.

연료 측면에서는 20MW 1개 사업만이 부생수소 발전소이며, 나머지는 전부 개질수소(도시가스)를 사용하는 사업이다. 또한, 일반수소발전 사업간 차별화가 쉽지 않은 상황에서 비가격평가 요소 중 계통수용성(지역수급비율, 수요지 인근 여부) 부분의 점수가 개별사업의 당락에 중요한 영향을 미친 것으로 알려졌으며, 실제 2023년 선정물량의 78.5%(설비용량 142MW)가 지역수급비율 점수에서 최고점이 부여된 서울, 광주, 경기, 충북 지역에 위치하는 사업이었다.

낙찰가격의 경우 상반기 입찰에서는 선정된 사업들의 제안가격(변동판매가격+고정판매가격)이 대략 230~260원/kWh 수준으로 알려졌으나, 하반기에는 상반기 대비 5% 이상 낮은 가격 수준에서 사업이 선정된 것으로 알려지고 있다.

14 수소 연료전지
Fuel Cell

연료전지 발전 원리

연료전지(fuel cell)란 연료가 가진 화학에너지를 전기화학반응을 통해 직접 전기에너지로 바꾸는 에너지 변환 장치로서, 배터리와는 달리 연료가 공급되는 한 재충전 없이 계속해서 전기를 생산할 수 있고, 반응 중 발생된 열은 온수생산에 이용되어 급탕 및 난방으로 가능하다. (여기서는 LNG를 통해 수소를 생산하는 연료전지 형태를 기준으로 설명하고자 한다)

연료전지시스템은 연료개질기(Reformer), 연료전지 본체(Fuel cell stack), 전력변환기(Inverter)로 구성된다. 연료개질기는 수소를 함유한 탄화수소계 연료(LPG, LNG, 메탄, 등)로 부터 수소가 농후한 가스로 변환시키는 장치, 연료전지 본체는 수소와 공기중의 산소가 반응하여 직류전기, 물 및 부산물인 열을 발생시키는 장치, 전력변환기는 연료전지에 나오는 직류를 교류로 전환시키는 장치다.

이중 연료전지본체에서 발전하는 원리를 상세히 설명하면 다음과 같다. 연료전지의 Cell에서 전기 생산 과정은 연료인 수소가스를 연료극으로 공급하면 수소는 연료극의 촉매층에서 수소이온(H+)과 전자(e-)로 산화되며, 공기극에서는 공급된 산소와 전해질을 통해 이동한 수소이온과 외부도선을 통해 이동한 전자가 결합하여 물을 생성시키는 산소환원 반응이 일어난다. 이 과정에서 전자의 외부 흐름이 전류를 형성하여 전기를 발생시킨다.

$$H_2 + 1/2\, O_2 \rightarrow H_2O + 전기$$

연료전지 발전시스템 구성도

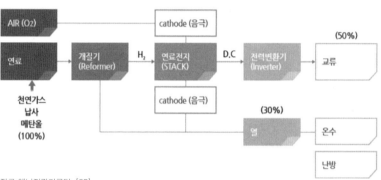

자료:에너지관리공단, [63]

연료전지 발전원리(단위전지)

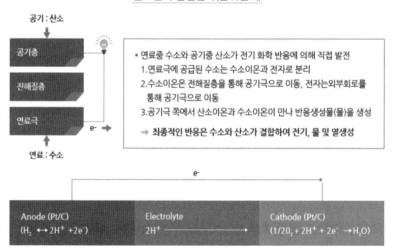

그림 : 연료전지의 반응과정 (예)
자료:에너지관리공단, [63]

연료전지의 종류

연료전지는 전해질의 종류에 따라 고분자 전해질 연료전지(Polymer Electrolyte Membrane Fuel Cell, PEMFC), 인산형 연료전지(Phosphoric Acid Fuel Cell, PAFC), 용융탄산염 연료전지(Molten Carbonate Fuel Cell, MCFC), 고체 산화물 연료전지(Solid Oxide Fuel Cell, SOFC), 알칼리 연료전지(Alkaline Fuel Cell, AFC), 직접 메탄올 연료전지(Direct Methanol Fuel Cell, DMFC) 등으로 구분할 수 있으며, 작동 가능 온도에 따라 다시 고온형과 저온형으로 구분된다.

고온형 연료전지는 600℃ 이상의 고온에서 작동하며 니켈 등 저렴한 금속 촉매를 사용함에 따라 발전효율이 높고 고출력이나 기동 시간이 길어 발전소나 대형건물 등에 적합한 기술이다.

주요 고온형 연료전지

구분	MCFC	SOFC	SOFC
작동온도(℃)	550~700	600~1,000	600~1,000
주촉매	Perovskite	니켈	니켈
전해질 지지체	고형화 액체	고체	고체
효율(%, LHV)	50~60	50~60	50~60
특징	높은 효율, 내부개질 및 열병합 대응 가능	높은 효율	높은 효율

자료:에너지관리공단. [63]

연료전지 발전의 다른 재생에너지발전원 대비 장점

- 높은 발전효율 : 발전효율 35~60%로, 연료전지의 열병합발전까지 고려시 총 효율은 80%다. 디젤/가솔린엔진, 가스터빈은 출력규모가 클수록 발전효율이 높아지지만 연료전지는 출력크기에 상관없이 일정한 고효율이 가능하다.

- 높은 가동률 : 365일, 24시간 쉬지 않고 전기를 생산한다. 운용 신뢰도가 높아 비상전원, 무정전전원으로 적합하며 90% 이상 높은 가동률을 보인다. 이는 간헐적인 전기생산만 가능한 타 재생에너지 대비 가장 큰 장점이자, 기저부하의 역할을 할 수 있는 잠재력이다.

- 공간효율성 : 모듈형태로 제작해 규모조절이 용이하고 설치에 제약이 없다. 소형연료전지라도 높은 에너지효율이 가능하다.

RPS적용 연료전지 발전사업 중요한 고려사항

■ 주기기 성능보증

연료전지 스택은 열화로 인해 매년 성능이 자연감소하고 일정기간마다 부품을 교체해야 한다. 따라서 연간 열화율, 스택 교체주기가 경제성에 매우 중요한 영향을 미친다. 이러한 사업위험을 줄이기 이해 주기기사와 장기유지보수계약(Long term Service Agreement, LTSA)를 체결한다. 여기에는 설비 성능보증, 모니터링, 정비서비스, 손해배상 책임 제공 등이 포함된다.

주기기 공급사 책임하의 성능보증은 유사하나, 성능보증의 범위 및 손해배상 조건 등은 다소 차이가 있다. 손해배상이 미달 보증치에 따른 공헌손실분을 보상하는 구조도 있고, 미달 보증치 만큼 LTSA 수수료를 감액하는 구조도 있다. 배상 한도도 서로 다르니, 세심하게 점검할 필요가 있다.

■ 연료비 변동성

연료전지 사업은 운영비 중 연료비가 차지하는 비중이 70~80% 수준이다. 따라서 국제유가의 변동에 따른 연료비 변동으로 금융이 어려운 대표적인 사업이다.

연료비 변동성에 취약한 연료전지를 설명하기위해 예시를 들어 보고자 한다. 100MW급 연료전지의 효율은 47%, REC는 가중치는 2개이며 계약시장에 의해 결정되는 경우, 2017년부터 매년 11월 한달 운영만을 가정하여 운영하는 경우를 가상하여 공헌이익을 계산해 보면 다음과 같다.

구분		2020년 11월	2019년 11월	2018년 11월	2017년 11월
LNG 열량단가	(원/Gcal)	29,390	47,715	62,058	47,900
평균 SMP	(원/kWh)	49.7	81.1	104.6	81.2
효율 47% 연료비	(원/kWh)	53.8	87.3	113.6	87.6
계약시장REC	(원/kWh)	128.0	73.0	64.0	93.0
매출	(백만원)	20,906	15,536	15,909	18,273
연료비	(백만원)	3,678	5,972	7,767	5,995
공헌이익	(백만원)	17,228	9,564	8,142	12,278
공헌이익률		82%	62%	51%	67%

자료 : 전력거래소

매출은 SMP의 등락을 REC가 일부 흡수하지만, 연료비는 위 예를 보면 23,900원/Gcal에서 62,058원/Gcal로 변동이 큰 편이다. 따라서 공헌이익 역시 이익률이 82%에서 51%로 큰 폭의 변동성이 예상된다. 신재생에너지의 장점인 수익 안정성 잣대로 보면 연료전지는 금융가능성이 현격하게 떨어지는 편이다.

따라서 국내 연료전지 사업은 초창기 대부분 REC 매출을 통해 연료비 변동성을 커버하는 매출구조 확보가 금융의 핵심이 되어 왔다. 이래서 고안된 개념이 "요구 REC 구조"다. 요구 REC는 REC 구매자가 높은 신용도를 기반으로 연료비 변동성을 흡수해주는 장치다.

매년 지출항목 "대출원리금+일부 마진+운영비"에서 "전력 및 열 매출"을 차감한 금액을 "REC 요구매출액"으로 채워주는 구조다. 변동하는 운영비(특히 연료비), 전력 매출을 고려해서 대출원리금에 상환이 가능한 "REC 요구매출액"을

REC구매자가 정산해 주는 구조를 띈다. 이 구조는 금융기관은 선호하는 구조지만, REC 구매자 입장에서는 채무 간접 보증으로 느껴 부담스러운 구조다.

최근 요구 REC 외로 연료비 금융 헷징, 유가상승에 유리한 사업과 공동투자를 통한 자연 헷징 등 다양한 시도를 하고 있다.

HPS적용 연료전지 발전사업 중요한 고려사항

기존 RPS제도 하에서는 연료전지 발전사업의 가격변동위험(LNG, SMP, REC가격)이 가장 중요한 사업위험요인으로 작용한 반면, 일반수소 입찰시장은 입찰가격에 의해 고정비와 변동비가 회수되고 연료비도 사후조정 인덱스를 통해 연료비 변동 위험이 헷징되도록 설계되어 있다. 따라서 가격 측면에 비해 전력판매량에 대한 검토가 중요한 고려사항이다.

■ 전력판매에 대한 불확실성

수소법에 따른 수소발전사업으로서 수소발전입찰시장 운영규칙에 따라 생산된 수소발전량 중 수소발전입찰시장에 낙찰된 물량은 발전소의 상업운전개시일로부터 20년간 한국전력공사 및 구역전기사업자에 판매하도록 되어있어 전력판매에 대한 불확실성은 제한적이다.

생산된 수소발전량 중 수소발전입찰시장에 낙찰된 물량을 초과하는 발전량이 발생하더라도 본 발전시설은 비중앙급전발전기인 신재생에너지 발전설비이기 때문에 전력거래소가 별도의 급전지시 없이 계약물량을 초과하는 발전량을 구매하도록 되어 있어 전력판매에 대한 불확실성은 제한적이다. 다만 계약초과 판매량에 대해서는 SMP로만 정산하므로 손실이 발생할 가능성이 있다.

설비성능 변동으로 실제 판매량이 계약전력량에 미달할 경우 고정비 판매가격에 해당하는 기회이익이 상실된다. 통상은 연료전지 제작사에 이용률 및 효율에 대한 보증을 요구하고 있어, 이익 상실분을 배상하도록 하고 있다.

15 RE100

글로벌 RE100과 한국형 RE100

글로벌 RE100은 다국적 비영리단체인 Climate Group과 CDP(Carbon Disclosure Project)의 협력 과제(Collaborative Initiative)로서 2014년 뉴욕 기후주간 회의에서 출범했다. RE100은 글로벌 기업의 자발적 참여에 기반하여, 늦어도 2050년까지 100% 재생에너지 전력을 사용을 목표로 하는 Initiative다.

글로벌 RE100은 인지도가 높고 전력소비량이 많은 글로벌 기업을 대상으로 한다. 따라서 RE100 참여를 위해서는 연간 전력사용량이 100GWh 이상인 전력 다소비 기업이거나 해당 지역에서 영향력(Influential) 있는 기업으로 인정받아야 한다. 영향력 지표에서는 지역, 산업, 정책 입안과정에서의 중요성 등이 고려된다. (영향력 : 해당지역 Key Player, 산업내 Key Player, 해당지역 정책활동 참여 여부, 주요 다국적 기업(Fortune 1000 선정 또는 이와 유사한 기준 등))

RE100 이니셔티브는 창립 이후 급속도로 성장하며 회원사 수도 급증했다. 2016년 116개였던 글로벌 RE100 참여기업은 5년이 지난 2021년에는 355개로 3배 이상 증가했으며, 2023년 3월 기준 RE100 홈페이지상 회원사 수는 401개다. 국내 기업들의 경우 2023년 기준 SK, LG, 삼성, 현대, 아모레퍼시픽 등 주요 대기업을 포함 27개 회사가 글로벌 RE100 이니셔티브에 가입해 있다.

RE100 이행시 인정되는 발전원은 풍력, 태양광, 지열이다. 바이오에너지와 수력은 지속가능성(Sustainability) 조건을 만족할 경우 인정된다. 수소의 경우는 인정되지 않는다. 수소는 에너지원이 아닌 전달체(Carrier)로 간주하기 때문이다. 이행방법에 있어서는 자가발전, PPA, 유틸리티와의 계약(녹색 프리미엄 요금제 등), 인증서(REC 등) 구매 등 다양한 방법을 인정하고 있다. RE100의 목적은 에너지전환의 가속화이기 때문에, 단순히 재생에너지를 구매하는 것이 아니라, 구매를 통해 재생에너지에 대한 투자가 이루어질 수 있는 방안을 선호한다.

2021년 1월 기업 등 전기소비자가 재생에너지 전기를 선택적으로 구매, 사용할 수 있는 '한국형 RE100(K-RE100)' 제도가 도입되었다. 기존 화력발전업의 RPS제도, 제조발전업의 배출권거래제가 의무이행이었다면 제조업중심의 자발적인 제도인 K-RE100이 도입되면서 재생에너지의 확산이 기대된다.

K-RE100 제도는 글로벌 RE100 캠페인과 다른 부분이 있다. 글로벌 RE100은 연간 전기사용량이 100GWh 이상인 기업을 대상으로 참여를 권고하지만 국내 제도의 경우 전기사용량 수준과 무관하게 국내에서 재생에너지를 구매하고자 하는 산업용·일반용 전기소비자는 에너지공단 등록을 거쳐 참여가 가능하다. 즉 RE100 참여기업뿐만 아니라 산업용·일반용 전기소비자 모두 활용이 가능하다. 그리고 재생에너지 사용으로 인정받을 수 있는 에너지원은 태양광, 풍력, 수력, 해양에너지, 지열에너지, 바이오에너지이며 이는 글로벌 RE100 캠페인 기준과 동일하다.

전기소비자가 재생에너지 전기를 사용할 수 있는 이행 수단에는 녹색 프리미엄제, PPA(전력구매계약), REC(신재생공급인증서) 구매, 자가 발전 등이 있다. 또한 직접 재생에너지 발전사업에 참여하는 지분 투자의 경우 해당 발전소와 별도의 PPA 체결 또는 REC 구매가 필요하다.

상대적으로 많은 투자비가 지출되어야 하는 자가발전이나 지분투자보다는 간접 조달방식이 선호되는 경우가 많으며, 특히 녹색 프리미엄과 REC는 기업이 기존 전기 요금에 추가 비용을 지불하거나 별도 시장에서 REC를 구매함으로서 재생에너지를 가장 쉽게 구매할 수 있는 수단이다.

RE100 이행수단

■ 녹색 프리미엄

녹색 프리미엄은 전기소비자가 한전으로부터 녹색 프리미엄을 지불하고 재생에너지를 구매하는 제도로 2021년 1월 5일 첫 입찰이 공고되었다. 녹색 프리미엄 판매량은 RPS(신재생공급의무화), FIT(발전차액지원제도)의 연도별 재생에너지 발전량으로 설정된다. 녹색 프리미엄은 전기소비자가 가장 손쉽게 재생에너지를 조달할 수 있는 수단으로 평가된다. 전기소비자가 지불한 녹색 프리미엄은 에너지공단에 출연, 재생에너지 투자사업에 활용된다.

첫 입찰결과 입찰공고물량 17,827GWh중 약 7%에 해당하는 1,252GWh가 낙찰되었고 낙찰가격은 평균 14.6원/kWh이었다. LG화학, SK아이테크놀로지, SK피아이씨글로벌, SK텔레콤, 한화큐셀 등이 참여했다. 녹색프리미엄 입찰결과가 저조한 수준에 머문 것은 녹색프리미엄이 RE100의 5가지 이행수단 중 유일하게 온실가스 감축 실적으로 인정받지 못하는 점과 RE100 이행에 대한 정부의 인센티브가 미미하다는 점 등으로 인해 기업들의 참여를 이끌어내는데 실패한 것으로 해석된다.

녹색프리미엄 입찰 실적

구분	판매대상물량 (GWh)	낙찰물량 (GWh)	낙찰률 (%)	하한가격 (원/kWh)	평균입찰가격 (원/kWh)
2021년 1차	17,827	1252	7.0%	10	14.6
2021년 2차	12,319	203	1.6%	10	12.9
2022년 1차	13,561	4670	34.4%	10	10.9
2022년 2차	13,561	1014	7.5%	10	10.7

자료 : 한국전력 [64]

■ REC 구매

기존 REC 거래는 구매자인 RPS의무자와 판매자인 신재생에너지 발전사업자 간에 이루어졌다. 그러나 K-RE100 시행으로 전기소비자가 REC 거래플랫폼을 통해 RPS 의무이행에 활용되지 않는 재생에너지 REC를 구매하면 "재생에너지 사용 확인서"를 발급받게 되고, 이를 RE100 이행 및 온실가스 감축 이행 수단 등으로 활용할 수 있게 된다. RE100 이행으로 인정되는 대상 에너지원은 신에너지인 연료전지, IGCC를 제외한 태양광, 풍력, 수력, 지열, 바이오, 해양에너지이며, 이 중 온실가스 감축실적으로 인정되는 대상은 태양광, 풍력, 수력으로 제한된다.

한편, 기존 RPS 거래시장은 REC당 가격으로 거래가 이루어지기 때문에 발전원가가 비싼 발전원이 높은 REC 가중치를 적용받아 적정 수준의 수익성을 달성할 수 있도록 설계되어 있는 반면, RE100 거래시장은 RPS시장과는 달리 전력량(MWh)당 가격으로 거래가 이루어질 예정으로 기존 REC 가중치가 높은 발전원이 가격 경쟁에서 불리하게 작용할 것이라는 우려가 제기되고 있다.

■ 재생에너지 PPA

2021년 6월 한전을 중개자로 하여 재생에너지 전력을 공급하는 제3자 PPA가 도입된 데 이어 2022년 9월 직접 PPA 제도가 도입되었다. 우리나라에서 발전사업자가 생산한 전력은 전력시장을 거쳐 판매사업자인 한국전력공사가 일반 소비자에게 판매하게 된다. 한국전력은 발전사업자에게 구매한 전력을 소비자에게 판매할 수 있는 독점적 지위를 지니고 있다. 이때 전력거래소는 발전량(공급)을 수요량(소비)에 맞게 조절하여 안정적으로 전력을 공급하는 역할을 담당한다.

직접 PPA에서는 재생에너지 발전사업자는 전력을 생산하여 전력시장을 거치지 않고 재생에너지 공급사업자에게 판매한다. 그리고 재생에너지 공급사업자는 구매한 전력을 재생에너지 소비자(실사용자)에게 판매하는 구조다. 다만 발전량을 조절할 수 없는 재생에너지의 간헐성에 따라 잉여 전력은 전력시장을 통해 외부 판매하고, 부족한 전력은 전력시장 또는 판매사업자에게 구매하게 된다.

직접 PPA 참여조건을 살펴보면, 재생에너지 발전사업자는 합산, 또는 단독으로 설비용량 1MW를 초과하는 재생에너지(태양, 풍력, 수력, 바이오, 지열, 해양) 발전설비를 이용하여 전기를 생산하는 자, 소비자는 계약전력 300kW 이상의 고객으로 규정된다.

제3자 PPA와 직접 PPA 비교

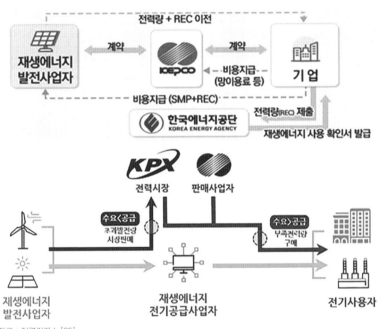

자료 : 전력거래소 [65]

국내 기업 재생에너지 구매계약 현황

계약 체결일	프로젝트	계약용량 (MW)	계약형태	중개자	수요자
22.03	당진 송산면 소재 태양광발전소	5	직접PPA	SK E&S	아모레퍼시픽
22.04	에이치디충주 태양광 1호	3	제3자PPA	한국전력	현대엘리베이터
22.04	삼천포태양광	10	REC	남동발전	LG화학
22.04	동복풍력	23	REC	제주 에너지공사	LG에너지솔루션
22.06	영광중앙솔라	2.8	제3자PPA	한국전력	아모레퍼시픽
22.08	충남지역 태양광발전	50	직접PPA	SK E&S	SK 스페셜티
22.09	창원 LG스마트파크 지붕형태양광	5	직접PPA	GS EPS	LG전자
22.11	북촌서모풍력	3	VPPA	SK E&S	아모레퍼시픽
22.12	포트폴리오(엔라이튼)	-	제3자PPA	한국전력	네이버

자료 : 신한투자증권, 2023, 대체투자 [66]

재생에너지 발전소에서 생산한 전력이 사용자에게 도달하기 위해서는 송전 및 배전망을 거쳐야 한다. 따라서 재생에너지 전력의 직접 사용을 원하는 소비자는 발전사에게 지불하는 발전단가뿐 아니라 한전의 송전 및 배전망을 이용하는 이용료를 부담해야 한다. 이 외에도 전력손실반영금액, 부가정산금, 거래수수료, 전력산업기반기금 등의 부담이 필요하다. 이 경우 추가로 부담해야 하는 금액은 발전단가의 18~27%에 이르는 수준이다.

망 이용료, 손실률 등 각종 부대비용 부담이 경제성 허들로 작용하고 있다. 이에 대한 대안으로, 현재 사업장 지붕 및 사업장 인근 유휴부지 등에 발전자산을 설치하고 그 전력을 직접 사용하는 On-Site PPA가 추진되고 있다. On-Site PPA는 자가발전과 유사한 방법이다. 발전설비의 설치, 운영 관리, 투자비 부담 등을 원하지 않는 수요자를 위해 외부 사업자는 수요자의 사업장 지붕위나 인근 부지에 발전자산을 설치 및 운영하고, 수요자와 직접 PPA 계약을 맺게 된다. 이 경우 원격지의 발전자산에서 전력을 조달하는 Off-Site PPA 대비 망이용료, 부가 정산금 등이 면제된다. 특히 사업장 지붕 등을 활용할 경우에는 일반 발전 프로젝트와 달리 부지 확보를 위한 구매비용 또는 임대료 등이 절감되어 발전원가도 상대적으로 저렴하다. 단, 부지 규모에 따라 발전설비의 설비용량 제한이 발생하며, 직접 PPA 형식으로 계약 시 설비용량이 1MW를 초과해야 함에 따라 대규모 사업장에만 건설이 가능하다. GS EPS가 LG전자 창원 LG스마트파크에 지붕형 태양광을 설치하며 LG 전자와 체결한 직접 PPA가 On-Site PPA의 사례다.

2023년 기준 태양광 On-site PPA의 경우, PPA의 고정가격 약 165원/kWh 이내일 경우 한전에서 공급받는 산업용 전기요금 대비 경쟁력을 보일 것으로 보고 있다.

- 한전요금 : 산업용 전기요금 144 + 연료비조정요금, 기후환경요금, 전력산업기반기금 20 = 164원/kWh
- On-site 직접PPA : 계약요금 165 + 전력산업기반기금 6 - 온실가스 감축효과 9 = 164원/kWh

지금 현재 한전으로부터의 산업용 전기요금과 PPA체결시 부담액을 비교할 때, 아직은 산업용요금이 경제성이 있으나, 장래 산업용 전기요금이 상승한다면 PPA 가격이 경제성을 갖게 된다.

11장

폐기물처리
Waste Management

·
·
·

1 폐기물처리란 무엇인가

폐기물의 분류(국내 기준)

　　폐기물관리법상 폐기물의 분류체계는 폐기물처리의 최종책임과 처리방법을 결정하는 중요한 기준이 되는 바, 현행 법은 폐기물 발생원을 기준으로 생활폐기물과 사업장폐기물로 구분하고 있다. 생활폐기물이란 가정에서 발생되는 생활폐기물이 이에 해당하며, 사업장 폐기물이란 배출시설을 설치·운영하는 사업장에서 배출되는 폐기물을 지칭한다.

　　또한, 사업장폐기물은 유해성을 기준으로 사업장일반폐기물, 건설폐기물, 지정폐기물로 나누어지는데, 사업장일반폐기물 중 일상적으로 사업장에서 배출되는 사업장생활폐기물을 가정의 생활폐기물과 함께 통상 생활폐기물이라고 지칭한다. 한편, 지정폐기물은 사업장폐기물 중 유해성이 가장 높은 폐기물로서 폐산, 폐알칼리, 폐유, 폐유기용제, 폐합성고분자화합물, 오니류 등의 일반지정폐기물과 의료폐기물이 있다.

구분		설명	처리주체
생활폐기물		가정에서 종량제봉투로 배출하거나 재활용을 위해 분리 배출한 폐기물(음식물쓰레기 포함)	기초 지자체
사업장 폐기물	사업장생활계 폐기물	사업장에서 배출하는 일평균 300kg 이상의 생활계 폐기물(300kg 미만 발생 시 생활폐기물로 분류)	배출자
	사업장배출 시설계폐기물	「대기환경보전법」 등에 따른 오염물질 배출시설에서 발생되거나 폐수종말처리시설, 폐기물처리시설 등에서 발생되는 폐기물	
	건설폐기물	건설현장에서 발생하는 5톤 이상의 폐기물(5톤 미만 발생 시 생활폐기물로 분류)	
	지정폐기물	폐유·폐산 등 주변을 오염시킬 수 있거나 의료폐기물 등 인체에 위해를 줄 수 있는 폐기물	

폐기물의 발생에서 최종처리까지 흐름

생활폐기물의 경우 「폐기물관리법」 제14조에 따라 지방자치단체가 직접 또는 대행업체를 통해 폐기물을 수집·운반하고 공공 폐기물처리시설에서 처리를 하고 있으나 공동주택에서 분리배출한 재활용품은 일반적으로 고물상 등이 수집·운반을 하여 민간 재활용업체에서 처리하고 있다.

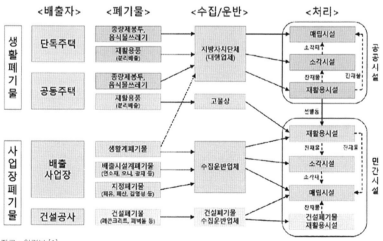

자료 : 환경부 [1]

그리고 사업장폐기물의 경우 「폐기물관리법」제18조에 따라 배출자가 직접 처리하거나 폐기물수집·운반업체 등과 계약을 맺어 폐기물의 처리를 위탁하고 있고, 주로 민간 폐기물처리시설에서 처리하고 있다

폐기물 처리방법은 크게 소각, 매립, 재활용, 해역배출 4가지 방법으로 분류 된다. 폐기물이 처리되는 과정을 살펴보면, 사업장에서 폐기물이 배출된 이후 대규모 폐자원 수집업체에서 수거, 이 중에서 일부를 선별해서 골재회수, 재활용되지 않는 것들을 폐기물 처리업체와 협의를 통해서 처리업체가 수거, 이후 소각과 매립 절차를 거친다.

소각은 보일러시설을 통해 액체, 고체, 슬러지 등 다양한 폐기물을 처리하는 과정이다. 일반적으로 투입공정 → 용융공정 → 에너지회수공정 → 가스처리공정 → 배기공정으로 구성된다. 투입공정은 저장공간에 폐기물을 미리 저장시켜 두고 용융로로 투입하는 과정이다. 용융공정은 투입된 폐기물을 열을 가해 건조, 열분해하는 과정이다. 가스처리공정은 가스가 공기 중으로 배출되기 전에 미량의 유해 가스를 제거하는 과정으로 여과집진기, 탈황장치를 통해 잔여 물질을 최대한 제거 시킨다. 배기공정은 유해가스를 제거한 배기가스가 대기로 빠져나가는 과정이다.

매립 비용은 유입되는 폐기물의 무게에 따라 결정된다. 따라서 매립 공간을 적게 차지할 수 있는 무게가 많이 나가면서 부피가 작은 물질을 폐기물 업체는 선호한다. 매립장을 보유한 기업은 매립장 활용 연수를 확대하기 위해 부피가 큰 물질은 선별적으로 받거나 단가를 평균 대비 더 높인다.

폐기물 종류별 발생 및 처리 현황(2018)

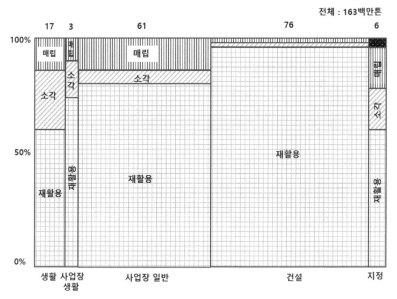

자료 : 환경부, 전국 폐기물 발생 및 처리 현황(2018년도) [2]

폐기물 처리 산업 특징

폐기물 처리 산업은 폐기물의 수집·운반, 재활용, 소각, 매립 등을 수행하는 산업으로, 생활폐기물의 경우 지방자치단체 주도로 처리가 이루어진다. 지자체가 소각/매립 시설을 설치하고 이를 처리업체에게 위탁해 운영하는 방식이 일반적이다. 반면, 사업장폐기물은 배출업체와 처리업체가 통상 1년 단위의 위/수탁계약을 체결하고, 전문성을 갖춘 처리업체가 배출업체를 대행해 폐기물처리과정 일체를 관리한다.

폐기물 처리 산업은 장점은 수요가 경기 변화에 크게 영향을 받지 않는다는 점이다. 단기적으로는 경기 변동에 일시 영향을 받으나, 중장기적으로는 경기 비탄력적인 산업이고, 더 나아가 경제 규모가 커질수록 산업폐기물, 생활폐기물 등의 발생량은 일반적으로 늘어난다.

국내 폐기물 발생량 및 증감률 추이

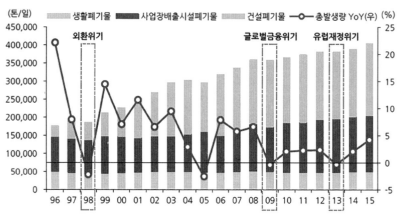

자료 : 환경부, 전국 폐기물 발생 및 처리 현황(각년도 자료 취합) [2]

또 장점은 진입장벽이 높아 수익성이 우수하다는 점이다. 진입장벽을 형성
하는 요인은 크게 세 가지로 나누어 볼 수 있다.

첫째, 폐기물 산업은 정부가 엄격히 관리하는 허가 산업이다. 관련 법률이
규정하고 있는 모든 요건을 충족해야 폐기물처리 업체의 설립이 가능하여 시장
진출이 쉽지 않다. 가장 어려운 단계는 환경영향평가 시 주민동의를 획득하는 부
분이며, 이는 지역적 님비 현상 때문이다. 환경평가~주민설득~시설설치까지 최
소 3년의 시간이 걸리는 것으로 알려져 있다. 기존 업체의 경우 이미 지역 내부자
들과 과거부터 네트워크를 보유하고 있어 신규 진입자 대비 유리한 상황이다.

둘째, 처리시설 구축에 대규모 투자가 필요하다. 폐기물 소각로를 하나 건설
하는 데에만 최소 100억원이 투입되는 등 초기 CAPEX가 집중적으로 발생하는
장치산업의 특성을 지녀 신규 업체의 진입이 어렵다. 이에 더해, 환경 기준치가 점
차 엄격해짐에 따라 유지 및 보수에 필요한 비용도 갈수록 늘어나고 있다.

셋째, 폐기물처리 시설은 혐오 시설의 일종으로, 입지를 확보하기가 매우 어

렵다. 특히 폐기물 매립 사업의 경우 모든 조건을 충족하여 어렵게 사업 허가를 받는 데 성공하더라도, 지자체와 지역 주민의 반발로 인해 사업 시행이 장기간 미뤄지는 사례도 적지 않다.

이러한 진입장벽은 후발 업체의 신규 진입을 어렵게 하고, 기존 업체가 높은 수준의 수익성을 달성하는 기반이 되고 있다. 폐기물 산업은 서비스 공급자가 늘어날 수 있는 여지가 제한적이므로, 전형적인 '공급자 우위 시장'의 성격을 띠고 있다. 따라서 폐기물처리 단가 협상에서도 처리업체가 배출업자보다 강력한 협상력을 보유한 경우가 많다.

반면 위험요인도 있다. 소각 사업의 리스크는 온실가스 배출 문제이다. 폐기물 보관, 취급 시 메탄, 이산화탄소가 분해됨에 따라 온실가스가 배출된다. 이에 대한 처리 비용이 갈수록 커질 것으로 보인다. 매립 사업의 리스크는 폐기물 누출이다. 시간이 지나 매립지에 물이 스며들어 발생하는 침출수, 매립장에 매립된 지정폐기물 침출수가 누출될 경우 유해물질이 외부로 나오게 되어 환경오염의 주범이 된다. 특히 이런 사건이 발생할 경우 영업중지로 이어지고 재개에 오랜 시간이 소요될 뿐만 아니라 민원 문제가 발생으로 이어지는 경우도 있다.

폐기물 소각처리 사업

대표적인 가연성 폐기물 에너지화 사업은 소각처리다. 폐기물 중간처리업으로 재활용되지 않은 폐기물을 연소처리하며, 잔여폐기물은 매립장으로 운반되게 된다. 폐기물 소각은 배출업체, 소각업체 및 수집운반업자 3자 간 계약을 통해 이루어지며, 소각업체가 수집/운반까지 모두 담당하게 되는 직계약도 가능하다.

소각장은 크게 지자체 소각장, 자가 소각장, 민간 소각장으로 나뉜다.

지자체 소각장은 O&M업체를 통해 위탁운영이 이루어지며, 주로 수집/운반업체를 통해 받은 생활폐기물을 수거하여 소각하게 된다. 전국 단위로 업체 간

O&M 입찰경쟁이 이루어지며, O&M 업체들은 지역 업체들과 컨소시엄을 구성하여 입찰에 참여하고 있다. 지자체 소각장은 일반적으로 수익성이 낮은 편이다.

자가 소각장에서는 폐기물이 발생하는 사업장을 보유한 업체가 자체 산업폐기물을 소각 처리하며, 공정 중 발생한 슬러지의 소각과 스팀의 사용이 주목적이다. 민간 소각장은 지자체에서 처리하지 못한 생활폐기물 및 자가 소각장을 보유하지 않은 사업장의 산업폐기물을 소각하며, 안정적인 수요 증가에도 용량증설이 제한되어 있어 사업안정성이 높은 편이다.

	지자체 소각장	자가 및 민간 소각장
Biz 모델	• 주로 지자체가 보유한 소각장을 O&M업체가 위탁 운영 • 주로 수집/운반업체를 통해 받은 생활폐기물을 수거하여 소각	• 민간업체가 보유/운영하는 소각장 • 주로 수집운반업체나 사업장의 계약을 통해 산업폐기물을 수거하여 소각
시장 경쟁 구조	• EPC와 O&M을 수행하는 건설업체와 O&M전문업체가 전국단위로 입찰 참여 • 20여개의 주요 업체가 있으며, 지역 업체들과 컨소시엄 구성하여 입찰참여 • 규모에 따른 경쟁 업체 상이함	• 전국에 70여개 업체 존재하나 운송비 부담으로 인해 100km이내 업체가 지역 경쟁 • 업체들간의 우호적 관계로 인해 가격이 아닌 영업력을 통한 고객 확보 경쟁 이뤄짐
필요 역량	• 지자체 소각시설 수행 경험 • 안정적인 폐기물 처리능력 • 정산/비정산 비용 관리를 통한 이익극대화	• 최대 가동일수/가동율 달성을 위한 유지보수 역량 • 효율적인 운영 및 비용관리 기반한 가격 경쟁력 • 스팀, 전기 공급 통한 부가 수익 창출

소각단가는 민간 소각장의 수요-공급 차이와 매립단가 상승에 따른 원가 상승에 의하여 결정되는 구조다. 2016년까지는 지자체 및 자가 처리량 증가로 민간 소각수요는 감소했으며, 신규/증설 및 가동률 증가로 공급이 증대되어 수요-공급 차이가 거의 없었다. 따라서 매립단가는 약 톤당 4만원 수준이고, 소각단가는 톤당 13~15만원선에서 오랫동안 유지되었다.

2016~2019년 기간 동안에는 제지산업 재편으로 인하여 자가 소각장 처리

량 감소 및 소규모 소각장 폐쇄로 인하여 민간 소각수요가 증가했으며, NIMBY 현상으로 인한 증설둔화 및 2017년 검찰/환경부 단속 이후 가동률 저하로 공급이 감소하여 수급차이 증가에 따른 영향으로 매립단가는 약 40% 상승하였고, 소각단가가는 매립단가 상승분 및 자체 약 1만원 수준 인상을 포함한 약 5만원 상승해서 2020년 기준 약 톤당 20만원 수준이다. 소각장은 소각 시 발생하는 20~30%의 소각재를 매립해야 하므로 이익유지를 위해 매립단가 인상분의 20~30%를 소각단가에 반영해야 한다.

국내 상장 폐기물 업체 처리단가 추이

(만원/톤)		2014	2015	2016	2017	2018	2019
A업체(영남권)	소각	13.3	14.5	11.5	12.5	15.4	16.5
	매립	5.9	5.8	5.8	7.8	12.1	18.6
B업체(수도권)	소각	11.5	13.1	14.9	17.2	20.3	23.7
C업체(전남권)	소각	-	18.5	18.2	20.4	23.2	25.0
	매립	-	5.7	6.0	6.9	8.1	13.4

자료 : 각사 전자공시 자료

건설폐기물 재활용 사업

건설폐기물 처리업은 전방산업인 건설현장에서 발생된 폐기물을 운반→선별→파쇄 후 골재/토사로 재활용하거나 소각/매립 등으로 처리하는 과정으로 이루어진다.

건설폐기물의 부피가 큰 특성으로 인해 건설폐기물 처리업은 지역내에서 대부분 처리되는 지역기반 성격을 띄고 있으며, 2019년기준 전체 발생량의 46~47%가 서울, 경기, 인천 등 수도권에서 발생/처리되고 있다. 건설폐기물의 성상은 약 80%가 폐콘크리트와 폐아스콘으로 구성되어 있으며, 향후에도 발생원에 큰 변화가 없을 것으로 예상되므로 이러한 성상구성은 지속될 것으로 전망된다. 건설폐기물은 주택 정비사업(재건축/재개발) 철거 물량에 따라 반입량에 큰 영향을 받는다.

2020년 기준 건설폐기물 재활용 비중 99%, 건설폐기물 외 폐기물(재활용 비중 78.2%)과 비교했을 때 재활용 비중 상당히 높은 편이다. 원인은 정부가 지속적으로 순환골재(건설폐기물 재활용)의 의무사용량을 늘려왔기 때문이다. 순환골재는 주로 도로공사 등 토목공사에 많이 활용되고 있다. 재활용 비중이 압도적으로 높음에도 불구하고 전체 건설폐기물 중 약 절반가량이 수도권에서 발생하기 때문에, 수도권매립지에 반입되는 폐기물 중 건설폐기물 비중(58%)이 여전히 높다는 점이 문제로 지적되어 왔다. 이에 정부는 추가적으로 2022년부터 수도권매립지에 중간처리하지 않은 건설폐기물 직반입을 금지하고 2025년에는 모든 형태의 건설폐기물 반입금지 규제를 가하면서 건설폐기물의 재활용 비중은 더 증가할 것으로 전망하고 있다.

지정폐기물 처리업

지정폐기물의 종류

구분	세부사항
특정시설 발생 폐기물	폐합성고무 수지 등 폐합성고분자화합물(고상제외), 오니류(폐수처리오니, 공정오니), 폐농약
부식성폐기물	폐산, 폐알카리
유해물질함유 폐기물	광재, 분진, 폐주물사 및 샌드블라스트 폐사, 폐내화물 및 재벌구이전에 유약을 바른 도자기 조각, 소각재, 안정화 또는 고형화처리물, 폐촉매, 폐흡착제 및 폐흡수제, 폐형광등 파쇄물
폐유기용제	할로겐족 및 기타 폐유기용제
폐페인트 및 폐래커	폐페인트 및 래커와 유기용제가 혼합된 것, 페인트 보관용기
폐유	기름성분 5%이상 함유한 것
폐석면	석면 해체 제거시 발생하는 것, 고형석면 연마공정에서 발생된 분진
폴리크로리네이티드비페닐 함유 폐기물	리터당 2밀리그램이상 함유된 액체상태, 일정 함유된 액체상태 외의 것
폐유독물질	화학물질관리법 2조2호의 유독물질을 폐기하는 경우
의료폐기물	격리의료폐기물, 위해의료폐기물(조직물류, 병리계폐기물, 손상성폐기물, 생물화학적 폐기물, 혈액오염폐기물), 의료폐기물

자료 : 폐기물관리법 별표1 지정폐기물의 종류

지정폐기물의 경우 크게 중간처분 / 재활용 / 최종처분으로 나눠보았을 때, 먼저 지정폐기물의 경우 1) 소각시설의 경우 38 개소 2) 재활용처리업소는 623 개소 3) 자가매립업소 5 개소, 4) 최종처분업소 21 개소가 존재한다. 참고로 의료폐기물의 경우 대다수 소각으로 처리되며, 소각시설은 14 개소가 존재한다.

　　특히 지정폐기물의 경우 단가가 높게 유지되어온 이유가 기술진입장벽이 높기 때문이기도 하지만, 수요 공급의 불균형 때문이다. 이 불균형은 수요의 급증보다는 '공급 부족'이 원인이고 이는 단기간에 해소되기 어렵다. 인허가와 주민 동의 절차 등 모든 과정이 매우 원활히 진행된다고 가정을 하더라도 최소 5년이상의 기간이 소요되기 때문이다. 따라서 처리업체의 신규진입이 이제껏 거의 없었으며 지역별로 특정업체들이 과점시장을 형성하고 있어 계약관계에 있어 단가 협상력이 처리업체에 있어왔다.

　　지정폐기물은 기술력 면에서도 사업장 일반폐기물의 처리과정(수집운반, 보관, 처리) 대비 훨씬 더 까다롭고 고기술을 요구한다. 이러한 기술 진입장벽은 결국 인허가 과정에 있어서도 더욱 엄격한 검토가 요구될 수밖에 없고 허가를 내주는 관의 입장에서 생각을 하더라도 기존에 해당 업의 처리를 잘 해왔던 업소들 중심으로 추가 인허가를 내줄 가능성이 매우 높다. 더불어 유해성을 띄고 있는 지정폐기물의 특성상 주민반대도 훨씬 심한 편이다. 이러한 점들이 그동안은 지정폐기물 업 내에서 신규업체의 진입을 제한해 왔고 앞으로 규제의 강화로 이러한 진입장벽을 더욱 높게 유지될 것으로 예상한다.

　　지정폐기물은 처리방식이 일반폐기물 대비 상대적으로 복잡하고 고기술을 요구하기 때문에 단가가 더 높을 수밖에 없다. 지정폐기물 처리 비용과 일반폐기물 처리 비용을 구분하기 위해 환경부에서 발표한 방치폐기물 처리단가 세부 산출 내역을 보면 일반폐기물 대비 지정폐기물의 처리단가가 6 배, 그리고 PCB 나 의료폐기물의 경우에는 일반폐기물 처리비용 대비 11 배까지 더 높게 형성되어 있다.

의료폐기물 처리업

　의료폐기물의 처리 방식은 대부분 소각이다. 현재 의료폐기물 전문 소각용량은 포화상태이고 진입장벽이 높아 의료폐기물 소각시설(2020년 기준 13개사)이 늘지 않고 유지되고 있다. 의료폐기물은 감염 위험으로 타 소각장으로 이동이 어렵다 보니 단가가 폭발적으로 상승했다. 의료폐기물 시장은 기술과 특수 시설 투자가 요구되지만 시장 규모는 아직 작아, 신규 진출보다 기존 업체의 인수합병이 용이하다.

　의료폐기물 처리계약은 대형 병원과 약 3년 내외의 장기계약이 일반적이다. 병원에서 RFID 태그를 부착한 전용 용기로 의료폐기물을 배출하고 처리업체는 이를 수집, 지정 장소에 보관 후 배출한다. 보관 가능일수가 3~5일로 일반 폐기물 대비 매우 짧아, 냉장설비와 밀폐보관 시설 등 특수 설비, 주기적 소독, 신속한 수집 운반이 필요하다. 운반자는 RFID 카드로 인증한 뒤 소각로에 운반한다. 소각로에 폐기물을 투입하기 전, 리더기로 최종 처리 여부를 확인하고 폐기물 수탁 시 시스템에 용기별 인계정보를 자동 전송하는 까다로운 절차를 거쳐야 한다. 이처럼 까다로운 절차는 자연스럽게 진입장벽을 만들었고 향후 고령화로 배출량이 지속 성장하는 시장이라는 점이 긍정적인 요인이다.

　의료폐기물의 경우에는 $4^\circ C$ 이하의 냉장설비가 설치되어 있는 전용 운반차량을 통해서만 수집 및 운반이 가능하고, 수집 운반 중에는 적재함의 내부 온도를 $4^\circ C$ 이하로 무조건 유지하여야 하기 때문에 운반비 자체가 톤당 40~50만원에 달하고 처리비도 지정폐기물 소각처리 방식을 쓰고 있어 톤당 80만원가량이다. 따라서 총 처리비용은 톤당 120만원대로 일반 사업장폐기물 대비 11배 수준이다.

　특히 의료폐기물의 경우 원래 단가가 매우 높았지만 상승률도 빠르게 올랐을 것으로 추정된다. 수요는 급증하고 있는데 반해서 공급의 경우 여전히 신규 사업자의 진입이 제한적인 상황이다. 실제로 신규 사업자가 허가를 지속적으로 시도하고 있기는 하나 지역 주민들의 민원 등 높은 진입장벽으로 2015년 이후 신규 사업자의 진입(의료폐기물 전용소각장 13 개 내외 유지)이 전무한 상황이다. 이런 상황에서 Covid 19까지 맞물려서 의료폐기물 처분에 어려움을 겪다 보니 환경부는 2020년 5 월 27 일 폐기물 관리법을 개정하여 '일정한 의료폐기물에 한하여 지정폐기물 처분업체를 통해서도 소각할 수 있도록 한 바 있다.

매립 사업

매립은 폐기물 최종 처리업으로 재활용되지 않고 연소 처리된 폐기물을 매립장에 운반하여 매립하는 작업이다. 폐기물 매립은 배출업체, 매립업체 및 수집운반업자 3자 간 계약을 통해 이루어진다.

폐기물은 매립과정에서 침출수와 가스가 발생하게 되며 이를 처리하기 위해 '매립-복토-침출수차단-매립가스 처리'의 단계로 처리가 이루어진다. 폐기물이 매립시설에 매립된 후 폐기물로 인한 주변 지역의 환경피해 최소화, 침출수 발생 감소, 매립가스 차단, 쓰레기 운반차량의 진·출입 및 매립장비의 운행효율 향상을 목적으로 폐기물 표면을 토사로 덮게 된다. 폐기물 매립 시 발생하는 침출수의 차집을 위하여 침출수 차단과정에서는 매립시설 바닥에 설치된 차수시설을 통해 지하수 오염을 차단하고, 침출수를 모아 처리하게 된다.

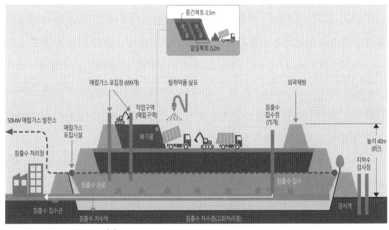

자료 : 수도권매립지관리공사 [3]

폐기물 최종처분업은 정부정책 및 규제 등 시장외적 영향이 크고, 입지선정의 제한, 지역주민의 반대, 대규모투자 등으로 인해 진입장벽이 높다. 최종 처분시설은 대표적인 혐오시설중 하나로써 공공재이며, 모든 지역에 균일하게 설치할수 없는 입지제한적인 시설이고, 시설이용권이 광역적이며, 다수의 이해관계자가존재하고, 주변에 부정적인 영향을 끼친다는 특성을 가지고 있다.

또한, 환경부에서 폐기물 발생량, 주변환경 등을 고려하여 폐기물 최종 처분업 허가를 발급하므로 허가의 규모가 매우 제한적이며, 시장은 과점적인 형태를띠고 있다 (2020년 잔여 매립용량기준 상위 3개사 점유율 45%)

자원순환이란 무엇인가

폐기물 발생을 최대한 줄이고 사용한 폐기물에 대해서는 재사용(reuse) 또는 재생이용(recovery)하며, 불가피하게 남은 폐기물은 환경에 미치는 영향을 최소화하여 처리하는 것을 의미한다

이를 위해서는 자원과 에너지의 흐름이 우리 생활과 산업에서 순환형태(생산→소비→재활용→열회수→처리)가 되도록 전환되어야 한다. 기존 사회가 발생한 폐기물을 어떻게 처리하냐에 초점을 맞추었다면 자원순환은 폐기물의 발생자체를 어떻게 줄이느냐에 초점을 맞추고 있다.

우리나라는 1992년 「자원의 절약과 재활용촉진에 관한 법률」을 도입하여폐기물 발생을 억제하고 재활용을 촉진하는 등 자원의 순환적 이용을 위해 노력하고 있다. 다만, 일부 자원의 경우 환경에 안전하고 경제성이 높아 활용가치가높음에도 불구하고 유통·사용 등 과정에서 폐기물로 관리되면서 자원으로서의인식이나 품질에 대한 신뢰도 형성에 한계가 발생하고 자원의 순환이용 활성화가 저해될 수 있다는 우려가 제기되었다.

EU는 2008년부터 "폐기물종료제도(End of waste)"를 도입하여 일정 기준을 충족한 폐기물은 폐기물 관리규제에서 제외하여 "자원"으로 관리하고 있는데,

이를 통해 ①재활용산업에 법적 안정성을 주고, ②폐기물 처리허가 등에 대한 행정적인 부담을 감소시키며, ③안정적인 2차 원자재 확보에 도움을 주는 것으로 평가받고 있다.

이에, 우리나라도 자원의 순환이용을 제한하는 규제혁신을 통하여 고품질의 자원을 보다 쉽게 이용할 수 있도록 「자원순환기본법(법률 제14229호)」을 제정(2016.5.29.)하여 폐기물 중 환경 및 인체 유해성으로부터 안전하고 경제성이 있어 유상거래가 가능한 물질 또는 물건이 국가의 엄격한 심사를 통해 인정기준을 충족하면 폐기물관리규제에서 제외하여 「폐기물관리법」에 따른 배출·운반·보관·처리·사용 등의 규제를 받지 않는 자원으로 인정하여 자유롭게 유통·사용할 수 있도록 하고 있다.

■ 폐플라스틱 재활용

폐기물 재활용에서도 가장 시급한 분야가 폐플라스틱이다. 플라스틱은 썩는데 500년이 걸릴 정도로 환경오염의 주범임에도 OECD 보고서에 따르면 전 세계 플라스틱 사용량의 14%만 재활용되고 62%는 매립, 24%는 소각된다.

플라스틱 재활용 기술은 폐플라스틱을 회수하여 선별 및 가공 과정을 거쳐 재이용하거나 원료/연료로서 사용하는 것을 의미한다. 폐플라스틱을 재활용하는 방법에 따라 1) 기계적 재활용, 2) 화학적 재활용으로 나뉜다.

기계적 재활용은 수거한 폐플라스틱을 분쇄, 세척, 선별, 혼합 등의 과정을 거쳐 펠릿 및 제품으로 전환하는 방식이다. 공정이 단순하고 비용도 저렴하기 때문에 글로벌 재활용 플라스틱 시장의 90% 이상을 차지하고 있다. 다만 기존 제품 대비 물성이 떨어지고 재활용 가능한 제품의 범위가 한정적이다. 이러한 단점을 극복할 수 있는 방법이 화학적 재활용 방식이다. 화학적 재활용은 폐플라스틱 열분해를 통해 원료(납사 등)로 되돌리는 기술로 재활용 횟수에 제한이 없고 기존 제품과 동일한 물성을 달성할 수 있다. 다만 기술적 난이도가 높아 상용화에 시간이 소요되며 비용이 높다는 단점이 있다.

2022년 6월 환경부는 폐플라스틱 열분해 처리 비중을 현행 0.1%(연1만톤)에서 2025년 3.6%(31만톤), 2030년 10%(90만톤)으로 높여 폐플라스틱을 소각, 매립하는 것이 아닌 열분해와 가스화를 통한 폐플라스틱의 재활용으로 순환경제를 선도하겠다고 밝혔다. 이를 위해 연내 다음 내용을 담은 '폐플라스틱 열분해 활성화방안'을 제정 하기로 했다.

- 폐플라스틱 열분해를 통해 석유화학 기업이 원유를 대체해 납사, 경유 등 석유 제품으로 재활용할 수 있게 한다.
- 폐기물 매립시설 설치 의무 대상 산업단지내 매립부지의 50% 범위내 열분해 시설 입지를 허용한다.
- 석유화학 기업이 폐플라스틱 열분해유를 석유제품 원료로 활용할 경우 온실가스 감축효과를 고려해 탄소배출권을 인정해 준다.

■ 전기차 폐배터리 재활용

전기차 시대가 도래함에 따라 자동차 재활용 방식 역시 변화가 필요하다. 특히 전기차 폐배터리의 활용도에 관심이 높아 지고 있다. 약 10년인 전기차 배터리의 수명이 다하면 ESS나 휴대용 배터리 등으로 재사용이 가능하고, 최종적으로는 리튬, 니켈, 망간, 구리, 코발트 등 희귀금속 추출도 가능하다는 점에서 전기차 폐배터리의 재활용 사업의 유인이 높다.

전기차는 구매시 보조금을 받아 폐배터리를 반드시 정부에 반납해야함에도 재활용이 거의 되지 않는 현실이다. 전기차 배터리는 수백개 리튬이온 셀로 구성돼 화재나 폭발 가능성이 높아 소형 배터리와는 다른 재활용 기준이 필요함에도 이에 대한 기준과 제도가 부족한 상태기 때문이다. 2022년 기준 국내 전기차 폐배터리는 환경부나 지자체가 민간업체에 위탁운영하는 일산, 제주, 경북 등 3

개 창고에 보내진다. 현재 창고에 적재된 폐배터리는 1천개 미만이나 2026년 4.2만개, 2030년 10.7만개로 늘어나 누적 42만개에 이를 전망이다.

폐배터리를 수거하면 성능검사를 통해서 성능이 60~80% 정도면 재사용을 하게 되고 성능이 60% 이하는 재활용을 하게 된다. 재사용은 폐배터리 모듈 및 팩 단위에서 ESS 및 UPS와 같은 제품으로 활용하는 방식을 말하고, 재활용은 폐배터리를 셀 단위로 분해해서 금속을 추출하는 방식을 말한다.

재활용은 폐배터리를 방전하고 파쇄하는 전처리 공정과 화학용액을 활용하여 금속을 회수하는 후처리 공정으로 구분된다. 전처리는 기술적인 난이도가 낮지만 대규모 부지가 필요하고 환경인증을 받는게 까다로운 점이 있는 반면, 후처리는 기술적인 난이도가 높고 초기 CAPEX 규모가 크다는 점이 있다.

후처리 공정에는 건식 제련과 습식 제련이 있는데, 건식 제련은 열을 가하여 금속을 녹이는 방법이고, 습식 제련은 용매와 반응시켜 금속을 추출하는 방법이다. 건식 제련은 기술적 난이도가 낮고 대량 처리가 가능하여 많은 업체가 채택 중이지만, 많은 투자 비용이 들어가고 핵심 소재인 리튬과 망간을 추출할 수 없다는 단점이 있다. 습식 제련은 낮은 온도에서 수행하기 때문에 오랜 공정시간이 소요되고 대량의 제련이 어렵다는 단점이 있지만, 기술적 난이도에 의한 진입장벽이 높다. 요즘은 건식제련과 습식제련을 반복하면서 수율을 높이는 게 트렌드다.

Li-Battery 재활용 사업

회수
Li-Battery(소형, 중대형)를 안전하게 회수합니다.

순환자원
재활용한 코발트, 니켈, 리튬 등을 배터리제조사의 원료로 공급합니다.

인선모터스

전처리
회수된 Li-Battery를 인선모터스 관계사에서 기계적 파쇄 등을 통해 Blackpodwer(Blackmass)를 생산합니다.

후처리
인선모터스 관계사는 Blackpodwer(Blackmass)를 정제하여 코발트, 니켈, 리튬 등 유가금속을 회수합니다.

자료 : 인선모터스 홈페이지 [4]

폐배터리 산업의 핵심 경쟁력은 폐배터리 및 원재료 확보 능력, 습식 제련 높은 수율, 규모의 경제 실현, 다수의 고객사 확보 등일 것이다. 폐배터리 리사이클링 산업은 초기에는 시장 선점 효과가 있고 수율 효과가 있겠지만, 점차 규모의 경제로 가면서 수율의 차이가 크지 않으면 규모의 차이에서 원가경쟁력이 결정될 가능성이 높다. 규모의 경제는 폐배터리 확보와 고객사 확보 경쟁력과도 이어지기 때문에 중요하다. 폐배터리 재활용 업체는 원재료를 얼마나 저렴하게 구입해서 공정에서 원가절감을 얼마나 잘하는 지가 중요할 것이고, 결국 산업 전체의 마진은 광물의 가격 변동에 따른 스프레드에 의해 결정될 것이다.

폐기물 처리업 현안史

■ 중소형 소각로 폐쇄 유도

1995년 쓰레기 종량제 실시 이후 쓰레기 배출비용 절감을 위해 소각시설이 난립되었다. 1999년 기준 2t/h의 중소형 소각로 1,204곳이 전국 1,204곳에서 운영되고 있었다. 2000년 3년내 TMS(Tele Monitoring System) 설치 의무화 법안이 통과되어 TMS 설치 및 관리비 부담으로 인해 중소형 소각로의 폐쇄가 가속화되었다. 2007년 2t/h 미만 소규모 소각시설 설치 및 운영금지 법안이 시행되었다.

■ 쓰레기산과 폐플라스틱 수출 금지

환경을 보호하기 위한 정부의 강력한 폐기물 처리산업 규제실행의 이면은 불법 방치폐기물을 양산했다. 특히 2018년부터 시행된 중국의 고체폐기물 수입금지로 인해 연 15만톤 규모의 폐기물이 국내 처리가 필요하게 되었다.

2019년 의성쓰레기산이 미국 방송에 보도되며 불법방치폐기물의 문제가 사회적으로 대두되었다. 직후 정부는 재활용 확대, 관리감독 강화, 방치폐기물 이행보증 강화 등 추진방안으로 이어졌고 폐기물 처리단가 상승으로 이어졌다.

■ 소각업체 검찰 조사

2017년 "수도권대기환경에관한특별법"에 규제를 받는 수도권 소재 소각업체에 대한 검찰과 환경부의 대대적인 합동조사가 실시됐다. 모기업은 무허가 소각로 가동, 모기업은 소각로 가동시간 변경신고 미비로 인한 과소각 등의 이유로 전국 8개 주요 폐기물 소각업체 임원이 구속 기소되었다. 이를 계기로 소각업체의 소각처리량이 인허가의 130%까지만 처리하게 되었다. 과대소각 관행이 사라짐에 따라 폐기물 처리단가 상승으로 이어졌다.

■ 매각소각부담금 부과를 통한 재활용 유도

2013년 7월부터 "자원순환사회로의 전환"을 목표로 2018년 "자원순환기본법"이 시행되었다. 이로 인해 재활용가능자원 단순 매립 소각을 줄이려 매립소각부담금을 부과하게 되었고, 폐기물 처리단가가 40% 상승하게 되었다.

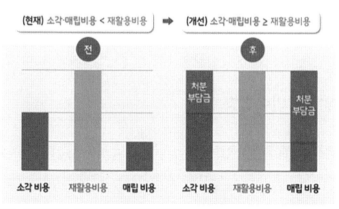

자료 : 한국환경공단, 폐기물처분분담금 홈페이지 [5]

■ 배출업체 책임 강화

폐기물 관리법 개정안이 2020년 5월 27일부터 시행되어 배출업자의 책임이 강화되면서, 배출업자는 계약과정에서 사고위험이 낮고 신뢰도가 높은 처리업체 위주로 대상업체를 선정할 가능성이 높아져 시장에서 상위업체를 중심으로 시장 통합이 이루어질 것으로 예상된다.

개정 전 폐기물 관리법 하에서는 실질적으로 배출자보다 수탁자가 더 많은 책임을 지는 구조였으나, 불법폐기물의 원천차단을 목적으로 법 개정을 통해 배출자의 책임이 강화되었다.

■ 시멘트업계의 폐기물 사용 증가

2020년 이후 폐기물 발생량 증가에도 소각업체가 소각물량 확보에 어려움을 겪는 이유로 시멘트업계의 폐기물 사용 증가와 해외 폐기물의 단계적 수입 금지 조치 등이 꼽히고 있다. 2020년 기준으로 시멘트업계가 시멘트 생산과정에서 연료로 사용한 폐기물량은 172만t으로 1년전보다 18.7%가 늘었다

미세먼지가 현안으로 떠오르며 SRF 규제가 대폭 강화되며 시멘트업계가 폐플라스틱을 시멘트 제조공정의 연료로 활용하며 폐플라스틱 수요처가 되었다. 시멘트업계는 소성공정에서 기존에 사용하던 유연탄을 폐플라스틱(폐합성수지)으로 전환 투입함으로써 1차적으로는 유연탄의 사용을 줄이고, 환경오염을 줄임으로써 순환경제를 실천한다는 면을 부각하고 있다.

환경업체의 인수 합병

폐기물 처리 사업이 진입장벽이 높은 데다 현금 흐름도 좋다하여 사모펀드

(PEF)뿐 아니라 국내 건설사들까지 폐기물 인수합병에 관심을 갖으며 2020년 많은 대형딜이 성사되었다. SK에코플랜트가 최대 폐기물 처리사인 EMC홀딩스를 인수하기 위해 매각자 어펄마캐피탈과 주식매매를 체결했고, 미국계 PEF인 콜버그크래비스로버츠(KKR)는 의료 폐기물 처리에 특화된 ESG그룹을 앵커에쿼티파트너스로부터 8,750억 원에 인수하였다. 또한 아이에스동서가 E&F파트너스와 컨소시엄을 맺고 맥쿼리PE로부터 코엔텍-새한환경을 약 5,000억 원에 인수했다.

매각당시 ESG홀딩스 기업 현황

자료 : 관련 언론기사

사모펀드가 국내 폐기물 업체에 꾸준히 관심을 가지고 M&A에 적극적으로 참여하는 이유를 살펴본다면 첫째, 폐기물 업체들은 큰 규모는 아니지만 지역내 확실한 독점적 위치를 점유하고 있으며, 상위 업체가 시장점유율을 독식하고 있지 않은 파편화된 사업 구조라는 특징을 갖고 있어 높은 이익률, 안정적인 현금흐름으로 재무 안정성이 기타 산업 대비 매우 높다. 둘째, 국내 ESG(환경, 사회, 지배구조) 펀드에 대한 관심이 높아지고 있으며 폐기물 업체는 대표적인 환경 관련 업종이다.

또한 건설사들이 폐기물 업체 M&A 시장에 참여하는 이유를 살펴보면, 건설업이 정부 규제 심화와 성장이 정체된 시장으로 간주되어 이제 새로운 수익원 확보를 찾는 과정에서 폐기물처리업이 시너지가 있다고 판단하고 있다.

그리고 종합환경기업의 포트폴리오 다각화 전략을 보면 다음과 같은 방향으로 진행하고 있다.

- 밸류체인별 확장 : 폐기물 처리사업의 밸류체인을 강화하고, 폐기물 발생에서부터 최종 처리까지 모든 분야를 아우르는 수직계열화를 구축(수집운반, 처리, 재활용, 에너지화까지)

- 지역별 확장 : 과거 지역사회를 중심으로 성장해왔던 폐기물 처리업은 최근 M&A를 통해 사업 규모가 전국구로 확장

- 주요 사업별 확장 : 과거 일반 폐기물 혹은 의료폐기물 등 한 분야를 중심으로 사업해오던 중소형 폐기물 업체들이 대거 인수되면서 한 기업에서 운영하는 사업분야가 점차 확장(일반 폐기물, 건설폐기물, 의료폐기물, 수처리)

이러한 M&A를 통해 2021년 기준 주요 환경기업의 사업별 현황은 다음과 같다.

구분	SK에코플랜트	에코비트	EMK	아이에스동서
환경 자회사	EMC홀딩스, 디디에스, 새한환경, 대원그린에너지, 클렌코	TSK코퍼레이션, 에코그린홀딩스(ESG)	비노텍, 한국환경개발 등	인선이엔티, 코엔텍, 파주비앤알, 영흥환경, 한경에너지솔루션
거래개요	• '16년 어퍼마캐피탈은 코오롱워터에너지인수, 인수후 약 2천억 규모의 폐기물 처리업체 5곳 볼트온 단행 • '20년 EMC인수 • '21년 디디에스, 새한환경, 대원그린에너지, 클렌코 인수	• '12년 그린바이로 인수(매립) • '13년 한라그린에너지 및 티와이아이엔이 인수(스팀/매립) • '14년 에코시스템 인수(소각/매립) • '18년 휴비스워터 인수(수처리) • '20년 KKR은 앵커에쿼티가 보유한 ESG지분 인수	• '10년 JP모건자산운용이 설립후 소각 및 폐유 처리업체 6곳 인수 • '17년 IMM인베스트가 JP모건으로부터 인수 • '18년 EMK울산 인수(액상폐기물) • 2022년 케펠이 인수	• '17년 맥쿼리캐피탈은 코엔텍, 새한환경, 클렌코 인수(소각/스팀/매립) • '19년 IS동서는 인선이엔티 인수(소각/매립) • '20년 IS동서-E&F PE가 맥쿼리가 보유한 코엔텍, 새한환경 지분 인수
통합매출 (2020년)	약 5천억	약 8천억	약 1.3천억	약 3천억
수처리	1위 (3.2백만m³. 970개 처리장)	2위 (2백만m³, 820개 처리장)	없음	없음
소각	1위 (소각로 13개. 961톤/일)	없음	2위 (500톤/일)	3위 (소각로 3개, 463톤/일)
매립	4위 (잔량 105만m³, 증설 110만m³예정)	1위 (잔량311만m³)	없음	3위 (잔량 139만m³, 증설 120만m³포함)

폐기물 처리업체를 인수하는 블라인드 사모펀드는 일반적으로 다음과 같은 가이드라인과 절차를 거쳐 투자 및 회수활동을 하고 있다.

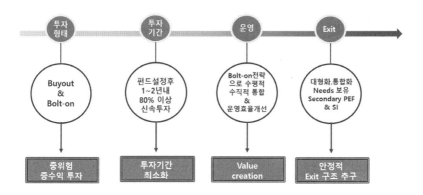

여기에서 운영과정에서 가치 창출을 위해 "운영 효율개선"과 "사업인수_Bolt-on"을 통한 수평적/수직적 통합을 추진한다. 여기서 "Bolt-on"이란 특정 기업을 인수한 뒤 관련 업종에 속한 다른 업체들을 추가로 사들여 기업가치 확대를 꾀하는 전략으로 산업폐기물과 건설폐기물 분야는 아직 업체들이 영세한 규모로 흩어져 있어 이를 모아 대형 환경서비스 기업으로 키우는 과정을 의미한다.

<u>운영효율의 유형</u>

보일러 개선	• 스팀 생산 효율이 높은 보일러 설치 통해 소각량 증량 및 스팀생산 증량
슬러지 건조기 증설	• 폐가스를 활용한 슬러기 건조기술을 활용 허가량 증량 또는 신규 허가 취득 추진
발전설비	• 스팀 판매 후 사용되지 않은 스팀을 활용하여 전력 생산 추진 및 전력 생산 후 잔열로 온수 공급
공동계약, 구매	• Group 통합의 재료구매 및 매립계약으로 원가 절감
서비스 강화	• 거래당사자(배출업자, 수집운반업자, 하도급업자 등)들에 대한 서비스 강화를 통해 이익 부여

사업인수(Bolt-on)의 유형

소각로 운영사 인수	• 지리적으로는 인접한 업체 인수를 통해 Local Cluster 전략으로서 지역적으로 Bargaining Power를 강화함으로써 가격결정권을 주도하게됨
폐기물매립장 인수	• 매립장 인수를 통하여 소각장의 매립비용 변동위험을 Hedging 하는 기능을 하게됨
건설폐기물 수집운반업체 인수	• 건설폐기물수집운반업체를 확보시 건설폐기물 중 열량이 높은 가연성 폐기물인 혼합폐기물을 장기 보관 안정적으로 공급하는 기능을 하고, 건설폐기물수집운반업체에게 비용에 해당하는 가연성폐기물 처리비 변동성을 Hedging하는 기능을 수행하게 됨

Bolt-on을 통한 가치상승으로 매각에 성공한 에코매니지먼트코리아홀딩스(EMK) 사례를 들면, EMK는 JP모간에셋매니지먼트가 전국 각지에 흩어져 있는 폐기물 소각업체를 인수하기 위해 2010년 설립한 특수목적회사(SPC)다. 2010년 6월 경기 안산에 있는 비노텍을 인수한 것을 비롯해 이엠케이승경(전북 익산), 한국환경개발(경기 안산), 다나에너지솔루션(충북 청원), 신대한정유산업(경기 화성), 그린에너지(경기 화성) 등을 잇따라 사들였다. 그리고 2017년 IMM인베스트먼트에 4000억원에 매각하였다. EMK는 2015년 연결 기준 매출 681억원, 영업이익 103억원, EBITDA 217억원이었다.

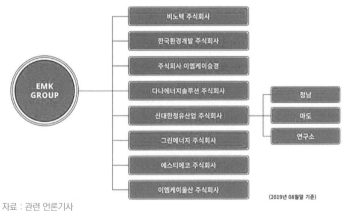

자료 : 관련 언론기사

매입자 IMM인베스트먼트 역시 2018년 수도권 액상폐기물업체인 에스티에 코를 인수, 2019년 그린필드단계의 이엠케이울산을 Bolt-on하였다. 2019년 연결 기준 EMK는 매출 1,196억원, 영업이익 133억원, EBITDA 322억원이다.

두번째 예를 들면, 어펄마캐피탈은 2016년 코오롱그룹으로부터 수처리 회 사인 코오롱워터앤에너지 지분 65%를 886억원에 인수했다. 재무적투자자(FI)의 자격으로 이미 35%의 지분을 보유하고 있었는데 잔여지분을 모두 인수하며 경 영권을 갖게 됐다. 국내 수처리 부문 1위였던 코오롱워터에너지 인수 직후 어펄 마캐피탈은 종합 환경관리회사를 지향, 사업영역을 넓혀 나갔다. 수처리뿐 아니 라 쓰레기 소각과 매립 등 환경관리 전반을 다루는 회사를 목표로, 이름도 EMC 홀딩스(환경관리주식회사)로 바꿨다.

매각당시 EMC홀딩스 기업 현황

자료 : 관련 언론기사

이후 3년간 EMC홀딩스가 추가로 볼트온한 회사는 6개다. 2017년 충청환경 에너지(소각), 경기환경에너지(소각), 와이에스텍(매립)을 인수했고 2018년에는 서남환경에너지(폐유처리)를 인수했다. 2019년에는 맥쿼리 PE로부터 경인환경에 너지(소각) 등을 추가로 인수했으며, 2019년 12월에는 경북환경에너지(소각) 인수 및 호남환경에너지(고농도폐수) 설립을 통해 사세를 키웠다. 2016년 2,100억원 수준이던 연결 기준 매출은 2019년 3,800억원 수준까지 증가하였으며 같은 기간 영업이익은 78억원에서 453억원, EBITDA는 약 100억원에서 800억원을 초과하는 수준까지 증가했다.

2020년 안정화된 포트폴리오 보유와 과거 성공적인 M&A이력 등이 감안되어 SK에코플랜트는 어펄마로부터 EMC 홀딩스 지분 100%에 대해 1조원 초반대(기존차입금 약 2천억원 포함)의 인수 대가를 지불하는 것으로 알려졌는데, IRR 수준을 고려해볼 때 매우 성공적인 볼트온 사례로 남았다.

2 폐기물에너지란 무엇인가
Waste-to-Energy

폐기물은 그 특성상 최종처분을 매립에 의존할 수밖에 없다. 그러나 님비 현상에 따른 매립장 신·증설이 어렵다. 마침 2008년경 유가는 배럴당 100불을 넘어가자 폐기물을 직매립하지 말고 가연성 폐기물을 분리·선별하여 에너지 사용 후 최소 양만 매립하자는 것이 폐기물에너지화(Waste-to-Energy_WtE 또는 Energy-from-Waste_EfW) 가 탄력을 받는다. 매립지 사용 연한도 늘리고 화석 연료 대체도 하자는 취지에서 출발했다.

폐자원·바이오매스 에너지화 유형

유형	처리	처리
가연성폐기물 (종이, 비닐, 플라스틱, 폐목재 등)	파쇄, 성형 후 소각 열 회수	파쇄, 성형 후 소각 열 회수
유기성폐기물 (음식물쓰레기, 하수슬러지, 가축분뇨 등)	사료, 퇴비화, 미생물 처리 등	사료, 퇴비화, 미생물 처리 등
매립가스	소각처리, 정제	소각처리, 정제
고형 바이오매스	소각	소각

■ 가연성 폐기물 에너지화

    사업장 또는 가정에서 발생되는 가연성 폐기물을 변환시켜 연료로 만들고, 이를 연소 또는 변화시켜 발생하는 에너지를 말한다. 폐기물 고형연료은 SRF(Solid Refuse Fuel)라 부르는데, 가연성 고체폐기물을 원료로 하여 불연성분을 제거하고 분쇄·분리·선별·건조·성형 등의 가공 공정을 거쳐 고형연료를 만든다. 이를 소각, 열분해, 가스화 등을 통해 증기, 온수, 전기 등의 에너지로 회수하는 과정을 말한다. (과거에는 고형연료의 종류를 RDF(Refuse Derived Fuel), TDF(Tire Derived Fuel), RPF(Refuse Plastic & Paper Fuel)와 WCF(Wood Chip Fuel)로 구분했으나, 2014년부터 RDF, TDF, RPF 등을 SRF로 통합하고, WCF는 Bio-SRF로 구분하고 있다)

■ 유기성 폐기물 에너지화

    유기성 폐기물은 동식물에서 유래한 유기물이 포함된 폐기물로서 가축분뇨, 하수슬러지, 음식물 쓰레기 등이 해당된다. 유기성 폐기물에서 열화학적, 생물학적 반응을 통해 생성되는 메탄가스로 열, 전기 등을 생산한다. 유기성 폐기물을 이용한 에너지 생산의 기본 원리는 혐기성 소화 작용(anaerobic digestion)으로, 이는 산소없이 유기물을 분해하기 위해 미생물을 이용하는 생물학적 공정으로 가수분해, 산생성, 메탄생성 단계로 구분된다.

■ 매립가스 에너지화

    매립지에서는 매립된 폐기물 중에 포함되어 있는 생물학적으로 분해가능한 물질이 미생물의 활동에 의해 분해되면서 매립가스가 발생한다. 매립지의 구조와 규모 관리형태, 매립경과시간, 매립되는 폐기물의 종류 등에 따라서 매립가스와 발생량과 그 성분은 크게 변동될 수 있으나, 매립가스가 발생될 수 있는 매립지의 대부분은 혐기성 조건으로 유지되므로 매립가스의 주성분은 메탄과 이산화탄소로 구성되어 있다.

매립가스의 주성분인 메탄은 높은 발열량을 가지므로 연료로서 사용이 가능하여 매립가스를 직접 또는 간접으로 중고질 연료로 사용할 수 있으며 가스터빈이나 가스엔진, 연료전지 등을 이용한 전력생산이 가능하다.

■ 고형 바이오매스 에너지화

고형 바이오매스는 발생원에 따라 폐자원, 목질계, 초본계, 해양계 등으로 분류된다. 기본적으로 미이용자원 활용이 대상이다. 즉 간벌재, 건설발생목재, 제재소폐재, 왕겨, 볏짚, 사탕수수 찌꺼기 등이 대상이 된다. 고형 바이오매스의 에너지화는 우드칩(Wood Chip), 우드펠릿(Wood Pallet) 형태 연료를 사용하여 탄화, 열분해, 가스화 등 다수의 기술을 통해 에너지화 한다.

2008년 환경부에 발표한 국내 폐기물 자원화 가능량을 나타낸 그림이다.

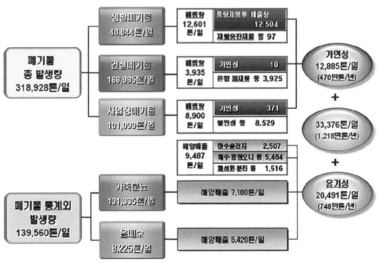

자료 : 환경부, 폐기물 에너지화 종합대책, 2008.5월[6]

에너지화 기술

에너지를 얻기 위한 기술은 직접 연소에서 혐기성소화, 가스화, 열분해 등으로 기술 개발이 되고 있다. 시장의 기술의 각각의 성숙도는 직접연소가 월등하나, 점차 기술이 개발되면서 열분해 등으로 기술이 진보되고 있다. 폐기물에너지사업에서 운영위험은 통상 기술위험에 따라 발생한다. 전통적인 화력발전은 보편화된 기술을 적용하므로 위험이 낮게 평가되나, 폐기물에너지사업은 아직 덜 검증된 기술로 인한 운영위험에 빈번히 노출되곤 한다.

적용 기술별 운영 위험

MBT: mechanical biological treatment; RDF: refuse-derived fuel.

자료 : Fitch Ratings, What Investors Want to Know: Energy-from-Waste and Biomass Projects(2018) [7]

직접연소(Conbustion) : 과잉공기와 폐기물(바이오매스)이 만나 연소하는 방식으로, 재나 미세먼지 등 오염물질이 다량 발생하고 열효율이 좋지 않은 편임. 한편 소각(incineration) 개념과 비교하면 연소(combustion)는 탄소와 산소를 원하는 비율로 조정해서 이산화탄소와 물로 만들 수 있어 예측이 가능하나 소각(incineration)은 예측이 어려워 소각과정에서 천천히 흔들어 주고 공기를 주입해서 물질을 깨서 최대한 부피를 줄이는 데 집중하며, 이산화탄소, 연소시 다이옥신, PAH 등이 배출되어 기피시설로 여겨진다.

생활폐기물을 소각해서
8~10% 부피로

열분해(Pyrolysis) : 폐기물(바이오매스)이 산소가 부족한 환경에서 500~600℃고온에 노출되는 과정에서 화학적 조성 변화와 물리적인 상태가 동시에 발생한다. 나무, 풀등에 열이 주어지면 분자고리가 끊어져 일정부분은 Char(숯)가 되고 액체(산소처리된 Oil), 가스의 혼합물이 된다.

 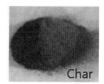

가스화반응(Gasfication) : 열분해의 차이는 둘다 열화학적인 공정이나 가스화는 1,200℃로 보다 고온에서 폐기물(바이오매스)과 반응을 시키면 열분해가스의 분자고리를 끊어주는 크래킹을 통해 가연성 가스화가 된다. 반면 열분해는 산소가 없는 상태, 더 낮은 온도에서 반응하여 Char, Oil, Gas를 만들고, 가스화는 Oil도 Char도 모두 가스로 만든다.

국내 재생에너지제도 지원

「신에너지 및 재생에너지 개발·이용·보급 촉진법」제2조에서 재생에너지의 종류로 '생물자원을 변환시켜 이용하는 바이오에너지(2조 바목)'와 '폐기물에너지(2조 사목)' 등을 규정하고 이를 통한 발전량에 공급인증서를 발급하고 있다.

에너지원		기준 및 범위
바이오에너지	기준	1) 생물유기체를 변환시켜 얻어지는 기체, 액체 또는 고체의 연료 2) 1)의 연료를 연소 또는 변환시켜 얻어지는 에너지
	범위	1) 생물유기체를 변환시킨 바이오가스, 바이오에탄올, 바이오액화유 및 합성가스 2) 쓰레기매립장의 유기성폐기물을 변환시킨 매립지가스 3) 동물·식물의 유지(油脂)를 변환시킨 바이오디젤 4) 생물유기체를 변환시킨 땔감, 목재칩, 펠릿 및 목탄 등의 고체연료
폐기물에너지	기준	1) 각종 사업장 및 생활시설의 폐기물을 변환시켜 얻어지는 기체, 액체 또는 고체의 연료 2) 1)의 연료를 연소 또는 변환시켜 얻어지는 에너지 3) 폐기물의 소각열을 변환시킨 에너지

자료: 신에너지 및 재생에너지 개발·이용·보급 촉진법 시행령 [별표1]

바이오에너지의 REC 발급 설비에 대해 "공급인증서발급및거래시장운영에 관한규칙"에서 다음과 같이 나열하고 있다.

1. 「산림자원의 조성 및 관리에 관한 법률」에 따른 임산물
2. 「목재의 지속가능한 이용에 관한 법률」에 따른 목재펠릿, 목재칩, 목재브리켓
3. 「자원의 절약과 재활용 촉진에 관한 법률」에 따른 바이오고형연료제품 (Bio-SRF)
4. 「폐기물관리법」에 따른 폐기물 중 생물기원의 유기성 폐기물
5. 「석유 및 석유대체연료 사업법」에 따른 바이오중유
6. 「폐기물관리법」에 따른 폐기물 원료의 매립지 가스
7. 바이오가스 및 바이오수소
8. 「산림바이오매스에너지의 이용·보급 촉진에 관한 규정」제2조에 따른 미이용산림바이오매스

2020년 현재 폐기물 및 바이오에너지에 대한 공급인증서 가중치는 다음과 같다.

대상에너지	REC 가중치
목재펠릿/목재칩 전소	0.5
목재펠릿/목재칩 혼소	0
미이용 산림바이오매스 전소	2.0
미이용 산림바이오매스 혼소	1.5
Bio-SRF 전소	0.25
기타 바이오에너지(가축분뇨, 고체연료, 하수슬러지 고형화 연료, 바이오중유)	1.0
매립지가스	0.5
바이오가스	1.0
흑액	0.25
폐기물에너지 전소(생활폐기물 등 재생가능폐기물)	0.25

3 가연성 폐기물 에너지화

가연성폐기물의 정의를 보면 ① 종량제봉투로 배출되는 생활계폐기물(음식물·채소류, 종이류, 나무류, 고무·피혁류, 플라스틱류, 기타)과 ② 분리배출되는 재활용폐기물, ③ 사업장배출시설계폐기물(폐지류, 폐목재류, 폐합성고분자화합물, 유기성오니류, 동식물성잔재물, 폐식용유, 기타), ④ 건설폐기물(폐목재, 폐합성수지, 폐섬유, 폐벽지)로 한정할 수 있다.

폐기물 SRF 연료화

가연성 폐기물을 선별하여 태우는 폐기물 처리 방법이 소각이다. 생활쓰레기를 단순 소각할 경우 불연성물질도 다수 포함되어 있어 소각후 매립장으로 보낼 재가 많이 남는다. 평균 발열량이 약 2,500kcal/kg이어서 단순소각을 해서 얻을 에너지의 양이 높지 않다. 소위 Mass burn 소각로로서 폐기물 부피를 줄여 매립양을 줄이고 적은 에너지나마 인근에 집단에너지사업자에 팔거나 슬러지 건조 등에 사용하는 수준의 역할을 수행한다. 진정한 가연성 폐기물 에너지화 사업을 위해서는 쓰레기를 선별해서 SRF 연료로 만들어 소각하는 방식이다.

SRF생산시설공정도(수도권매립지관리공사)

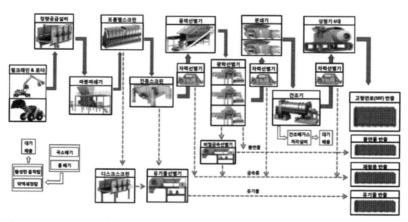

자료 : 수도권매립지관리공사 [3]

　　SRF는 음식물을 제외한 생활폐기물과 산업폐기물을 주 원료로 하여 가연성 물질을 선별한 뒤 파쇄, 건조 등의 처리과정을 거쳐 평균 발열량이 3,500kcal/kg이상인 연료로 만든 것이다. SRF의 종류는 크게 형태로 분류할 수 있다. 건조와 압축 공정의 유, 무로 성형과 비성형의 형태로 나뉜다.

성형(Pellet) SRF　　　　비성형(Fluff) SRF

　　SRF의 주요 원료는 종이, 플라스틱, 목재, 섬유 등의 가연성폐기물이며, PVC, 수분, 철, 캔 등의 비가연성폐기물은 생산원료에서 제외된다. 국내 SRF 사용시설은 열병합발전소, 산업용 보일러, 시멘트 공장 등이 있다.

〈SRF사용가능시설〉「자원의 절약과 재활용촉진에 관한 법률 시행규칙」 제20조의7

1. 시멘트 소성로(燒成爐)
2. 화력발전시설, 열병합발전시설 및 발전용량이 2메가와트 이상인 발전시설
3. 석탄사용량이 시간당 2톤 이상인 지역난방시설, 산업용보일러, 제철소 로(爐)
4. 고형연료제품 사용량이 시간당 200킬로그램 이상인 보일러시설
5. 그 밖에 환경부장관이 고형연료제품의 사용에 적합하다고 인정하여 고시하는 시설

쓰레기를 SRF 연료화해서 소각하는 경우 연료가 균질하고 열량이 높아진다. 따라서 기존의 단순 소각을 통해 처리하던 가연성 쓰레기를 SRF로 만들어 처리한다면 1.5배이상의 전기를 생산할 수 있다. 그럼에도 2017년 환경부에서 발표한 자료에 따르면 국내 연간 발생량 152,651천톤에서 SRF제조시설(246개소)로 유입되는 폐기물은 연간 약 2,621천톤으로 1.7%밖에 되지 않는다. 이렇게 저조한 이유는 악취와 미세먼지 발생으로 인한 지역주민의 결렬한 반대에 있다. 이래서 SRF 발전소 진척도 더디고, 이미 완공된 SRF시설도 운영이 중단되어 있다.

가연성 폐기물 에너지화 사업 중요한 고려사항

⎮ 주요 점검 1 : 연료(폐기물) 조달계획의 안정성 확보 ⎮

폐기물은 연료지만 쓰레기가 배출되어야 하므로, 운반이 가능한 지역에 충분한 인구가 있는지부터 검토해야 한다. 설비가 있는 지역의 반경 100km이내에 인구를 토대로 1인 1일 발생량을 산출한다. 이를 발생 원단위라고 한다. 이는 선진국으로 갈수록 늘어난다. 국내에서는 약 1.0kg/인,일 수준 된다. 그리고 폐기물의 성상, 발열량이 어느 정도인지 파악되어야 한다. 이를 토대로 안정적인 폐기물량과 발열량에 대해 충분한 검토가 이루어져야 한다.

| 주요 점검 2 : 시설 운영계획의 안정성 확보 |

시설에 대한 장기간 운영 및 유지보수에 대한 책임 구조가 잘 되어 있는지 검토해야 한다. 스토커식 또는 유동층식 연소시스템(Combustion)이냐 또는 열분해(Pyrolysis), 가스화(Gasfication) 연소냐에 따라 기술적 성숙도가 다르다. 따라서 기술 안정성에 따라 책임의 정도와 보증의 정도가 달라져야 한다.

폐기물은 균질한 성상을 기대하기 어려우므로 잦은 고장이 발생해 가동율에 낮은 사례가 많다. 따라서 가동율(Availability), 소내소비동력수준, 발전효율 등에 대한 보증치를 잘 살펴봐야 한다.

| 주요 점검 3 : 매출계획의 안정성 확보 |

(예시) 국내 소각장 사업의 사업 구조

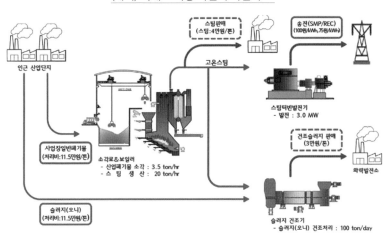

소각장의 일반적인 매출구조는 폐기물 및 슬러지 반입수수료, 전력판매, 스팀/열판매, 건조슬러지판매, 재활용 판매로 나뉜다. 여기서 전력판매는 시장 원리에 의해 검증이 쉬운 편이다.

스팀판매는 사적 양자 계약이므로 날인전까지는 불확실성이 많다. 소각 시설의 스팀 매출은 이익률이 높은 편이다. 스팀 수요처는 염색공장, 제지공장, 화학 관련 업체 등 에너지 다소비 공장에서 필요로 한다. 자체적으로 석탄이나 중유로 공급하고 있었으나 스팀을 자체생산원가보다 15~20% 정도 저렴하게 공급하면 계약이 성사된다. 따라서 대형 폐기물 업체는 사업 초기 단계부터 수익성 확보를 위해 스팀 수요처 영업을 한다. 스팀공급가격은 유가나 도시가스에 연동하여 청구하는 방식이 대부분이다. 이외에 최소구매량, 해지조항 등이 잘 되어 있는지 검토되어야 한다.

■ **스팀계약 사례**

- 톤당 증기가격= 공급시 LNG가격(원/N㎥)/648.63(원/N㎥) x 42,982원/톤 x (115%(할인율))
- LNG가격은 구매자 주거래처인 OO도시가스 고시 산업용 요금단가임
- 구매자가 공급자에게 공급하는 급수온도의 월평균이 75℃~100℃의 범위를 벗어나는 경우 상호 급수온도 정산을 실시함
- 연간구매량이 최소구매량(230,000톤) 이하일 경우 부족분에 대해서 구매자가 공급자의 예상 수익을 현금으로 보전함
- 구매자의 귀책으로 해지시 공급자의 목적물을 인수하고 공정가치로 대가를 지급함.

4 유기성 폐기물 에너지화

바이오가스 사업

　바이오가스는 음식물을 비롯한 각종 쓰레기와 축산분뇨 등과 같은 고분자 유기물의 미생물 작용을 거쳐서 얻은 메탄가스를 말한다. 자연 상태에서도 쓰레기와 분뇨가 썩으면서 악취를 가진 메탄가스가 생성되는데, 이 메탄가스를 포집, 정제하는 기술이 발달하면서 에너지로 사용할 수 있게 된 것이다. 바이오가스 플랜트는 유기성 폐기물이 혐기성 소화과정을 거쳐 발생하는 가스를 정제해 양질의 메탄가스를 만들어 에너지화하는 설비이다. 혐기성 소화과정은 산소 농도가 낮은 상황에서 고분자 유기물을 저분자화하여 에너지를 얻는 과정을 말한다.

　예전에는 단순히 악취 저감의 차원에서 메탄가스를 소각해 버렸지만, 점차 불순물을 제거하여 지역난방 원료나 전력 생산에 사용하고, 메탄가스 순도를 더욱 높이는 기술이 발달해서 자동차 연료 CNG로 사용이 가능하다.

바이오가스 사업의 수익 모델

구분	설명	활용
가스방출 및 단순소각	발생된 가스를 공기 중에 그대로 방출 또는 악취 저감을 위해 소각	소각시설
가스엔진	메탄 함량 40% 이상으로 가스엔진 구동. 3MW이하의 소규모	전력생산
중질가스	간단한 정제과정을 거쳐 메탄함량 50%의 연료가스 생산	지역난방 연료로 공급
스팀터빈	메탄함량 50%로 보일러에서 수증기 생산, 10MW이상의 대규모에 적합	전력생산
고질가스	메탄을 정제해 고순도(97%이상) 메탄을 생산해 도시가스나 자동차 연료로 사용	CNG, 도시가스
연료전지	메탄에서 수소를 선택적으로 분리해 연료전지 발전	연료전지

음폐수 100 톤을 하루에 처리하는 바이오가스 플랜트의 경우 약 $4,200m^3$의 메탄가스를 생성하고 이를 1 년간 운영할 경우 석유 9,027 배럴과 맞먹는 열량을 발생시킨다. 또한 발생된 메탄가스를 에너지로 활용함에 따라 연간 18,900 톤의 온실가스 저감효과가 있다. 바이오가스 생성 후 남은 찌꺼기는 단백질이 풍부해서 친환경 무공해 비료로 활용할 수 있다. [8]

(예시) 바이오가스 플랜트

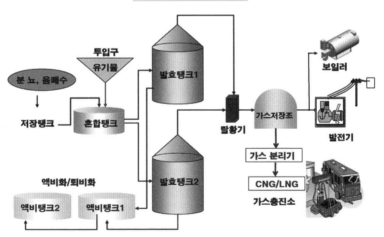

바이오가스의 생성

혐기성 소화(anaerobic digestion)는 산소가 없는 환경에서 유기물을 분해하여 메탄과 이산화탄소 등으로 구성된 Biogas가 발생하는 자연발생적 반응을 의미한다(반대로 호기성 소화는 유기물 분해를 위해 산소가 공급되는 소화과정임). 혐기성 소화 기술은 유기성폐기물의 효과적인 감량화, 재이용화, 안정화를 만족시키는 동시에 유용한 에너지원인 메탄가스의 회수가 가능하다는 점에서 최근 주목받고 있다.

혐기성 소화 시스템으로 처리 가능한 유기성폐기물은 하수슬러지, 음식물쓰레기를 포함한 생활폐기물, 가축분뇨를 포함한 농업폐기물 그리고 유기성 산업폐수 및 폐기물 등이 있으며 이들 중 2가지 이상을 혼합하여 연료로 사용하는 병합처리가 많다. 음식물류 폐기물을 단독으로 혐기성 소화를 하는 경우 경제성이 매우 낮은 것으로 나타난다. 따라서 가축분뇨나 하수슬러지, 음폐수와 병합시설로 하면 경제성 개선에 도움이 되어 그렇다

바이오가스의 생산량과 생산속도의 효율성을 높이기 위한 조건을 나열하면 다음과 같다.

- 투입 유기물량 : 발효조 내에 단위용량당 몇 kg의 유기물을 넣는가로 나타내고, 균의 성질과 발효온도에 의하여 그 적정량이 결정된다.

- 음식물 쓰레기와 슬러지의 혼합비율 : 음식물 쓰레기와 슬러지의 적정 혼합비율을 유지하여 소화 반응기 내에 휘발성 유기산이 축적되는 현상을 방지해준다.

- 투입 유기물의 C/N비(탄소질비) 및 C/P비(탄소인비) : 메탄발효를 위해 투입유기물의 적정 C/N비(탄소질비) 및 C/P비(탄소인비)가 유지되어야 한다. 일반적인 혐기성소화는 pH가 중성인 범위에서 이루어지며, 초기에는 산성을 유지하다가 안정되면 pH가 중성으로 전환된다.

- 온도 : 메탄균은 온도가 극단적으로 낮거나 높으면 활동도가 떨어지게 된다.

주위 온도가 10℃ 이하로 되면 소화는 정지되고 Biogas의 발생도 정지된다. 혐기성 소화의 적정 온도 범위는 중온의 경우 30~35℃, 그리고 고온의 경우 50~65℃ 이다.

- 체류시간 : 중온균에 의한 혐기성 소화에서 적정 체류시간은 10~40일 정도다. 적정 체류시간은 유입 고형물의 특성, 혐기성 소화 시스템의 종류 그리고 운전 소화온도에 따라 달라진다.

바이오가스가 발생하는 과정

바이오가스 사업 현안

바이오가스 플랜트 투자는 대부분 민간투자사업방식으로 추진되었다. 음식폐기물의 처리 주체는 지자체 소관이다. 음식물쓰레기는 2005년부터 육상 매립이 금지됨에 따라 대부분 처리업체에서 사료나 퇴비 등으로 재활용하고 있으나 이 과정에서 발생한 폐수는 서해와 동해의 해양투기장에 버려 왔다. 해양수산부는 2012년 6월 '해양오염방지법' 시행 규칙을 바꿔 함수율(수분 함량)이 95% 이하인 음식물쓰레기 폐수는 2013년 7월부터 해양 배출을 금지하기로 했다.

법으로 금지는 했으나 대안이 없이 시행되었다. 그런데 음식물류 폐기물의 바이오가스 플랜트는 혐오시설로 인식된다. 혐오시설로 인식되는 가장 큰 문제점은 악취를 들 수 있는데, 음식물류 폐기물의 수송차량에서 기인하는 문제는 차량의 현대화로 어느 정도 극복이 되고 있으나, 시설의 운영과정에서 발생되는 악취 제어는 운영비 상승으로 이어진다.

환경부가 2019년 4월 발표한 '2017년도 유기성 폐자원 바이오가스화 시설 현황'에 따르면 총 98개 시설에서 총 3억2106만2000m^3의 바이오가스를 생산하고 있다.

2017년 기준 시설별 바이오가스 생산량(단위:m³)

음식물쓰레기	9738만1000
가축분뇨	154만5000
하수슬러지	1억538만3000
통합시설	1억1675만3000

자료 : 환경부, 유기성폐자원 바이오가스화시설 현황

이렇게 생산된 바이오가스 중 34.3%는 생산시설에서 자체 이용, 31.8%는 외부(인근)에 공급하고, 17.4%는 발전용으로 쓰인다. 나머지 16.5%는 저장시설을 채우고도 남는 가스를 마땅히 사용할 곳이 없어 태워 버리고 있다.

바이오가스 플랜트는 혐오시설의 한계, 수익모델의 한계 등으로 인해 당위적인 시설임에도 활발한 투자가 없고, 과거 투자한 사업도 좋은 소식이 들리지 않는다.

5 매립가스 에너지화

매립가스 발생량

매립가스 (Landfill Gas)는 유기 폐기물이 화학적·생물학적으로 분해되어 발생되는 메탄(CH_4)과 이산화탄소(CO_2) 주성분의 혼합 기체이며, 용도는 메탄의 양과 질에 따라 ① 중질고질가스화, ② 액체 연료화, ③ 발전용 등으로 분류한다. 매립가스는 정제 정도에 따라 저질, 중질 및 고질가스로 분류하며, 중질가스화는 메탄농도 55% 이상, 고질가스화는 메탄농도 98% 이상이다.

OO매립지의 연도별 LFG 주요 성분의 농도(%)

	포집량(m^2/min)	CH_4	O_2	CO_2	N_2
1998	278	57.8	0.0	30.8	10.4
2005	208	51.8	0.4	35.8	12.0

매립가스 발생량의 추정 방법은 일반적으로 다음 흐름을 따른다.

- 첫째_매립량 : 연도별 매립양 규모에 따라 가스 발생량 영향. 일반적으로 생활폐기물, 사업장폐기물이 얼마나 발생하고 최종 매립되는지 전망

- 둘째_매립폐기물 성상 : 매립가스 발생량 예측에 있어 매립량과 함께 중요한 변수로 작용하는 것이 반입되는 폐기물의 물리적 성상이다. 물리적 성상분석을 통해 반입되는 폐기물의 가연분 및 생분해성 물질의 함량을 산출하고 이를 메탄발생 잠재량을 산출하는 근거로 활용하게 된다. (가연성(음식물, 종이류, 목재류, 슬러지 등)과 불연성의 성상 비율에 따라 영향)

- 셋째_메탄발생 잠재량 : 잠재메탄 발생량은 매립되는 폐기물의 종류와 조성에 따라 결정된다. 반입폐기물의 물리적 조성에서 생분해성 물질의 기준 탄소량을 합산하여 분해가능 유기탄소량을 구하고 이를 기준으로 잠재메탄 발생량을 계산한다. 유기성 매립폐기물은 미생물에 의해 분해되며 특히 혐기성 미생물에 의해 분해되면서 CH_4와 CO_2로 구성된 매립가스를 배출하게 된다. 국내 2000년대 초반 음식물쓰레기의 메탄잠재량은 0.084 ton CH_4/ton, 종이류 0.1715 ton CH_4/ton, 슬러지류 0.0137 ton CH_4/ton으로 반영한다.

- 넷째_메탄발생 속도상수(k) : 메탄발생 속도상수 k는 매립가스 발생속도를 결정하는 값으로 k값이 클수록 메탄발생속도가 증가하여 최대발생량이 크고 발생량의 감소속도가 빠르다. k값은 일차적으로 폐기물의 수분, 폐기물을 분해하여 메탄과 이산화탄소를 생성하는 미생물에 대한 영양물질의 이용도, 폐기물의 pH, 폐기물 층의 온도에 의해 결정되는 것으로 알려져 있다.

- 다섯째: 포집율 : 포집효율이 우수하고 유지관리가 용이한 방식 여하에 따라 최종 포집 LFG 량이 결정된다.

매립가스 발전

저질가스는 난반용 및 보일러증기터빈의 연료, 중질가스는 발전용 연료나 산업용 열원, 고질가스는 천연가스의 대체연료로 활용된다. 매립가스를 가스엔진,

가스터빈 및 증기터빈 등 발전 설비의 연료로 사용할 경우 전력 생산이 가능하다.

생산된 전기는 매립지 내부 시설의 소요전력으로 이용하거나 계통에 연계하여 정부 또는 전력회사에 판매된다. 또한 온실가스인 메탄이 연료로 소모되어 대기 배출이 감축되므로 청정개발체제 사업에 의해 탄소배출권 확보 및 거래가 가능하다.

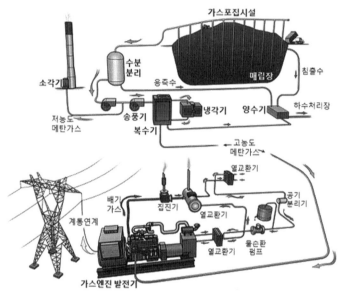

자료 : 수도권매립지관리공사 [3]

■ 포집시설

매립가스 추출 방식은 강제포집시스템 (Active System), 수동포집시스템 (Passive System) 및 하이브리드 시스템 (Hybrid System)으로 구분한다. 강제포집은 송풍기의 흡인력에 의한 강제적인 압력 구배를 이용하여 매립가스를 추출하는 방식이다. 수동포집은 인위적인 추출장치 없이 자연적인 압력배출에 의해 가스를 추출하는 시스템으로 매립폭이 좁고 가스의 양이 많지 않은 소규모 매립지에 적합하다.

■ 전처리 시설

전처리는 포집된 매립가스 내에 존재하는 황화수소, 실록산, 수분 및 먼지 등의 독성가스와 이물질을 단계적으로 제거한 후 발열량이 높은 메탄가스를 발전설비로 이송하는 공정이다.

황화수소 (H_2S) 가스는 폐기물 중에 포함되어 있는 단백질, 아미노산을 구성하는 황 및 황산염을 환원하는 황환원세균 등에 의해 생성되는 유독가스로 매립가스 중에 500 ~ 2,000 ppm 포함되어 있다. 독성이 높으므로 황화수소 가스의 제거(탈황)는 필수적이다. 실록산은 실리콘과 산소가 결합(Si-O)된 화합물로 실록산을 포함하는 메탄가스가 내연기관 내부에서 연소되면, 규소(SiO_2) 성분이 실린더 내부에 고착되어 금속 부품의 급격한 마모가 발생하므로 기계정비 주기를 5 ~ 10배 단축시킨다. 실록산의 제거에는 활성탄 흡착, 냉각, 용매흡수 및 실리카겔 흡착 등의 방법을 사용하며, 1 kg 당 10 ~ 15 g의 실록산을 흡착할 수 있는 활성탄 사용이 보편적이다.

6 고형 바이오매스 에너지화

고형 바이오매스 종류

대표적인 고형 바이오매스에는 우드펠릿(목재펠릿), 우드칩(목재칩), PKS를 꼽을 수 있다.

우드칩은 특성상 계절성이 크고, 부피가 커서 이동성이 떨어지고, 수분이 많아 열량이 균질하지 않으며 지역별로 수종도 다양하다. 우드칩은 목제품 제조 원료 및 연료 생산을 목적으로 우드칩 파쇄기를 이용하여 잘게 절삭한 목재조각을 의미한다. 크기는 담배 크기에서 작은 성냥갑 정도(50~150mm)된다. 연소 설비의 규모나 성능은 칩의 크기, 함수율에 의해 좌우된다. 우드칩의 수분함량은 목재의 종류에 따라 다양하게 나타나며, 30% 이내가 일반적이다.

우드펠릿은 목재 가공과정에서 발생하는 건조된 목재 잔재 (일반적으로 톱밥)를 압축하여 생산하는 작은 원통모양의 표준화된 목질계 연료를 말한다. 화학적 결합 물질의 첨가 없이 고압으로 압축되어 생산되며, 크기는 직경 4~10mm, 길이 20~50mm 정도이다. 발열량은 4,300kcal 이상으로 무연탄과 유사하고, 함수율은 우드칩에 비해 낮아서 약 10% 수준이며, 다른 형태의 목질계 연료에 비해 에너지밀도가 높으며 운반이 용이하다. 산림벌채로 발생되는 임지잔재는 부피가 커서 운송비용이 많이 들어가는데 반하여 우드펠릿으로 생산하여 운송하는 경우 임지잔재의 1/10, 원목의 1/3 수준의 비용으로 운송이 가능하다.

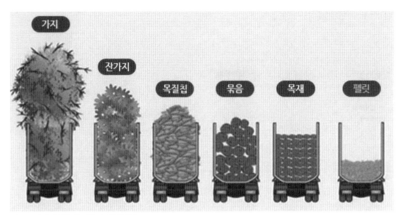

자료 : 산림바이오매스에너지협회 [9]

Palm Kernel Shell(PKS)는 Palm oil 생산 공정에서 나오는 잔존물중 하나다. 말레이지아나 인도네시아에서 주로 농장에 에너지를 공급하기 위한 목적으로 보일러의 연료로 많이 사용되었으나, 여러 국가에서 PKS에 대한 관심이 증가하면서 한국, 일본에서 수입되고 있다.

| 우드칩 | 우드펠릿 | PKS |

국내에서도 목재 및 목재가공부산물을 운송해서 생산공장에서 우드칩으로 만들어 운송하거나, 이를 펠릿으로 만들어 육상운송으로 발전소에 공급하고 있다. 일반적으로 발전소 입지에서 운반거리가 150km 내에서 공급을 하지 않으면 연료경쟁력이 떨어진다.

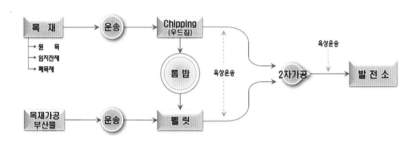

해외에서 수입하는 경우 우드칩이 저렴하지만 에너지밀도가 낮아 운송비에 대한 부담으로 펠릿형태가 주류를 이루고 있다. 다음은 우드펠릿의 가격구조를 이해하기 위해 "인도네시아 OO조림지 원목 구입~현지 내륙운송~내륙 항 운송~펠릿공장에서 생산~해상운송~국내OO항도착~창고까지 내륙운송"까지 예상되는 발생원가 흐름이다.

(예시) 해외 펠렛 조림에서 국내 발전소 도착까지 원가

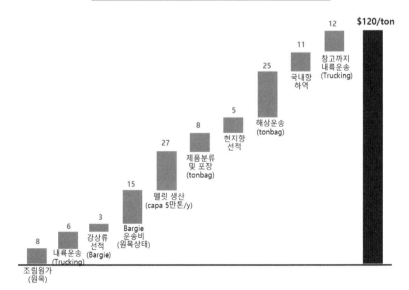

고형 바이오매스 연료별 시장(국내 기준)

국내 신재생에너지법의 공급인증서 가중치에 의하면 Bio SRF, 목재칩, 목재펠릿, 미이용 산림바이오매스로 구분된다.

■ Bio-SRF 수급 시장

Bio-SRF는 폐기물을 사용하기 때문에 폐자원에너지에 해당되고 앞서 설명한 가연성폐기물에너지화에 가깝다. Bio-SRF는 「폐기물관리법」의 가연성 고형폐기물을 사용하여 품질기준에 적합하게 제조한 것을 의미하며, 다음의 폐기물을 서로 혼합하는 경우 또한 Bio-SRF에 해당한다.

- 폐지류
- 농업폐기물(왕겨, 쌀겨, 옥수수대 등 농작물의 부산물을 말함)
- 폐목재류(원목으로 된 폐가구류 및 제재부산물을 포함하며, 철도용으로 사용된 침목과 전신주로 사용된 것은 제외)
- 식물성 잔재물(땅콩껍질, 호두껍질, 팜껍질, 코코넛껍질, 귤껍질 등을 말하며, 음식물류폐기물은 제외)
- 초본류 폐기물 등

Bio-SRF의 경우 우드펠릿에 비해 완화된 품질기준이 적용된다. 예를 들어 우드펠릿은 성형의 형태만 허용되지만 Bio-SRF는 성형과 비성형 모두가 허용되고 발열량, 금속함유량 또한 저급 우드펠릿보다 낮은 기준이 적용된다. 이에 따라 Bio-SRF의 경우 품질이 우드펠릿보다 떨어지는 것이 일반적이며 가격 또한 상대적으로 저렴한다. 우드펠릿과 Bio-SRF는 모두 바이오 연료로 사용된다는 점에서는 같지만, 다른 원재료로 만들어진다는 점이 가장 큰 차이이며 이에 따라 품질

기준에서 차이가 있다.

국내 규정상 우드펠릿과 Bio-SRF의 차이점

- 우드팰릿은 오염되지 않은 목재가 사용되며, 팰릿 제조 시 폐목재가 사용되는 경우는 Bio-SRF임
- 우드팰릿은 한국임업진흥원에서, Bio-SRF는 폐자원에너지센터에서 품질검사를 받아야함
- 성형 고체 연료인 우드팰릿과는 다르게 Bio-SRF를 사용하려는 자는 "자원의 절약과 재활용 촉진에 관한 법률" 제25조7에 의거하여 사용 신고를 하여야 함
- 왕겨펠릿, EFB(Empty Fruit Bunch Pellet)펠릿, PKS(Palm kernel shell, 팜 오일껍질) 등은 Bio-SRF임
- 목재에 왕겨, EFB, PKS 등을 혼합한 펠릿도 Bio-SRF임
- 재제부산물(톱밥, 죽데기등)로 만든 팰릿은 Bio-SRF가 아니라 우드팰릿임 (환경부공문자원재활용과-2490(2013.10.17)
- 우드팰릿은 환경부관련 신고 또는 허가를 요하지 않음

2018년 기준 Bio-SRF 공급량은 총 2,439천톤으로, 이중 국내 제조가 약 1,602천톤(65.7%), 해외수입이 약 837천톤(34.3%)이며, 2015년부터 2018년까지 국내 제조공급량은 연평균 31.8%, 해외 수입 공급량은 23.1% 증가율을 보이고 있다. 국내 제조 Bio-SRF의 경우 전량 비성형 폐목재류이며, 해외수입 Bio-SRF의 경우 폐목재, 팜껍질, 캐슈넛 및 기타로 구성되고 2018년 기준 인도네시아와 베트남에서 87.4% 수입되었다.

Bio-SRF 주요 수요처는 발전시설로 2018년 기준 총 2,242천톤 중 발전시설에서 1,573천톤(70.2%) 및 산업용 보일러에 668천톤(29.8%)이 사용되었고, Bio-SRF 총 사용량은 2015년부터 2018년까지 연 평균 24.2% 증가세를 보이고 있다.

국내 Bio-SRF 시장은 아직까지 국내 공급업체들이 영세한 실정이며 안정적인 연료 공급원 확보 및 품질관리에 어려움을 겪을 수 밖에 없는 여건이다. 또

한 Bio-SRF 공급업체들은 자금확보의 어려움으로 인해 장기적이고 안정적인 판매처의 확보없이는 생산시설에 대한 적극적인 투자가 현실적으로 쉽지 않은 상태다. 따라서 통상 Bio-SRF 공급계약이 길어야 3년 남짓에 불과한 현실이다.

■ 우드(목재)펠릿 수급 시장

글로벌 우드펠릿 시장은 유럽과 북미를 중심으로 형성되었으며, 주요 생산국가로는 미국, 캐나다, 독일, 스웨덴 등이 있고 주요 소비국가로는 미국, 영국, 벨기에, 덴마크, 이탈리아, 독일 등이 있다. 한편, 최근 아시아 국가들이 재생에너지를 장려하는 정책을 수립함에 따라 아시아 지역 내 우드펠릿 수요가 증가하고 있는 추세이며, 이로 인해 아시아 시장이 빠르게 확대되고 있다.

세계 우드펠릿 수급 현황(2017~2018년 기준)(단위:백만톤)

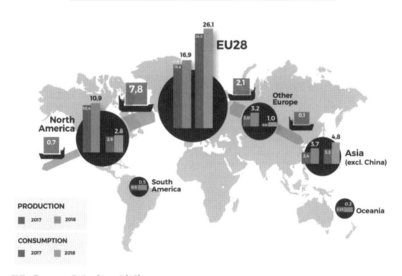

자료 : European Pellet Council [10]

2018년 전 세계 우드펠릿 생산량은 35백만톤이고, EU28 생산량이 16.9백만 톤, 북미가 10.9백만톤에 이른다. 세계 우드펠릿 수요량중 난방용과 산업용(전력, 열병합, 지역난방)으로 구분된다. EU28의 우드펠릿 소비는 26.1백만톤으로 가장 많다. 이는 EU의 재생에너지지침에 의해 국가들이 바이오매스 이용을 확대함에 따라 우드펠릿 수요증가와 국제거래가 확대를 견인했다. 특히 영국은 대형 석탄발전기를 바이오매스로 전환하여 우드펠릿 수요가 급증했다. Drax 발전소는 전환된 1,2호기에서 연간 6백만톤 정도 사용하고 있다. [11]

우드펠릿은 전세계적으로 수출 및 수입을 통해 거래되고 있으며, 주요 수출국으로는 미국, 캐나다, 라트비아, 베트남 등이 있으며, 주요 수입국으로는 영국, 덴마크, 이탈리아 등과 같은 유럽 국가들과 한국, 일본 등이 있다.

국내 우드펠릿 수요는 2012년 RPS제도의 시행 이후 본격적으로 증가하였다. 2011년까만 해도 연간 10만톤 수준에 머물렀으나, 제도 도입 이후 발전공기업의 석탄발전소 혼소에 힘입어 급격히 증가하게 되었다.

국내 우드펠릿 국내생산량 및 해외수입량(단위:천톤)

구분		2012	2013	2014	2015	2016	2017	2018	2019
국내 생산	공급량	51	66	90	82	52	67	188	243
	비율	29.5%	11.9%	4.7%	5.3%	3.0%	3.8%	5.9%	8.7%
해외 수입	공급량	122	485	1,850	1,471	1,717	1,706	3,012	2,567
	비율	70.5%	88.1%	95.3%	94.7%	97.0%	96.2%	94.1%	91.3%
전체공급량		174	550	1,940	1,553	1,769	1,773	3,200	2,810

자료 : 산림청 우드펠릿 통계자료[12]

우드펠릿의 경우 수요의 대부분을 해외 수입에 의존하고 있다. 2019년 기준 국내생산은 24만톤 수준으로 8.7%에 그치고 있다. 나머지는 전부 동남아 등으로부터 수입되고 있다. 주요 수입국을 보면 베트남이 약 60~65% 수준이고, 나머지는 말레이지아, 인도네시아, 태국 등에서 수입되고 있다.

해외 수입가격은 2014년을 기점으로 베트남의 수입가격 하락에 힘입어 전체 평균 수입가는 크게 하락추세를 보였다. 캐나다 역시 200달러가 넘었던 초기에 비해 2016년 157달러, 2017년 129달러로 크게 동반 하락하였다. 이는 우드펠릿 공급능력이 점차 확대되면서 공급초과 상황이 발생하게 된 시장 수급 여건과 저유가에 따른 해상운송료 하락에 기인한 것으로 해석되고 있다. 그러나 2018년부터 캐나다 가격이 다시 상승하고 동남아 국가의 수입가격도 같이 상승하면서 전체 평균가는 2018년 151달러로 가격 상승이 있었다.

수입국가별 우드펠릿 평균 수입단가 추이(CIF기준, USD/ton)

구분	2012	2013	2014	2015	2016	2017	2018
전체평균	149	160	175	120	101	115	151
베트남	144	151	166	112	97	113	152
캐나다	236	185	194	183	157	129	174
태국	121	157	170	127	94	116	150

자료 : 관세청 수출입무역통계 [13]

국내에서 생산되는 발전용 우드펠릿은 2018년 기준 톤당 약 30만원에서 형성되고 있다. 국내 우드펠릿 시설의 규모가 아직은 작아 수입에 비해 높은 가격으로 형성되고 있다. 이러한 이유로 국내 우드펠릿 발전소는 연료를 해외수입에 의존하게 된 이유다.

앞서 설명했듯이 2016년 감사원의 신재생에너지 실태조사 과정에서 2015년 발전공기업의 수입한 131.8만톤을 위해 약 2,129억원이 소요된 것으로 파악되었다. 이러한 해외 수입의존에 대해 문제점을 지적하였고, 이후 공급인증서 가중치는 국내 미이용산림바이오매스를 연료로 하는 바이오매스 전소설비에 한해 2.0을 적용받고, 그렇지 않은 연료를 통한 설비는 0.5를 적용받도록 개정되었다.

바이오매스 발전사 바이오매스 연료사용 현황(2019년)

구분	발전소명	전/혼	혼소율	용량(MW)
RPS대상	영동에코 1호기	전소	100%	125
	삼천포화력 1~6호기	혼소	3%	
	여수화력 2호기	혼소	3%	
	영흥화력 1~6호기	혼소	3%	
	당진화력 1 ,2호기	혼소	2%	
	하동화력 1~8호기	혼소	4%	
	태안화력 1~8호기	혼소	3%	
	보령화력1~6호기	혼소	5%	
	보령화력7~8호기	혼소	5%	
RPS비대상	포승그린파워	전소	100%	43.2
	OCI SE	혼소	50%	151.5
	군장에너지	혼소	34%	
	한화에너지	혼소	n/a	
	현대에너지	혼소	n/a	

자료 : 산림청, 미이용 산림바이오매스 활성화방안연구, 2020 [14]

■ 미이용 산림바이오매스 수급 시장

미이용 산림바이오매스의 정의는 산림바이오매스에너지의 이용·보급 촉진에 관한 규정 (산림청고시 제2019-53호, 2019. 8. 23.) 제2조에 나와 있다.

"미이용 산림바이오매스"란 벌채 산물 중 원목 규격에 못 미치거나 수집이 어려워 이용이 원활하지 않은 산물로써 다음 항목과 같고, 다만, 한국산림인증제도 산림경영(FM : Forest Management) 인증림에서 나온 원목은 제외하고 있다.

- 수확, 수종갱신 및 산지개발을 위한 벌채를 통해 나온 원목생산에 이용되지 않는 부산물

- 숲가꾸기를 위한 벌채를 통해 나온 산물

- 산림병해충 피해목 제거 등 방제 과정에서 나온 벌채 산물

- 가로수의 조성·관리를 위한 벌채 및 가지치기 과정에서 나온 산물

- 산불 피해목으로 원목생산에 이용되지 않은 산물

2017년 기준 국내 총 목재 벌채량은 675만㎥ 중 485만㎥(71.9%)가 제재, 펄프, 보드 등으로 이용되고 미이용은 190만㎥으로 보고 있다. 여기에 이용과정에서 발생하는 잔가지량이 153만㎥을 합하면 총 미이용자원은 343만㎥ 수준으로 보고 있다. 국립산림과학원(2014)에 따르면, 국내에서 발생되는 이론적 바이오매스 자원량은 총 804백만톤이며, 산림 간벌 등 실제 사업이 이루어지는 산림지인 '시업지'에서 연간 발생하는 지리적 바이오매스는 총 25백만톤이고, 실제 산림현장에서 채취하여 이용 가능한 바이오매스자원량(기술적 바이오매스)은 14백만톤/년 으로 보고 있다.

국내 벌채량 및 산림바이오매스 이용현황(2017년 기준)

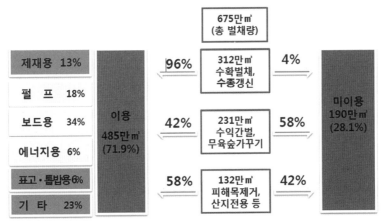

자료 : 산림청, 2018. 산림바이오매스산업 정책방향 [15]

미이용 산림바이오매스를 본격 수집하기 시작한 2018년이래 2019년 국내 목재펠릿 생산량은 약 243천톤으로 전년대비 56천톤 증가한 것으로 나온 것을 보면 월 평균 2만톤 수준이 국내에서 제조되고 있어 보인다. 아직은 수입량 대비 10%수준이다. 또한 2019년 미이용 산림바이오매스의 61%가 충북과 충남지역에서 생산되어 지역 편중 현상이 뚜렷하게 보인다. 실제 수확 및 병충해 방제와 산지개발을 통해 생산되었으나 숲가꾸기에서는 미이용 산림바이오매스 생산은 극히 저조한 편이다.

2020년 기준 벌채시 발생하는 임목 부산물 등의 처분소득은 약 4만원/톤이나, 수집원가는 모두베기 기준 약 8만원/톤, 숲가꾸기 기준 약15만원/톤으로 높아 아직은 채산성이 확보되지 않고 있다.

■ 국내 발전소 연료 투입현황

바이오매스 발전이 확대되며 투입되는 연료량도 많이 늘어났다. 2014년 392만 톤이었던 투입량은 2022년 691만 톤으로 증가했으며, 이중 삼림 바이오매스가 64%인 441만 톤을 차지했다.

국내산 미이용 바이오매스가 본격 투입된 2019년부터 점차 증가해 2022년 총 국내산 산림바이오매스의 85%를 차지하고 있다.

바이오매스 발전소 원료 투입량(천톤)

구분	산림바이오매스						소계	바이오 SRF		총계
	일반 목재펠릿		미이용 목재펠릿	일반 목재칩		미이용 목재칩				
	수입	국내	국내	수입	국내	국내		수입	국내	
'14	2,943			65			3,008	910		3,918
'15	2,671			104			2,774	922		3,696
'16	3,010			100			3,110	1,657		4,767
'17	2,133	50		39	78		2,300	340	1,093	3,733
'18	2,863	88		55	74	2	3,082	379	1,363	4,824
'19	2,878		164	40	57	25	3,164	437	1,557	5,158
'20	2,611		335	22	92	61	3,120	321	1,768	5,210
'21	3,282		584	44	86	88	4,085	131	1,987	6,203
'22	3,384	51	632	27	103	208	4,405	265	2,243	6,913

자료 : 산업통산자원부, 전국 바이오매스 연료 사용 현항 국회 제출 자료, 2023 [16]

고형 바이오매스 에너지화 사업 중요한 고려사항

일반적인 바이오매스 전용 발전소를 투자할 때 고려할 항목들이다.

- 신용등급이 좋은 계약상대방과 장기의 전력 또는 스팀 판매 확보
- 신용등급이 좋은 연료 공급자와 연료구매계약을 체결 (Quantity, Flexibility, Fuel Price)
- 연료 수입시 전용부두 확보 여부(Silo fuel storage), 내륙 운송여건
- 성능, 가용률에 대한 책임 유지보수 업체 확보

매출계획의 안정성과 시설운영 안정성은 앞선 가연성폐기물 에너지화에서 설명한 내용과 동일하다.

■ 주요 점검 : 연료 공급 계획 검토

바이오매스 에너지화 사업은 연료공급이 가장 중요하다. 공급업체가 균질한 열량의 연료를 연간 균등하게 장기간 공급 가능한 재무능력과 생산능력을 보유하고 있으며 가격 경쟁력도 있어야 한다.

국내 우드펠릿이나 우드칩 공급자 대부분은 영세업체가 많다. 따라서 소량으로 다수의 기관으로부터 매입을 하게 된다. 계약 기간은 1~2년으로 단기가 많고 가격조정 규정없이 고정가격으로 체결한다. 우드칩 공급처에 대한 평가는 공장위치, 생산시설능력, 부지면적, 장기조달경험, 재무능력, 임지잔재발생 사전 정보 입수 능력 등을 종합적으로 판단한다.

해외 우드펠릿 수입을 위해서는 가격경쟁력뿐만 아니라 생산 및 운송인프라를 병행 검토해야 한다. 특성상 산 깊은 곳에서 벌목해서 내륙에서 이동하여 우드펠릿 생산공장으로 이동하는 인프라, 대규모 생산 인프라, 계절성이 높은 편이므로 저장 인프라, 해외 수출을 위한 항만 인프라 등이 제대로 갖춰진 나라, 그것도 월 천톤이상을 지속적으로 공급가능한 공급처를 확보하기 그리 쉽지 않다.

우드펠릿 구매 안정성을 위해서는 Supply-or-Pay 조건의 연료 공급 계약(Fuel Supply Agreement, FSA)체결이면 가장 확실하다. 다만 5년이 넘는 장기계약이 많지 않다. 만일 10년 넘는 장기계약을 하려면 기본단가를 고정하기 보다는 금액 조정조항이 많아 진다. 그래도 고정가격을 원한다면 시장가격에 비해 꽤 높은 가격을 제시 받게 될 것이다.

연료 수입시 고려할 사항은 다음과 같다.

- 부두로 벌크선으로 입항하여 물류비 최적화
- Risk Hedge 차원에서 CIF 조건으로 구매 바람직
- 종합상사 및 연료 수입 전문회사를 통한 구매
- 선적경험이 있는 선사 이용하여 해상운송 안정성 확보
- 용선에 크레인이 부착된 배를 소유한 선사 이용(입항시 육상크레인 사용 배제)

반면 공급업체의 요구사항은 다음과 같다. 사례는 2017년 캐나다 업체가 제안한 조건이다.

- 생산 Capacity: 50만톤/년
- Shipping에 대한 Control이 힘들어 FOB로만 계약 체결
- 계약가격은 CAD로만 가능
- 계약가격 산정: 계약가격 산정에는 Raw Material Price, Specification, Delivery Requirement, Starting Price 등 다양한 요소가 고려되며, Raw Material Price의 경우 상승분에 대해서는 판매자와 구매자가 50:50으로 분담하고 하락하는 경우에는 구매자에 하락분 100% 계약가격에 반영
- 가격 상승률: 2.50%/년
- 계약기간: Long Term Contract만 가능 (5~10년, 10년일시 5년되는 시점에 가격에 대해 다시 한번 Quote)
- Heating Value: 18.10 GJ 제시

구매자와 판매자 입자에서 운송조건(FOB, CIF 등), 가격 변동 조항, 계약 통화, 계약기간 등에서 거리가 있을 수 있다. 여기에서 10년 넘게 연료가 발전소 도착까지의 연료가격에 환, 물가, 운송비를 어떻게 통제할 수 있는지 검토가 면밀하게 이루어 져야 한다.

- FOB: Free on Board 본선인도조건부(공급자가 수출 선적항에서 하역 시 연료가 선박 난간을 넘는 시점 전까지의 비용과 리스크를 부담함)

- CIF: Cost, Insurance, and Freight 해상운임보험료포함 인도조건부(공급자는 연료가 목적항까지 운송하는데 필요한 비용과 리스크를 책임지고 부담함)

- DDP: Delivered Duty Paid 매도인 관세지급 인도조건부(공급자가 매수자의 지정장소까지 인도하는 것으로 모든 비용을 공급자가 부담함)

디지털 인프라
Digital Infrastructure

:
:
:

1 디지털 인프라란 무엇인가

디지털 인프라

디지털 인프라는 디지털 경제의 기초이며, 우리가 모두 향유하고 당연하게 여기는 연결성을 가능하게 한다. 디지털 인프라의 물리적인 자산에는 데이터센터, 통신타워자산(기지국, 스몰셀), 광섬유 케이블, 해저 케이블이 포함된다.

정보는 광섬유 케이블을 따라 가정이나 직장에서 데이터 센터로 이동한 후 최종 사용자에게 전달된다. 광섬유 케이블은 또한 데이터 센터와 기지국을 연결하여 모바일 기기로 데이터를 전송할 수 있다. 모든 인터넷 트래픽의 국제적인 연결은 거의 대부분 해저 케이블을 통해 이루어진 후 데이터 센터에 '도착(land)'할 것이다. 스몰셀은 5G 통신망에서 중요한 부분이다. 5G의 주파수 대역은 전송 거리가 더 짧다. (이는 전파가 멀리 이동할 수 없고 따라서 효율적인 전송을 위해 연결 포인트가 더 많아야 함을 의미한다.

즉, 데이터센터와 통신타워 자산, 그리고 광섬유 케이블 자산 등은 이 거대한 데이터 통신망 네트워크 인프라의 심부(Core)과 종단(Terminal)을 연결하는 핵심 구성요소다. 이들 자산은 1) 장기간에 이르는 사용자(Tenant)와의 계약에 따라 현금흐름이 발생된다는 점, 2) 데이터 통신 기술의 진화에 따른 수요 성장으로 신규

개발 자산의 지속적 편입 가능성이 높다는 점 등 공유하는 공통점도 많다.

기존의 전통적 인프라 자산과 같이 데이터센터 자산의 현금흐름도 이용자와의 계약(Service Agreement)에 근거한다. 다만 계약기간은 통상 3~5년으로 일반적인 인프라자산 대비 훨씬 짧아, 이에 따른 변동성이 상대적으로 더 부각되는 편이다. 이용자의 데이터센터 상면 이전에 상당히 많은 비용(Fit Out Cost)이 소요됨에도 불구하고, 프로젝트별 고객이탈률(Churn Rate)이 꾸준한 모니터링의 대상이 되는 이유도 이 때문이다.

통신산업

통신산업은 공간적 제약을 극복하고 언제 어디서나 정보의 교환이 가능하도록 만드는 산업으로, 정보 통신망 구축을 위한 대규모 설비투자가 요구되는 자본 집약적 산업이다. 통신산업은 케이블을 기반으로 빠르고 안정적인 정보처리가 가능한 고정 광대역 통신(Fixed Broadband)과, 전파를 이용하여 통신망 접근에 제약이 적은 이동통신(Mobile)이 공존하며 상호 보완적인 기능을 수행한다.

■ 고정 광대역 통신

고정 광대역(Fixed Broadband)은 건물 등 고정된 위치의 단말기 사이를 주로 유선 통신망으로 연결하여 정보를 고속으로 전송하는 서비스를 의미한다. 유선 통신 기술은 초기 전화선(구리선)을 컴퓨터에 연결하여 디지털 신호를 아날로그로 변환한 뒤 전화선으로 송신하고, 수신받은 아날로그 데이터를 디지털로 전환하여 컴퓨터로 처리할 수 있도록 하는 전화선 모뎀으로부터 시작되었다.

이후 동일 전화선 케이블을 바탕으로, 음성 정보를 전달하는 주파수 외의 대역을 이용하여 데이터를 고속 전송하는 DSL(Digital Subscriber Line) 기술이 도입되었다. DSL 기술은 기존 설치된 전화선 케이블을 이용하므로 별도의 케이블을 설치하지 않고 네트워크 접근이 가능하다는 장점이 있으며, 기술 도입 초기부터 널리 사용되기 시작하였다. 초기에는 정보를 생산하고 자료를 온라인상에 업로드 하는 사람보다 이를 이용하기 위해 다운로드 하는 사람이 많았으므로, 정보 처리 속도가 비대칭적(Asymmetric, 하향(다운로드) 전송 속도가 상향(업로드) 속도보다 빠름)인 ADSL이 널리 보급되었다.

이후 광섬유(Optical Fiber)를 활용하여 구리선에 비해 신호 전달 오류가 거의 없고 전송 속도가 매우 빠른 광섬유 케이블 (Optical Fiber Cable) 기반 통신 인프라가 확대되면서 초고속 인터넷이 발달하게 되었다. 가정 근처까지 광섬유 케이블이 도달하고 가정 인입 부분을 기존 동선선로를 이용하여 전송 속도가 향상시킨 VDSL 기술이 도입되었으며, 이에 나아가 집까지 광케이블이 도달한 FTTH(Fiber to the Home)를 기반으로 최대 전송속도 10Gbps에 달하는 초고속 인터넷이 보급되었다.

■ 이동 통신

이동 통신은 이동 중에도 계속적인 통신을 가능하게 하는 기술로, 서비스 지역에 위치한 기지국과의 전자기파(Electromagnetic Wave) 교환을 통해 구현된다.

전자기파는 매질이 필요 없는 파동으로서, 공간상에서 자유롭게 전달될 수 있으며 고속(진공 상태시 광속)으로 신호 전달이 가능하기에 이동 통신 기술에 활용되기 시작하였다. 통신 기술은 전자기파 중 특정 주파수 영역(3kHz~3,000GHz)의 전자기파를 이용하며, 이를 전파(Radio wave)라고 한다.

전파의 진행 거리는 제한이 있으므로 장거리 통신을 위해 기지국(통신타워 등)이 설치되며, 기지국 각각의 네트워크 커버리지 영역을 셀(Cell)이라고 한다. 개별 기지국은 케이블(주로 광케이블)을 통해 직접 또는 간접적으로 연결되어 있으며, 케이블은 해외 지역을 연결하기 위해 해저에 배치되기도 한다.

한편, 이동 통신 기술은 초기 음성 통화만 가능한 아날로그 통신에서 간단한 디지털 데이터의 전송이 가능한 2G기술이 도입되었고. 이후 음성 데이터 외 비음성 데이터(데이터 다운로드, 메일 등)의 전송 속도가 향상된 3G 기술이 도입되면서 이동 통신 시장이 확대되었으며, 데이터 전송속도가 크게 개선된 4G LTE 이동통신 규격이 도입되면서 초고속 인터넷이 가능해졌다.

전 세계적으로 4G가 상용화되면서 스마트폰을 포함한 모바일 네트워크 사용이 급증하고 있고, IoT(Internet of Things, 사물인터넷), 자율주행차 등의 대용량 무선 통신을 이용하는 서비스가 확대됨에 따라 향후 네트워크 이용 수요가 급격히 증가할 것으로 전망된다. 무선 네트워크 이용량의 증가는 특정 주파수에서의 트래픽 증가를 의미하며, 트래픽 증가는 통신 속도의 저하 등의 문제를 야기할 수 있어 이를 방지하기 위해 더 많은 주파수 대역폭을 이용해야 할 필요성이 제기되면서 기존에 이용되지 않은 주파수 대역을 이용할 수 있게 하는 5G가 도입되고 있다.

2 데이터센터
Data Center

데이터센터란 무엇인가

데이터센터(Data center)는 기업의 서버 등 전산장비가 원활하게 운영될 수 있도록 인프라 환경을 구축해 놓은 특수공간으로 흔히 서버호텔로 비유한다. 서버와 스토리지 같은 하드웨어들을 효과적이면서도 안정적으로 운영하기 위해 고도화된 전원 관리 시스템이나 광대역 네트워크 환경은 물론 백업 시스템, 보안 시스템, 공조 시스템을 비롯해 화재는 물론 홍수나 태풍 같은 환경 재해를 극복할 수 있는 시설을 갖추고 있어야 한다.

데이터센터에는 서버를 탑재할 수 있는 랙(Rack)공간, 전산장비에 전력을 공급하는 대규모 수전설비뿐 아니라 전기공급이 끊기지 않도록 하는 UPS 장치 등 전기시설, 전산장비의 발열로 인한 장애를 막기 위한 항온항습 설비, 각종 보안/방재설비, 인터넷 통신을 위한 대규모 통신선로 및 회선설비 등이 갖춰져 있다.

- 기반시설 : UPS/배터리, 항온항습 시설, 발전기 등
- ICT 장비 : 서버, 스토리지, 네트워크 장비 등

- 운영 유지 시스템 : 운영/관제 시스템, 통신 네트워크, 보안 시스템 등

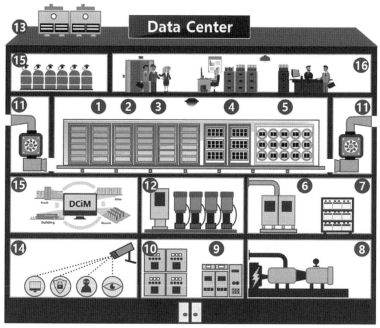

자료 : 한국데이터센터협회[1]

글로벌 데이터센터 고성장 전망의 주요 원인은 다음과 같다.

첫째는 데이터 트래픽 급증 전망 : 사물인터넷(IoT) 시장 성장 기대, 인공지능(AI) 시장 성장 기대, 5G 도입에 따른 데이터 트래픽 발생 예상 등의 영향으로 데이터센터 트래픽은 대폭 성장세를 보일 것으로 전망된다. 이와 같은 데이터 트래픽의 급증이 향후 글로벌 데이터센터 고성장의 원동력이 될 것으로 기대된다.

둘째는 데이터센터 외주 확대 : 과거 기업들은 자체 전산실을 구축하여 데이터를 운영 및 관리하였고, 이를 위해 거액의 초기 투자비용과 운영 안정성 확보를 위하여 높은 운영비용을 지불해야 했다. 그러나 최근 다수의 기업들이 데이터센터로 외주를 맡기는 추세이다. 또한, 코로케이션 임대 방식을 사용하는 경우,

클라우드와는 달리 자신이 서버에 대한 소유권을 가지게 되어, 보안이 중요한 IT 기업들도 자사 데이터센터를 구축하는 동시에 아웃소싱을 병행하고 있다.

■ 데이터센터 Tier 수준

데이터센터 Tier는 데이터센터의 안정성, 가용성, 효율성, 보안성, 확장성을 평가하기 위한 구분을 의미한다. 소프트웨어 프로토콜에서는 표준화 단체가 있듯이 데이터센터에도 TIA(Telecommunications Industry Association)라는 표준화 단체가 있다. TIA는 TIA-942에서 데이터 센터의 우수성을 측정하는 가장 중요한 지표인 Availability를 토대로 Tier 1~4로 등급을 나눴다. 등급이 높을수록 데이터센터의 신뢰도가 높으며, 업종에 따라 선호되는 Tier 수준이 존재하므로 Tier에 따라 데이터센터 임대료 및 가치는 상당 부분 변동하는 것으로 파악된다. 공공/금융기관 DC는 Tier 3~4로 높은 여유치로 안정적으로 운영하며, 임대형 DC는 최소 Tier 3수준으로 구축하는 편이다.

Tier 4 설비는 Tier 3 설비에 비해 공간을 포함하여 두배의 인프라가 필요하기 때문에 Tier 4는 Tier 3 보다 구축과 운영에 훨씬 많은 비용이 든다. 결과적으로 많은 기업들이 CAPEX, OPEX 및 가용성간의 밸런스를 고려해 더 경제적인 Tier 3 등급의 운영을 선호하고 있다. (가용성 0.013%. 연간 1.2시간의 차이)

데이터센터 사업모델

데이터센터의 상업용 서비스는 크게 코로케이션(Colocation), 클라우드(Cloud)와 기타 서비스로 구분된다. 코로케이션은 데이터센터 수요자를 대상으로 상면(White Space: 장비나 설비를 설치할 수 있는 공간. 작업 통로나 메인 통로 등 필요하나 실제 장비가 설치되는 않은 공간은 Grey Space로 구분)의 일정

공간을 임대하는 사업모델로, 상면임대와 상면 재임대 등으로 구분된다.

클라우드는 IaaS, PaaS, SaaS 등으로 분류되는데 서버·스토리지·통신·보안·애플리케이션까지 일괄 서비스를 수요자에 제공하며, 데이터센터에 입주하는 수요자가 되거나 자체 데이터센터를 소유하는 형태로 서비스를 제공한다. 결국 콜로케이션은 물리공간과 인프라를 임대하는 사업에 가까운 반면, 클라우드는 전산자원과 애플리케이션 및 서비스까지 솔루션을 제공하는 개념에 가깝다. 일반적으로 상업용 데이터센터라면 주로 콜로케이션을 의미하는 경우가 많다

데이터센터 티어(Tier) 분류 기준

구분	Tier 1	Tier 2	Tier 3	Tier 4
정의	데이터센터 운영장비 및 네트워크가 단일로 구성	핵심 운영장비를 예비로 보유	복수 전력과 냉각공급 경로 이중화, 핵심 운영장비 및 네트워크를 예비로 보유	모든 데이터센터 운영장비가 이중화
장비 구성	N	N+1	N+1	2(N+1)
외부전원 이중화 수준	외부 전원 장애 시 상당한 복구시간 소요	외부 전원 장애 시 신속한 복구 가능	외부 전원 장애 시 수동 차단 후 내부 전원 가동	외부 전원 장애 시 자동 차단 후 내부 전원 가동
내부 설비 백업 수준	설비 장애 시 백업 없음	설비구성 일부 장애에 대한 백업	설비구성 일부 장애에 대한 백업	설비 일부/전체 장애에 대한 백업
동시 유지보수	불가	일부 가능	가능	가능
완전무중단	불가	불가	불가	가능
가용성	99.67%	99.74%	99.98%	99.995%
연간 다운타임	28.8시간	22.0시간	1.6시간	0.4시간
수요	일반 인터넷 서비스	콜센터, 소규모 연구소	상업용IDC, 인터넷 기반쩜	금융기관, 국가기관

자료 : Uptime Institute [2]

상업용 데이터센터의 주요 사업모델 구분

사업모델	서비스 분류	서비스 내용
Colocation	상면 (White Space)	데이터센터의 일정 공간을 임대해 수요자의 서버와 스토리지 등 전산자원을 데이터 센터에서 운영할 수 있게 하는 서비스
	가상 IDC (Virtual IDC, 상면 재임대)	독자적인 데이터센터 시설없이 타사 데이터 센터의 일정 공간을 임차하여 수요자에 colocation 서비스를 제공하는 서비스
Cloud	IaaS(Infrastructure as a Service)	데이터센터를 통해 전산자원을 임대하는 서비스
	PaaS(Platform as a Service)	데이터센터를 통한 S/W 개발 시 필요 플랫폼을 제공하는 서비스(IaaS에 PaaS가 얹힌 형태)
	SaaS(Software as a Service)	클라우드 환경에서 데이터센터를 통해 운영되는 Application 서비스(IaaS에 SaaS가 얹힌 형태)
기타	Hosting	기업이 고객에게 스토리지, 네트워크, 상면 등을 제공해 인터넷 서비스를 가용하게 하는 서비스
	Managed	전문인력, 시설을 보유한 IDC사업자가 기업고객의 시스템 유지 및 보수
	회선	인터넷 망에 고객의 서버 및 통신장비를 직접 연결해 서버 및 통신장비 운영

코로케이션은 다시 맞춤형 공급 위주인 홀세일(Wholesale)과 다수 중소 고객군에 상면을 임대하는 리테일(Retail)로 임대형태가 구분된다. 홀세일 임대는 500kW이상의 IT기업이나 클라우드 사업자(CSP: Cloud Service Provider) 등 대형 임차인을 위한 맞춤형 설계가 제공되며 5~10년 정도의 장기임대로 전력요금은 종량제형태가 많다. 반면, 리테일 임대는 500kW 이하의 다수 중소고객을 대상으로 상면을 임대해 수익률 수준이 더 높고 자산의 범용성이 높은 장점이 있으며, 전기요금은 정액제인 경우가 우세하다.

국내에서는 흔히 자사용(Enterprise) 자산과 상업용(Colocation) 자산으로 분류하는데, 데이터센터 수요자는 중앙부처·지방정부·대형 공공기관 등 공공부문과 통신·IT서비스·금융기관 등 민간부문으로 분류된다.

앞서 언급한 바와 같이 데이터센터는 인프라자산이면서 동시에 부동산자산의 특징도 공유한다. 그런 반면, 보안(Security)·확장성(Scalability)·전력 및 통신공급(Power & Communication Connection)·에너지 및 냉각관리(Power & Cooling Management) 요건 등 측면에서 기존 인프라 및 부동산 자산과 현저한 차이가 존재하는 것도 사실이다. IT환경과 기술이 빠르게 진화하면서, 경쟁력과 자산가치 측면에서 기술적 역량과 유연한 솔루션 대응의 중요성이 점차 증가하는 점도 데이터센터 자산의 특징이다.

데이터센터 매출요소

데이터센터의 매출요소는 코로케이션, 회선, 부가서비스로 구분 가능하며, 코로케이션 및 회선 매출이 대부분을 차지하고 있다. 이중에서도 코로케이션(상면임대) 매출이 큰 비율을 차지 하고 있다.

코로케이션의 매출은 상면 임대료로서 공간할당에 따른 기본요금이고 전기료가 포함되는 경우와 별도로 과금하는 2가지 방식이 있다. 일반적인 국내 과금방식은 랙당 과금이고, 일부 고집적 글로벌 고객을 대상으로 kWh 당 과금 방식을 적용하고 있다.

- 랙당 과금 방식 예시 : 상면료는 랙당 50~60만원(랙당 2kWh 전력제공), 2kW 초과 전기료는 kWh 당 15~20만원
- kWh당 과금 방식 예시 : 상면료는 kWh 당 9~12만원, 전기료는 별도로 실시간 한전 요금을 bypass한다. 실제 kWh 기준으로 환산하면 PUE 1.6 적용시 대략 12~13만원/kWh 수준

회선 매출은 인터넷 회선서비스, 전용회선 서비스 및 Cross-Connect 등의 서비스 댓가로 구성된다. 인터넷 회선 서비스는 기간통신사업자(ISP)로부터 회선

을 임대하여 고객의 서버에 통신망을 연결하는 서비스로 임대료 마진을 통해 수익을 창출한다. 고객 입장에서는 별도의 인터넷 접속 장비 없이 고객의 네트워크크와 연결할 수 있다. 주요 수익 구조는 회선 제공에 따른 수수료 마진이나 자체 회선을 보유한 ISP의 경우 회선원가 절감 가능하다.

전용회선 서비스는 DC 운영사가 자체 구축한 네트워크망을 사용하여 고객이 원하는 두 지역을 연결하는 통신망을 제공하는 서비스로서 고객의 기업 규모와 트래픽 수요에 맞춰 다양한 회선과 대역폭이 제공 가능하다. 인터넷 전용회선은 기능적으로는 인터넷 회선 서비스와 동일하나 회선의 독립성, 안정성, 보안성 측면에서 차이가 있다.

데이터센터 사업 중요한 고려 사항

■ 데이터센터 구축 및 운영비용의 경쟁력

데이터센터 구축시 투자비용은 일반적으로 토지, 건설비용, 전력/전기시스템, 공조/쿨링시스템으로, 운영시 높은 전력이 소모되고 안정성이 매우 중요한 데이터센터 특성상 토지 및 건설비용보다 내부 인프라 구축 비용의 비중이 더 크게 발생하는 것으로 나타나고 있다.

운영 비용 중 가장 큰 비중을 차지하는 항목은 전기료로 데이터센터 운영 비용의 절반 이상을 차지하며 계약전력에 비례하는 기본요금과 전력사용량에 비례한 사용요금으로 구분된다. 또한, 24시간 내내 운영되는 데이터센터 특성상 3교대 근무가 필요하여 인건비, 용역수수료도 큰 비중을 차지하며, 그 밖에도 회선 임대원가, 수선비 등 비용이 발생한다. 이러한 손익구조를 고려한 데이터센터의 일반적인 EBITDA margin은 50% 내외 수준으로 알려져 있다.

이러한 비용을 정보 시장에서 TCO(Total Cost of Ownership)라고 한다. 이는 1997년 미국의 대표적인 컨설팅회사인 가트너그룹(GartnerGroup)에서 발표한 것으로, 기업에서 사용하는 정보화비용에 투자효과를 고려하는 개념의 용어다. 회사에서 전산시스템을 도입할 때 단순히 초기 투자비용만이 아니라 도입 후의 운영이나 유지보수 비용까지 고려하는 것이다. 한대의 컴퓨터를 이용하는데 드는 전체 비용으로 하드웨어 및 소프트웨어, 업그레이드비용, 상근직원 및 훈련과 기술지원을 담당하는 상담직원 급료 등을 포함하는 개념이다. 결국 TCO는 낮고, ROI는 높은 서비스를 제공하는 것이 데이터센터 운영의 핵심이다.

■ 안정적인 운영이 가능한 입지의 데이터센터 선호

데이터센터는 일반적인 부동산과는 달리 유동인구 관련 입지는 상대적으로 중요하지 않으나, 막대한 전력 소모 및 일시적 전력 차단시 안정적인 운영을 위한 전기 공급 안정성(2개 이상 변전소로부터 전력 인입 가능 여부), 데이터 센터 자산의 냉각을 위한 냉각수의 안정적 공급, 물리적 안전성을 위한 우수한 내진등급 및 낮은 홍수 발생 가능성, 효율적/안정적인 데이터 송수신을 위한 통신망 확보(2개 이상 통신사업자 확보)가 중요하므로, 해당 요소가 확보된 입지에 존재하는 데이터센터가 타 데이터센터에 비해 선호되는 것으로 파악된다.

그리고 국내 데이터센터 고객들은 네트워크 지연 최소화, 유사시 조기 대응 및 관리자 상주가 용이한 수도권 입지를 선호하며, 이는 수도권 IDC에 대한 높은 수요로 연결되고 있다.

고객군	수도권 선호 이유
금융	• Network Latency에 매우 민감한 고객으로서, 전용선을 통해 1ms Latency를 유지할 수 있는 서울 반경 30~40km 이내의 IDC 선택
IT서비스	• End customer와의 인터넷 연결 Latency를 50ms 이내로 유지하고자 하며, 이에 가장 많은 고객들이 모여있는 수도권 IDC를 선호
게임 등	• 서버에 문제가 발생시 빨리 대응하거나 관리자가 상주하기 용이한 수도권 IDC를 선호

주 : Latency는 하나의 데이터를 한 지점에서 다른 지점으로 보내는데 소요되는 지연시간을 의미
주 : Millisecond(밀리세컨드)의 약자로서, 1밀리세컨드는 1,000분의 1초로 정의

■ PUE(Power Usage Effectiveness) 수준

　　PUE란 Green Grid의 멤버가 만든 것으로, 데이터 센터의 에너지 효율성을 표시하는 데 사용하는 단위다. 데이터 센터의 PUE는 데이터 센터에 인입되는 전력량을 그 안에 있는 컴퓨터 인프라스트럭처가 동작하면서 사용하는 전력량으로 나눈 값이다. 즉, PUE는 IT 소비 전력 대비 전체 전력량의 비율로 표시되며, 1에 가까울수록 효율성이 좋다. 2020년기준 국내 데이터센터의 평균 PUE는 2.66으로 알려져 있으며, 비교적 최근 공급된 국내 민간 데이터센터의 PUE는 1.4~1.5 수준이다. 현재 공급이 예정되어 있는 국내 데이터센터의 PUE는 1.3을 타겟으로 하고 있으며, PUE 1.3은 미 환경청(EPA)의 Best Practice 권고 수준이다.

　　데이터센터의 PUE를 낮추기 위해 수랭식 냉각탑, 외기를 이용한 냉각 등의 방법을 활용하는 경우도 있다. 연평균 기온이 1도씩 떨어질 때마다 전체 냉각비용의 5%가 절약된다. PUE를 낮추기 위해 페이스북은 스웨덴 북극권에 데이터센터를 설치하였으며, 마이크로소프트는 해저에 수중 데이터센터를 설치하여 성공적으로 테스트를 마친 것으로 알려져 있다. 다만, 서버는 온도와 습도에 민감하고, 먼지에 취약하기 때문에 외기 냉각을 활용할 경우 서버를 안정적으로 운영하기 위한 방진 설비와 같은 추가적인 설비가 필요하고, 수랭식을 이용할 경우 냉각수 관련 비용이 발생하기 때문에 낮은 PUE로 인한 효율성의 증가와 추가적인 비용 발생을 고려한 PUE 설계가 필요하다. PUE 수준에 따라 데이터센터 임대료가 변동되므로 데이터센터 비교시 반드시 확인해 보아야 하는 요소 중 하나이다.

■ 임차인 확보 수준

　　데이터센터의 임차인은 일반 부동산과 달리 특정 기업으로 한정되어 있어 상대적으로 임차인 확보가 까다롭다. 방대한 데이터를 처리하며, 자체 전산실을 보유하고 있지 않아 데이터센터 임차가 필요하며, 타 데이터센터를 임차하고 있지 않은 기업들만 데이터센터 잠재 임차 수요로 존재하므로, 장기계약 등을 통해 안정적인 임차인 확보가 완료된 데이터센터가 선호되는 것으로 파악된다. 실제로, 데이터센터 부지 확보 이전에 잠재수요를 조사하고, 준공 이전에 상당수의 임차를 조기 확보하는 경우가 일반적인 것으로 확인된다. 추가로 임차인이 기술적으로 요구하는 사항은 다음과 같다.

- TIER Classification 기준
- PUE 검토
- SMEP 시스템
- Infra(전력, 통신, 상하수) 인입

■ 계약 해지 권리(Termination Rights) 점검

기존의 전통적 인프라 자산과 같이 데이터센터 자산의 현금흐름도 이용자와의 Service Agreement에 근거한다. 다만 계약기간은 통상 3~5년으로 일반적인 인프라자산 대비 훨씬 짧아, 이에 따른 변동성이 상대적으로 더 부각되는 편이다. 이용자의 데이터센터 상면 이전에 상당히 많은 비용이 소요됨에도 불구하고, 프로젝트별 고객이탈률이 꾸준한 모니터링의 대상이 되는 이유도 이 때문이다.

그러나 정작 예상치 못한 잠재 리스크가 있을 수 있는 부분은 이용자의 계약 해지 권리가 포함하는 세부 사항이다. 데이터센터 자산 공급이 빠르게 늘어나면서 서비스가 점차 보편화되고 있기 때문이다.

계약 해지 권리를 행사할 경우, 이용자는 보통 사전에 정해진 해지비용을 부담하게 된다. 그럼에도 불구하고 이 권리가 포괄적이면, 계약 상대방이 소수의 초대형 이용자에 집중되는 하이퍼스케일 자산은 상대적으로 더 큰 계약 해지 리스크에 노출될 가능성이 있다. 리테일 콜로케이션 자산이 공실 리스크 면에서 더 안정적으로 평가받는 이유다.

■ 전력공급 계약, 설비 및 관련 배상책임 여부

데이터센터의 운영에서 전력공급의 중요성은 아무리 강조해도 지나침이 없다. 전력공급은 데이터센터 운영의 원천적·필수적 요소일 뿐 아니라 외부의 공급원에 전적으로 의존하기 때문이다. 복수의 전력 공급원 확보는 물론, 비상 발전기나 무정전 전원장치 설비의 적용은 보편적인 데이터센터 전력공급 리스크 관리요소다. 이외에 전력공급 계약 내용과 정전사고 시 상면 이용자에 대한 배상책임 부분에 대한 확인도 필요하다.

3 통신타워
Cell Tower Leasing

통신타워란 무엇인가

우리가 사용하는 모바일 서비스의 핵심인 무선 통신이 이뤄지기 위해서는 ① 통신 서비스를 제공하는 업체(AT&T, Verizon, SKT, KT 등), ② 다양한 통신 네트워크 장비/케이블 제공하는 업체(Qualcomm, Nokia, 삼성, Huawei, ZTE 등), ③ 네트워크 장비를 설치할 수 있는 통신 안테나 및 주변 토지를 중심으로 한 네트워크 인프라를 소유/운영하는 통신타워 업체, ④ 디바이스 업체 등이 기본적으로 필요하다. 통신타워 업체도 무선 통신에 중요한 역할을 하고 있다.

소비자는 무선 통신의 속도와 이동성이 모두 보장받길 원한다. 속도 측면에서 견고한 광케이블 기반의 백홀(Backhaul) 네트워크가 가장 이상적이나 이를 위해서는 모든 가정과 사업장 등에 물리적으로 연결되는 수천마일의 지하 케이블 설치가 필요하다. 광케이블 기반의 백홀 네트워크는 전통적인 유선 케이블 업체 및 광케이블 네트워크 소유자가 관리하고 있다. 이동성을 위해서는 광범위한 매크로 셀룰러 네트워크가 이상적이고 이를 위해서 필요한 무선 통신 인프라에는 매크로 셀타워, DAS(분산 안테나 시스템, Distributed antenna systems), 스몰셀(small cell), WiFi 등이 있다. 매크로 셀룰러 네트워크 및 스몰셀 등은 무선 통신업체 혹은 통신타워 업체가 관리하고 있다.

DAS와 스몰셀은 건물 안과 실외 또는 지하 시설 등 인구 밀집 지역에 무선 통신 적용 범위와 용량 문제를 해결하기 위해 사용되고 있으며 광범위한 무선 인프라로 통신타워가 존재한다. 통신타워는 일반적으로 토지 구획에 지어진 대형 수직 구조물이며 이동 통신, 모바일 데이터, 방송, IoT, 라디오 등 다양한 서비스를 위한 기술 장치/장비를 설치할 수 있도록 타워 공간을 임대하고 여러 통신 업체를 수용할 수 있도록 설계된다. 특정 토지 이외에도 옥상이나 다른 기존 구조물에서 통신타워를 설치하기도 하며, 주요 목적은 셀룰러 장치에서 무선 주파수 신호를 송수신하는 안테나를 수용하는 것이다. 이를 위해 무선 통신업체는 통신타워의 공간을 임대하고 특정지역에 적용 범위와 수용 용량을 제공하기 위해 특수장비를 배치한다.

■ 통신타워 임대업

무선 통신업체는 전국 단위 통신 네트워크를 확보하기 위해 직접 매크로 통신타워를 운영하거나 통신타워를 확보하고 있는 업체로부터 공간을 장기 리스하고 통신 장비를 설치하게 된다. 대부분의 통신업체는 직접 통신타워를 운영하기보다 장기 리스를 선택한다. 그리고 투자, 배당 등을 위한 현금 확보 방안으로 직접 보유하고 있던 통신타워를 독립적으로 운영하는 업체에 매각하고 장기 리스로 전환하는 방식을 택한다.

통신타워 내 임대자산의 구성은 다음과 같다.

- Antenna : 임차인(통신사)은 안테나를 설치하여 타워간 전파 송수신이 가능하도록 함. 통신사는 사용자수, 데이터트래픽, 관련기술(e.g. LTE, CDMA 등)등에 따라 안테나 설치개수가 결정

- Microwave : 안테나 종류중 하나이며, 일반적으로 Point-to-Point 역할 및 무선 백홀(Wireless Backhaul)

• Shelter : 무선 네트워크 기계 등 보관하는 장소

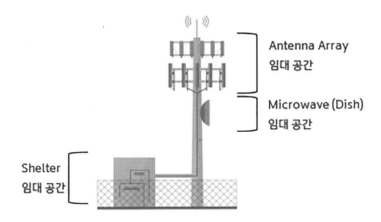

무선 통신업체가 직접 통신타워를 운영하면 단일 타워에 하나의 무선 통신 업체의 네트워크 인프라만 설치할 수 있기 때문에 독립적인 통신타워 업체에 소유권을 이전하는 자산 매각을 한 뒤 임대하는 방식으로 전환(인프라 공유 모델)되고 있다.

단일 통신타워에 여러 업체의 장비를 배치함으로써 자원의 효율적인 사용이 가능해진다. 무선 통신업체는 셀타워 투자에 묶여있던 상당한 자본을 다른 분야에 활용할 수 있고 통신타워 운영자는 광범위한 타워 포트폴리오와 운영 전문 지식을 갖추고 있어 신속하게 네트워크를 구축/확장할 수 있다. 독립적인 통신타워 업체가 존재함으로써 새로운 사이트 구축 시간과 비용을 크게 단축할 수 있게 된 것이다.

또한 기설치된 타워 외 위치와 환경 등 고객의 세부 수요에 맞게 신규로 사이트를 건설하는 BTS(Build-to-Suit)방식이 있다. BTS는 회사가 사이트 탐색, 건설 뿐만 아니라 유지보수까지 수행하는 복합 서비스가 필요한 사업 영역으로서 통상적인 BTS의 임대료는 여러 임차인이 사용하는 코로케이션 대비 임대료가 낮다.

■ 수익모델: 보유자산 임대 통한 수익창출

통신타워 사업에서 대부분의 수익은 무선 통신업체, 케이블 업체, 방송업체 등의 임차인 리스로부터의 임대 수익이다. 통신타워 업체의 임대수익을 결정하는 변수는 임대 공간의 크기, 장비의 부피/무게, 셀 사이트의 수 등이다.

통신타워 자산의 ① 5~10년이상 중장기 계약(MSA, Master Service Agreement), ② 낮은 연체율과 중도해지비율, ③ 임대인 증가에 따른 한계수익 증가 대비 낮은 한계비용 증가는 실물자산 투자자들이 선호하는 대표적인 특징이다.

통신타워의 임대기간은 주로 5~10년으로 비교적 길고 임대료도 인플레이션에 연동해 상승하는 구조의 계약이 다수이기 때문에 인플레이션 헤지가 가능하다. 또한 구조적으로 임대료 연체의 가능성이 낮다. 통신타워의 주요 임차인인 무선통신업체는 통신타워의 서비스가 중단되면 사업자체가 어렵기 때문에 임대료가 연체되는 경우는 드물다.

임차인 증가로 인한 임대료 상승에 비해 비용은 소폭 증가한다는 점도 투자자에게 매력적인 요소이다. 통신타워 임대업 특성 상 단일 타워운용에 있어서 전체 운영비용 중 고정비용 (① 타워부지임대료 ② 감가상각비, ③ 유틸리티 운영비)의 비중이 높기 때문에 '타워 당 임차인 수의 증가' 혹은 '임차인 당 임차면적 증가'는 가파른 이익률 상승으로 이어지게 된다. 하나의 통신타워에 추가적인 안테나 등을 설치하면 추가 타워 없이도 임차인을 늘릴 수 있고 타워 종류에 따라 한 개의 통신타워에 4~5명의 임차인까지 둘 수 있다.

아래표는 임차인수에 따른 수익과 비용의 예시로 임차인이 늘어나더라도 추가 CAPEX는 증가하지 않아 투자자본수익률이 증가하는 것을 확인할 수 있다.

임차인 증가에 따른 수익 및 비용 분석

One Tenant	Two Tenants	Three Tenants
	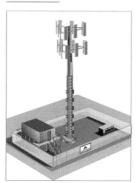	

구분	One Tenant	Two Tenants	Three Tenants
CAPEX	275,000	275,000	275,000
임대료	20,000	50,000	80,000
OPEX	12,000	13,000	14,000
매출총이익	8,000	37,000	66,000
매출총이익률(%)	40	74	82.5
ROIC(%)	3	13	24

자료 : America Tower Corporation, https://www.americantower.com [3]

다음은 MSA 계약에서 코로케이션에 대한 조항 사례다.

- 서비스제공자가 BTS 사이트에 운영자를 제외한 제3자에게 유사한 통신장비에 대한 코로케이션 을 제공하는 경우 해당 서비스에 대해서는 제3자로부터 지급받는 금액을 초과하여 운영자에게 지급을 요청할 수 없음. 다만, 새로이 적용된 수수료나 운영자에게 제안한 수수료 지급체계 결정 이후 제3자에 대한 수수료 비용이 변경된 경우 MSA 갱신 또는 연장에 따른 주요 조건 변경의 경우는 해당하지 않음.

통신타워 사업 중요한 고려 사항

■ MSA계약 기간, 갱신 및 종료 가능성

여타 인프라 자산과 같이 통신타워 자산도 자산가치를 좌우하는 핵심 요인은 중장기 이용계약(MSA)이다. MSA계약 기간은 다양한 유형이 존재하나 "10+10+10년"처럼 일정 기간을 주기로 갱신 혹은 종료를 결정하는 형태를 흔히 볼 수 있다. 계약 갱신 및 종료 관련 조항은 "매 10년 후 5~10%" 등 일정 주기 이후 계약 축소 가능 폭을 부여하는 유형과 "All or Nothing"처럼 계약 전체를 갱신 혹은 종료하는 유형으로 구분된다. 이용료(임차료)는 CPI에 연동하면서 동시에 연상승률의 상한(Cap)과 하한(Floor)을 두는 경우가 많다.

다음은 MSA 계약에서 계약기간에 대한 조항 사례다.

- A사업 : 최초 계약기간은 유효일자로부터 시작하여 20년. 별도의 서면 통지가 있기 전까지 동일한 조건과 기간으로 5년 단위 자동 갱신. 기간 만료 또는 종료 시 서비스제공자는 새로운 서비스제공자에게 서비스의 질서 있는 이전을 촉진하기위해 최대 84개월의 기간 동안 계속적으로 서비스를 제공하여야 함.

- B사업 : 계약은 8년 간격으로 자동 갱신됨(총 계약기간은 32년)

■ 계약 해지 권리(Termination Rights)와 Restriction 조항 유무

실사 시에는 이와 같은 MSA계약의 핵심 조항과 함께 이용자의 계약 해지권리 중 특히 단기통지로 해지 가능한 조건과 해지비용이 적용되지 않는 조건 등을 중점적으로 검토할 필요가 있다. 일부 사이트에 대한 특정 이용자의 우선 사용권리 혹은 우선매수권 또한 마찬가지다. 통신타워는 자산의 성격상 핵심 이용자인 특정 통신대기업의 유연한 경영을 지원하는 방향으로 운영되는 경우가 있기 때문이다.

다음은 MSA 계약에서 계약해지에 대한 조항 사례다.

- 임차인은 계약기간 8년을 기준으로 총 site의 2.5%까지 계약해지 가능. 계약을 해지한 후라도 임차인은 신규 BTS site 계약기간의 만기까지 BTS 기본 서비스 요금을 납부해야 함.

경우에 따라서는 1) 특정 핵심 이용자와 경쟁 관계인 타 일반 이용자의 안테나 등 능동 인프라 설치를 제한하는 타워 사이트를 규정해 특정 핵심 이용자의 이익을 보호하기 위한 사이트 제한(Restricted Sites) 조항이나, 2) 복수의 이용자들이 타워의 능동 인프라를 공유해(Active Sharing) 통신타워 자산의 잠재 이익 성장을 침해할 수 있는 여지를 차단하는 능동 인프라 공유제한(Restrictions on Active Sharing) 조항도 주의 깊게 검토할 필요가 있다. 이는 모두 핵심 이용자와 통신타워 자산 간 이해관계와 리스크 분담 수준을 설정하는 중요 협상 의제다.

추가 이용자와의 계약 유치를 통해 임대율(Tenancy Ratio, 타워 자산 1기당 평균 Tenant 수)을 높임으로써 수익을 크게 개선할 여지가 있다는 특성은 통신타워 인프라 자산이 강조하는 주요 투자 매력인 동시에 전통적 인프라 자산과의 큰 차이점이다. 그러나 실제 지배적 통신사업자와의 협상에서는 이와 같은 다양한 제한 조항을 계약에 삽입해 임대율 상향에 한계가 있을 수 있다. 이는 통신산업 구조조정 결과 주기적으로 발생하는 통신사 간 인수합병과 함께 리스크 관리 차원에서 주의할 필요가 있다.

다음은 MSA 계약에서 부지의 독점권에 대한 조항 사례다.

- 임차인은 각 반기마다 임차인이 독점적으로 사용 가능한 부지 목록을 제시할 수 있으며, 해당 부지가 추가장비를 설치할 수 있음. 기존 임차인이 설정한 독점 부지는 Tower Co가 다른 임차인에게 임대할 수 없음. 임차인은 임차한 통신타워의 상단 1/4의 부분에 추가 장비를 설치할 수 있으며, 해당 부분에 대해 타 업체가 이용하지 못하도록 할 수 있음. 독점하기로 제시한 부지 목록 중 80%를

사용해야 하며, 이를 이행하지 않을 경우 임차인은 독점적으로 제시한 부지 중 사용하지 않은 부지에 대한 연간 기본 서비스 요금의 30%를 지불해야 함.

■ 수익성 개선 여지

전통적인 수익성 개선 모델은 타워 당 임차인 수를 늘리는 방법이다. 이 모델은 여전히 유효한 방법이나 미국과 같이 성숙된 시장에서 타워당 임차인 수의 급속한 증가를 기대하기는 어렵다. 다만 통신타워 모델이 새롭게 도입되는 국가에서는 타워당 임차인 수가 빠르게 증가하는 경우도 볼 수 있는데, 기존 대형 사업자들의 신흥시장 진출 과정에서 수익성 개선의 속도를 지켜볼 필요가 있다.

임차인 증가 외에 통신타워의 수익성 향상을 위해 시도하고 있는 방법은 엣지 데이터 센터(Edge Data Center) 구축을 통한 추가 수익 창출이다. 자율 주행 등에서 볼 수 있듯이 최근에는 사물인터넷의 발달과 함께 연산 속도, 실시간 데이터 처리 및 지연(Latency) 이슈가 중요한 상황이며, 이에 따라 고객 근처에서의 Edge Computing 수요가 늘어나고 있다.

이 통신타워 회사들은 각 지역에 분산되어 있는 통신타워 자산을 엣지 데이터센터 설립을 위한 자산으로 홍보한다. 이미 미국 전역에 분포하여 부지와 인터넷 통신망을 확보하고 있는 통신타워에 소규모 건물을 짓고 이를 엣지 데이터 센터로 임차하는 사업인 만큼, 엣지 데이터 센터의 충분한 수요만 담보된다면 이는 기존 통신타워의 수익성을 높이는 요소로 작용할 수 있다.

Reference

1장
[1] BLACKROCK, 2017, Deconstructing infrastructure debt
[2] 염성오, 2005, 프로젝트파이낸스의 위험관리 및 사업타당성 평가 연구

2장
[1] KDI, 2018년도 KDI 공공투자관리센터 연차보고서
[2] KDI PIMAC 홈페이지(http://pimac.kdi.re.kr)
[3] 민간투자기본계획
[4] PIMAC, 2020, 수익형 민간투자사업(BTO) 표준실시협약(안) -도로사업
[5] 감사원, 2004, 민자사업 운용실태 조사 보고서
[6] 국토부, PIMAC
[7] 국토교통부, 2014, 민자고속도로 사업모델 연구
[8] 건설산업연구원, 2017, 자금재조달 제도의 개선 방안
[9] 한국교통연구원, 2013, 민자철도사업 재구조화를 통한 재정지원 절감 및 효율화 방안 연구
[10] 기획예산처, 2015, 민간투자사업 활성화 방안
[11] 기획재정부, 2020, 2019년도 민간투자사업 운영현황 및 추진실적 등에 관한 보고서

3장
[1] 영국 통계청 Office for National Statistics
[2] BBGI 2018 Annual Results presentation

4장
[1] 한국교통연구원, 기종점통행량
[2] Airports Council International 홈페이지
[3] Heathrow 공항 홈페이지
[4] https://lloydslist.maritimeintelligence.informa.com/LL1130163/Top-10-box-port-operators-2019
[5] DUCRUET, C., 2012, The worldwide maritime network of container shipping
[6] 해양수산개발원, 2019, 해양수산전망대회 세미나(컨테이너 해운시장 경쟁구도 변화와 대응방향)

5장
[1] 한국과학기술기획평가원, 2019, 물관리기술(기술동향브리프)
[2] 삼성증권, 2021, 환경인프라
[3] 안산시 상하수도사업부 https://www.ansan.go.kr/water/common/cntnts/selectContents.do?cntnts_id=C0001864

6장
[1] Ernst & Young, Mapping power and utilities regulation in Europe
[2] Ofwat, 2016, https://www.ofwat.gov.uk/publications/regulatory-capital-value-updates/
[3] UK regulated infrastructure, 2014, KPMG
[4] ofwat 홈페이지, https://www.ofwat.gov.uk/households/your-water-company/contact-companies/

[5] ofgem 홈페이지

[6] 한국도시가스협회 http://www.citygas.or.kr/company/situation.jsp

[7] 강원도, 2019, 도시가스 공급비용 산정 용역

[8] Ofgem 자료를 Cambridge Economic Policy Associates Ltd, EVALUATION OF OFTO TENDER ROUND 2 AND 3 BENEFITS에서 인용 (2페이지)

[9] https://www.ofgem.gov.uk/electricity/transmission-networks/offshore-transmission/offshore-transmission-tenders

[10] National Electricity Transmission System Performance Reports, PWC Offshore Transmission Market Update

[11] 산업부

[12] 감사원, 2021, 지방자치단체 시내버스 준공영제 운영실태

7장

[1] 신한금융투자, 북미 미드스트림 자산 리스크 관리

[2] 한국기업평가, 유가로부터 자유로운 미드스트림은 없다

[3] Government of Canada, Patent Landscape Report - Shale Oil and Gas

[4] US Department of Energy, How is Shale Gas Produced?

[5] US Eergy Information Administration, Map of U.S. shale gas and shale oil plays

[6] US Energy Information Administration, https://www.eia.gov/dnav/pet/hist/rbrteD.htm

[7] 신한금융투자, 미드스트림/PJM자산의 유가하락 영향은

[8] DCP Midstream LLC홈페이지 https://www.dcpmidstream.com/의 IR자료

[9] People Out There Turnin' Natgas Into Gold - NGLs, Gas Processing And The Frac Spread 기사 인용

[10] Enbridge, Gas Pipeline 4페이지

[11] https://www.ferc.gov/industries-data/oil/general-information/oil-pipeline-index)

8장

[1] BP, Statistical Review of World Energy, 2019

[2] eia, AUGUST 12, 2019Australia is on track to become world's largest LNG exporter

[3] US Energy Information Administration, https://www.eia.gov/dnav/ng/hist/rngwhhdm.htm

[4] Chenier 홈페이지 https://www.cheniere.com/의 IR Presentation 자료

[5] eia, 2018, U.S. liquefied natural gas export capacity to more than double by the end of 2019

[6] eia, 2019, U.S. LNG exports to Europe increase amid declining demand and spot LNG prices in Asia

[7] 한국가스공사 홈페이지

[8] 에너지경제연구원, 우크라이나 사태와 유럽 가스시장 영향 및 전망(2014)

[9] 에너지경제연구원, 에너지인사이트(2019. 3. 18)

[10] eia, MARCH 24, 2020European natural gas storage inventories are at record-high levels at the end of winter

[11] 산업통산자원부, 15차 장기 천연가스 수급계획 (2023)

[12] 해양수산개발원, 2015, 월간항만과산업

[13] eia, https://www.eia.gov/todayinenergy/detail.php?id=18011

[14] AURIZON, 2020 Performance Results

9장

[1] 남동발전 홈페이지

[2] GS EPS 홈페이지

[3] 전력거래소, 2019년12월 운영실적

[4] Panda Temple bankruptcy could chill new gas plant buildout in ERCOT market 기사 검색

[5] Longview Power's bankruptcy indicates 'dire state' of the US coal industry 기사 검색

[6] ISO/RTO Council. https://isorto.org/

[7] National Oceanic and Atmospheric Administration

[8] EIA based on SNL

[9] PJM 홈페이지 https://pjm.com/

[10] Natural Gas Intelligence, https://www.naturalgasintel.com/

[11] https://www.ge.com/gas-power

[12] 전력거래소, 2019, 정산규칙해설서

[13] 전력거래소, 2020, 2019년도 전력시장 통계

[14] 전력거래소, 전력거래 정보

[15] 에너지신문, 2020년 LNG 직수입 920만톤, 2021.01.20

[16] 한국기업평가, 2018, 발전업계의 방탄소년단, 직도입 LNG발전사와 민자석탄발전사의 숨은 위험은?

[17] 한국가스공사 개별요금제 보도자료(2020.01)

[18] 이투뉴스, 가스공사 구역전기사업자와 LNG개별요금제 첫 계약, 2021.05.20

[19] 전력통계정보시스템

[20] NICE신용평가, 2022, 에너지가격 상승이 발전산업에 미치는 영향

[21] 한국기업평가, 2018, 발전업계의 방탄소년단

[22] 키스채권평가, 2015, 민자발전사 등급조정 배경 및 Forward Looking

[23] GS POWER 홈페이지

[24] 한국집단에너지협회 http://www.kdhca.co.kr/Home

[25] 한국지역난방공사, 한국가스공사 홈페이지 자료실

[26] 전자공시시스템, http://dart.fss.or.kr/

10장   [1] 윤천석, 신재생에너지 2판

[2] Oxford, Renewable Energy

[3] http://www.caiso.com/informed/Pages/ManagingOversupply.aspx (2020년 7월 20일 접속)

[4] https://www.cpuc.ca.gov/General.aspx?id=3462

[5] Ofgem, 2018, Renewables Obligation: Guidance for Generators 69페이지

[6] Ofgem, 2018, Renewables Obligation (RO) buy-out price and mutualisation ceilings for 2018-19 RO Year (https://www.ofgem.gov.uk/publications-and-updates/renewables-obligation-ro-buy-out-price-and-mutualisation-ceilings-2018-19-ro-year), Renewables Obligation (RO) buy-out price and mutualisation ceilings for 2018-19 RO Year, 2018년 2월 Ofgem

[7] DECC, 2013, Investing in renewable technologies - CfD contract term and strike prices 7페이지

[8] https://energytransition.org/2018/12/czech-pay-for-nuclear, 2019년9월 검색

[9] https://emp.lbl.gov/projects/renewables-portfolio

[10] https://www.cpuc.ca.gov/rps/

[11] https://programs.dsireusa.org/system/program/detail/658

[12] https://programs.dsireusa.org/system/program/detail/734

[13] https://www.seia.org/initiatives/depreciation-solar-energy-property-macrs, https://www.irs.gov/publications/p946#en_US_2017_publink1000107507

[14] DOE, https://www.energy.gov/eere/solar/federal-solar-tax-credits-businesses#_edn3

[15] https://www.enecho.meti.go.jp/category/saving_and_new/saiene/kaitori/surcharge.html

[16] https://www.boe.es/diario_boe/txt.php?id=BOE-A-2014-6495

[17] Fitch Ratings, 2017, First Regulatory Review of Spanish Renewables

[18] Italy: Incentive Regimes for Renewable Energy Plants, McDermott Will & Emery, 2015

[19] https://www.knrec.or.kr/business/rps_guide.aspx, 2020년7월 검색

[20] 전력거래소

[21] 신재생에너지 공급의무화제도 및 연료 혼합의무화제도 관리 운영지침(산업통상자원부 고시 제2018-130호)

[22] 에너지관리공단, 2018, RPS제도개선 공청회 자료

[23] 전력거래소, 2019년 전력 계통운영실적,

[24] 전력거래소, REC거래동향리포트, http://onerec.kmos.kr/portal/index.do, 2020년 7월 검색

[25] "연평균SMP"는 전력거래소, "REC기준가격"은 에너지관리공단

[26] 2010년 신재생에너지 백서

[27] 에너지관리공단

[28] 감사원, 2016, 신성장동력 에너지사업 실태 감사보고서

[29] https://www.knrec.or.kr/energy/sunlight_summary.aspx

[30] NREL, 2019, Solar Industry Updat, 2019, NREL

[31] 솔라센터 홈페이지, http://www.solarcenter.co.kr/web/community /page01.
php?act= view&encData=aWR4PTI5NiZzdGFydD02MCZza2V5PSZzc3RyPSZjYXR
IPQ==&code=1392782631 (2020년 7월 검색)

[32] 유권종, 2007, 전문가시스템을 이용한 태양 어레이의 최적설치 각도에 관한 연구

[33] BloombergNEF, 기사 재인용

[34] 한국풍력산업협회 홈페이지, 개발절차, http://www.kweia.or.kr/bbs/page.php?hid=sub03_02

[35] Fitch Ratings Renewables Performance Review: Solar Outperforming Wind,
2019 (https://www.fitchratings.com/research/corporate-finance/fitch-ratings-
renewables-performance-review-solar-outperforming-wind-16-01-2019) Fitch
Ratings

[36] Wind EUROPE, 2017, Repowering and lifetime extension : making the most of
Europe's wind energy resource

[37] C-POWER 홈페이지 (http://www.c-power.be/index.php/general-info/windfarm-
layout-specifications)

[38] WindEurope, 2019 annual offshore statistics

[39] 기후솔루션, 2022, 해상풍력 인허가 문제점과 개선방안

[40] DEUTSCHE WIND GUARD

[41] http://www.res-legal.eu/search-by-country/germany/single/s/res-e/t/
promotion/aid/feed-in-tariff-eeg-feed-in-tariff/lastp/135/

[42] Baker Mckenzie, 2017, The Rise of Corporate PPAs 2.0

[43] A WORD ABOUT WIND, 2019, European PPA Trends

[44] ARUP, 2019, The zero-subsidy renewables opportunity(36~37페이지)

[45] European Wind Energy Association (EWEA)

[46] A Guide to UK Offshore Wond Operations and Maintenance (2013)

[47] https://www.slideshare.net/MarkValen/net-energy-metering-and-smart-meters

[48] https://www.dsireusa.org/resources/detailed-summary-maps/

[49] https://news.energysage.com/sce-tou-rates/

[50] https://www.solarconsumeradvisor.com/sce-net-metering.html

[51] Introduction to Tax Equity Structures, Deloitte, 2014

[52] Tax Equity Market Observations(3페이지), US PREF, 2011

[53] REN21, 2017, Renewable 2017, Global Status Report

[54] eia

[55] https://www.irena.org/Statistics/View-Data-by-Topic/Costs/Global-LCOE-and-
Auction-values

[56] https://home.kepco.co.kr/kepco/KO/H/htmlView/KOHAHP00106.

do?menuCd=FN050101

[57] OPEN University, : https://www.open.edu/openlearn/ocw/mod/oucontent/view.php?id=73762&section=8

[58] https://www.toshiba-energy.com/en/renewable-energy/product/

[59] 신·재생에너지 공급의무화제도 및 연료 혼합의무화제도 관리·운영지침

[60] 한국기업평가, 2022, 다가오는 친환경시대, 적극적인 ESS 투자가 필요할 때

[61] 산업통상자원부, 2019.01, 수소경제활성화로드맵 보도 자료

[62] 전력거래소

[63] https://www.knrec.or.kr/energy/sunlight_summary.aspx

[64] 한국전력

[65] 전력거래소, RE100

[66] 신한투자증권, 2023, 대체투자

11장

[1] 환경부

[2] 환경부, 전국 폐기물 발생 및 처리 현황(2018년도)

[3] 수도권매립지관리공사 홈페이지 https://www.slc.or.kr/slc/mb/sl/ecoLandfill.do#/eyJ3ZWJQYWdlTm8iOiIyMDUiLCJ0YWJObyI6MH0=

[4] 인선모터스 홈페이지

[5] 환국환경공단, 폐기물처분분담금 홈페이지 https://wds.budamgum.or.kr/wdsMain/index.do

[6] 환경부, 폐기물 에너지화 종합대책, 2008.5월

[7] Fitch Ratings, What Investors Want to Know: Energy-from-Waste and Biomass Projects(2018)

[8] IBK증권, 2009, 바이오가스 플랜트

[9] 산림바이오매스에너지협회, http://www.biomassenergy.kr/

[10] European Pellet Council, https://epc.bioenergyeurope.org/

[11] 에너지경제연구원, 2017, 세계 바이오매스 수급현황 및 시장 변화요인

[12] 산림청 우드펠릿 통계자료 ((https://www.forest.go.kr/)

[13] 관세청 수출입무역통계 (https://unipass.customs.go.kr/ets/index.do)

[14] 산림청, 미이용 산림바이오매스 활성화방안연구, 2020

[15] 산림청, 2018, 산림바이오매스산업 정책방향

[16] 산업통산자원부, 전국 바이오매스 연료 사용 현항 국회 제출 자료, 2023

12장

[1] 한국데이터센터협회, 2020, 한국 데이터센터 시장 전망(2020-2023)

[2] https://uptimeinstitute.com/tier-certification

[3] America Tower Corporation 홈페이지 https://www.americantower.com